主　编　张志强
副主编　胡正银　文　奕

学科信息学与学科知识发现

SUBJECT INFORMATICS AND SUBJECT KNOWLEDGE DISCOVERY

科 学 出 版 社
北　京

内 容 简 介

学科信息学与学科知识发现是一个情报学、信息学与数据科学的前沿交叉领域。本书是中国科学院成都文献情报中心在该领域多年科研成果与服务工作的结晶与升华。本书分理论篇、数据篇、技术篇与应用篇，共14章。理论篇系统阐述了学科信息学与学科知识发现的背景内涵、学科体系、数据工具、关键应用及发展展望。数据篇与技术篇介绍了生物医学、生命健康学科典型数据平台、分析工具、知识挖掘技术与知识发现框架以及与深度学习技术结合。应用篇介绍了若干学科知识发现典型应用，包括基础研究与技术创新关联分析、研究主题挖掘、科研合作预测、新兴技术主题突破性预测、前沿主题识别、潜在合作伙伴发现以及移动端学科知识服务。

本书可供管理类（如信息管理与信息系统、情报学、图书馆学、知识管理、管理科学与工程等）、信息学类（如生物信息学、医学信息学、生物医学信息学等）专业高校师生及各级管理和决策人员、科技工作者参考阅读。

图书在版编目(CIP)数据

学科信息学与学科知识发现 / 张志强主编. —北京：科学出版社，2020. 10

ISBN 978-7-03-066193-7

Ⅰ. ①学…　Ⅱ. ①张…　Ⅲ. ①信息学-研究　Ⅳ. ①G201

中国版本图书馆 CIP 数据核字（2020）第 177555 号

责任编辑：刘　超 / 责任校对：樊雅琼

责任印制：吴兆东 / 封面设计：无极书装

科学出版社 出版

北京东黄城根北街 16 号

邮政编码：100717

http://www.sciencep.com

北京虎彩文化传播有限公司 印刷

科学出版社发行　各地新华书店经销

*

2020 年 10 月第　一　版　开本：787×1092　1/16

2020 年 10 月第一次印刷　印张：23

字数：550 000

定价：298.00 元

（如有印装质量问题，我社负责调换）

前　言

自 2008 年 *Nature*“大数据专刊”将大数据一词正式推向科技界和社会以来，大数据的概念快速席卷全球，有关大数据的研究论文和著作大量涌现，标志着大数据在科学研究与社会发展领域全面应用的时代正式来临。随着数据密集型科学范式的快速兴起，科学大数据已经成为世界各国科技发展的新型关键战略性资源，也是科研产出的又一项重要成果。可以毫不讳言地说，科技强，则国家强；而数据强，则科技强。未来，真正是“得数据者得天下”“得数据者得创新”。

科学研究离不开数据！近现代科学诞生以来，科学研究经历了从小数据、多数据到大数据的漫长演化过程。自 20 世纪 90 年代以来，以数据分析为主的专门学科领域的“信息学”（informatics）开始蓬勃发展。迄今，科学研究已经进入数据密集型科学发现的新时代。在当今开放科学时代，科技创新跨越发展，科技数据大量产生，致使科技大数据体系的有效管理、高效服务、深度应用等成为国家和科技界面临的重大挑战。在大数据密集型科学范式背景下，数据密集和数据驱动已成为科学研究与学科知识发现的显著特色和主要方式，基于大数据开展学科知识发现的新的研究模式成为科技领域知识发现方式变革的重要方面。可以高度概括地说，先进计算是大数据时代创新与发展的战略性新生产力，科学与技术大数据是大数据时代数据密集型科学范式背景下科技发现与创新的战略性新生产资料，而未来网络和信息通信是大数据时代的战略性新生产关系。在大数据时代，基于科技大数据的科学知识发现能力日益成为科技研发竞争力的关键。

在大数据时代，各个学科领域海量数据的快速增长和积累，使得每个学科都呈现出二元化发展的特点——“计算 X 学”（computational-X）与“X 信息学”（X-informatics），前者以对研究对象的模拟与计算为主，后者以收集和分析研究对象的数据信息为主。学科信息学（subject informatics）就是对现有的“X-informatics”的概述，是大数据时代学科二元化发展的重要分支学科，日益成为学科发展的不可分割的重要分支组成部分。所以，学科信息学是指学科领域在科研创新中应用信息科学与计算科学的技术、手段与方法，进行科学数据收集、存储、处理、再分析、可视化和知识发现，从而创造新知识、发现新方法、提供学科战略决策咨询的交叉性学科。

本书的核心目标是针对科技大数据的理论、数据、方法技术和应用进行研究，包括如何建设科技大数据体系、如何在科技大数据中进行知识发现、如何对当前科技大数据知识发现进行应用等一系列关键问题。本书通过理论篇、数据篇、技术篇与应用篇四个部分对上述问题进行阐述。

理论篇：主要包括第 1 章。本篇首先在综述专门学科信息学的产生背景与内涵的基础上对学科信息学的缘起与内涵进行系统介绍。学科信息学是在专门学科信息学发展与应用的基础上发展起来的，是对专门学科信息学理论与实践的一般化发展，其以某一专门学科领域为依托，以学科理论与知识体系为核心，以数学、信息科学与计算技术为基本工具，以通信技术、网络技术为传播途径，以知识发现为根本目的；其次，对学科信息学学科体系进行阐述，界定其研究内容与思路、关键技术与方法。学科信息学以信息科学与计算技术为主要支撑技术与方法，研究内容分理论与技术两大维度，其学科体系包括基础理论、方法技术、应用分析与教育管理；再次，从数据资源体系建设、数据分析工具与平台、数据分析方法与技术、关键应用领域四个方面对生物医学信息学，从发展历程、学科主题演化、数据资源体系、数据分析工具与平台、数据分析方法与技术五个方面对政策信息学这两个典型学科信息学的发展应用现状进行剖析；最后，从四个视角对学科信息学的重要作用进行剖析，并从五个方面对其应用前景进行展望。

数据篇：选取最为成熟的“学科信息学与数据驱动的学科知识发现”学科——生命与健康科技领域为分析对象，主要包括第 2 章和第 3 章。第 2 章在系统梳理和调研生命与健康科学大数据相关政策和数据库基础上对国内外生命与健康科学大数据平台进行归纳。第 3 章选取中国科学院成都文献情报中心与广州生物医药与健康研究院联合研建的“干细胞领域知识发现平台”为研究对象，在梳理国内外知识发现的技术方法与实践应用和进展基础上，从信息对象实体、信息需求与知识服务等方面对干细胞科技大数据建设情况等进行总结。

技术篇：主要包括第 4 ~7 章。第 4 章在系统调研典型生物信息学数据分析工具的基础上，分析了生物医药领域数据分析工具的发展趋势。第 5 章系统介绍了生物医学文本挖掘的知识本体、知识挖掘技术与工具，并归纳了生物医学知识发现的重要应用场景与案例。第 6 章从开发背景、框架特点、核心功能、典型应用举例及发展趋势等方面，介绍了在生命科学领域被广泛应用的数据驱动知识发现框架 Galaxy。第 7 章分析与展望了深度学习这一先进的人工智能技术在生物信息学、医学图像识别、病症预测、临床辅助决策和药物开发等生物医药知识挖掘与知识发现中的应用。

应用篇：主要包括第 8 ~14 章。该篇以干细胞、合成生物学、心血管疾病治疗、石墨烯等研究领域为例，开展基础研究与技术创新关联分析、研究主题挖掘、科研合作预测、新兴技术主题突破性预测、前沿主题识别及潜在合作伙伴发现等具体学科知识发现的应用研究。移动端已成为知识服务的重要平台，第14章以“干细胞助手”为例介绍了基于微信小程序的移动端知识服务应用场景。

学科信息学是在数据密集型科学范式下迅速发展起来的学科，对各学科乃至整个科学界的发展都有至关重要的作用。什么是学科信息学？学科信息学的发展现状如何？具体应用领域有哪些？本书尝试从学科信息学与数据驱动的理论、数据、技术和应用等方面进行了全面的理论梳理，对一系列关键问题进行深入剖析。其研究成果将进一步明确学科信息学作为一门数据密集型科研环境下的横断型应用基础性独立学科的重要作用，为推进各学科数据平台建设、应用研究等提供参考和借鉴。

本书写作分工如下：第1章由张志强、范少萍、刘昊撰写；第2章由杨宁、孙轶楠、顾立平、刘晶晶撰写；第3章由任晓亚、张志强、胡正银、朱江撰写；第4章由赵爽、文奕撰写；第5章由刘蕾蕾、胡正银、代冰撰写；第6章由胡正银、刘欣撰写；第7章由朱冬亮、文奕撰写；第8章由张雪、张志强、陈秀娟撰写；第9章由张鑫、文奕、许海云、刘忠禹撰写；第10章由陈文杰撰写；第11章由曹艺文、许海云、罗瑞撰写；第12章由范少萍、安新颖、晏归来、李勇撰写；第13章由陈亮、彭喆撰写；第14章由徐源、胡正银、宋亦兵、吴璇、姚填佳撰写。全书由张志强主编，胡正银、文奕副主编，张志强、胡正银、文奕负责统稿审核。

本书成果受国家社会科学基金重点项目“面向领域知识发现的学科信息学理论与应用研究”（项目编号：17ATQ008）与中国科学院“十三五”信息化专项“面向干细胞领域知识发现的科研信息化应用”（项目编号：XXH13506-203）支持，还得到了中国科学院网络安全与信息化工作处、中国科学院广州生物医药与健康研究院、中国科学院计算机网络信息中心、中国科学技术信息研究所、中国医学科学院医学信息研究所和中国科学院大学经济与管理学院图书情报与档案管理系等多家科研院所、高校领导、团队的支持和帮助，在此向他们表示由衷的谢意。

本书涉及的科技领域内容宏阔，学科专业知识艰深，研究发展进步较快。由于作者的知识面和对科技领域发展的驾驭能力有限，不足之处在所难免，恳请读者批评指正！

张志强
2020年6月

目　　录

三、技术篇

四、应用篇

一、理 论 篇

第 1 章

学科信息学与数据驱动的学科知识发现发展[①]

自 2008 年 *Nature*“大数据专刊”、《大数据时代》（维克托和肯尼斯，2012）出版以来，“大数据”的概念快速席卷全球。也是大约从此时起，全球数据呈现出前所未有的爆发式增长态势，大数据时代已经全面来临。加速器、望远镜、卫星、传感器网络、医疗成像设备、DNA 测序仪、智能移动终端、互联网应用等一系列设施和活动每时每刻都在快速产生着海量的、各种类型的数据，几乎每个领域都在经历着数据爆炸，都被推进了一个前所未有的大数据时代（Hey et al.，2009；李国庆和马俊才，2014）。根据 EMC 公司的报告，2013～2020 年，“数据宇宙”的数据量将增长 9 倍——从 4.4ZB（trillion gigabytes）增长到 44ZB。2020 年，将有超过 5200GB 的数据来自个人（EMC，2014）。大数据时代的到来及其影响迅速引起了科学研究领域的重视，2008 年 *Nature* 的“大数据专刊”、2011 年 *Science* 的“数据处理专刊”，都对大数据进行了分析报道。2018 年 2 月 5 日，《英国医学杂志》（*The British Medical Journal*，BMJ）发表了名为“中国医学研究”（*Medical Research in China*）的“中国专辑”，其中对中国在医学大数据方面取得的进展进行了介绍，指出促进健康大数据在医疗领域的运用是我国重要的国家战略。大数据时代的来临，全面催生了科学研究领域科研模式的重大变革。继实验科学、理论科学、计算科学之后，出现了以数据为中心思考、设计和实施的科研活动，形成了通过对海量数据的处理和分析来获得科学发现的第四范式——数据密集型科学范式（Hey et al.，2009）。

事实上，自 20 世纪 90 年代以来，以数据分析为主的专门学科领域的“信息学”（Informatics）开始蓬勃发展。各个学科领域海量数据的快速增长和积累，使得每个学科都呈现出二元化发展的特点——计算 X 学（Computational-X）与 X 信息学（X-Informatics）。以生态学为例，出现了用于模拟生态系统的计算生态学（computational ecology）及用于收集和分析生态学信息的生态信息学（eco-informatics）（Hey et al.，2009）。与计算 X 学相

---

① 1.1 节、1.2 节、1.5 节和 1.6 节主要内容来自张志强和范少萍（2015），对部分现状描述及发展建议进行了补充。

比，X 信息学更侧重于对数据生命周期的管理与应用，侧重于对计算方法的发展与应用，从而发现并创造新的科学知识。因此，作为一种研究方法论，X 信息学需要建立其科学的实验方法、理论和仿真模型。在这里，“X”代表某一具体学科，如生物学、地理学等；信息学代表组织、描述、存取、整合、挖掘和分析数据资源以帮助科学发现的学科（Borne，2010）。到目前为止，还没有发现哪一个传统学科是信息概念、信息科学的一般性观点、理论和方法不可涉入的（邬焜，2009）。科学界已经明确提出了生物信息学、医学信息学、生态信息学、生物多样性信息学、材料信息学、化学信息学、经济信息学、社会信息学、中医药信息学、灾害信息学、水信息学、神经信息学、资源信息学、农业信息学、地理空间信息学等一系列专门学科信息学（subject informatics）的概念，新的专门学科信息学的概念还在不断被提出。

专门学科信息学除具有信息科学的特点外，无一例外地都继承了其所涉及学科的主要特点，即既具有明显的学科依赖性，又具有一般信息科学的特征。因此，笔者尝试提出一个全新的概念——学科信息学，用以概述现有的 X 信息学，从而分析学科信息学的缘起、内涵、研究内容、学科体系和发展及应用方向。本章的组织结构如下：首先，在综述专门学科信息学研究内容的基础上，介绍学科信息学的内涵；其次，阐述学科信息学的学科体系，明确其研究内容与思路、关键技术与方法；再次，概要介绍生物医学信息学、政策信息学的发展应用现状；最后，对学科信息学的重要作用和应用前景进行展望，以期为学科信息学研究的发展与完善提供参考。

1.1 学科信息学发展概述

1.1.1 学科信息学的缘起

John Taylor 在 1999 年就已经认识到信息技术必然在 21 世纪的合作和跨学科研究中扮演更为重要的角色，并提出了 e-Science 这一概念。可以说，e-Science 的产生与发展为数据密集型科学研究的兴起提供了支撑环境（黎建辉等，2014）。21 世纪大科学时代开启大数据、大发现时代，各种科学设施在不断大量产生各学科领域的大数据。例如，2008 年 9 月欧洲粒子物理研究中心的大型强子对撞机开始试运行，数据量即达 25PB/a；2012 年 7 月 4 日探测到新玻色子——希格斯玻色子；2012 年底第一阶段运行结束，采集数据超过 200PB；2015 年 4 月 5 日重启后，每秒采集数据为 PB 级。已经建成运行的大型综合巡天望远镜（每三天生成整个南方天空图像，一次完成哈勃望远镜 120 年的工作量）。世界最大单口径射电望远镜（位于中国贵州），以及正在建设的平方公里阵列望远镜、欧洲极大望远镜、30米望远镜、巨型麦哲伦望远镜等，建成后都将产生巨量天文学数据。此外，各种各类的探测器、基因工程、临床医学、社交网络等各个领域和各种渠道都在不停地产生并累积大量的数据和信息，深刻影响着科学研究领域对数据及其生命周期的认识与处理。各种研究对象不再是一个简单的孤立系统，而是涵盖更大范围、涉及多个分支学科，由此导致研究环境和手段也发生了深刻的变化。

现代科学研究已离不开“数据、传感器、高性能计算、模型”这四个主要方面（Eastman et al.，2005）。随着大数据时代到来，图1-1中四个关键节点的关系由“数据→传感器→高性能计算→模型”转变为“传感器→数据→高性能计算→模型”。在数据密集型科学大背景下，传感器先于数据而出现，并实现了对数据的收集与传输。数据是各个学科的生命力和基础，处于核心支配位置。此外，充分利用高性能计算方法与技术，深入挖掘通过传感器收集来的大量原始数据，对其进行仿真模拟，构建合理有效的数据模型，继而发现新知识。因此，搭建数据处理与分析软硬件基础环境成为各学科发展的重要工作，发展一门以处理与分析数据为专业领域的科学势在必行。

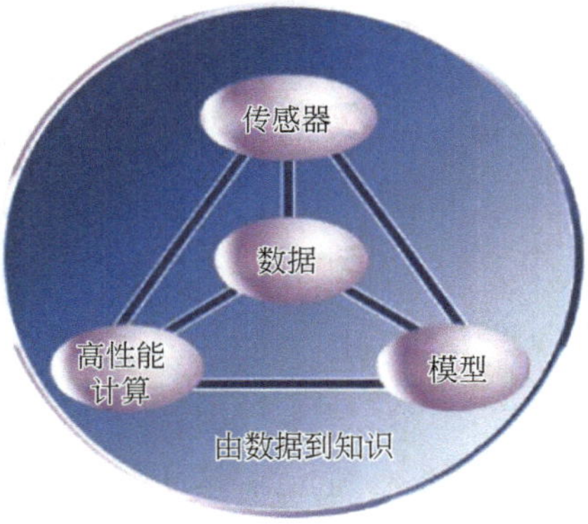

图1-1 科学研究的四交叉方法

各学科领域不得不采取行动迎接本学科领域的大数据时代的到来。例如，①在空间科学研究领域，由于各种探测手段的发展、大规模空间计划的推进，传统的观测实验、理论分析的科研手段在面对复杂科学问题时已经显得无能为力。为满足大规模数据处理分析的需求，科研模式逐渐从“猜测、计算、挖掘、分析、验证”的研究方式转变为数据驱动的“观测、计算、挖掘、分析、验证”的方式，并呈现出多学科交叉和广泛合作的态势（邹自明等，2014）。②生物多样性领域，在全球范围内广泛开展了一些旨在促进必要技术与生物学进步的项目，如生命百科全书（Encyclopedia of Life，EOL，http://www.eol.org）、生命条码（Barcode of Life，BOL，http://barcoding.si.edu）等项目。EOL和BOL项目的启动，需要大量的知识发现、集成和管理技术，而以上这些统称为“生物多样性信息学”

(biodiversity informatics)，这一新学科的方法和工具扩展了当代计算机科学和信息学原理在生物多样性领域的应用（Sarkar，2009）。③在天文学领域，天文学家需要更宽广的视野和长久的策略以全面应对海量科学数据时代研究的挑战。为了使现有和未来大型巡天项目、观测设施等数据生产项目科学产出最大化，天文学需要一个新的交叉学科，即天文信息学（astro-informatics）来保证其未来的发展，从而把计算、分析和统计的科学工具应用到天文学的海量数据中以甄别出新的模式和新的发现（赵永恒和崔辰州，2011）。④在医学领域，信息系统的发展支持了医学基础设施建设，医生及医院管理人员和专家意识到医学教育、决策、沟通和专业活动对医学学科及医院发展的重要作用。而医学信息学是关注认知、信息处理、医疗实践交流的任务、教育和研究的交叉学科。目前已经形成了一些专业学术组织，医学信息学教育也逐步开展（Greenes and Shortliffe，1990）。与此同时，信息技术、网络技术等相关技术在数据密集型科研环境下得到了迅速发展，相继催生了一批前沿交叉学科与科研岗位，如数据科学（邹自明等，2014）、数据科学家（Cleveland，2001）等。

通过上述学科领域在数据密集型科研环境下的变化可以看出，数据密集型科学研究的特点为：海量数据的获取、存储、提取与分发、数值计算、数据挖掘和知识发现（李国庆和邬延辉，2014）。专门的学科信息学作为特定学科、信息科学和计算技术相互渗透产生的交叉学科，在数据生命周期管理及知识发现等方面的实践应用不断拓展，逐渐从母体学科中独立出来成为一门专门学科，并成为各学科知识体系的一个重要分支。

1.1.2 专门学科信息学的内涵

20世纪60年代开始，一些专门的学科信息学的概念就被逐渐提出，学科信息学逐步引起各学科领域的关注。2000年前后，专门领域的学科信息学发展迅速，粗具规模并形成了影响力。表1-1介绍了主要的专门学科信息学的产生背景与内涵。

表1-1 主要的专门学科信息学的产生背景与内涵

学科名称	背景与时间	内涵
生物信息学	人类基因组计划在世界范围内的开展，催生了巨量的基因组信息。对这些基因组信息的有效地管理和分析，促进了生物信息学的产生和发展（王斌会，2000）。马来西亚美籍学者 Hwa A. Lim 在1991年首先创造和使用了这个名词	美国人类基因组计划第一个五年总结报告中给出了生物信息学的一个较为完整的解释：生物信息学是一门交叉学科，它包含了生物信息的获取、处理、储存、分发、分析和解释等在内的所有方面，它综合运用数学、计算机科学和生物学的各种工具，来阐明和理解大量数据所包含的生物学意义（黄科等，2002）

续表

学科名称	背景与时间	内涵
化学信息学	化学信息学是基于化学信息量指数般增长，特别是组合化学及高通量筛选的迅速发展而产生的（徐筱杰，2002；Dill，1999），它是化学化工与信息科学、计算机科学的边缘交叉学科。1987 年由 Lehn J. M. 首次提出	化学信息学是利用计算机和计算机网络技术，对化学信息进行表示、管理、分析、模拟和传播，实现化学信息的提取、转化与共享，揭示化学信息的内在实质与内在联系的学科（陈泓等，2004）
生态信息学	生态学发展迅速，日益变成一个更加开放的、负责任的、跨学科的、协作型和数据密集型科学。鉴于研究人员解决复杂问题的尺度从基因到生物圈，发现、整合和分析大量的异构数据成为生态学的核心。生态信息学为管理生态数据，并将这些数据转换为信息学和知识提供了工具和方法（Michener and Jones，2012）	生态信息学是一个通过发现、管理、整合、分析、可视化和保存相关生物、环境和社会经济数据与信息的创新工具与方法支持科学家生产新知识的框架（Michener and Jones，2012）。它包括机器学习、人工智能及其他可以提供自动化数据处理的方法（Hale and Hollister，2009）
医学信息学	医学信息学是伴随着计算机技术在生物医学领域的应用而产生和发展起来的。20 世纪 70 年代初期，国际信息处理协会（International Federation for Information Processing，IFIP）首次使用了医学信息学一词；70 年代末，第三次国际医学信息学大会（MED-INFO）上首次规范了医学信息学学科名称（董建成，2004）。1979 年成立了国际医学信息学学会（Wyatt and Liu，2002）	医学信息学是对改善病患数据、临床知识、人口数据以及其他与病患健康和社会卫生相关的信息的管理方法的研究和应用（代涛，2001）。以便在卫生管理、临床控制和知识分析过程中做出决策和解决问题的科学（董建成，2004）
地球空间信息科学	空间定位技术、航空和航天遥感、地理信息系统和互联网等现代信息技术的发展及其相互间的渗透，逐渐形成了地球空间信息的集成化技术系统，使得人类能够快速及时和连续不断地获得有关地球表层及其环境的大量几何与物理信息，形成地球空间数据流和信息流，从而促成了地球空间信息科学的产生（李德仁和李清泉，1999）。法国的大地测量和摄影测量学家 Bernart Dubuisson 于 1975 年将该词的法文“Geomatique”正式用于科学文献（李德仁，1998）	地球空间信息科学是以全球定位系统（GPS）、地理信息系统（GIS）、遥感（RS）等空间信息技术为主要内容，用于采集、量测、分析、存储、管理、显示、传播和应用与地球和空间分布有关数据的一门综合和集成的信息科学和技术。摄影它是地球科学的一个前沿领域，是地球信息科学的重要组成部分，是数字地球的基础
水信息学	1989 年出现了 Hydroinformatics 一词，1991 年，荷兰 Abbott M. B. 的专著 *Hydroinformatics: Information Technology and the Aquatic Environment* 的出版标志了水信息学的正式诞生（Tao，1994）	水信息学是在水范围内运用知识的新途径和元知识（Abbott，1999）。具体而言，水信息学是研究与水环境相关数据的收集、处理、存储、传播、分析和图形显示等的学科，它通过综合数学、计算机科学和传统水环境科学工程学的方法，来揭示大量复杂的水环境科技奥秘，解决水环境科技难题（李树平，2002）

续表

学科名称	背景与时间	内涵
材料信息学	随着新材料、新技术、新工艺和新方法的层出不穷，材料信息的数据量和复杂性大大提高。从大量的数据与信息中提取和发现这些关系对材料科学家来说也是一大挑战。1999 年在波士顿举行了“Materials Informatics——Effective Data Management for New Materials Discovery”国际会议，提出了材料信息学（John，1999）	材料信息学利用信息科学和计算机网络技术对材料信息进行收集、存储、加工、检索、提取、交换、传输、分析、研究和应用（宋庆功，2003），以实现材料信息的共享和有效知识挖掘，揭示材料的内在本质，促进新材料的开发和设计（魏群义和彭晓东，2007）
天文信息学	为了有效地应对和最大限度地从现有及未来的大天空调查与大量的数据生产项目中获得科学回报，天文学领域必须挖掘和支持该领域的信息科学家，必须承认并支持创建一个主要的新分支学科，即天文信息学	天文信息学是对数据密集型天文学和天文物理学研究与教育的规范化（Borne，2007）。它涵盖了数据组织、数据描述、天文分类学、天文概念语义、数据挖掘、机器学习、可视化、天文统计学等相互关联的领域。主要研究内容包括：数据模型、数据转换和归一化方法、索引技术、信息提取和整合方法、知识发现方法、基于内容和基于语境的信息呈现、一致化的语义描述、分类学、天文本体论等（赵永恒和崔辰州，2011）

通过对上述专门学科信息学定义与内涵的介绍，可以发现学科信息学的主要共性特征包括以下几方面。

1）产生背景：在科学研究进入第四范式的大背景下，“数据密集”已逐步成为各学科的显著特色，处理各种海量、异构、复杂数据的需求日益紧迫。加之计算技术、网络技术等迅猛发展，为学科信息学的产生与发展创造了时代背景并提供了技术支持。

2）研究对象：任何一门学科都是专门对某一现象、事物或人类行为进行系统化研究的结晶。学科信息学是各专门学科对该学科的多源异构海量数据信息从零散到系统研究之后发展起来的新兴学科。因此，学科信息学以学科的数据信息为研究对象，旨在挖掘并研究此类信息学中潜藏的、更有价值的信息与知识。例如，生物信息学的研究对象是分子生物学数据，生态信息学的研究对象是生物、环境和社会经济数据等。

3）数据来源：主要来源于专门学科在发展过程中产生的大量科学数据。

4）研究技术与方法：通常包括数学、信息科学、智能计算技术、通信技术等，覆盖数据的收集、存储、加工、检索、提取、交换、传输、分析等全过程。

5）研究目的：①揭示学科的内在实质与联系；②基于科学数据分析进行知识发现；③对学科发展进行合理规划与管理；④促进学科社会功能的实现。

1.1.3　学科信息学的内涵

在大量分析已有专门学科信息学发展基础上，结合科研环境变化与需求，张志强等（2015）提出学科信息学这一新概念。学科信息学是指学科领域在科研创新中应用信息科学与计算科学的技术、手段与方法，进行科学数据收集、存储、处理、再分析、可视化和知识发现，从而创造新知识、发现新方法、提供学科战略决策咨询服务的交叉性学科。学科信息学是对专门学科信息学的总结与概括，是专门学科信息学概念的一般泛化和普适应用，可用以归纳专门学科信息学的一般特征、理论思路、研究方法、应用实践规律等。可以说，学科信息学的本质是学科研究的全面信息化和数据化，是信息科学和数据科学在特定学科领域研究中的内生化应用。学科信息学是基于学科数据的、用于科学研究发现活动的一般性规律的科学，重点突出了对学科信息、数据的计量分析与挖掘分析。

1.1.4　学科信息学——一门独立的新兴学科

一门独立的学科，有其形成、发展、兴盛、分化和老化的过程。一门新学科的形成和成熟，具有一些基本的评判标准，主要有：提出学科名称、有学科专家群体和学科带头人、成立专业学术研究机构、有系列学术专著问世及高等学校开设相关课程等（刘瑞兴等，2004）。已有分析表明，一系列专门学科信息学已经粗具规模并发展壮大，基本满足了学科信息学成为独立学科的基本标准。

1）1991 年在马德里召开的第 24 届国际水力学研究会上，Abbott 倡议将原来国际水资源、水环境研究协会下属的“计算水力学委员会”改名为“水信息学委员会”，并得到了广泛的认可。1992 年丹麦水力学研究所的“计算水力学中心”更名为“水信息中心”，并于 1994 年在荷兰召开了第一届国际水信息学学术讨论会“国际水信息学会议”（International Conference on Hydroinformatics），之后每两年召开一次。水信息学还具有自己的专门期刊——《水信息学期刊》（*Journal of Hydroinformatics*，1999 年创刊）（顾正华等，2003）。

2）1979 年成立的“国际医学信息学学会”（International Medical Informatics Asciation，IMIA）是国际医学卫生信息学领域内公认的领导组织，也是世界卫生组织（World Health organization，WHO）认可的非政府组织。目前，IMIA 每两年召开一次全球医学信息学大会。医学信息学领域的专门期刊、专著比较多，如 Elsevier 公司旗下的《国际医学信息学期刊》（*International Journal of Medical Informatics*）、Springer 出版的《医学信息学——计算机在健康与生物医学中的应用》（*Medical Informatics-Computer Applications in Health Care and*

Biomedicine)（Shortliffe and Cimino，2006）等。医学信息学的专业教育起步较早，美国国家医学图书馆（US National Library Of Medicine，NLM）在 1972 年就开始支持医学信息学研究生培训计划，现在不但建立了医学信息学系并开展了规范的学位教育，而且形成了较为专业的研究中心和得到公众认可的学术单位。欧洲的许多医学院校在 20 世纪 90 年代初也设立了医学信息学专业，荷兰鹿特丹伊拉斯姆斯大学同时有医学信息学的医学博士和哲学博士课程。我国教育部在 2003 年将医学信息学正式列为高等教育目录外专业（董建成，2004）。

3）化学信息学领域专家 Gasteiger 对化学信息学有较为全面和深刻的认识，著有《化学信息学手册》（*Handbook of Chemoinformatics*）（Gasteiger，2003a）及《化学信息学教程》（*Chemoinformatics-A Textbook*）（Gasteiger，2003b）等著作，书中对化学信息学的主要研究内容和关键技术进行了解析。2005 年，几经更名的《化学信息与模拟》（*Journal of Chemical Information and Modeling*）正式出版（Chen，2006）。同时，化学信息学教育也得到了发展。美国、欧洲、澳大利亚的很多大学开设了化学信息学课程。美国印第安纳大学设立了化学信息学硕士学位。在我国，北京大学、南京大学、中国科技大学、复旦大学等院校先后开设了化学信息学课程（陈泓等，2004）。

4）首届国际生态信息学大会于 1998 年在法国举办，已逐步发展成为全球生态学界最重要的学术研讨会。1999 年协会创办了《生态信息学》（*Ecological Informatics*）期刊（SCI 收录，Elsevier 出版）。2014 年 10 月，第九届国际生态信息学大会（The 9th International Conference on Ecological Informatics）在中国举办，此次大会主题为“快速城市化及大规模水资源开发下的生态信息学”（《水利水运工程学报》编辑部，2014）。

张志强和范少萍（2015）首次提出了学科信息学的概念，虽然其作为独立学科的发展时间还很短，但随着专门学科信息学的不断发展与完善，学科信息学必将成为一门数据密集型科研环境下的横断型应用基础性学科。

1.1.5 学科信息学与专门学科信息学及其他学科的关系

学科信息学是在专门学科信息学发展与应用的基础上发展起来的，是专门学科信息学理论与实践的一般化发展。专门学科信息学为学科信息学的提出与发展奠定了坚实的理论、方法与实践和案例基础；学科信息学的提出为专门学科信息学的发展提供了有力保障与宏观的理论、方法、路径等的支持，特别是为那些还没有独立出专门学科信息学的学科，在数据密集型时代提供了很好的数据信息处理和挖掘的理论与技术指导。因此，学科信息学的理论、方法、研究流程等的发展，将更好地服务于专门学科信息学的深入发展。

学科信息学以某一专门学科领域为依托，以学科理论与知识体系为核心，以数学、信息科学与计算技术为基本工具，以通信技术、网络技术为传播途径，以知识发现为根本目的。学科信息学本身就是一门交叉性很强的边缘学科，它的出现与互联网和计算技术的发展息息相关（朱杰，2005）。因此，它的发展离不开数学和计算机科学的支持与发展，更离不开与其他学科的相互交叉与影响，需要更加重视与多学科的协调发展。可以说，学科信息学是学科领域知识创新发展的应用手段性学科。学科信息学在科学沃土上的生根、发芽与茁壮成长，与其他学科的承载与支持休戚相关。

1.2　学科信息学关键问题研究

1.2.1　学科信息学的研究内容

学科信息学作为一门独立的学科，有其自身的主要研究内容。然而，要得出科学有效的学科信息学研究内容与思路，还需借鉴已有专门学科信息学的研究内容，从而总结规律、概括要点、得出结论。表 1-2 对一些专门学科信息学的研究内容进行了简要介绍。

表 1-2　一些专门学科信息学的研究内容

学科名称	研究内容
化学信息学	用计算机技术和计算机网络技术对化学信息进行表示与管理，包括化合物的结构编码、分子图形学、虚拟现实技术、数据库、专家系统与人工智能等。 利用计算机网络技术对化学信息进行收集、传播和共享，主要包括利用各种 Internet 服务进行的化学信息交流和共享，如基于 Email 服务的通信讨论组，基于 Gopher、WWW 的化学信息数据库、化学信息服务网站及虚拟社区等。 化学体系的计算机模拟或建模，包括波谱模拟、电化学模拟及分子模拟。 利用计算机技术对复杂的化学信息进行解析，以快捷方便的方式最大限度地提取和利用有用信息，主要包括各种化学计量学方法用于复杂体系化学信号和弱化学信号的信号处理，进行化学信号的平滑滤噪、基线矫正、信号分辨等（邵学广和蔡文生，2002）
医学信息学	研究医学信息的概念、属性、本质、表征和度量，甚至包括哲学意义上的探讨。 研究医学信息系统的概念、构成、功能、原理、方法和手段。在一般信息论的指导下，研究医学信息的产生、提取、检测、变换、传递、存储、处理和识别。 研究利用医学信息进行控制的原理和方法。在控制论的指导下，研制各种信息化、智能化的诊疗设备。 研究实现医学信息系统最佳组织的原理和方法。在系统论的指导下，运用系统工程的技术，以及硬件工程、软件工程和知识工程的方法，研制最有效的医学信息系统（顾骏，2006）

续表

学科名称	研究内容
天文信息学	在天文应用中创新性地使用信息技术，包括决策支持（用于机器人望远镜和对机会目标的回应）和动态数据驱动的应用（如对天空实时警报的自动后续观测）。 用于组织、存储和索引大数据集的工具，数据集包括大天空调查数据和数值仿真。 有效地管理和使用信息与数据，包括知识获取和管理，科研工作流工具，数据挖掘、获取和传播、可视化展示，以及大规模数据存储库和档案的管理工作。 信息和知识处理，自然语言处理，信息提取，整合异构数据源中的数据，事件监测以及特征识别。 知识表达，包括术语、分类学、本体和相关语义元数据等。 元数据用于连接实验和模拟结果，有利于天文研究（如将观察到的天体物理现象与数值模拟输出进行匹配）。 针对特定的天文研究问题与项目的人机接口，包括接口的设计、使用和理解专门学科信息、智能代理以及信息需求与使用。 与科学应用相关的高性能计算与交流，包括高效的机-机接口，信息传输与存储，实时决策支持。 创新性地使用信息技术与真实的科研数据以加强学习、保存和理解专门学科信息（Borne，2010）
生物信息学	各种生物数据库的建立和管理。这是一切生物信息学工作的基础，通常需要有计算机科学背景的专业人员与生物学家密切合作。 数据库接口和检索工具的研制。必须发展查询数据库和向库里提供数据的方便接口。这是专业人员才能胜任的工作，通常在生物信息中心进行。 研究新算法，发展方便适用的程序，是生物信息学的日常任务。 从海量数据中提取新知识，从已经积累的数据和知识出发，预测蛋白质的结构和功能（黄科等，2002）
水信息学	水信息学的研究内容主要侧重应用技术方面，有以下几种说法： 水信息学研究的两条主线分别为知识发现和知识管理（Abbott，1999）。 研究内容为人工智能、数学模型、可视化技术、数据采集与处理、优化技术、3S技术等（李桂芬等，2005）。 主要研究内容包括数据的获取和分析（如SCADA①、遥感、遥测、数据模型、数据管理和数据库技术等）、先进的数值分析方法和技术（如一维、二维和三维水力、水质和水生态模型，参数估计和过程识别方法）、控制技术和决策支持（如基于模型控制、不确定性处理、决策支持系统、分布影响评价和决策、Internet和Intranet等）、标准软件的开发（如海岸和河口污染物扩散的过程分析软件、水资源的流域管理软件、城市给水排水系统软件、计算机辅助教学软件等），以及智能科学理论和新技术的应用（如人工智能、专家系统、人工神经网络、进化计算、模糊逻辑、数据挖掘技术、数据仓库技术、数据融合技术、并行计算技术、分布和扩散模型、面向对象和代理等）（顾正华等，2003）

针对学科信息学的研究对象及上述对几种发展成熟的专门学科信息学研究内容的介绍，笔者总结提出一般学科信息学的主要研究内容。一般学科信息学的研究内容分为理论与技术两大维度。

① SCADA（supervisory control and data acquisition）指数据采集与监视。

1）理论方面：研究学科信息学的概念、内涵、学科属性、研究对象与内容、研究方法与工具等。

2）技术方面：研究学科信息学的主要技术与标准。包括学科信息学数据资源体系建设、学科信息学研究方法及其改进、学科信息学平台及系统建设、新技术或方法在学科信息学中的应用等。

其中，理论研究是学科信息学的基本研究内容；技术研究包括学科信息学在应用中解决问题所需的技术、方法与平台、工具等。这两个方面是对学科信息学主要研究内容的概述，在实际工作中，由于学科信息学的交叉学科特性，其研究内容非常丰富。例如，技术研究中的方法研究包括知识获取、知识发现、知识挖掘、知识组织、可视化等多种方法。

1.2.2　学科信息学的学科体系

根据学科信息学的主要研究内容，参照某一学科产生、发展与成熟的发展过程，建立一般学科信息学的学科体系，如图 1-2 所示，主要包括基础理论、方法技术、应用分析与教育管理四个方面。其中，基础理论是学科信息学产生及发展的基础，方法技术对该学科的发展起到支撑作用，应用分析是该学科发展的目的，教育管理是该学科的延伸与提升，是促进该学科纵深发展的有力途径。教育管理又可以促进学科信息学基础理论、方法技术、应用分析等的发展，可以说是该学科发展的最高目标。

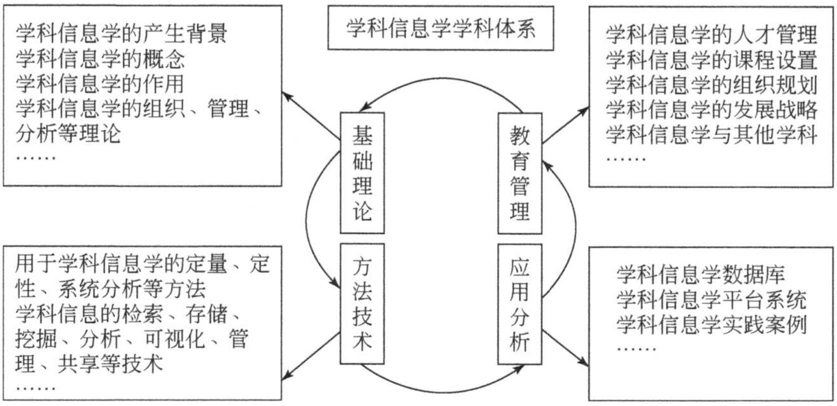

图 1-2　学科信息学的学科体系

学科信息学的学科体系正是上述四个方面相互关联、有机搭配、合理组合而成的一个完整的整体。该学科体系图不仅展示了学科信息学的主要研究内容与发展思路，更揭示了四个研究方面之间的关系。这四个方面既独立发展又相互影响，它们之间不是简单的线性关系，而是形成了循环促进的有机链模式，充分体现了学科信息学发展的全面性、深层次性、广博性与连续性。

学科信息学的学科体系是在数据密集型科研背景下，根据学科信息学的特点、发展现状及需求总结而来的，是学科信息学通用的、一般的研究思路。同时还要注意到不同学科间的差异性，在应用时应结合具体学科、具体应用环境等进行适当调整，从而实现学科信息学的研究目的。

1.2.3 学科信息学的关键技术与方法

1.2.3.1 数据生命周期管理与分析

数据既是数据密集型科学研究的核心与关键，又是学科信息学的研究对象。因此，对数据生命周期的管理、分析与挖掘，是学科信息学的重要研究内容之一。图 1-3 展示了数据在其生命周期中的流动情况，说明了数据的管理流程及其转换成新知识所需经过的步骤。该数据生命周期主要包括两个阶段：一是步骤 1 ~ 步骤 5 的新数据的收集，然后直接到步骤 8 的数据分析；二是步骤 6 ~ 步骤 8 的数据合成或元分析。当然，以上两大阶段并不是相互排斥的，各步骤也并非连续执行的，但学科信息学的工具与技术贯穿整个数据生命周期（Michener and Jones，2012）。

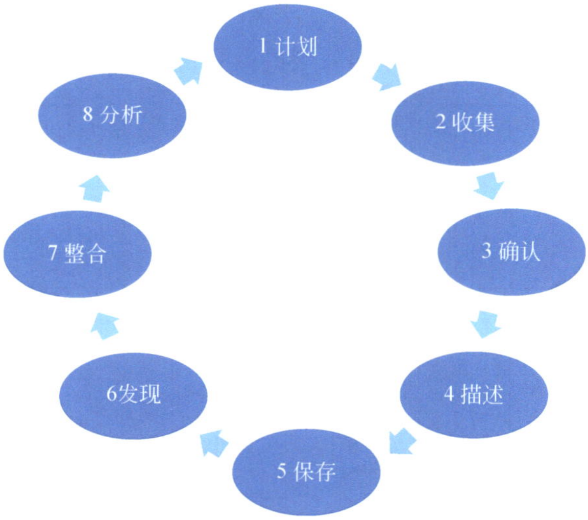

图 1-3　数据生命周期图

资料来源：Michener and Jones，2012

1.2.3.2 数据资源标准与体系

学科数据资源体系涵盖内容广泛，既包括对数据资源的描述、规范与组织，又包括对数据资源的管理、更新与使用，是在数据生命周期基础上的多源数据组织、管理与使用。

目前，指数级快速增长的学科数据资源使得对学科数据资源的科学有效管理与组织成为学科信息学发展的首要问题。创造数据密集型科研环境，实现对数据多层次、多角度、实时性、系统化的管理，使得领域间数据可开放、可共享、可交互、可互操作、可开发、可复用，提高数据质量与可信度，是学科信息学数据资源体系建设的根本目标。利用元数据或本体技术对数据资源进行统一组织与管理，构建领域数据资源模型，可进一步提高数据资源管理与利用效率。例如，生物医学领域的基因本体（GENE ONTOLOGY，http://geneontology.org/）、疾病本体（DISEASE ONTOLOGY，http://www.disease-ontology.org/）等，利用本体技术，运用统计学及自然语言处理等方法，构建了对相关实体进行限定和描述，揭示实体间丰富的关系，并随着研究深入开展可不断更新的领域语义标准，实现对领域知识的高效组织、统一管理与不断更新。基于此，进一步扩充与整合领域数据资源，完善学科数据资源体系建设。

1.2.3.3　知识发现过程与技术

研发新方法、创造新知识，是学科信息学的核心研究内容。因此，利用计算技术与方法对学科数据进行分析，从而实现知识发现是学科信息学研究的关键内容与过程之一。图 1-4描绘了知识发现过程流。

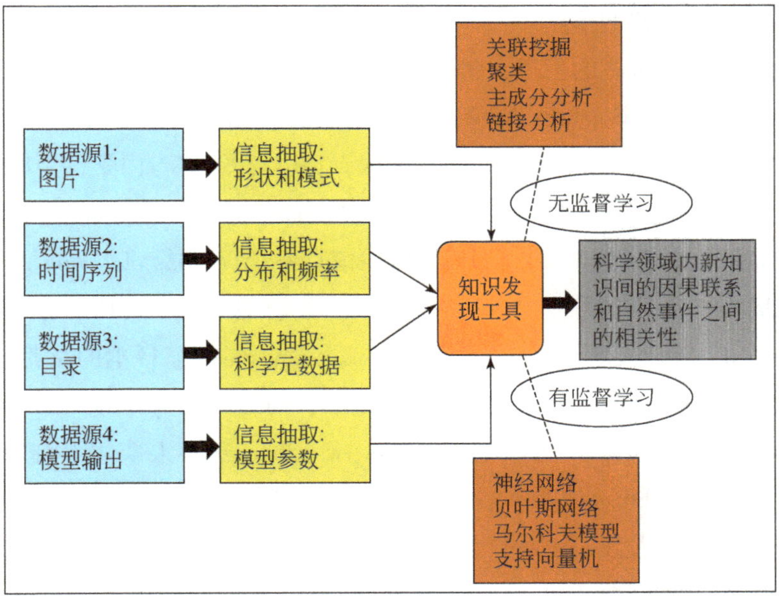

图 1-4　知识发现过程流

知识发现过程流主要工作流程如下：①从分布式、异构数据源中提取不同类型的信息；②使用多种知识发现算法（如机器学习等）从获取的信息中挖掘新知识；③利用推理技术，将上述新知识应用到学科发展中。图 1-4 中最左边的是数据层，主要包括数据的标准化、保存、组织、索引、如何呈现给用户、如何解释等语义协议。第二层是信息层或元数据层，应用于知识发现层的信息抽取的标准化表示是该层所必需的，也是整个知识发现过程流中关键的一层。该层包括标准化科研元数据、分类法、本体、术语表、基于 XML 的信息表示等（Borne，2010）。第三层是知识发现层，利用各种知识发现算法与工具，从标准化的信息中发现新知识。最后一层是知识推理应用层，学科专家利用自己原有的知识结构与体系，将获取的新知识重新应用到学科发展过程中。在整个知识发现过程流中，数据标准化及知识发现方法是关键。

1.2.3.4 学科信息学科研网络及专业科学大数据平台

科研数据网络是科研信息化基础设施的必要组成，贯穿数据密集型科研活动中的科研数据的产生、传输、存储、处理和应用各个环节，跨越地域时空，连接科学家、科研装置、科学数据库、文献情报等各项要素（葛敬国，2014）。如今，快速发展的元数据、关联数据、云计算、云技术等技术为分布式、异构化、大规模的科研数据网络平台的构建提供了良好的技术支持。该数据平台中不仅包括用于分析的所有数据内容，还包括对数据的处理与管理，是数据密集型科研环境下科研网络的重要组成部分。对科研网络及数据平台进行建设，是保证学科信息学快速发展的前提，对于满足不同科研需求、提升科研服务、实现科技创新等具有重要的作用。

随着数据密集科研范式的发展，世界各国的专业领域科研网络陆续建成，如北美的 Internet2、ESnet（Energy Sciences Network），欧盟的 GEANT，连接欧亚科研网络的 TEIN（Trans-Eurasia Information Network）等（葛敬国，2014）。一些专门学科领域的数据平台也在不断发展完善，如世界微生物数据中心（World Data Center for Microorganisms，WDCM，http://www.wdcm.org/）、澳大利亚生物多样性信息系统（Atlas of Living Australia，ALA，http://www.ala.org.au/）、欧洲空间局空间环境信息系统（The Space Environment Information System，SPENVIS，https://www.spenvis.oma.be/）、日本的京都基因与基因组百科全书（Kyoto Encyclopedia of Gene and Genomes，KEGG，http://www.kegg.jp/）、基因组数据库（Genome Database，GDB，http://www.gdb.org）、人类基因组计划（Human Genome Project，HGP，http://www.genome.gov/10001772）等。特别是，一些科学大数据平台，既有领域的科学大数据体系，也有不断强化的领域数据分析和知识发现的功能，可以促进科技领域的知识发现。例如，乌克兰 Enamine 公司在美国国立卫生研究院（National Institutes of Health，NIH）的资助下合作创建了化学分子数据库“Enamine”平台（Lyu et al.，2019），已经包含有 3.8 亿个分子、300 万种化合物、12 万片段化合物、1 万共价结合剂、独特药物库（化学家最近合成的新的独特和昂贵的构建模块的衍生物），并将持续扩展数据规模，该数据平台通过虚拟筛选技术（像在 Amason 网站上寻找一本书一样），开展化学生物学研究以提高药物发现的成功概率。DisGeNET 知识发现平台（Piñero et al.，2017）是一个集成了基因疾病关联（gene-disease associations，GDAs）多个公共数据源和文献信息的知识发现平台，旨在解决有关人类疾病的遗传学问题。涵盖 6 万种金属氧化物材料的 Materials Project 数据库，通过两年数百次的理论计算获得了 12 种有助于太阳能燃料合成的催化剂，而过去 40 年科学家“误打误撞”才发现了 16 种催化剂。以上这些科研网络及数据平台的建成，极大地方便了科研数据的获取、存储、分析与知识发现，实现了科研信息间的快速有效传播，加快了科研进程，保障了科学研究的时效性。

1.2.3.5　支撑技术与方法

学科信息学的交叉学科特性为其快速发展奠定了良好的基础，同时也为其支撑科研、服务创新提供了有力的支持。因此，除专门学科知识外，在数据生命周期管理与分析、数据资源体系建设、知识发现过程与技术及专业数据平台建设中，信息科学与计算技术得到充分利用。目前，学科信息学研究中涉及主要的信息科学与计算技术如图 1-5 所示，该图比较具体地说明了学科信息学中所使用的相关技术与方法。

信息科学是学科信息学的研究对象——学科数据信息加工与处理的理论基础与方法保障。信息科学中的信息论、概率论、统计学等方法，实现了对原始学科信息的初步处理与计算。图论、群论、拓扑学、运筹学等方法，实现了对原始学科信息的可视化及深层次挖掘。计算技术中常用的机器学习、知识发现、人工智能等技术，实现了对原始学科信息或初加工后的学科信息的挖掘，并寻找信息间的关联关系。互联网技术、虚拟网络技术等为上述技术的平稳运行提供技术支持。随着学科交叉融合的发展，信息科学与计算技术之间不再是相互独立的关系，而是“你中有我，我中有你”的嵌套关系。因此，图 1-5 中在信息科学与计算技术之间添加了一条黑色实线，表明两者间联系紧密。

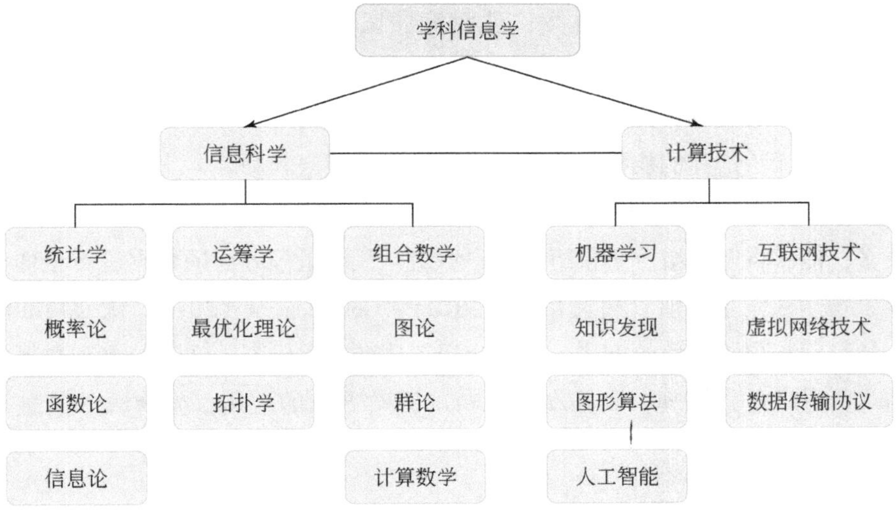

图 1-5　学科信息学中的主要支撑技术与方法

1.3 代表性学科信息学领域——生物医学信息学[①]

生物医学信息学（biomedical informatics）是包括生物信息学、医学信息学在内的综合性交叉学科，是研究和探讨包括分子生物学、临床医学和健康数据采集、处理、储存、分发、分析、解释和可视化等在内的所有方面的科学，是综合运用计算机科学、生物学、信息学等各种技术，以展示或挖掘数据所包含的意义，进而辅助生物医学研究与应用的科学（Embi et al.，2009；Sarkar，2010）。生物医学信息学作为专门学科信息学代表，已发展成为一门成熟学科，本节重点从数据资源体系建设与变化、数据分析工具与平台、数据分析方法与技术、关键应用领域四个方面介绍生物医学信息学的发展现状，从而进一步加强对一般学科信息学关键问题的研究与讨论，并为一般学科信息学未来发展提供借鉴。

1.3.1 生物医学信息学发展背景

自 2015 年 1 月 20 日美国总统奥巴马在国情咨文中提出“精准医学计划”（Precision Medicine Initiative，PMI）（The White House Office of the Press Secretary，2015）并于当月正式启动以来，各国政府迅速跟进。澳大利亚、法国、韩国及我国政府正式启动国家层面的“精准医学研究”计划，预示着全球精准医学时代的到来。精准医学（Precision Medicine，PM），是一种考虑个体在基因、环境和生活方式等方面差异的创新方法，为医疗专业人员治疗疾病提供有针对性的治疗方案，进而发展医学研究，保证人类健康（The White House-President Barack Obama，https://obamawhitehouse.archives.gov/precision-medicine）。精准医学概念的正式提出，为传统的医疗和医学模式指明了新方向，借助组学与大数据技术进一步开展尚无法治疗的疾病的研究，以解决人类健康问题。

精准医学是一个多学科、多领域、多技术融合的医疗体系（焦怡琳等，2015），通过大数据技术，能够将基因组、转录组、蛋白质组、代谢组等方面的数据进行全面整合，深入挖掘其生物学和医学价值（付文华等，2016）。Gonzalez 等（2016）认为精准医学将彻底改变人类治疗和预防疾病的方式，对可应用于精准医学研究的文本挖掘和数据挖掘的基本方法与最新进展进行梳理，以推动其在精准医学方面的应用。生物医学信息学是生物

① 本节内容来自张志强等（2018），对部分细节进行完善。

学、医学和信息学等融合发展的交叉学科，是研究如何利用医学领域相关数据并使其产生价值的科学，需要建设与维护海量多源生物医学的数据资源，需要大数据技术、计算技术和互联网的技术支持。因此，在精准医学蓬勃发展、快速推进的过程中，对生物医学信息学学科发展提出了更高要求。

1.3.2　数据资源体系建设与变化

根据精准医学需求，生物医学信息学需采集的数据类型既包括电子病历中结构化和非结构化临床数据、生命体征与既往病史数据、医疗保险数据、生物样本组学数据、地理和环境数据、调查与观察数据等（钱庆，2015）医学临床诊疗数据，又包括科学文献、药物研发专利等文本数据。随着生物医学领域数据资源体系的发展，现有数据已覆盖基因、蛋白质、通路、疾病、表型、药物等全过程，数据类型丰富，数据量大且增长迅速，急需加强数据资源标准和体系建设，以实现对数据全生命周期的管理与有效利用。

1.3.2.1　数据资源标准建设

国际生物医学信息学领域有重要影响的三家研究机构分别为美国国家生物技术信息中心（National Center for Biotechnology Information，NCBI）、欧洲生物信息学研究所（European Bioinformatics Institute，EBI）、瑞士生物信息学研究所（The Swiss Institute of Bioinformatics，SIB），其拥有的基因、蛋白质、化合物、结构等不同类型数据库已达数百种。随着测序技术的发展、多组学数据的交叉融汇，未来将会有更多类型、更大数量的生物医学数据待加工、存储与利用。如此海量多源的生物医学数据资源种类与数量，在更新维护、存储管理等方面需要投入大量的人力、财力、物力等资源。同时，面对生物医学领域数据的指数级增长，建立国际通用的标准化数据规范，在国际医疗组织、科研团体等之间的数据共享、资源整合、学术交流、医疗合作等方面具有广阔前景，也是实现精准医学的前提与保障。一些组织已制定领域标准，以支持数据标准化建设。例如，为规范基因组数据的描述、交换和整合，国际上成立了基因标准联盟（The Genomic Standards Consortium，GSC），该联盟制定了一系列基因序列格式标准，如 MIGS（Field et al.，2008）、MIMARKS（Yilmaz et al.，2011）等。MeSH 主题词表在 PubMed、MedLine 等生物医学文献标引、领域本体建设、领域知识图谱构建等方面发挥了重要作用，极大地促进了文献数据的共享，提高了语义查询的准确率。

1.3.2.2　数据资源体系建设

只有建立起覆盖疾病全过程的合理的数据资源体系，奠定坚实的基础数据资源，才能实现精准医学的最终目标。由于生物医学数据资源类型丰富，资源分类也更加精细化、科学化。通过梳理汇总 NCBI、EBI、SIB 的数据资源体系，结合目前生物医学领域主流数据库的特点，可以将生物医学数据资源类型主要分为以下类型：①核酸数据库。核酸数据库是指 DNA、RNA 序列的数据资源库，如 GenBank、miRBase、EMBL 等。②蛋白质数据库。蛋白质数据库是指存储蛋白质信息的数据资源库，如 Swiss-Port、PDB、trEMBL 等。③药物数据库。药物数据库是指存储药物数据（如化学数据、药理数据、靶点信息等）的数据资源库，如 DrugBank、PharmGKB、PubChem 等。④通路数据库。通路数据库是指存储物种内各项反应及生物学路径的数据库，如 Reactome、KEGG、BiGG 等。⑤基因/突变-疾病数据库。基因/突变-疾病数据库是指存储与疾病相关的遗传变异信息的数据库，如 ClinVar、OMIM、TCGA 等。⑥文献数据库。文献数据库是指存储各种生物医学文献等科学知识的数据库，如 PubMed、Medline、ClinicalKey，以及我国的 Sinomed、万方医学网等。⑦临床试验数据库。临床试验数据库是指存储公共或私人资助的关于人类受试者参与的临床试验的过程和结果的数据库，如 ClinicalTrials. gov，国内 ChiCTR 等。

1.3.2.3 数据资源体系变化

（1）机构数据库的数据变化

Nucleic Acids Research 期刊每年都进行相关数据库的统计分析，2017 年第 1 期“数据库特刊”中介绍道，过去一年生物医学领域新建 54 个数据库，98 个数据库数据进行了更新（Galperin et al.，2017）。其中，美国国家生物技术信息中心（NCBI）的六大类数据库（文献、健康、基因组、基因、蛋白质和化合物）的数据量均有不同幅度的增加（表 1-3）。这些数据量的快速增长对数据存储、处理与分析工具提出了更高的要求。

表 1-3 NCBI 部分数据库的数据量及增长量

数据库名称	数据量/条	年增长量/%
PubMed	26 413 966	4.7
MeSH	265 382	2.4
ClinVar	159 184	27.4
dbVar	6 147 903	37.2
SNP	819 309 474	16.1
Taxonomy	1 617 350	13.3
Gene	24 351 351	13.8
Protein	307 799 547	37.7
PubChem Compound	91 679 397	50.9

注：表中数据时间截至 2016 年 9 月 3 日。

资料来源：NCBI. TOOLS. 2017. https://www.ncbi.nlm.nih.gov/guide/data-software/。

（2）主题数据库的数据变化

核酸数据库以美国 GenBank 数据库的数据量变化为例。GenBank 是 NCBI 建立的 DNA 序列数据库，其中的数据资源被分为 12 个类别、5 个高通量类别和专利序列（PAT）等 20 种分类。数据库中的 Bases 和 Sequences 数据自 1982 年 12 月至 2017 年 6 月数据增长情况如图 1-6 所示。自 2002 年以后，呈明显指数级增长。

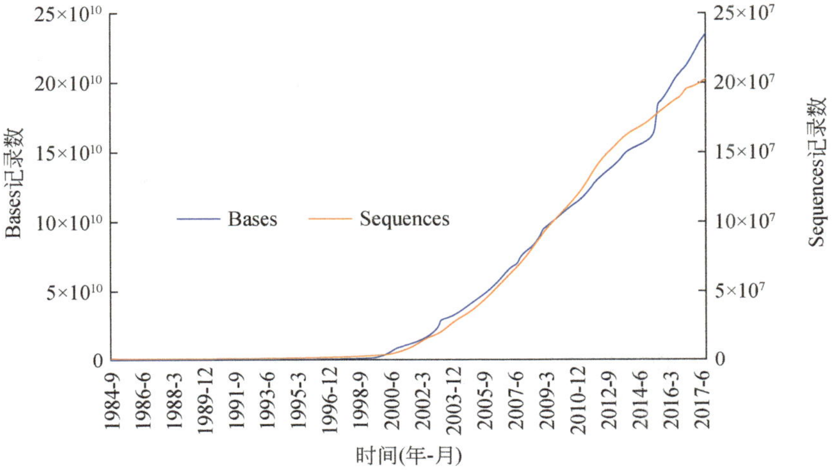

图 1-6　GenBank 数据库中的 Bases 和 Sequences 数据变化情况

资料来源：NCBI. 2017. GenBank and WGS Statistics. https://www.ncbi.nlm.nih.gov/genbank/statistics/

药物数据库以加拿大的 DrugBank 为例。DrugBank 在 2006 年首次发布，包含丰富的注释资源，结合了详细的药物数据（如化学数据、药理数据）和药物靶点信息（如序列、结构和作用途径）。截至 2017 年 9 月，DrugBank 数据库中包含的数据信息如图 1-7 所示。

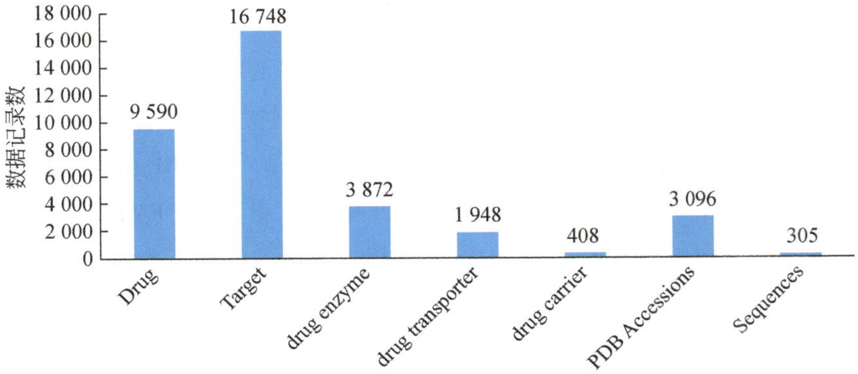

图 1-7　DrugBank 数据库中包含的数据信息（截至 2017 年 9 月）

资料来源：Wishart DS et al. 2017. DrugBank Statistics. https://www.drugbank.ca/stats

虽然 DrugBank 数据库总量与其他数据库相比较小，但每条药物信息均经过人工编审，附加了其他相关的靶点等信息，进一步提高了数据的准确率与可用性。

临床试验数据库以美国的 ClinicalTrials. gov 为例。ClinicalTrials. gov 是由美国国立卫生研究院（National Institutes of Health，NIH）和美国食品药物管理局（Food and Drug Administration，FDA）维护的临床医学数据注册和结果数据库，为患者及其家属、医护人员、研究人员和公众提供有关疾病与病情的公开及私人支持的临床研究信息。截至 2017 年 9 月，ClinicalTrials. gov 已经注册了 200 多个国家的 255 356 项研究。数据库累积注册临床试验数量自 2007 年后增长迅速（参见 ClinicalTrials 网站），不仅表明科研人员对临床试验项目的规范化管理与重视，更表明临床试验活动正在广泛开展。

从上述数据量变化中可以看出，无论是机构数据库还是主题数据库，存储数据在 2000 年之后均呈现较明显的增长趋势，且近几年的年均增长速度较快。这些数据的快速增长，反映了学科领域本身的快速发展，对数据存储与处理提出了更高要求。

1.3.3 数据分析工具与平台

多源异构海量生物医学数据的出现，对数据分析工具与平台的要求与日俱增。为应对领域科学大数据提出的挑战，从海量数据中发现更有价值和意义的生物医学知识，专门用于生物医学分析的工具与平台层出不穷。

1.3.3.1 生物医学数据分析工具

国际三大生物信息学研究机构（NCBI、EBI、SIB）在推出自己数据库的同时，也给出了相应的数据分析工具，以辅助科研人员更好地利用已有数据和资源。例如，NCBI 提供的 BLAST（Basic Local Alignment Search Tool），可以迅速与公开数据库中的序列进行相似度比较，按照评分高低、序列相似度对结果进行排序，这也是目前采用最多的序列相似度分析工具之一。在此基础上，开发了 Primer-BLAST（引物特异性验证）、Genome BLAST 等工具（https://www.ncbi.nlm.nih.gov/guide/data-software/）。EBI 在其数据基础上，开发了 EMBOSS 系列工具（http://www.ebi.ac.uk/services/all），如 EMBOSS backtranambig、EMBOSS cpgplot、EMBOSS newcpgreport 等。SIB 根据资源类型对其数据分析工具进行了分类，如可用于基因与基因组序列比对分析的 Codon Suite、LALIG；用于蛋白质序列分析与识别的 LALIGN、Translate；用于结构分析的 SwissDock 等（https://www.sib.swiss/services-resources/databases-tools）。此外，数据库检索工具（ChEMBL BLAST Search）、文献数据管理工具（EndNote、NoteExpress）、通用数据分析工具（SPSS、R）等，均为生物医学数据管理与分析提供了极大的便利，更方便用户有效地挖掘与使用已有数据资源。

1.3.3.2　生物医学数据分析平台

（1）DisGeNET 知识发现平台

DisGeNET 是一个公开可用的研究基因–变异与人类疾病关系的知识发现平台（Piñero et al.，2017），集成了领域专家编审数据、全基因组关联分析（genome wide association study，GWAS）目录、动物模型和科学文献数据等多个公共数据源和文献信息，旨在解决各种有关人类疾病的遗传学问题。上述数据依据受控词表和领域本体进行了标注，确保数据的标准化与唯一性。DisGeNET 通过抽取全部来源数据中基因–疾病、变异–疾病间存在的关系，并根据证据等级计算关系的得分，实现基因–疾病、变异–疾病间关系的抽取与预测。DisGeNET（v5.0）中包含 561 119 条基因–疾病关系和 135 588 条变异–疾病关系（Piñero et al.，2017）。

（2）IPA（Ingenuity Pathway Analysis）平台

Ingenuity Pathway Analysis（IPA，http://www.lucidusbio.com/pro/showproduct.php?lang=cn&id=32）是一款一体化的云端数据分析平台，可以实现基因表达、miRNA 和 SNP 微阵列及代谢组学、蛋白质组学和 RNA-seq 等实验数据的分析和生物学解释，以帮助研究人员快速分析和理解实验数据。IPA 建有自己的数据本体，通过多源数据获取（文献数据、临床诊疗数据、生物数据库数据等），将从文献中获得的生物信息转变成知识库中统一标准的信息数据，在人工编审基础上，可以发现疾病、基因、药物、患者表型、分子机制等方面的内容与关系，且具有多种数据分析功能（QIAGEN，2013），如疾病或功能视图、通路设计、毒性清单和毒性作用、网络分析等。

此外，相关生物医学数据分析与知识发现平台还有 NIH 资助斯坦福大学开发的药物遗传学和药物基因组学知识库（Pharmacogenetics and Pharmacogenomics Knowledge Base，PharmGKB，https://www.pharmgkb.org/）、美国国家环境卫生科学研究所（National Institute of Environmental Health Sciences，NIEHS）资助北卡罗来纳州立大学开发的比较毒理基因组学数据库（Comparative Toxicogenomics Database，CTD，http://ctdbase.org/）、Wolters Kluwer（威科集团）开发的 UpToDate 临床顾问数据库（http://www.uptodatechina.com/product）等。上述分析平台的开发与利用，为生物医学研究与临床诊疗提供了极大的便利。

（3）IMPACT（Integrating Molecular Profiles with Actionable Therapeutics）平台

分子图谱与可行治疗方法整合系统（Integrating Molecular Profiles with Actionable Therapeutics，IMPACT），可用于临床上依据外显子测序数据预测可干预药物（Hintzsche et al.，2016）。这种临床决策支持平台，可以整合患者的电子病例、电子健康档案、组学检测数据等与患者健康相关的数据，为医生提供临床决策支持服务，这是对精准医学知识库的延伸与临床应用，也是对生物医学信息学成果的系统化应用。

1.3.4 数据分析方法与技术

当前，高通量 DNA 测序和质谱仪技术的进步使得科学家和医疗人员能够对人体的细胞和组织、体液等进行采样，同时综合个人健康档案等信息既可以全面了解个人的健康状况，又可以根据疾病发病开展有针对性的预防与治疗。但如何有效地利用和整合、计算与分析这些数据是最主要的挑战（Harvey et al.，2012）。因此，创新生物医学数据分析方法，加强大数据分析、云计算、机器学习、人工智能等理论与技术的研发、推广与应用，支撑和推动多维海量数据的精准分析工作，进一步挖掘数据潜藏的巨大价值是生物医学信息学在技术与方法方面发展的重点。

如今，人工智能、机器学习，特别是深度学习等理论和方法在生物医学大数据和精准医学发展中有巨大的发展潜力（向俊和刘滕，2017），已在医学文本的命名实体识别（Miñarrogiménez et al.，2015）、关系抽取（Lv et al.，2016）、图像识别（Shen et al.，2017）、预测癌症治疗反应（Vougas et al.，2017）、疾病分型分类（Dong et al.，2017）等多个方面得到较好的应用。例如，深度学习在阿尔茨海默病研究中，可以用于判断具有轻度认知障碍的病人的类型及预测医疗干预的效果。美国和韩国都在使用深度学习模型，基于核磁共振成像技术和正电子发射断层扫描图，进行阿尔茨海默病的分类研究，效果良好（李渊等，2016）。此外，传统信息科学中的统计学方法是生物医学研究中常用的数据分析方法。如 MutSig、MuSic、InVex 等癌症基因组分析方法（Ding et al.，2015），充分运用了信息学理论与方法，重点关注基因突变在样本数据中的频率。

云计算资源是动态、可伸缩、被虚拟化的，并以服务的方式提供，是解决精准医学大数据分析问题的强大动力（高汉松等，2013）。生物云计算（Fusaro et al.，2011）的出现为解决生物医学大数据环境下的数据存储与计算等问题提供了解决思路。国内外生物医学大数据分析平台及应用主要有美国的 Amazon Elastic Compute Cloud（EC2）、Google Compute Engine 和 Microsoft HealthVault 及中国的浪潮云海等。这些云平台均可以为生物大数据分析的序列比对、聚类、关联分析等提供服务（Kang and Chen，2015）。

1.3.5 关键应用领域

生物医学信息学应发挥学科优势与特点，在患者临床分子分型、个人全面信息、组学、影像学等数据的收集、整合、存储、分析与挖掘等数据生命周期全链条中发挥作用。根据数据分析结果，向临床医生推荐高度个体化和疾病特异性的治疗方案，包括分子靶向治疗、抗体靶向治疗、精准免疫治疗及个体化细胞治疗等策略（任思聪等，2015），以实现疾病的预警、筛查和诊断，指导治疗方案的选择，以及治疗敏感性、疾病预后和转归的预测。加速生物医学信息学研究成果的临床转化与推广，实现精准治疗。

1.3.5.1　肿瘤治疗领域

美国癌症研究所（National Cancer Institute，NCI）自 2014 年关注精准医学研究以来，已启动一系列精准医学临床试验。NCI 开展的精准肿瘤学研究的重点是扩大精准医学临床试验，克服耐药性，开发新的实验室研究模型，并研发国家肿瘤知识系统（NHI，2017）。该系统整合了肿瘤基因组信息和临床反应数据（如肿瘤缩小）、结果信息（如生存时长）等，为科学家、健康管理专家和患者提供资源。目前已经开发和推出基因组数据共享（genomic data commons）计划，建立了一个独立的可扩展的知识库；进行了肿瘤基因组学云试点（cancer genomics cloud pilots），为数据共享提供基于云的数据和计算框架；定义了用于肿瘤基因组数据交换的标准接口，包括基因组应用程序接口（application programming interface，API）。

IBM Watson 肿瘤解决方案是一种认知计算系统，使用自然语言和机器学习分析海量非结构化医疗数据，为癌症患者提供私人定制的、以症状为依据的治疗建议。目前已为五大洲 13 个国家 50 多家医院的多位医生提供肿瘤治疗方案（IBM，2017）。

1.3.5.2　罕见病治疗领域

罕见病是指患病率低于万分之七的疾病，约 95% 的罕见病尚没有特效治疗药物，是当今医学的重大难点问题之一。利用精准医学思路与方法，通过结合临床表型与组学信息的创新诊断方法可以实现对某些罕见病的早期诊断和干预。基于此，全国 20 余家研究单位合作建立了首个国家罕见病注册登记系统，开展超过 50 种、不少于 5 万例罕见疾病的注册登记，整合临床信息及生物组学信息，并在此基础上开展大型队列研究。国家罕见病注册登记系统的建立及其相关队列研究的开展将极大地推动我国罕见病及精准医学研究跨越式进入国际先进行列，是健康中国建设的重要战略实践（冯时等，2016）。

1.3.5.3　其他疾病治疗领域

在精神分裂症治疗领域，Xu 和 Wang（2015）开发了 PhenoPredict 系统，该系统可通过知识库推断表型相似疾病的治疗药物对精神分裂症的治疗效果。在慢性病管理与治疗领域，生物医学信息学方法与技术已成功应用到 2 型糖尿病与心血管病发生率的研究（Shah et al.，2015）中，充分发挥了其大数据分析及知识发现的功能与作用。

1.4 政策领域大数据分析——政策信息学[①]

政策信息学，是学科信息学向政策科学领域的渗透，是以政策问题生命周期中的文本为研究对象，利用信息科学、情报学、文献计量学或科学计量学的方法和工具开展政策知识发现，揭示政策发展演化规律和特征，评价政策运行的效果和质量，分析政策发展的热点与方向的一门学科（刘昊和张志强，2019）。政策信息学以政策文献为主要研究对象，对政策文件进行量化分析，具体包含两方面：一是借助文献计量、社会网络分析及可视化技术，对大规模政策文本内容进行量化分析，揭示政策主题的演化与变迁、政策工具的组合与效果、政策主体的行动与关系等特点（黄萃等，2015a）；二是对政策问题的其他相关文本内容，如某一政策问题的新闻报道、网络舆情、专家观点、智库报告、议案草案、政策法规、反馈报告等，开展量化分析。这些文本分布在政策过程不同阶段上，蕴含了政策问题有关的关键信息，与政策文献一起构成了完整的政策知识流动过程。

政策信息学起源于政策科学与信息科学在数据科学背景下的交叉与融合。从学科发展的特点而言，政策科学与信息科学有着十分显著的异同点。其相同点包括：①两者都起源于20世纪中叶之后——现代意义上的政策科学起源于20世纪50年代的美国，而信息科学中以信息论为代表的理论也起源于同一时期，两者经历了人类历史上最快速的知识创造、技术创新和变革的时代，学科领域范式都出现过比较明显的变化。②两者经过了近70年的发展，自身的学科体系都已十分复杂，属于学科交叉度极高的两大学科体系，知识深度融合的表现十分明显。而两大学科领域的不同之处则在于理论、方法、技术和应用等方面的侧重点不同。政策科学发展至今，在经典政策理论、派系思想的基础上，在不同政策问题实际的理论创新方面表现出强大的生命力；而信息科学领域，伴随着快速发展的信息技术，表现出一种更加依赖技术变革的技术主导型发展模式。这些异同点表现在政策信息学的学科体系中，则是要求从事政策信息学研究的人员，既要扎实掌握政策科学的经典理论、方法，也要了解最新的信息获取技术、计算与分析技术、可视化技术等。因为最终要解决的是政策问题，而非信息技术问题，所以政策信息学的学科隶属定位应归类至政策科学领域，如政治学、公共管理学等学科分类中。

在政策科学领域，政策信息学的兴起能够有效地对政策过程中的信息进行知识发现，

① 本节主要内容来自刘昊和张志强（2019），对政策资源体系、分析工具与平台、分析方法与技术等部分细节进行补充。

形成对政策问题及其解决过程的准确描述，并有可能进一步进行政策预测。本节重点从政策信息学的发展历程、学科主题演化、数据资源体系、数据分析工具与平台、数据分析方法与技术等方面介绍政策信息学的发展现状。

1.4.1　发展历程

17 世纪下半叶，欧洲的社会现象定量研究开始萌芽，英国古典政治经济学创始人、统计学家威廉·佩第（Willian Petty）撰写《政治算数》一书，较早地正式提出了在社会科学问题领域使用数理分析方法的思想。书中的政治是指政治经济学，而算数则是指利用统计方法进行分析，如数量对比、推算计量方法等。马克思在《资本论》中认为“威廉·佩第是政治经济学之父，在某种程度上也是统计学的创始人”。随着政策科学理论和统计分析方法的发展，1994 年普林斯顿大学出版社发行了由加里·金（Gary King）、罗伯特·基欧汗（Robert O. Keohane）和西德尼·韦伯（Sidney Verba）三位政治学者合著的政治学方法论著作《社会科学中的研究设计》，指出定量研究方法对于补充社会科学领域的定性研究、完善有关社会现象的逻辑解释具有重要意义，并成为推动定量分析方法成为美国政治学研究主流方法的重要力量（祁玲玲，2016）。2005 年，哈佛大学成立定量社会科学研究中心（IQSS，https://www.iq.harvard.edu/home），由加里·金担任主任，该中心至今已成为大数据社会科学研究的世界顶尖机构，开展了大量富有成效的社会科学量化实证研究，如利用网络论坛发帖内容研究中国如何避免煽动性内容导致的社会群体行动（King et al.，2013）。2009 年，罗伯特·基欧汗提出量化研究仍存在许多局限，认为在展示变量与自变量因果关系方面，定性案例分析与叙事性分析更胜一筹。近十年来，随着大数据研究范式的不断发展，社会科学领域分析方法呈现出“定量创新融合定性分析方法”的综合发展态势。具体到政策科学研究中，这种定量分析方法的创新逐渐形成了政策信息学发展的萌芽态势，成为政策信息学发展的一个新方向。

作为政策科学与信息科学融合发展的产物，政策信息学可以归入政策定量研究。但两者又具有显著的不同：传统的政策定量研究借助政策问题有关的各种因果变量，是一种小样本统计推断分析方法；而政策信息学则是大数据研究范式下的数据分析与知识发现，更加注重政策问题的相关性而非变量的因果关系，是一种大样本知识发现方法。因此，政策信息学是政策定量研究在大数据分析时代新的发展方向。

1.4.2　政策信息学研究的学科主题演化

为了解政策科学发展演化态势和规律，本节利用文献计量法划分政策科学发展的主要阶段，分析不同阶段主导政策科学研究的学科构成，并使用共词分析与知识图谱等方法，揭示政策科学研究主题的演化特征，归纳政策信息学形成的背景及其相关发展特点。

选取 Web of Science 核心合集数据库（SCI-EXPANDED、SSCI、CPCI-S、BKCI-S、BKCI-SSH、CCR-EXPANDED、IC）作为来源数据库，以“policy analysis”、“policy science”、“policy proces”、“policy stud*”和“policy research”为主题词进行检索，检索时间为 2017 年 12 月 1 日，共检索得到 12 671 篇文献。

1.4.2.1 政策科学发展阶段划分——基于文献增长态势

学科领域发文量的变化情况可以清晰地描述某一学科领域研究的强度并刻画其发展阶段。图 1-8 描述了政策科学领域发文量随年份的变化情况。从领域发文量的增长态势看，政策科学的发展过程划分为三个主要阶段：第一个阶段是从 1951 年“政策科学”诞生至 20 世纪 60 年代末的萌芽阶段，期间的年均发文量低，反映出政策科学尚处于学科理论构建形成阶段；第二个阶段是 1970 ~ 1989 年的稳定发展阶段，这一阶段的年均发文量逐渐增长，稳定维持在年均 100 篇左右，反映了政策科学研究的稳定发展态势；第三个阶段是 1990 ~ 2017 年的高速发展阶段，这一阶段年均发文量高速增长，几乎每十年就增长一倍以上，反映出政策科学与政策分析研究快速成为一个热点和重要研究领域。上述三个阶段分别对应了传统政策科学发展阶段、实证主义政策分析阶段、后实证主义政策分析阶段（黄萃，2016）。

为了方便进行后续的演化态势分析，根据年均发文量进行分段，即得到 5 个时间段 P1 ~ P5：1951 ~ 1969 年、1970 ~ 1989 年、1990 ~ 1999 年、2000 ~ 2009 年、2010 ~ 2017 年。

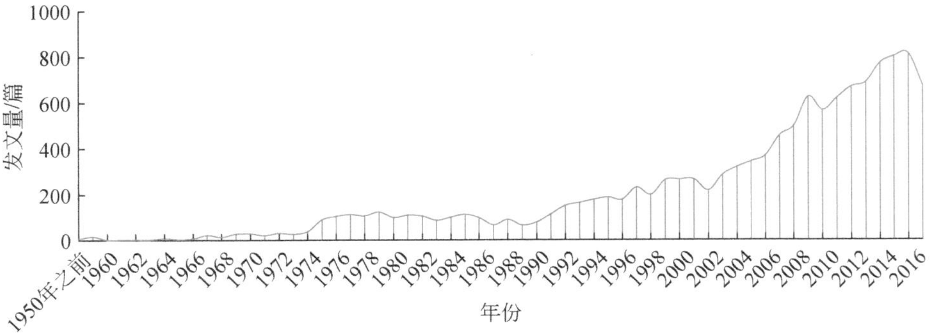

图 1-8 基于 WOS 数据的政策科学领域发文量增长态势

图中将 1949 年之前的 5 篇文章与 1950 ~ 1959 年的 15 篇文章分别归入“1950 年之前”节点

1.4.2.2 政策科学研究各阶段研究主题分析——基于共词分析

共词分析是一种文献内容分析法，也是科学计量学、情报学领域常用的研究主题识别方法，其原理是通过统计文献集词汇对或名词短语的共现情况，反映这些词之间的关联强度，进而确定这些词所代表学科（领域）的研究主题、组成与范式特点，从而横向或纵向分析学科领域的发展过程和结构演化规律（李纲和巴志超，2017）。本节利用 CiteSpace 软件，对政策科学领域不同阶段进行研究主题聚类和识别，从知识层揭示政策科学的发展演化特点。

（1）1951～1969 年的政策科学研究主题

图 1-9 是政策科学领域 P1 阶段（1951～1969 年）的研究主题知识图谱，可以反映出现代政策科学起源时的概貌。整体来看这一阶段的研究主题分布稀疏，共词网络的密度仅为 0.068。聚类一反映出 20 世纪 50 年代政策分析的概念刚刚出现，政策研究（policy research）与之并存。聚类二和聚类三分别代表了国际关系学、经济学两个较早涉及政策科学实证研究（即政策分析）的领域，如国外政策分析（foreign policy analysis）、外交抗议（diplomatic protest）、案例研究（case study）、经济秩序（economic order）、经济政策（economic policy）等。此外，这一阶段政策科学领域的研究开始关注社会问题，如社会政策（social policy）研究。

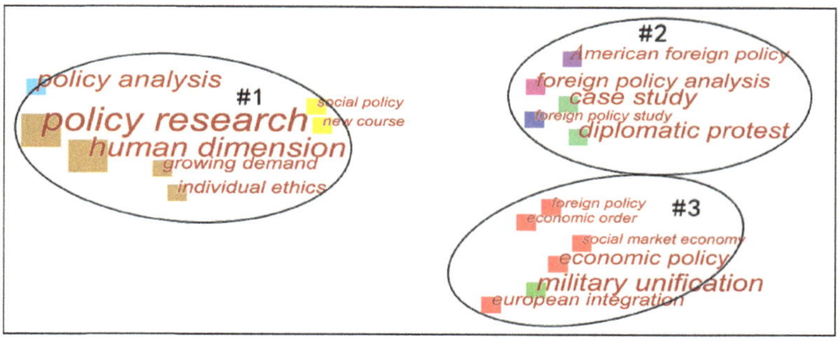

图 1-9 政策科学研究主题知识图谱（1951～1969 年）

（2）1970～1989 年的政策科学研究主题

图 1-10 是政策科学领域 P2 阶段（1970～1989 年）的研究主题知识图谱。本阶段政策科学的主题大大增加，领域分布更加广泛，各主要节点间的关联度依然很低，共词网络的密度为 0.078。聚类一反映出 20 世纪 70 年代之后政策过程（policy process）方面获得了较多关注，与政策分析共同支撑起早期的政策科学理论体系。聚类二整合了本阶段专门领域政策分析，显示出政策分析的应用已扩大到财政税收、区域治理与城市治理、科学研究、能源政策分析等社会公共政策领域，包含有税务政策分析（tax policy analysis）、区域政策分析（regional policy process）、科学政策研究（science policy study）、能源政策分析（energy policy analysis）等节点。随着政策分析应用扩展至更加广泛的社会问题领域，公共政策分析（public policy analysis）作为一门具有学术专业化和社会职业化的专门学科应

运而生，并逐渐成为跨越政治学、经济学、管理学、社会学的横向跨学科研究领域。

此外，本阶段中还存在一个与聚类一和聚类二关系密切的比较政策分析聚类（聚类三）。20 世纪 80 年代前后，比较政策分析范式逐渐成熟，发展成为政策科学理论体系中的重要分支——比较政治学。比较政治学使用比较分析方法研究宪法、政府、政治体制、政治组织、政党、利益集团、政治社会化、政治文化、政治行为、政治过程等（加布里埃尔・A. 阿尔蒙德，1987）。

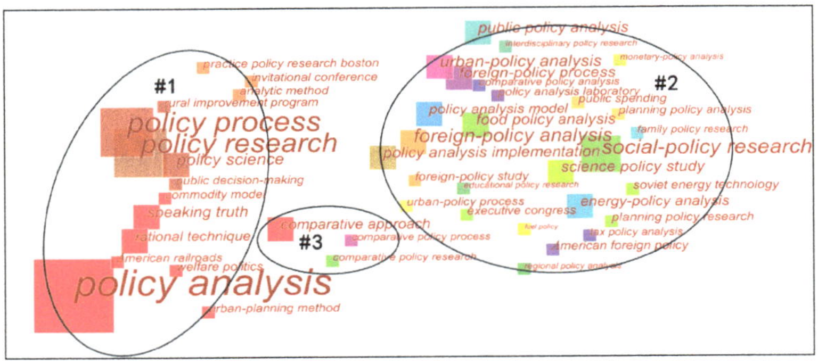

图 1-10　政策科学研究主题知识图谱（1970 ~ 1989 年）

（3）1990 ~ 1999 年的政策科学研究主题

图 1-11 是政策科学领域 P3 阶段（1990 ~ 1999 年）的研究主题知识图谱。本阶段的网络中，共词网络的密度为 0.11，较前一阶段有所提高，但仍然偏低，这主要是 1990 年之后政策分析的应用领域日益广泛，导致研究主题聚类分散。整体来看，本阶段两个最大的主题聚类是政策分析和政策过程。聚类一是以政策过程理论相关主题聚类，包含有公共管理（public administration）、政策变化（policy change）、政策执行（policy implementation）、政策网络（policy network）等节点。聚类二和聚类三分别是公共医疗卫生、经济发展与生态环境等领域的政策分析主题聚类，反映出政策分析在这些专门的社会公共政策领域发展迅速。聚类四整合了政策分析研究相关的四个子团，包含有政策分析矩阵（policy analysis matrix）、政策制定（policy formulation）、决策（policy decisions）、叙事政策分析（narrative policy analysis）等节点。叙事政策分析是政策过程理论的重要框架之一，该框架将后现代公共政策分析的视角和实证主义研究方法相结合，主要讨论叙事在政策过程中的作用（李文钊，2017）。

通过本阶段的聚类态势可以发现，政策分析方法、政策过程理论及专门领域的公共政策分析应用这三者之间呈现出彼此促进的螺旋式发展状态。这是因为公共政策领域存在不同的元政策问题，如经济政策问题、科技政策问题、教育政策问题等，如果仅以现实问题的视角去看，这些元政策之间彼此关系松散。但当从政策科学的视角去观察这些现实问题时，这些彼此关系松散的元政策问题又表现出普遍的政策科学同一性（何华兵和万玲，

2011）。政策过程理论是对各领域元政策同一性的归纳和提炼，一定程度上能够从逻辑上解决政策问题的复杂性。因此，政策过程理论的模型框架为解决具体政策问题提供了便利，使得政策分析在更多的公共政策领域扩展开来，又反过了带动了理论发展趋于多元化、系统化，促使政策科学的研究从阶段框架分析范式走向多元主义的政策网络分析范式（黄璜，2015）。

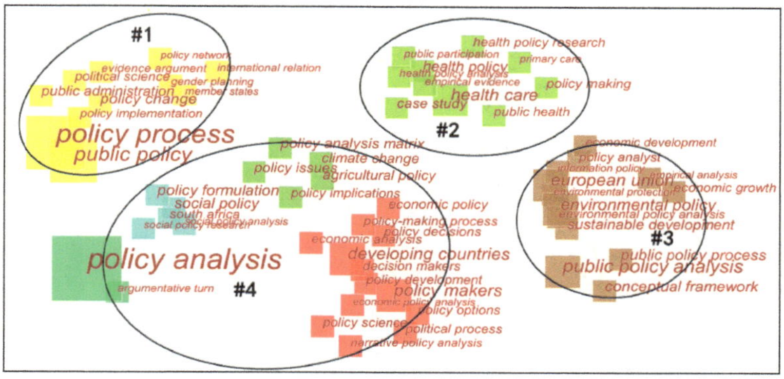

图 1-11　政策科学研究主题知识图谱（1990 ~ 1999 年）

（4）2000 ~ 2009 年的政策科学研究主题

图 1-12 是政策科学领域 P4 阶段（2000 ~ 2009 年）的研究主题知识图谱。整体来看，本阶段的共词网络节点数量更多，节点相对面积（其他节点与图谱中最大节点的面积比）明显增大，并形成了八个明显的主题聚类。聚类一为政策科学相关研究主题，包含有政策制定（policy formulation）、政策执行（policy implementation）、政策变化（policy change）、倡导联盟框架（advocacy coalition framework）等节点。倡导联盟框架是由美国学者萨巴蒂尔（Paul A. Sabatier）和詹金斯（Hank C. Jenkins-Smith）在 20 世纪 80 年代末提出的一个政策分析框架，是政策过程理论的重要框架之一，但直到 20 世纪末相关实证分析才开始增多。该框架整合了政策分析理论的三个模型：进步主义模型（理性决策驱动）、利益组织竞争模型（集团利益驱动）和意识形态冲突模型（思想意识驱动），并将具有共同信念体系的政策行动者看作政策共同体，以推动政策共同体的协同合作（保罗 · A. 萨巴蒂尔，2004）。2011 年萨巴蒂尔等在政策科学领域期刊《政策研究杂志》（*Policy Studies Journal*）以专题形式对该模型的应用研究进展进行述评（Weible et al.，2011）。此外，上一阶段提到的政策网络（policy network）同样出现在聚类一中，且具有较大节点面积，反映出该范式在本阶段已被广泛接受。聚类二为环境政策及与政策过程相关的研究主题，包含环境政策（environmental policy）、分析框架（analytical framework）、政策制定者（policy makers）等节点。聚类三为气候变化及与温室气体控制相关的政策分析相关主题，包含有气候变化（climate change）、发展中国家（developing countries）、温室气体排放（greenhouse gas emissions）等重要节点。聚类四为货币政策分析相关主题，包含有货币政策分析（monetary policy analysis）、政策产出（policy outcomes）等节点。聚类五为国际关系与政策分析相关主题，包含有国际关系（international relation）、国外政策分析（foreign policy analysis）等节点。聚类六为政策过程视角的公共卫生政策相关主题，包含有公共政策过程（public policy process）、卫生政策分析（health policy analysis）等节点。聚类七为社会科学领域公共政策分析相关研究主题，包含社会政策（social policy）、福利改革（welfare reform）、智库（think tanks）等节点。聚类八为与政策分析关系最为紧密的一个聚类，包含有政策选择（policy options）、理论框架（theoretical framework）、比较分析（comparative analysis）、替代方法（alternative approach）等节点。

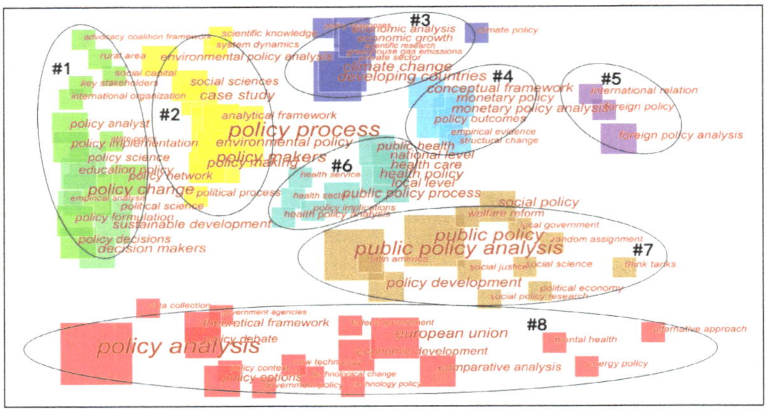

图 1-12　政策科学研究主题知识图谱（2000～2009 年）

（5）2010 年至今的政策科学研究主题

图 1-13 是政策科学领域 P5 阶段（2010～2017 年）的研究主题知识图谱。通过主题节点大小可以看出，2010 年之后专门领域的政策分析已经比较成熟。聚类一为政策过程理论的相关主题，包含有倡导联盟框架（advocacy coalition framework）、政策决策过程（decision-making process）、比较政策分析（comparative policy analysis）等。聚类二为公共政策分析的相关主题，包含有公共管理（public administration）、半结构化访谈（semi-structured interviews）、分析框架（analytical framework）、公共政策过程（public policy process）等节点。聚类三为国际政策分析相关的主题，包含有国外政策分析（foreign policy analysis）、国际关系（international relation）等节点。聚类四是政策分析关系最为紧密的一个聚类，其中包括的节点涉及经济、公共卫生、教育、气候、能源等专门方面，反映出这些专门领域政策分析实证最为丰富。其中虚线框标注的是政策量化研究相关子团，反映出近年这类研究逐渐增多，所包含节点如政策文件（policy document）、现存政策（existing policy）、内容分析（content analysis）、政策评价（policy evaluation）等。通过对

该子团文献调研发现，现阶段政策量化研究大致分为以下三种：

1）以学术论文为分析对象的文献计量类。如利用内容分析法、引文分析法对金登（John W. Kingdon）的多源流模型（Multiple Streams Model）的相关研究论文进行文献计量研究，发现多源流模型的应用集中在 22 个政策领域，覆盖了 65 个国家多个行政治理级别的不同层次（Jones et al.，2015）。这类研究代表了文献计量学、科学计量学方法在政策科学领域的直接应用。

2）以政策文件为分析对象的政策文本量化分析类。例如，对中国新能源汽车产业政策数据进行政策工具视角的文本内容量化分析（Zhang and Liu，2016）；使用情景分析法与内容分析法相结合的方法，研究阿富汗境内妇女健康、就业及人权相关的政策文本，发现国际援助项目在该领域的促进效果显著（Speakman et al.，2014）；利用文本量化分析与可视化手段，以美国国会 1989 ~ 2009 年颁布的有关创伤应激障碍（post- traumatic stress disorder，PTSD）法案文本为数据源，研究相关的政策工具特点、政策与法案的演化规律等（Purtle，2014）。近年来政策文本量化分析类研究较多，反映出文献计量学、科学计量学方法向政策科学领域迁移和创新的效果明显，政策文本量化分析类研究已成为政策科学领域的一个热点。

3）以政策问题相关文本内容为分析对象的政策信息学应用类。例如，利用调研访谈记录、政策文本、法律文本与国家统计数据进行关联量化分析，以揭示国民健康服务水平（Speakman et al.，2014）。政策信息学在政策研究、政策评价及决策支撑服务等方面具有极大的发展空间，但由于种种限制（关联数据采集与处理、学科知识融合等），目前充分利用多源异构数据开展政策信息学研究的实证不多。在大数据社会计算范式背景下，伴随数据密集型知识发现技术的不断发展，以政策问题为中心的政策信息学研究将逐步成为政策科学研究新前沿。

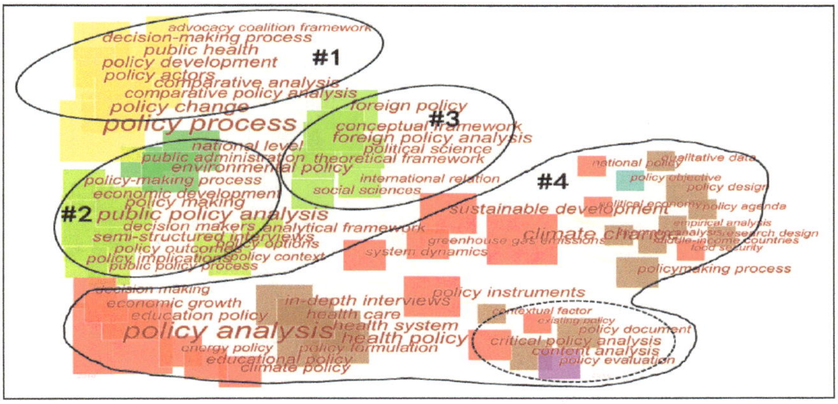

图 1-13　政策科学研究主题知识图谱（2010 ~ 2017 年）

1.4.3 政策信息学研究的数据资源体系

政策信息学的研究对象为政策领域相关数据资源，主要包括政策上游产品、政策文件及政策下游产品。政策上游产品包括智库报告、政策方案（可获取性较低）、调研报告、媒体信息等；政策文件包括各级政府政策文件、政府公文、行政法规、法律法规、法律档案、行政命令或重要领导人讲话等；政策下游产品主要包含政策效果评估报告、公众调查报告等。政策信息学数据资源体系经过逐步建设和发展，已覆盖政策过程的各种数据。表 1-4、表 1-5 和表 1-6 分别对主要的政策上游产品、政策文件和政策下游产品数据资源进行介绍。

表 1-4 政策上游产品数据资源

政策数据类型	机构/数据库名称	简介
智库产品	世界资源研究所（World Resources Institute，WRI，http://www.wri.org/）	全球性环境与发展智库，其研究活动致力于研究环境与社会经济的共同发展，其产品包括政策分析报告、论文、工作简报、证言等
	日本科学技术政策研究所（National Institute of Science and Technology Policy，NISTEP，http://www.nistep.go.jp/en/）	该研究所是日本文部科学省下属的主要为政府提供科技决策支撑服务的机构，其产品主要包括 NISTEP 报告、政策研究报告、研究资料、讨论论文和科技趋势报告等
	韩国科技政策研究院（Science and Technology Policy Institute，STEPI，http://www.stepi.re.kr/eng/）	主要为总理府及政府各部门、地方政府和企业提供政策研究和咨询服务，其产品主要为快讯和研究报告
	欧洲联合研究中心（Joint Research Center，SCIENCE HUB，https://ec.europa.eu/jrc/en）	隶属于欧盟的科学技术研究领域的唯一机构，其产品包括年度报告、研究论文、简报等
	德国开发研究中心（Center for Development Research，ZEF，https://www.zef.de/zefhome/）	隶属于德国波恩大学，研究目的是为全球发展问题寻找解决方案，其产品包括系列书刊、政策简报、发展政策讨论报告、年度报告、工作报告、学位论文和一些特殊刊物等
听证记录	美国国会听证记录专辑（Congressional Hearings Digital Collection，http://www.proquest.com/products-services/ProQuest-Congressional-Hearings-Digital-Collection.html）	包含美国会会听证会已出版和未出版的资料，是一个独特的原始资源专辑，收录 1824 年至今关于美国听证会议题的意见和佐证材料
研究报告	美国国会研究专辑（Congressional Research Digital Collection，http://www.proquest.com/libraries/academic/databases/ProQuest-Congressional-Research-Digital-Collection.html）	包含美国国会出版的两种类型资料：国会研究服务报告（CRS Reports）和国会委员会印刷物（Committee Prints），还包括国会委员会对于一些事件和问题的调查报告

续表

政策数据类型	机构/数据库名称	简介
研究成果、经济信息	国务院发展研究中心信息网（http://drcnet.las.ac.cn/）	国务院发展研究中心信息中心主办、北京国研网信息有限公司承办的大型经济类专业信息网络服务平台，全面汇集、整合国内外经济金融领域的研究成果和经济信息，是集理论研究、形势分析、政策解读、数据发布、辅助决策于一体的专业经济信息平台

表 1-5　政策文件数据资源

数据库名称	简介
美国总统计划（American Presidency Project，http://www.presidency.ucsb.edu/index.php）美国总统计划（American Presidency Project）	非营利的整合、编码并组织互联网上总统文件的在线资源平台。该平台包含 126 763 份总统文件，并且增长迅速，涵盖总统信件和文件、公开文章、每周文件汇编及候选人发言、行政政策声明、新闻秘书处公布的文件、选举辩论文件等数千种其他类型的文件，资源类型涵盖数据、文档、音频等
美国国家安全档案（Digital National Security Archive，http://search.proquest.com/dns）	提供来源于美国国家保密档案馆（National Security Archive）的原始文件的访问。收录了从 1945 年开始的美国对其他国家外交、军事政策等大量珍贵的第一手资料，它是目前该领域内收录信息最全面的数据库。涵盖了 8 万多份、60 多万页最重要的解密文件，许多都是第一次出版。到目前为止，DNSA 数据库包含 39 个子库，每个子库基于一个独立专题收录了大量政策文件，包括总统密令、备忘录、外交派遣、会议记录、独立报告、简报、白宫往来信函、电子邮件、机密信函及其他保密文件
英国海外政策文件数据库（Documents on British Policy Overseas）、英国海外政策文件数据库（Documents on British Policy Overseas，DBPO，http://dbpo.chadwyck.co.uk/home.do）	由 ProQuest 公司和英国外交部合作开发完成，提供 1846～1990 年 5 万多份英国政府关于国际关系的政府文件的数字化页面检索，包含外国政策指导、信件和备忘录、商业报告等。该数据库可帮助研究人员更全面地了解 20 世纪欧洲及世界格局的形成，研究当时紧张的动向、事件背后的动机、政治和复杂的关系
英国国会上议院议会文件（House of Lords Parliamentary Papers，http://parlipapers.proquest.com/profiles/hcpp/search/advanced/hcppadvanced?accountid=41288）	数据库收录的珍贵历史档案源自苏格兰国家图书馆，内容涵盖了 19 世纪英国国会下议院议会文件，如统计数据、口头证据、信函及商务文件，这些资料不仅仅与英国相关，同时与全世界受英国影响的许多地方也息息相关。作为政府工作文件，其内容涵盖了社会、政治、经济和外交政策等广泛领域，许多内容贡献者来自政府部门之外。该库是研究英国史、英国政府、政治学、历史等领域学者不可或缺的资源
联合国正式文件数据库（United Nations ODS，http://www.ods.un.org/ods/）	该数据库包括 1993 年以来联合国印发的所有正式文件，联合国的早期文件也逐日添加到该数据库中，其也提供从 1946 年以来联合国大会、安全理事会、经济及社会理事会和托管理事会通过的所有决议

续表

数据库名称	简介
清华大学政策文献中心（http://www.sppm.tsinghua.edu.cn/zcpt/zfwx/）	根据政府文献学术价值与公共管理学科建设价值的二维取向，框定了从1949年以来中央级政府政策文件、政报公报、工作报告、政府公开出版物等
中国政府网的国务院及各级政府信息数据库（http://www.gov.cn）	中国政府网是国务院和国务院各部门及各省（自治区、直辖市）人民政府在国际互联网上发布政府信息和提供在线服务的综合平台。该数据库为政策文件提供了22个大的主题目录分类方法
科技政策汇（http://gopolicy.las.ac.cn/service）	提供趋势分析、态势分析、区域分析等简单的统计分析功能

表 1-6　政策下游产品数据资源

资源/数据库名称	简介
百度指数（http://index.baidu.com）	提供指定检索词的发展趋势、需求图谱、人群画像等
Google trends（https://trends.google.com）	提供检索词在一段时间内某领域的受欢迎程度，并提供比较功能
慧科新闻搜索研究数据库（http://edu.wisesearch.wisers.net/eduws/index.do?）慧科新闻搜索研究数据库	①智能的分析图表，最常用的分析视角，使分析结果直观呈现，快捷导出分析图表；②灵活的案例分析工具，可自主设置对比分析项，九大常用对比分析维快速分析；③快速发现热门报道，从海量数据中快速定位最热门的新闻事件和热词；④实用的媒体分析工具，只需1分钟，即可创建媒体对比分析条件
新闻媒体网络数据库	用于检索相关政策问题或事件的媒体报道、舆情等信息

通过对政策信息学相关数据资源的梳理与汇总可以看出，随着网络技术、计算机技术等的发展，政策信息相关数据资源越来越丰富，开放获取程度逐步增强，政策研究人员可利用的数据内容越来越多，范围也越来越广泛，进一步推动了政策信息学的发展。但由于政策信息方面的数据资源建设还在起步期，数据的体量、范围和结构化程度都比较低。后续应尽快建设以政策问题为导向的政策大数据集成分析平台，将政策问题相关的各种信息内容汇总起来，建设专门的政策问题领域的事实数据库、文本语料库等，以便开展各种政策信息学分析。

1.4.4　政策信息学研究的数据分析工具与平台

政策信息学涉及的相关政策信息资源类型包括报告类、数据类、政策类、舆情类等，每种类型的政策信息资源因数据类型、元数据标准、数据范围等有所差异，因此，各自均有相关专门的分析工具与平台。

（1）报告类分析平台

报告类分析平台主要包括科技报告平台和智库报告平台。典型科技报告平台，如国家科技报告服务系统（http://www.nstrs.cn/）由中国科学技术信息研究所开发维护，为管理人员提供任务来源、地域、承担单位等字段的数据统计功能。对于智库报告而言，目前已有许多国际一流智库自建了分析平台，最为著名的则是兰德公司根据不同政策研究需求开发出的专门分析工具（https://www.rand.org/pubs/tools.html），包括模型、数据库、计算器、计算机代码、GIS 绘图工具、从业者指南、Web 应用程序和各种工具包等。

（2）数据类分析平台

数据类分析平台包括政策相关统计数据和经济统计数据两类。政策相关统计数据分析的典型平台——The Innovation Policy Platform（https://www.innovationpolicyplatform.org/）在提供创新政策资源的同时，提供了政策分析服务，但是其所分析内容并不是创新政策文本，而是创新数据，这对理解和制定政策有很大帮助。American Presidency Project 平台收录总统选举相关文件，包括行政命令、公告、新闻发布会、否决信息等，同时，其也提供数据分析服务，统计历年总统大选时民众投票数据，并以可视化形式表现于美国地图之上，生动地描绘票选情况。

经济统计数据是辅助政策决策的基础，准确有效地分析经济数据是政策信息学中必不可少的一部分，经济数据分析的典型平台，如中经网产业数据库，汇聚了我国各个产业的经济指标数据，同时也提供数据统计分析服务，并对其进行可视化呈现。CEIC 全球经济数据库汇聚了世界范围内各国的经济数据，并可针对国家/具体指标绘制可视化图表辅助分析。

（3）政策类分析平台

政策类分析平台的分析对象是各类政策文件，目前政策文件分析平台的功能主要是统计分析，如科技政策汇可提供基于总体政策文件的趋势分析（年代变化趋势、热点关键词图）、态势分析（效力级别、发布机构、学科、文件类型）、区域分布分析（我国各地区政策数量的分布）服务。国家创新创业政策信息服务网以地图形式展现政策关注度、双创（大众创业、万众创新）活跃度、政策数量分布情况，同时根据点击量列出年度、季度、月度、周度热点政策供读者查看。

（4）舆情类分析平台

舆情类分析平台主要对公众舆情情况进行实时统计和分析，是政策专家了解公众关注情况的快捷途径。当前典型舆情类分析平台——百度指数提供对指定检索词的趋势研究（搜索指数、媒体指数）、需求图谱（来源相关词、去向相关词）、咨询关注（可添加对比词）、人群画像（地域分布、人群属性）服务；Google trends 提供相关关键词行业新闻、关键词变化趋势图，同时可以查看网络流量等信息。

虽然政策信息学相关分析工具与平台越来越多，但与其他专门学科信息学相比，平台与工具的针对性不强，且各平台中面向政策知识发现的功能还不完善。其主要功能仍集中在对政策相关信息的罗列分类及外部特征的简单统计分析方面，对政策内容的识别和挖掘仍处于理论探讨阶段，距离真正实现还有一段距离，同时还需加强对实现方法和技术的探讨，争取实现基于政策内容的关联，以实现对政策内容的深度挖掘。

1.4.5 政策信息学研究的数据分析方法与技术

与生物医学信息学需分析大规模组学数据等不同，政策信息学以分析政策内容及政策相关数据为主，主要的分析维度包括文本内容分析、外部特征计量分析和政策文本间的关联分析等。

1.4.5.1 文本内容分析

政策文本内容分析主要是对政策内容的文本挖掘，采用的挖掘方法包括数据挖掘、机器学习、自然语言处理、数据库技术等（裴雷等，2016）。

近年来国内外学者利用内容分析法，从多种角度对政策文本进行深入研究，取得了丰富的研究成果与结论。范梓腾和谭海波（2017）以政策“目标-工具”匹配为视角，借用罗斯维尔（Rothwell）和赛格菲尔德（Zegveld）的供给面、需求面及环境面的政策工具分类方法，对省级政府出台的大数据发展政策文件进行内容分析。黄萃等（2015b）则通过词频统计、共词分析和聚类分析方法分析 1949 年来中央政府颁布的科技创新政策文献迁移情况。与此同时，学者综合采用政策文本分析方法（王宏起等，2018）、关键词时序分析方法（张剑等，2016）、主题词共现与聚类分析（田进和杨正，2017）、因子分析法（李凡等，2016）、定量统计分析和多维尺度分析（黄菁，2014）等对不同针对性的政策主体进行研究。

由于政策文本数量的激增及开放资源环境的影响，尤其是开放获取的便捷性，研究人员更加关注如何在大量文本数据集合中发现分类/聚类特征、发现关联知识或规则，并注重深层潜在语义的知识发现（裴雷等，2016）。例如，利用基于语义的数据挖掘方法（杨慧和杨建林，2016）对比政策情况及测度政府公共价值（张惠和王冰，2015），利用文本挖掘方法对不同政策主体的内部结构关系进行主题识别或关联分析（张永安和闫瑾，2016）。

在研究政策倾向和政策意见时，部分学者开始采用网络用户评论（Sarmento et al.，2009）、博客（Hopkins and King，2010）等社交网络数据。此外，Hobolt 和 Klemmensen（2008）通过收集公众政策意见跟踪其政治立场，进而与其政党支持度相关联，构建计算化的政党舆情监测、政党派系识别及政策结果评估的分析方法；Quinn 等（2010）等建立动态多主题话语模型分析政治立法演讲的相互关联。

1.4.5.2　文献计量分析

随着学科交叉融合发展，文献计量学方法、社会网络分析法、补充计量学方法为政策信息学研究提供了新思路，学者利用相关方法开展政策主题分布、政策发布时间序列分布、政策引证及政策主体关系等要素研究。例如，尉永平等（2017）利用文本编码的方式对中国水政策的相关文本进行统计，分析了基于政策主题的水资源管理阶段、不同类型政策的政策工具属性演化态势、政策主题的演化态势等，并将基于文本的量化分析方法应用于水科学研究，提出了社会水文学研究的理论、方法与实践；胡春阳和廖信林（2017）运用 CiteSpaceIII 工具对国内外区域政策相关文献的研究热点演化及趋势进行分析；苏竣等（2012）对中国科技政策的类型进行统计分析；卡内基梅隆大学 Wilson 等（2016）对网站隐私政策的主题进行分析。

在政策关联关系分析方面，学者主要是对政策发文机构合作网络（即府际关系），以及政策间的知识扩散情况进行研究。有关府际关系的研究，因准确的一手数据及真实的访谈资料获取的难度较大，现有研究大都是规范研究。例如，有学者采用社会网络分析、政策引用频次等方法对科技政策文献关联关系进行分析（黄萃，2015a；吴宾等，2017）；也有学者采用关键词时序分析方法从强度、广度、速度、方向四个维度对政策扩散的过程和特点开展研究（张剑等，2016）。Huang 等（2015）对科技政策主题和各机构之间的协作情况进行描述，研究中华人民共和国成立以来科技政策的发文机构的主要合作网络，并构建了政策引用网络以评估科技政策影响力。

随着大数据的兴起与计算机技术等的高速发展，政策文本的研究对象、分析维度、分析方法与技术均发生了相应变化。在研究对象方面，研究对象不仅包括正式、规范的政策文件本身，也包括网络数据、公众舆论等非正式文本政策资源。在分析维度方面，从政策文件的外部属性深入到政策文本内容、倾向、语义等的分析。在分析方法与技术方面，不论是从政策文本的获取，还是到政策文本的处理，或是进一步的内容分析、关联分析，都不断引入、借鉴其他学科的方法技术，以实现对政策目标、政策主题、政策异同、政策扩散、政策关联等的逻辑梳理和演化研究，进而揭示政策发展脉络与深层信息，扩充、丰富政策信息的研究范式与机制。

1.5　数据密集型科学范式下学科信息学发展的重大意义

学科信息学是在数据密集型科学范式下迅速发展起来的学科，对各学科乃至整个科学界的发展都有至关重要的作用，主要体现在如下方面。

1.5.1 学科信息学极大地改变了相应学科知识创新的方式方法

在小数据时代，科学研究一般遵循理论假设—数据收集与分析—验证理论假设的研究过程，其中理论假设处于研究的支配地位，并指导开展科学研究。然而在大数据时代，数据的爆炸式增长正在改变科学研究的方法，利用数据的相关关系来分析、探索未知世界将成为人类认识世界的主流方式。大数据的核心是"预测"，即基于海量数据的数学运算来"预测"事物发生的可能性，从而成为新发现、新发明和新服务的可能源泉。在大数据时代，数据再利用、数据重组、数据扩展等"数据创新"将成为科学研究与发现的"新常态"方式。在大数据时代，科学创新的开放性、共享性、协同性、跨学科性等特征将更加明显。

学科信息学作为学科二元发展的一个分支学科，已经成为学科发展的重要且不可分割的分支组成部分。例如，生物信息学已成为当今生命科学领域的研究热点之一，生物信息学的研究成果不仅对相关基础科学起到巨大的推动作用，还将对医药、卫生、食品、农林牧等行业产生深远的影响，引发新的产业革命。此外，生物信息学对未来军事和国防的影响也不容忽视（施季森和何祯祥，2001）。随着共享科研信息进程加快，医学信息学势必会影响健康和卫生保健类产品与服务的发展，同时，医学信息学还将影响医疗卫生机构和卫生信息通信技术产业的发展（Haux，2010）。目前，生态信息学的出现与发展，支撑了国家在生物多样性保护和可持续环境方面的决定，将有利于有关全球变化的讨论（Recknagel，2011）。生态信息学技术与方法的应用，将大大增加其在生态学领域的影响力。在不久的将来，生态信息学将会发展成为一门核心的、具有影响力的、纯正的应用科学（Dengler et al.，2011）。

专门的学科信息学是专门学科领域的信息数据计量科学、信息数据分析科学。因此，关于数据采集、存储、处理、规范、分析、解释的学科信息学的发展，无疑将极大地促进特定学科领域的知识创新和知识发现。学科信息学的产生与发展是科学研究新范式的产物，由此专门学科领域的学科信息学还将不断涌现和发展。同时，各种学科信息学的出现、发展和应用，将促进一般学科信息学理论和方法的进一步完善。

1.5.2 学科信息学和数据科学的兴起与应用相互促进

随着大数据时代来临，科学研究进入数据驱动的第四范式时代，数据成为科学研究、科学发现的战略与战术资源。可以说，没有数据，就没有科学；不能对学科领域数据进行科学的采集、处理、标准化、计量、挖掘等分析工作，就不能实现学科领域的科学发现和科学创新的目的。因此，第四范式时代，更确切地说不是“e-Science”时代，而是“D-science”时代（数据科研时代）；第四范式科研，就是“D-science”范式科研。

在“D-science”时代，无论何种学科领域和学科方向，数据都是基础，是知识发现的源头和学科发展的金矿。开展以数据管理为中心、以数据分析为本质的科研活动，将成为科研的一种“新常态”。而基于现代信息技术开展的有关数据的采集、描述、存储、管理、标准化、应用、挖掘、解释等一切“以数据为中心”的数据化、特色化分析研究活动，可以遵循一般化的流程和规则。这种一般化的流程和规则，就是数据科学的流程和规则。

除此之外，数据科学的发展，还将催生相关数据职业、机构及产业。如 2009 年 NatahnYau 提出了数据科学家（data scientist）概念，该职业已被誉为“21 世纪的第六大职业”（Davenport and Patil，2012）。数据科学家需要精通计算机科学、数理统计学、图形设计学等多种学科，应该说是“D-science”时代的领军人才。首席数据官（chief data officer，CDO）是在企业不断发展过程中诞生的一个新型的管理者，其主要负责根据企业的业务需求、数据库及数据抽取、转换和分析等工具，进行相关的数据挖掘、数据处理和数据分析，并且根据数据分析结果战略性地对企业未来的业务发展和运营提供相应的建议与意见。花旗集团旗下的企业与投资银行公司曾任命 John Bottega 为公司历史上第一位 CDO。首席数据官是企业数据的管理者，是企业应对大数据时代的变革性管理战略。

国内在专业学科数据中心等机构或平台的建设上已取得了一定进展。例如，“中国西部环境与生态科学数据中心”目前已形成了一套科学的数据共享体系（吴立宗等，2013）；“国家农业科学数据共享中心”（http://www.agridata.cn/）已经积累了相当数量的专业数据资源；国家人口与健康科学数据共享平台（http://www.ncmi.cn/1）等都得到了较好的使用与推广。

企业对数据科学的应用更是引领着数据科学的产业化方向。阿里巴巴已经不仅是一家电子商务公司，更是一家数据公司。其依托自身拥有的海量交易数据，利用信息技术方法，根据机器学习、人工智能算法，实现向购物者自动推送产品的目的。IBM 也涉足数据行业，与国内医疗机构合作建设医疗卫生服务信息系统。如今的互联网金融（康书生和曹荣，2014）、智慧医疗（倪明选等，2013）、数字城市、智慧城市（李德仁等，2012）等新兴数据产业的发展，从实践与应用角度无不印证着“D-science”时代的到来。

1.5.3　学科信息学推动了科学数据管理和知识计算的理论、方法与应用的发展

英国于 2000 年提出“e-Sicence”的概念，目的是应对信息化时代科学研究领域面临

的复杂挑战，利用网络信息技术和高性能计算环境建立全新的科学研究模式。其核心是利用先进的信息技术，通过网络将科学数据的采集、传输、存储、处理等科研活动融为一体。归根结底，"e-Sicence"科学模式的成败，其实关键取决于对海量科学数据的科学管理、计算分析。因此，科学数据管理与知识计算分析，成为"e-Sicence"科学模式发展的重中之重。

回到文献学、计量学、情报学等文献与信息分析领域，其中涉及的有关知识计算的各种理论、方法和技术，必将随着知识计算、分析、管理的"对象"从文献（图书、论文、专利等）类的"粗颗粒"或"实体颗粒"的知识单元，迅速过渡到"细颗粒""微颗粒"乃至"虚拟颗粒"的"数据"类对象而不断更新并深入发展。因此，可以说，"D-science"时代的来临、学科信息学的蓬勃发展都预示着文献学、计量学、情报学数据时代的到来。从事文献学、计量学、情报学领域的专业信息分析的科研人员，必须迅速意识到这种变化，及时调整工作思路与方法，充分利用好数据时代所带来的机遇与挑战，为科学数据管理与知识计算学科的发展做出积极贡献。

1.5.4 学科信息学是科技领域知识分析研究新范式的支撑学科

学科信息学将成为学科领域情报分析研究、科技领域战略情报研究的重要支撑学科，计算型科技情报研究的重要方法和技术，以及情报学理论研究的重要内容和发展方向。

科技领域战略情报研究主要包括科技领域基础数据监测分析、科技领域发展态势监测分析、学科领域科学研究动态分析预测、重大科技问题深度战略分析与咨询、科研机构竞争发展态势分析、科技体制机制政策分析等工作内容。以上基于科技内容的科技情报分析研究都必须基于专门的学科领域，并利用信息及数据科学的计算方法与技术，实现计算化、定量化的数据内容挖掘和分析。在数据密集型科学研究新范式下，科技领域战略情报研究正处于从资料收集到知识挖掘、从资料翻译到知识计算、从传统经验分析到规范分析、从背景分析到提供解决方案的范式转型期，专业型、计算型、战略型、政策型、方法型"五型融合"的研究新范式已经形成（张志强，2012），学科信息学的发展将为专业型、计算型、方法型情报研究提供坚实的理论方法支撑，促进情报研究新范式的深入发展。

1.6 学科信息学发展展望

专门领域的学科信息学的发展与应用已经取得了显著成效，对促进一般学科信息学的产生与发展起到了积极的推动作用。一般学科信息学（张志强和范少萍，2015）的概念才刚刚提出，正处于学科发展的萌芽阶段，学术界在其概念、研究内容、研究方法、学科体系等方面必然存在一定的讨论。可以说，学科信息学还处在前学科（其特点是科学工作者对于其所从事的学科的基本原理，甚至有关观察现象，完全不一致，经常争论；对问题和现象有自己独特的看法，科学共同体成员缺乏一致的信念）与常规学科之间的发展阶段（李国秋和吕斌，2004），还面临一些学科构建的基本问题。由于学科信息学的边缘交叉学科地位，其理论基础还不够深厚，这有可能阻碍学科信息学的快速发展。数据资源的开放共享、数据标准、大数据分析平台建设等的投入问题均是未来学科信息学发展面临的主要问题。结合学科信息学学科内容与特点，基于大数据环境及“数据密集”的“D-science”科研范式的需求，这里展望一下学科信息学的未来发展趋势，以期对学科信息学的发展成熟有所裨益。

1.6.1　持续完善学科信息学的学科理论基础和知识体系

只有提出学科名称、有学科专家群体和学科带头人、成立专业学术研究机构、出版系列学术专著及高等学校开设相关课程等（刘瑞兴等，2004），才标志着一门新学科的系统形成和成熟。对照这一标准，学科信息学尚处于起步阶段，目前仅提出了学科名称，还未有明确的专业学术研究机构、尚未出版系列学术专著，高等学校尚未开设相关课程。当前学科信息学概念、研究内容、学科体系、关键问题等是对专门领域学科信息学发展的提炼与总结，是专门领域学科信息学发展实践的成果。信息学的发展已经为一般学科信息学的产生与快速发展提供了良好的支撑条件，且随着学科领域大数据的激增、数据处理方式与方法的持续更新、数据分析平台的不断问世，对一般学科信息学的需求必将越来越大，将会有一批科研人员专门投入到学科信息学的研究队伍中，共同扩充、完善、优化学科信息学的理论体系，明确其概念、内涵与外延，不断巩固并完善学科理论基础，推进学科信息学学科知识体系及高等教育课程的发展，构建知识体系完备、理论结构清晰、内容科学全面的学科信息学学科知识体系。

1.6.2　大力加强学科信息学大数据体系建设与开放共享

学科信息学是顺应大数据时代与“D-science”科研范式的产物，其主要研究对象为学科领域科学大数据。大力加强学科数据资源和资源体系的建设与维护，推进学科数据标准化工作，促进数据整合与共享是学科信息学发展需不断努力的方向。

化学信息学领域的 PubChem（https://pubchem.ncbi.nlm.nih.gov/）、ChemBank

(https://chembank.broadinstitute.org/)等数据库对小分子结构信息与活性数据进行了保存并提供检索服务；世界最大的天文星表数据库、美国国家航空航天局与加州理工红外处理和分析中心联合建设的河外星系数据库等天文领域大数据平台都对天文数据进行了良好保存，并支持相应领域的科学研究（肖健等，2017）。上述学科领域大数据平台的建设与维护，是对学科大数据体系的不断完善。同时，随着学科数据的不断产生及学术交流范围的日益扩大，学科领域内国际国内数据标准将不断推出和日益更新。在生物医学信息学领域，学者已经在基因序列格式标准、生物医学术语等方面做了充分的研究工作并已在相应学科领域内推广使用（详见 1.3.2.1 节）；在化学领域，国际纯粹与应用化学联合会推出了 International Chemical Identifier（InChI）及与之配套的 InChIKey，该系统成为一种标准化、可被索引和机器识别的化学结构表达式，方便化学领域研究人员之间的交流（刘言等，2015）；我国学者已经探索构建了初步的天文领域本体，并将其应用到领域知识组织工作实践中（王杰等，2016）。上述学科领域数据标准的产生与应用，一方面方便并加强了学科领域专家学者的沟通交流，另一方面积极推动了学科数据的开放共享和重用。可以预见，未来学科领域的科学大数据平台和大数据中心将不断发展和完善，有力支撑学科领域的科学数据分析和深度知识发现。未来各学科之间及各国之间，都应在平等互惠的基础上，遵循一定的标准和规范，适度开放共享科研数据，以促进本学科及一般学科信息学的持续发展，促进基于大数据的科学研究创新和领域知识发现。

1.6.3 努力构建学科信息学大数据分析方法体系

当前各专门领域学科信息学所采用的大数据分析理论与方法是结合领域数据特点，利用计算机科学、信息科学等领域知识，创新构建的分析方法。例如，在超级计算和图形处理单元（graphics processing unit，GPU）支持下，化学信息学中产生了基于 GPU 的分子三位叠合并行算法 gWEGA（Yan et al.，2013）；新一代概要巡天观测计划的实施，要求通过创新的手段实现对海量数据流的处理和挖掘，并满足鲁棒性、灵活性和时间敏感性的要求（崔辰州等，2015）。未来，学科信息学将持续创新学科大数据分析方法，加强人工智能、机器学习、云计算及更多更新的数据分析方法的推广与应用，推动多维海量数据的精准分析，形成适用于学科大数据分析的通用分析方法体系，助力挖掘学科数据潜藏的最大价值。

1.6.4 不断优化学科信息学专用大数据分析工具和知识挖掘平台

学科信息学专用大数据分析工具和知识挖掘平台的功能不仅包含学科数据的概要统

计，更包含对学科数据内容深层次的挖掘与知识图谱展示。已有平台如 IPA 已经基本实现覆盖数据全生命周期的数据整合、标准化、关联与挖掘工作，并对结果进行可视化关联展示。临床决策支持系统已经从基于规则且预先设定流程的方法，发展成为以融合数据为基础，应用于癌症诊疗、慢性病预防、健康管理与诊疗、初级卫生保健、药物不良反应提醒、护理用临床决策支持等领域的有效的辅助计算机工具。未来将在实时、多源融合数据驱动下，以关键指标的分布式实时融合分析与挖掘为核心，以庞大的临床实践指南等知识库为支撑，实现动态、精准的智能决策支持（金梦等，2016）。这种集数据采集、清洗、整合、标准化、分析与挖掘等于一体的综合科学大数据平台的开发与建设是学科信息学长久发展的核心意义所在。大力推进学科信息学专用数据分析工具的开发，推动基于大数据技术与方法的一体化知识挖掘和可视化显示平台的建设，是实现学科信息学研究目的，促进潜在知识快速转化的有效手段。

1.6.5　稳步推进学科信息学复合型高层次专业人才培养

学科信息学想要长久发展的必要条件是人才支撑。因此，需要积极顺应大数据科学研究范式发展的要求，改革并完善学科信息学学科设置和人才培养模式。例如，在生物信息学领域，加拿大充分重视生物信息学和计算生物学的发展，出台了国家层面的《加拿大生物信息学和计算生物学战略框架》（*Canadian Bioinformatics and Computational Biology Strategic Framework*，https://bioinformatics.ca/bcb/plan）。框架中指出需加强分子生物学、生物化学、遗传学、统计学、计算机科学、工程学和数学等方面的培训，培养可以胜任生物医学信息学研发工作的复合型人才，以应对大规模生物医学数据带来的挑战。基于此，加拿大各高校纷纷完善已有生物医学信息学相关课程，加强对科学大数据分析领域本科生与研究生的培养。因此，学科信息学应坚持以满足科学发展需求和解决科学问题为导向，建立并完善学科信息学复合型人才培养体制与机制，不断适应学科的交叉汇聚融合发展趋势，建设一支规模宏大的大数据科学新范式背景下学科信息学知识发现研究与应用的复合型人才队伍，这是大数据科学新范式下促进科学创新和知识发现的关键途径。

参 考 文 献

保罗·A. 萨巴蒂尔 . 2004. 政策过程理论 . 北京：生活·读书·新知三联书店 .

陈泓，曹庆文，李梦龙 . 2004. 化学信息学发展现状 . 化学研究与应用，16（4）：453-455.

崔辰州，于策，肖健，等 . 2015. 大数据时代的天文学研究 . 科学通报，60（Z1）：445-449.

代涛 . 2011. 医学信息学的发展与思考 . 医学信息学杂志，32（6）：2-16.

董建成 . 2004. 医学信息学的现状与未来 . 中华医院管理杂志，20（4）：44-47.

范梓腾，谭海波 . 2017. 地方政府大数据发展政策的文献量化研究——基于政策“目标-工具”匹配的视角．中国行政管理，(12)：46-53.
冯时，弓孟春，张抒扬．2016. 中国国家罕见病注册系统及其队列研究：愿景与实施路线．中华内分泌代谢杂志，32（12）：977-982.
付文华，钱海利，詹启敏．2016. 中国精准医学发展的需求和任务．中国生化药物杂志，36（4）：1-4.
高汉松，肖凌，许德玮，等．2013. 基于云计算的医疗大数据挖掘平台．医学信息学杂志，34（5）：7-12.
葛敬国．2014. 发展科研网络，提升科研大数据传输能力//CODATA 中国全国委员会．大数据时代的科研活动．北京：科学出版社．
顾骏．2006. 医学信息学的研究现状及发展趋势．医学情报工作，(1)：1-5.
顾正华，唐洪武，李云，等．2003. 水信息学与智能水力学．河海大学学报（自然科学版），31（5）：518-521.
何华兵，万玲．2011. 西方政策过程理论的最新进展、趋势与启示．甘肃行政学院学报，（5）：35-43，125.
胡春阳，廖信林．2017. 我国区域政策的热点演化及趋势分析——基于 CiteSpace 的区域政策研究．学习与实践，(10)：57-64.
黄萃．2016. 政策文献量化研究．北京：科学出版社．
黄萃，任弢，张剑．2015. 政策文献量化研究：公共政策研究的新方向．公共管理学报，12（2）：129-137，158-159.
黄萃，赵培强，李江．2015. 基于共词分析的中国科技创新政策变迁量化分析．中国行政管理，（9）：115-122.
黄璜．2015. 政策科学再思考：学科使命、政策过程与分析方法．中国行政管理，(1)：111-118.
黄菁．2014. 我国地方科技成果转化政策发展研究——基于 239 份政策文本的量化分析．科技进步与对策，31（13）：103-108.
黄科，曹家树，吴秋云，等．2002. 生物信息学．情报学报，21（4）：491-496.
加布里埃尔· A·阿尔蒙德．1987. 比较政治学——体系，过程和政策．曹沛霖译．上海：上海译文出版社．
焦怡琳，王吉春，张群，等．2015. 中国在精准医学领域面临的机遇与挑战．中国公共卫生管理，31（5）：601-603.
金梦，孙可欣，胡永华．2016. 大数据时代医学信息学发展展望．现代预防医学，43（20）：3831-3836.
康书生，曹荣．2014. 互联网大数据技术在融资领域的应用研究．金融理论与实践，(1)：108-110.
黎建辉，侯艳飞，张丽丽．2014. 引言//CODATA 中国全国委员会．大数据时代的科研活动．北京：科学出版社．
李德仁，李清泉．1999. 地球空间信息学与数字地球．地球科学进展，14（6）：3-5.
李德仁，姚远，邵振峰．2012. 智慧城市的概念、支撑技术及应用．工程研究-跨学科视野中的工程，4（4）：313-323.
李德仁．1998. 论“GEOMATICS”的中译名．测绘通报，(7)：3-5.

李德仁 . 2005. 地球空间信息学及在陆地科学中的应用 . 自然杂志，27（6）：316-322.
李凡，章东明，刘沛罡，等 . 2016. 技术创新政策比较研究框架构建及应用——基于金砖国家政策文本的分析 . 科学学与科学技术管理，37（3）：3-12.
李纲，巴志超 . 2017. 共词分析过程中的若干问题研究 . 中国图书馆学报，43（4）：93-113.
李桂芬，王连祥，李嘉 . 2005. 水力学与水利信息学进展 . 四川：四川大学出版社 .
李国庆，马俊才 . 2014. 导言//CODATA 中国全国委员会 . 大数据时代的科研活动 . 北京：科学出版社 .
李国庆，邬延辉 . 2014. 大数据时代的对地观测科学研究//CODATA 中国全国委员会 . 大数据时代的科研活动 . 北京：科学出版社 .
李国秋，吕斌 . 2004. 关于经济信息学学科范式的几点思考——前学科与常规科学间的经济信息学 . 情报资料工作，（3）：12-15.
李树平 . 2002. 水信息学概述 . 给水排水，（4）：90-94.
李文钊 . 2017. 叙事式政策框架：探究政策过程中的叙事效应 . 公共行政评论，10（3）：141-163，216-217.
李渊，骆志刚，管乃洋，等 . 2016. 生物医学数据分析中的深度学习方法应用 . 生物化学与生物物理进展，43（5）：472-483.
刘昊，张志强 . 2019. 文献计量视角下政策科学研究的新方向——从政策量化研究到政策信息学 . 情报杂志，38（1）：180-186，111.
刘瑞兴，黄晓鹂，阚连合，等 . 2004. "期刊学"不需要引号了——试论期刊学的学科成熟性 . 大学图书馆学报，（3）：19-21，24.
刘言，蔡文生，邵学广 . 2015. 大数据与化学数据挖掘 . 科学通报，60（8）：694-703.
倪明选，张黔，谭浩宇，等 . 2013. 智慧医疗——从物联网到云计算 . 中国科学：信息科学，43（4）：515-528.
裴雷，孙建军，周兆韬 . 2016. 政策文本计算：一种新的政策文本解读方式 . 图书与情报，（6）：47-55.
祁玲玲 . 2016. 定量与定性之辩：美国政治学研究方法的融合趋势 . 国外社会科学，（4）：130-137.
钱庆 . 2015. 精准医学相关的数据管理与知识服务 . 情报工程，1（6）：17-22.
任思冲，周海琴，彭萍 . 2015. 大数据挖掘促进精准医学发展 . 国际检验医学杂志，36（23）：3499-3501.
邵学广，蔡文生 . 2002. 化学信息学及其课程建设 . 大学化学，17（3）：12-15.
施季森，何祯祥 . 2001. 21 世纪的生物信息学述评 . 南京林业大学学报，25（2）：1-5.
宋庆功 . 2003. 材料信息学初探 . 科学通报，48（22）：2384-2387.
苏竣，黄萃 . 2012. 中国科技政策要目概览 . 北京：科学技术文献出版社 .
田进，杨正 . 2017. 同质与差异：省级政府权力清单制度推行政策的文献计量分析 . 情报杂志，36（5）：75-81，94.
王斌会 . 2000. 生命科学中的信息学——生物信息学 . 医学信息，13（10）：519-520.
王宏起，李婧媛，李玥 . 2018. 基于政策文本的"双创"政策量化研究 . 情报杂志，37（1）：59-65.
王杰，张海龙，艾力・玉苏甫，等 . 2016. 面向天文领域的本体设计与实现初探 . 天文研究与技术，

13（4）：506-513.
维克托·迈尔-舍恩伯格，肯尼斯·库克耶. 2013. 大数据时代：生活、工作与思维的大变革. 盛杨燕，周涛译. 浙江：浙江人民出版社.
尉永平等. 2017. 社会水文学理论方法与应用. 北京：科学出版社.
魏群义，彭晓东. 2007. 材料信息学的研究现状及发展趋势分析. 材料导报，21（4）：1-4.
邬焜. 2009. 社会信息学的学科体系初探. 西安交通大学学报（社会科学版），29（3）：56-59.
吴宾，杨一民，娄成武. 2017. 基于文献计量与内容分析的政策文献综合量化研究——以中国海洋工程装备制造业政策为例. 情报杂志，36（8）：131-137.
吴立宗，王亮绪，南卓铜，等. 2013. 科学数据出版现状及其体系框架. 遥感技术与应用，28（3）：383-390.
向俊，刘朦. 2017. 基于大数据分析法的精准医疗前景. 中国医疗设备，32（8）：112-115，124.
肖健，于策，崔辰州，等. 2017. 天文科技领域云：大数据时代的天文教育和科研信息化平台. 实验技术与管理，34（10）：133-138.
徐筱杰. 2002. 化学信息学的涵义及教育. 大学化学，17（1）：38-41.
徐一新，应峻，董建成. 2006. 医学信息学的发展. 中国医院管理，26（3）：30-32.
杨慧，杨建林. 2016. 融合 LDA 模型的政策文本量化分析——基于国际气候领域的实证. 现代情报，36（5）：71-81.
佚名. 2014. 第 9 届国际生态信息学大会（ICEI2014）. 水利水运工程学报，（2）：7.
张惠，王冰. 2015. 基于文本挖掘的政府公共价值测度与比较. 安徽理工大学学报（社会科学版），17（1）：35-39.
张剑，黄萃，叶选挺，等. 2016. 中国公共政策扩散的文献量化研究——以科技成果转化政策为例. 中国软科学，（2）：145-155.
张永安，闫瑾. 2016. 基于文本挖掘的科技成果转化政策内部结构关系与宏观布局研究. 情报杂志，35（2）：44-49.
张志强，范少萍. 2015. 论学科信息学的兴起与发展. 情报学报，34（10）：1011-1023.
张志强，范少萍，陈秀娟. 2018. 面向精准医学知识发现的生物医学信息学发展. 数据分析与知识发现，2（1）：1-8.
张志强. 2019. 文献计量视角下政策科学研究的新方向从政策量化研究到政策信息学. 情报杂志，38（1）：180-186.
张志强. 2012. 论科技情报研究新范式. 情报学报，31（8）：788-797.
赵永恒，崔辰州. 2011. 从虚拟天文台到天文信息学. 科研信息化技术与应用，2（3）：3-12.
朱杰. 2005. 生物信息学的研究现状及其发展问题的探讨. 生物信息学，3（4）：185-188.
邹自明等. 2014. 大数据时代的空间科学数据应用环境//CODATA 中国全国委员会. 大数据时代的科研活动. 北京：科学出版社.
Abbott M. 1999. Introducing Hydroinformatics. Journal of Hydroinformatics，1（1）：3-19.
Bmjchina. 2018-02-12. The BMJ 首发“中国专辑”，关注中国医学研究新进展，助力健康中国战略. http://

www. bmjchina. com. cn/journals/news/journalnews/2018/0212/1014. html [2018-02-12].

Borne K D. 2007. Astroinformatics: the new e-science paradigm for astronomy research and education. Microsoft eScience Workshop at RENCI.

Borne K D. 2010. Astroinformatics: data-oriented astronomy research and education. Earth Science Informatics, 3 (1-2): 5-17.

Chen W L. 2006. Chemoinformatics: Past, Present, and Future. J. Chem. Inf. Model, (46): 2230-2255.

Cleveland W S. 2001. Data science: an action plan for expanding the technical areas of the field of statistics. International Statistical Review, 69 (1): 21-26.

Davenport T H, Patil D J. 2012. Data Scientist. Harvard Business Review, 90: 70-76.

Dengler J, Ewald J, Kühn I, et al. 2011. Ecoinformatics and global change- an overdue liaison. Journal of Vegetation Science, 22 (4): 577-581.

Dill K A. 1999. Strengthening biomedicine's roots Nature, 400: 309-310.

Ding J R, McConechy M K, Horlings H M, et al. 2015. Systematic analysis of somatic mutations impacting gene expression in 12 tumour types. Nature Communications, 6: 8554.

Dong X S, Qian L J, Guan Y, et al. 2016. A multiclass classification method based on deep learning for named entity recognition in electronic medical records. Scientific Data Summit. IEEE, 2016: 1-10.

Eastman T E, Bome K D, Green J L, et al. 2005. eScience and archiving for space science. Data Science Journal, 4: 67-76.

Embi P J, Kaufman S E, Payne P R. 2009. Biomedical Informatics and Outcomes Research: Enabling Knowledge-driven Healthcare. Circulation, 120 (23): 2393-2399.

EMC. 2014- 04. Data Growth, Business Opportunities, and the IT Imperatives. https://www. emc. com/leadership/digital-universe/2014iview/executive-summary. htm [2014-09-06].

Field D, Garrity G, Gray T, et al. 2008. The minimum information about a genome sequence (MIGS) specification. Nature Biotechnology, 26 (5): 541-547.

Fusaro V A, Patil P, Gafni E, et al. 2011. Biomedical, cloud, computing, with Amazon, Web, Services. PLOS Computational Biology, 7 (8): e1002147.

Galperin M Y, Fernάndezsuάrez X M, Rigden D J. 2017. The 24th annual Nucleic Acids Research database issue: a look back and upcoming changes. Nucleic Acids Research, 45 (D1): D1-D11.

Gasteiger J. 2003. Chemoinformatics-A text. Weinheim, Germany: Wiley-VCH.

Gasteiger J. 2003. Handbook of chemoinformatics. Weinheim, Germany: Wiley-VCH.

Gonzalez G H, Tahsin T, Goodale B C, et al. 2016. Recent Advances and Emerging Applications in Text and Data Mining for Biomedical Discovery. Briefings in Bioinformatics, 17 (1): 33-42.

Greenes R A, Shortliffe E H. 1990. Medical informatics: an emerging academic discipline and institutional priority. JAMA: the journal of the American Medical Association, 263 (8): 1114-1120.

Hale S S, Hollister J W. 2009. Beyond data management: how ecoinformatics can benefit environmental monitoring programs. Environmental Mnitoring and Assessment, 150 (1-4): 227-235.

Harvey A, Brand A, Holgate S T, et al. 2012. The future of technologies for personalised medicine. New Biotechnology, 29 (6): 625-633.

Haux R. 2010. Medical informatics: past, present, future. International journal of medical informatics, 79 (9): 599-610.

Hey T, Tansley S, Tolle K. 2009. The Fourth Paradigm: Data-intensive Scientific Discovery. Redmond: Microsoft Research.

Hintzsche J, Kim J H, Yadav V, et al. 2016. IMPACT: a whole- exome sequencing analysis pipeline for integrating molecular profiles with actionable therapeutics in clinical samples. Journal of the American Medical Informatics Association Jamia, 23 (4): 721.

Hobolt S B, Klemmensen R. 2008. Government responsiveness and political competition in comparative perspective. Comparative Political Studies, 41 (3): 309-337.

Hopkins D J, King G A. 2010. Method of automated nonparametric content analysis for social science. American Journal of Political Science, 54 (1): 229-247.

Huang C, Su J, Xie X, et al. 2015. A bibliometric study of China's science and technology policies: 1949 – 2010. Scientometrics, 102 (2): 1521-1539.

IBM. 2017. Watson Health Perspectives. https://www. Ibm. com/blogs/watson-health/ watson-and -cancer-get-the-facts/ [2017-09-20] .

John R R. 1999. What is material informatics. Materials Informatics——Effective Data Management for New Materials Discovery. Boston: Knowledge Press.

Jones M D, Peterson H, Pierce J J, et al. 2015. A River Runs Through It: A Multiple Streams Meta-Review. Policy Studies Journal, 44 (1): 13-36.

Kang N, Chen T. 2015. Big data for biomedical research: Current status and prospective. Chinese Science Bulletin, 60 (5-6): 534-546.

Keohane R O. 2009. The old IPE and the new. Review of International Political Economy, 16 (1): 34-46.

King G, Pan J, Roberts M. 2013. How censorship in China allows government criticism but silences collective expression. American Political Science Review, 107 (2): 326-343.

Lv X B, Guan Y, Yang J F, et al. 2016. Clinical relation extraction with deep learning. International Journal of Hybrid Information Technology, 9 (7): 237-248.

Lyu J K, Wang S, Balius T, et al. 2019. Ultra-large library docking for discovering new chemotypes. Nature, 566 (7743): 224-229.

Michener W K, Jones M B. 2012. Ecoinformatics: supporting ecology as a data- intensive science. Trends in ecology and Evolution, 27 (2): 85-93.

Miñarrogiménez J A, Marínalonso O, Samwald M. 2015. Applying deep learning techniques on medical corpora from the World Wide Web: a prototypical system and evaluation. Computer Science, 2015: 1-14.

NCBI Resource Coordinators. 2017. Database Resources of the National Center for Biotechnology Information. Nucleic Acids Research, 45 (Database issue): D12-D17.

NHI. 2017- 07- 24. NCI and the Precision Medicine Initiative ® . https://www. cancer. gov/research/areas/treatment/pmi-oncology [2017-08-20] .

Oxford University Press. 2016. DisGeNET Database Information. http://www. disgenet. org/web/DisGeNET/ menu/dbinfo [2017-08-27] .

Piñero J, Bravo À, Queralt- Rosinach N, et al. 2017. DisGeNET: a comprehensive platform integrating information on human disease-associated genes and variants. Nucleic Acids Research, 45 (D1): D833-D839.

Purtle J. 2014. The legislative response to PTSD in the United States (1989-2009): a content analysis. Journal of Traumatic Stress, 27 (5): 501-508.

QIAGEN. 2013. IPA Features. https://www. qiagenbioinformatics. com/products/features/ [2017-08-27] .

Quinn K M, Monroe B L, Colaresi M, et al. 2010. How to analyze political attention with minimal assumptions and costs. American Journal of Political Science, 54 (1): 209-228.

Recknagel F. 2011. Ecological informatics: a discipline in the making. Ecological Informatics, 6 (1): 1-3.

Sarkar I N. 2009. Biodiversity informatics: the emergence of a field. BMC Bioinformatics, 10 (Suppl 14): S1.

Sarkar I N. 2010. Biomedical informatics and translational medicine. Journal of Translational Medicine, 8 (1): 22.

Sarmento L, Carvalho P, Silva M, et al. 2009. Automatic creation of a reference corpus for political opinion mining in user-generated content. International CIKM Workshop on Topic-Sentiment Analysis for MASS Opinion. ACM.

Shah A D, Langenberg C, Rapsomaniki E, et al. 2015. Type 2 diabetes and incidence of cardiovascular diseases: a cohort study in 1 · 9 million people. Lancet Diabetes and Endocrinology, 3 (2): 105-113.

Shen D, Wu G, Suk H I. 2017. Deep learning in medical image analysis. Annual Review of Biomedical Engineering, 19: 221.

Shortliffe E H, Cimino J J. 2006. Biomedical informatics. Springer Science+ Business Media. LLC

Speakman E M, Shafi A, Sondorp E, et al. 2014. Development of the community midwifery education in initiative and its influence on women's health and empowerment in Afghanistan: a case study. BMC Women's Health, 14 (1): 111.

Stanford Medicine. 2017- 09. Number of Registered Studies Over Time. https://clinicaltrials. gov/ct2/resources/trends [2017-09-15] .

Tao J H. 1994. Computational Hydraulics and Hydraulic Informatics. Proceedings of the 8th National Conference on Hydrodynamics. Beijing: Ocean Press.

The White House Office of the Press Secretary. 2015-01-20. Remarks of President Barack Obama- As Prepared for Delivery State of the Union Address. https://obamawhitehouse. archives [2017-07-25] .

The White House- President Barack Obama. 2015. So what is Precision Medicine? . https://obamawhitehouse. Archives. gov/ precision-medicine [2017-07-25] .

Vougas K, Krochmal M, Jackson T, et al. 2016-08-19. Deep learning and association rule mining for predicting drug response in cancer. https://www. biorxiv. org/content/10. 1101/070490v1. article-info [2017-09-25] .

Weible C M, Sabatier P A, Jenkins- Smith H C, et al. 2011. A quarter century of the advocacy coalition framework: an introduction to the special issue. Policy Studies Journal, 39 (3): 349-360.

Wilson S, Schanb F, Ramanath R, et al. 2016. Crowdsourcing Annotations for Websites' Privacy Policies: can It Really Work? International Conference on World Wide Web. International World Wide Web Conferences Steering Committee.

Wyatt J C, Liu J L Y. 2002. Basic concepts in medical informatics. Journal of Epidemiology and Community Health, 56 (11): 808-812.

Xu R, Wang Q Q. 2015. PhenoPredict: a disease phenome- wide drug repositioning approach towards schizophrenia drug discovery. Journal of Biomedical Informatics, 56: 348-355.

Yan X, Li J B, Liu Z H, et al. 2013. Enhancing molecular shape comparison by weighted Gaussian functions. Journal of Chemical Information and Modeling, 53 (8): 1967-1978.

Yilmaz P, Kottmann R, Field D, et al. 2011. Minimum information about a marker gene sequence (MIMARKS) and minimum information about any (x) sequence (MIxS) specifications. Nature Biotechnology, 29 (5): 415-420.

Zhang L, Liu Y. 2016. Analysis of new energy vehicles industry policy in China's cities from the perspective of policy instruments. Energy Procedia, 104: 437-442.

二、数 据 篇

第2章
生命与健康科学大数据发展现状及共享机制

本章将系统地梳理和调研生命与健康领域科学大数据的发展现状，并对相关政策和数据库进行解读与研究，主要内容包括数据提交者的权利和义务、数据管理者的权益及数据使用者所需要遵循的规范等。

2.1 生命与健康科学大数据总体概况

生命与健康科学大数据是推动生命科学研究和发展的重要基础与战略性资源，关乎一个国家的人口健康和生物安全。由于我国长期依赖国际生命与健康大数据中心，缺乏自主管理和存储的科学大数据平台，严重制约和影响了我国生命与健康科学大数据的整合与共享。本章系统分析和阐述了国内外生命与健康科学大数据的建设情况，对科学大数据建设与共享现状进行了分析总结，以期为我国生命与健康科学大数据的建设与共享提供参考。

进入21世纪以来，高通量测序技术的飞速发展和广泛应用，推动了基因组、转录组、蛋白质组等生命科学组学数据的指数级增长，生命科学的研究已经从传统实验科学范式正式进入了数据密集型科学范式。预计到2025年，我国将每年产生超过200PB的基因组数据，而全球每年产生的基因组数据将超过1ZB。

一方面，科学数据的快速增长有力地推动了生命与健康科学领域的研究与相关产业的发展。围绕脑科学、诱导多能干细胞、精准医学等生命科学领域研究，有效结合大数据和人工智能等现代信息技术，产出了疾病预测、器官再生、癌症治疗等一批重大科研突破和创新型成果，加快了先进制造、新型材料、现代农业等交叉科研领域的创新发展。另一方面，生命与健康科学数据来源广泛、结构复杂、碎片化严重，难以整合和挖掘潜在价值。同时，由于长期缺乏国际认可的数据平台及国际期刊的限定，我国生命与健康领域产出的科学数据不得不提交至美国国家生物信息技术信息中心（National Center for Biotechnology Information，NCBI）、欧洲生物信息研究所（European Bioinformatics Institute，EBI）和日本DNA数据库中心（DNA Data Bank of Japan，DDBJ）等国际生物数据中心，数据外流情况十分严重，安全性和数据再利用都无法得到保障。

因此，围绕我国生命与健康科学数据保护和利用的重大战略需求，实现生命与健康领域科学大数据的交汇、管理和共享，研究并构建生命与健康多组学数据资源体系，利用大数据和深度学习等技术对科学数据进行有机整合和深度挖掘，推动我国生命与健康领域科学创新和产业发展，已经成为我国生命与健康领域发展的重点。

2.2 生命与健康科学大数据建设进展

2.2.1 国外进展

根据re3data.org的记录（截至2019年11月），共收录了2431个数据库。其中，生命科学（Life Sciences）领域有1304个数据库，1145个开放共享。本章参考Scientific Data的推荐清单及分类，选取其中较为典型并且网站上有明确政策的38个生命科学领域的数据库进行调研（表2-1）。

表2-1 生命科学数据库分类

分类	知识库
核酸序列 (nucleic acid sequence)	GenBank；基因组变异数据库（DGVa）；欧洲生物信息研究所（EMBL-EBI）；欧洲核酸数据库（ENA）；GO（Gene Ontology）；国际核酸序列数据协作体（INSDC）；NCBI Sequence Read Archive（SRA）
蛋白质序列 (protein sequence)	杰克逊实验室；PDBe AutoDep；通用蛋白质资源库（UniProt）
分子和超分子结构 (molecular & supramolecular structure)	X射线衍射成像数据库（CXIDB）；晶体学开放式数据库（COD）；生物磁共振数据库（BMRB）；Chemical Entities of Biological Interest（ChEBI）；电子显微镜数据库（EMDB）；蛋白质圆二色谱数据库（PCDDB）；全球蛋白质数据库（wwPDB）
神经科学 (neuroscience)	NeuroMorpho. Org（神经元形态数据库）；神经影像学信息工具和资源中心（NITRC）；OpenfMRI
组学 (omics)	ArrayExpress数据库；GEO数据库；dbGaP；蛋白质相互作用数据库（DIPTM）；PeptideAtlas；欧洲基因组表型档案网站（EGA）；PRIDE数据库

续表

分类	知识库
生物分类及物种多样性（taxonomy & species diversity）	综合分类信息系统（ITIS）；全球生物多样性信息设施（GBIF）
生命科学学科共同体资源（life-science community resources）	鼠基因组数据库（MGI）；EuPathDB；FlyBase；Xenbase；美国国家吸毒和艾滋病毒数据存档项目；流感研究数据库（IRD）；ClinicalTrials. gov；生物通用存储库（BioGRID）；癌症和肿瘤成像存档（TCIA）

1985年，美国科学家提出人类基因组计划（Human Genome Project，HGP）（Watson，1990），并于2001年完成并发表人类基因组工作草图。这项由6国科学家共同参与，预算高达30亿美元的人类基因组计划被视为基因组学诞生的标志。此后，世界各国都竞相开展了各自的基因组测序计划项目。美国国立卫生研究院（National Institutes of Health，NIH）下属国家人类基因组研究所（National Human Genome Research Institute，NHGRI）于2003年和2008年先后启动了“DNA元件百科全书计划”（ENCODE Project）和“表观基因组学路线图项目”（Roadmap Epigenomics Project），其主要目标是编写人类DNA的百科全书。2018年，NIH又启动了“我们所有人研究计划”（All of Us Research Program），该项目通过建立100万美国人的健康大数据，帮助研究人员发现精准医疗的实现途径。欧洲17个国家共同签署了一项声明，要求截止到2022年完成对100万个基因组的测序，并进行数据共享，促进各国管理机构和数据库的互操作性（Saunders et al.，2019）。英国和法国也先后启动了数量大于10万人的基因组计划，目标是加速对癌症和一些罕见病的研究，促进疾病的诊断和精准治疗。澳大利亚、日本等国家也于近年开展了各自的基因组研究计划。

除了开展大规模基因组研究计划，发达国家还特别重视生命与健康科学大数据的管理和应用，并建立了专门的数据管理机构和数据库平台。1988年由美国国立卫生研究院（NIH）拨款资助成立了美国国家生物信息技术信息中心（NCBI），NCBI的主要职责就是收集和存储全球生物医学数据，并开发数据分析软件和平台，为全球生物技术和生命科学研究提供服务。经过30年的积累，NCBI已经发展成为全球生物数据资源和软件资源最为丰富的信息中心，其收录的数据覆盖了分子生物学、遗传学、基因组学等学科，建成了PubMed、GenBank、SRA等特色数据平台，还提供了BLAST、Entrez等分析软件和数据检索系统。NIH要求其资助的科研项目所产出的数据必须在NCBI的数据库中公开，促使NCBI的数据资源急剧增长。截至2019年底，仅SRA的数据都已经达到30PB。欧洲生物信息研究所（European Bioinformatics Institute，EBI）创立于1992年，隶属于欧洲分子生物学实验室（European Molecular Biology Laboratory，EMBL），EBI为全球科学家免费提供多个生命科学数据库和工具软件，包括欧洲核酸数据库（ENA）、Ensembl基因组数据库、蛋白质序列资源库（UniProt）等，同时也提供生物信息学相关的各种培训。研究所的经费来源除欧盟各成员国外，还得到了 NIH、英国医学研究理事会（Medical Research Council，MRC）、英国 Wellcome 基金会等机构的赞助。目前，EMBL-EBI 所管理的原始数据已经超过 273PB，每天数据请求超过 6500 万次，超过 2 万人参与过 EMBL-EBI 所组织的各种培训。日本 DNA 数据库中心（DNA Data Bank of Japan，DDBJ）创立于 1984 年，隶属于日本国立遗传学研究所（National Institute of Genetics，NIG），DDBJ 的主要工作是收集 DNA 序列信息并对其进行标签化存储，同时提供免费数据服务和超级计算机系统，以支持生命科学的研究活动。目前，DDBJ 所管理的原始数据已经超过 3PB，年用户数超过 26 万人。

2005 年，NCBI、EBI 和 DDBJ 共同发起并建立了国际核苷酸序列数据库共享联盟（INSDC），联盟成员约定了数据的命名规范、数据交换与共享原则、交换标准和范围等规范和政策，并通过每日同步共享的方式进行数据交换，同时也要求生物医学领域期刊上发表的论文都要将数据上传到联盟成员数据库进行公开和共享，以确保为全球科研工作者提供最新的数据应用服务。INSDC 成员数据交换内容见表 2-2。

表 2-2　INSDC 成员数据交换内容

数据类型	NCBI	EMBL-EBI	DDBJ
二代测序仪数据	原始序列归档库	欧洲核苷酸序列数据库	原始序列归档库
毛细管测序仪数据	测序峰图归档库		测序峰图归档库
注解序列	基因序列信息库		基因序列信息库
样品信息	样本数据库		样本数据库
项目信息	项目数据库		项目数据库

2.2.2　国内进展

我国地大物博，物种丰富，人口数量约占世界人口的 20%，是生物数据产出大国，生物组学数据的产量约占全球数据总产量的 40%。随着国家对生命与健康领域越来越重视，大型人群队列研究越来越多，如“国家大型健康队列”“罕见病的临床队列”等项目，以及人类遗传资源库建设、干细胞及转化研究等课题（鲍一明和薛勇彪，2018）。2017 年，我国启动了“中国十万人基因组计划”，这个为期 4 年的项目将绘制完成十万人规模的中国人基因组图谱和中国人健康地图。这一系列的研究将收集数十万甚至百万人群和生物的基因与健康数据，这些海量数据将会成为我国未来生命与健康领域科研和产业发展的重要支撑。

在生命与健康大数据的管理和应用方面，我国的生物领域数据库资源数量高居世界第二位。据 Database Commons 最新统计，共有 687 个来自中国的生物领域数据库对外提供数据和服务，如图 2-1 所示，资源范围涵盖了从 DNA、RNA、蛋白质到疾病、药物、代谢等多种数据类型。

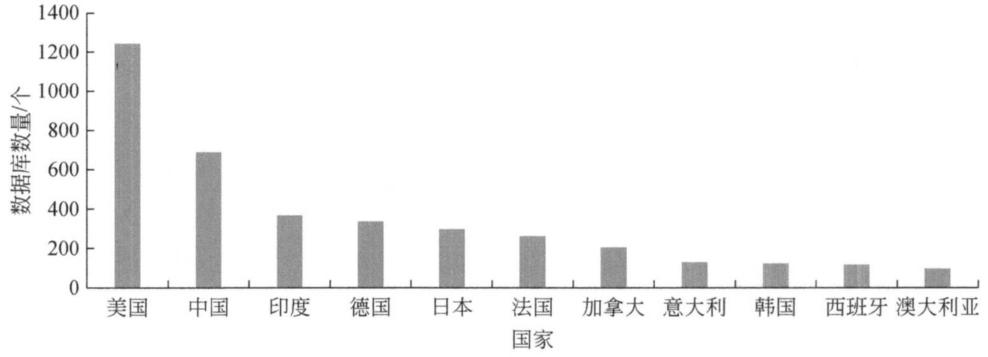

图 2-1　全球生物数据库数量排名居于前列的国家

与生物领域数据库数量排名不符的是，我国生物领域数据库的影响力普遍较低，数据库规模较小，多为项目组或实验室建设的面向课题或专业领域的小型数据库。这种情况，一方面与国际期刊只认可 NCBI、EBI 等主流数据库有关；另一方面，由于缺乏国家层面的统一部署，生物领域长期缺乏完善的数据交汇、存储和共享体系，未能建设出国际学界认可的科学数据管理平台。不过，随着我国对生命与健康领域的重视程度不断提高，各种类型的生命与健康大数据中心也相继建成并投入使用。2010 年开始正式运行的国家人口健康科学数据中心（National Population Health Data Center，NPHDC），是国家科学技术部和财政部认定的 20 个国家科学数据中心之一，任务包括我国人口健康领域科学数据的汇交、加工、存储、挖掘和共享服务。平台拥有 387 种人口健康数据库资源，覆盖 97 个学科。2011 年，深圳国家基因库成立，作为服务于国家战略的国家级公益性创新科研及产业基础设施建设项目，是我国首个获批筹建的国家级综合性基因库。基因库主要由生物样本资源库、生物信息数据库和动植物资源活体库组成。2019 年，国家基因组科学数据中心（National Genomics Data Center，NGDC）成立，其前身是中国科学院北京基因组研究所生命与健康大数据中心。中心的主要任务是面向我国人口健康和社会可持续发展的重大战略需求，建立生命健康组学大数据储存、整合与挖掘分析研究体系，研发生物多样性与健康大数据汇交、共享与管理平台，并开展数据挖掘和技术研发等工作。目前已建成包括组学原始数据归档库、基因组、基因表达等一系列数据库，用户来自全球 70 多个国家和地区，被国际顶级生物信息学杂志 *Nucleic Acids Research* 列为与 NCBI、EBI 齐名的全球核心生物数据中心。

2.3 生命与健康科学大数据开放共享

2.3.1 科学数据的提交规范

随着科学数据资源建设的力度不断加大，科学数据的共享和利用成为新的关注焦点。2000 年，国际科学数据委员（CODATA）制定了《网络时代的科学原则》，其中提出 6 条原则，包括“科学进步依靠全面和公开地获取数据”、“数据的发布是科学研究和知识传播的基础”等。经济合作与发展组织（Organization for Economic Co-operation and Development，OECD）于 2006 年制定了《公共资金资助的研究数据获取原则与指南》，该指南提出 13 条原则，用于指导各成员国制定并完善各自的科学数据共享政策。针对生命与健康领域的科学数据共享，OECD 也陆续发布了《OECD 人类生物样本库和基因研究数据库建设指南》《关于保护隐私和个人数据跨境流动的准则》等一系列指南，这些指南用于指导解决各国在建设生物和基因研究数据库过程中所面临的关于数据管理、隐私保护和数据共享等问题。

除国际组织外，各国家政府和科学数据管理机构也出台了一系列法律和指导政策用于保证科学数据的共享和利用。美国政府制定的《信息自由法》和《版权法》构成了美国数据共享政策的法律基础，通过立法确保了公众对政府数据和信息资源自由获取的权利，相关的法律还有《政府阳光法案》和《隐私法》等。NIH 从 2003 年开始，发布及修订了基因组数据共享政策（GDS），要求所有向 NIH 申请科研项目并且经费在 50 万美元以上的科研人员都必须提供 1 份数据共享计划或数据保密说明，并按照规定共享相关的科学数据。美国疾病控制与预防中心（Centers for Disease Control and Prevention，CDC）也制定了数据发布与共享政策等一系列科学数据共享政策，用于管理和共享其发布的科学数据。

英国政府于 2000 年开始制定并通过了《信息自由法案》，并在 2005 年开始实施，该法案赋予了公众对政府公共部门信息资源自由获取的权利。英国国会先后出台了《人体组织法》和《人体组织条例》，并成立了专门的人体组织管理局，负责对人体细胞、组织及器官等资源和数据的采集与使用进行监督管理。在此基础上，英国的生命和医学研究组织机构也纷纷制定和出台了相应的数据管理与政策。包括英国医学研究理事会（MRC）、英国生物技术与生物科学研究理事会（Biotechnology and Biological Sciences Research Council，BBSRC）、英国癌症研究院（The Institute of Cancer Research，ICR）等均发布了自己的数据共享与保存政策。英国生物样本库（UK Biobank，UKB）是英国最大的 DNA 样本库，其所收集的信息严格限定在经过伦理和科学审查的研究中使用，并通过《英国生物样本库伦理和监管框架》进行规范。

日本于 2013 年开始构建政府开放数据推动蓝图，并成立开放政府数据委员会、公共数据工作组、开放数据促进会等专门的部门来负责协调和制定开放数据的政策与措施。日本颁布的《开放政府数据战略》提出创建开放数据案例并制定开放数据利用环境的实施策略，以开放和共享政府数据。日本国家生物科学数据库中心（NBDC）制定的《人类来源数据共享指南》提出，向 NBDC 提交数据和共享数据时需分类管理，并定义了使用数据进行科学研究应遵守的原则。该指南后来也被用于 DDBJ 等日本生物医学数据中心，用于规范科学数据的存储和共享使用。

我国于 2008 年开始实施《中华人民共和国政府信息公开条例》，用于推动我国开放数据工作的落实，并逐步面向公众提供开放数据获取服务。2018 年，国务院印发《科学数据管理办法》，该办法进一步加强和规范了我国科学数据的管理，对科学数据的采集、汇交、共享、利用，以及加强数据保密和保障数据安全都做出了明确的规定，该办法为各领域科学数据管理机构制定科学数据管理办法指明了方向。NCMI 在国家人口健康科学数据管理和共享方面，提出了共享系统管理规范、数据交换格式规则等科学数据管理和共享的规章制度与政策法规。2019 年，国际数据委员会（CODATA）及其国际数据政策委员会共同发布了《科研数据北京宣言》，提出十条基本原则，包括数据管理及政策体系建设的必要性、全球数据同盟与开放数据的 FAIR（可发现、可获取、可互操作、可重用）原则、数据版权及知识产权保护等。

除国际组织和政府机构外，国内外许多高校、出版商和数据库都制定了详细的数据共享政策。例如，美国斯坦福大学、英国爱丁堡大学、*Science*、*Nature* 等都制定了相关的数据管理计划、数据管理与服务指南等数据共享办法。不同于高校和出版商，生命与健康领域数据库制定的数据共享政策更为明确。而作为科学数据的基础，数据提交政策成为各个机构和数据库规范的重点，通过归纳总结，数据库中的数据提交政策通常包括以下 4 方面内容。

（1）对提交的数据内容有明确界定

数据库通常界定收录内容，对若干生命与健康领域的子类别有比较详细的说明。例如，DGVa 只接受经过处理的结构变异数据，以及与该研究有关的信息，包括实验者/样品，实验协议和应用分析；PDBe AutoDep 提交生物核磁共振数据；CXIDB 提交相干 X 射线衍射成像（CXI）实验数据；GEO 提交基因表达式和杂交阵列数据。由于生命与健康领域学科的特殊性，不同类别的生命科学数据库存储的数据类型不一样，数据内容也不尽相同。

（2）对提交的数据格式有明确规定

按照学科社群通用的软件、工具及传输与共享的范式进行统一化规范。例如，DGVa要求以Excel电子表格和/或以TAB作为分隔符的文本章件格式提交数据；UniProt鼓励用UniProtKB/Swiss-Prot数据的形式提交数据，并希望提交者能提供关于所要提交数据的文字描述；BMRB要求的格式是数据交换格式，所有数据都以NMR-STAR格式存储；EuPathDB的格式要求是所有可用序列的FASTA文件、具有完整基因信息的GFF文件，以及其他格式文件。

（3）要求数据提交者提交的数据符合科学伦理

数据库的提交政策中往往包括一项声明，要求数据提交者所提交的数据不能来自违反科学伦理的实验，即编辑出版不会传播违背科学良知的行为产物。这意味着存储在数据知识库中的数据本身不存在伦理道德的争议。例如，GenBank规定如果提交的数据涉及人类序列数据，则不能包括任何可能揭示数据提供者个人身份的数据。

（4）需要有明确的数据归属说明

著作权包括精神权利和财产权利。精神权利是不可剥夺的权利，如数据提供者的署名。财产权利需要数据库明确声明，数据库的管理团队和负责人也需要在数据提交政策中明确在数据提交后对数据的处理方案等。例如，ArrayExpress规定，提交的数据由专门的生物管理团队进行管理，或者每周从NCBI基因表达式综合数据库系统地导入。

数据提交政策是任何类型数据库政策所应该有且必须有的政策基础。科研人员向数据库提交数据之后，更加关注的是自己的数据是否可以得到充分的保护及合理的传播使用，这是建立数据提交者与数据知识库管理者之间相互信任桥梁的基石。因此，数据管理声明和数据使用规范是数据库政策研究的重点。

2.3.2 科学数据的管理规范

数据管理机构和数据库一般都制定有严格的数据管理规范，用于管理用户提交的数据，包括建立数据标准、控制数据质量和制定数据管理政策等。其中，数据标准是科学数据开放共享的基础和前提，建立健全科学数据标准体系可以规范数据的格式，提高科学数据的可用程度和互操作性，生命与健康领域的数据标准主要集中在数据标准、安全规范和术语集等方面。为保证生命与健康领域科学数据标准的统一和推广，国际上成立了很多生命科学相关的标准组织。例如，2005年，基因组标准联盟（Genomic Standards Consortium，GSC）成立，该联盟通过开放合作的方式推进国际基因组数据共享和整合，同时还制定了MIGS、MIMARKS等一系列基因序列标准。2013年成立的全球基因组学与健康联盟（Global Alliance for Genomics and Health，GA4GH）共有4个工作组，并与美国、加拿大、中国等国家的机构和公司合作制定生命与健康领域相关的科学数据标准和安全管理规范。由于 NCBI、EBI 等数据中心在生命科学领域的绝对影响力，由这些机构制定的数据标准也成为生命科学领域国际统一认可的标准，如核酸序列数据标准、二代测序数据标准及遗传特征描述格式等（操利超等，2015）。

在国际数据标准基础和建设经验基础上，我国国家人口与健康科学数据共享平台在建设初期就成立了标准化工作组，工作组围绕我国健康数据资源建设和交换共享的实际需要，制定了一系列标准规范、政策法规和规章制度，包括数据交换格式设计规则、元数据标准化基本原则和方法、数据集分类与编码标准等，形成了我国生命与健康数据采集、加工、存储、共享到系统运行管理的一套较为完整的规范和标准。另外，我国国家标准化管理委员会、全国科技平台标准化技术委员会等机构和组织也都发布过生命与健康领域的科学数据管理与共享标准。这些标准涵盖了平台标准化、元数据标准化、通用术语等多项国家和行业标准，可以较好地满足我国生命与健康领域科学数据全生命周期的管理要求。

数据质量控制涉及科学数据的全流程，从宏观到微观来看，生命与健康领域科学数据的质量控制包括宏观层面的基础设施建设、实验环境到微观层面的数据产出、数据分析等。例如，实验动物的基础设施和环境对实验数据会产生巨大影响，温度、湿度、噪声、品种筛选都与实验动物的质量息息相关，而芯片、基因组、蛋白质组等的质量管理则通过 MAQC、SEQC2、PRIDE 等数据质量管理工具来实现。除此之外，还有一些常用的测序数据质量控制工具，如 FASTX-Toolkit、Trimmomatic 等，这些工具可以用于去除低质量残基、rRNA、接口和病毒等污染，改进数据质量。另外，数据质量控制通常还需要参考数据集、性能标准、标准流程等作为基准，建设生命与健康领域科学数据参考数据集、性能标准、参考数据分析流程也是数据质量控制的重要环节。

参考国内外以往建设经验，数据标准与质量控制体系的构建一般可以分为四个主要环节：一是明确目标，在构建数据标准与质量控制体系之前要充分了解科学数据共享的内容、学科背景和业务构成，确定基本指导思想和构建原则。二是调查研究，包括生命与健康领域科学数据标准与质量控制体系构建的国内外现状、已有建设基础和当前存在的问题等内容，调查方法主要包括问卷调查法、访谈调查法、文献调查法、专家调查法等。三是模型构建，根据数据标准化业务的实际需求，借鉴生命与健康领域国内外现有的相关数据标准与质量控制体系，从多角度多维度确定标准体系结构和业务模型。四是编制并维护标准明细表，确定并设计标准体系细则，并以业务需求为核心目标，编制标准明细表，并在使用过程中不断进行完善。

除数据标准制定和数据质量控制外，生命与健康领域数据库还制定了详细的数据管理政策和声明，目的是通过优化数据提交流程、增强数据管理能力，提高数据提交者提交和更新数据的积极性。主要的政策和声明包括以下四方面。

（1）鼓励数据提交者尽快公开数据

数据的公开途径与方式是数据库管理政策的基础，数据的使用、传播、更改等行为都是基于数据在严格且正确的公开途径下进行的。数据公开途径通常分为三类：数据提交者自己使用或课题组内使用；学术同行用于学术出版所需的同行评审；完全开放、任何人都可以使用。数据公开途径可能只有上述一种，也可能经历多种途径，这就涉及数据公开的时间及数据库的政策。例如，EMDB 的数据公开途径就是第三种情况，该数据库鼓励数据提交者尽快公开数据，而不是搁置数据。

（2）为数据提交者分配编号 ID

发表在学术期刊上的学术论文通常标识着作者、题名、刊名、卷期号、页码等，无论发布在哪个平台上都可识别并作为引用对象。科学数据也可能存储在不同的发布平台上，这就需要有一套认证机制来保护科研人员的权益。目前，有三类常用途径：通用的数字资源唯一标识符，如 DOI 等；作者唯一标识符，如 ORCID 等；数据的 URNs 或数据编号（Accession No.，简称“编号 ID”）。以生命与健康领域而言，数据库分配编号 ID 往往已在领域内形成一套认可和识别科学数据的规范，许多生命科学数据库有其分配编号 ID 的服务机制。例如，DGVa 在对数据存档后，会给研究对象、变体区域以及所有样本层面的变体（识别变体）分配唯一且稳定的编号 ID；wwPDB、BMRB 也均会为数据提交者提交的数据分配相应编号 ID。可见，数据库分配编号 ID 已成为科研人员投稿学术期刊论文、发表数据期刊论文、注释及引用自己和他人数据集的既成规范。

（3）应说明使用风险、产权保护、使用条款等

互联网上的内容服务网站通常都有一定的生命周期，本章所说的免责声明主要是指数据库在数据管理政策上所涉及的声明，主要包括三方面的重点内容：数据使用风险的免责声明，用于规范数据库提供内容范围及用户可能承担的风险；数据知识产权的免责声明，用于明确数据库在知识产权评估方面的责任；数据访问过程的免责声明，用于明确用户在使用过程中数据库应承担的责任。

此外，一般国外网站都有使用条款（如拒绝批量下载等）和隐私条款（如对使用日志的妥善处理）等。免责声明是数据库管理规范中必不可少的内容，其中，数据使用风险和数据知识产权是比较特殊的免责声明，可按照实际情况进一步条款化。

（4）要求数据提交者发布最新版本的数据

存储的科学数据通常有三种情况：科学数据本身已经不会再做任何变动，科学数据来自一次性的试验或观察，经过整理后所提交的数据已是最终版本；数据本身是长期动态更新的，这类数据随着时间的变化会不断增加实质性内容，因此很难界定所谓的最终版本，反而需要以 V1，V2，V3，…，Vn 的形式标示各个时间段的不同版本；鉴于不同阶段对数据发布或出版的要求及对数据公布的情况，可能会有内容完整性上的差异，需要进行数据

版本进行区分和管理，这种情况可能会与前两种情况存在重合；另外有一种特殊情况，数据可能被其他人或科研团队发现存在错误、瑕疵和遗漏等问题，需要予以更新。

2.3.3　科学数据的使用规范

无论是数据的提交还是数据的管理，数据库的最终目的都是为科研人员提供数据使用和传播服务，这才是真正的价值所在。出于对数据提交者权益的保护及对数据使用者的责任的考虑，必须制定数据使用规范，为学术社群提供良好且健康的数据共享环境。

2.3.3.1　应明确数据访问权责

数据库的用户通常可以上传、浏览、下载科学数据甚至使用数据库提供的工具对科学数据进行分析，但有些数据库会区分不同类型的用户，如注册用户、高级用户和普通用户等。有些数据库要求科研人员注册后才能够上传或下载数据（作为数据贡献者之一才能成为数据使用者），有些数据库要求必须成为会员（科研机构或项目团队支付或分担一部分的数据库维护费用），有些数据库不需要用户经过注册或成为会员就可以直接使用。

核酸序列、蛋白质序列、分子和超分子结构、神经科学、组学和生命科学学科共同体资源类别下的数据库均有数据访问政策内容：一般情况下，数据库普遍支持数据开放共享和传播，在使用政策中也已说明用户可以自由地下载、使用或传播；若干数据库还会基于数据提供者在提交时对商业合同、项目自助者要求、项目保护需求等的考量，从而对若干使用条件作出限制或者写明前提条件；个别数据库允许用户以编程的方式开发数据分析流程、网站或数据视图，以便更方便快捷地访问数据和集成公共数据，如 EMBL-EBI；有些数据使用者出于检验科研成果或进行其他方面科研等的目的，具有接触某一数据集受测对象的需求，而数据库又必须保障数据提供者的相关权益，此时通常采取的做法是让数据使用者提交申请进行审批；数据库必须有一定的生命周期，在使用数据进行专利申请时，需要获得数据提供者的许可或科研机构、科研资助机构的商业用途许可证，如 TCIA 的相关规定。

2.3.3.2　规范数据应用格式

科研人员采集、整理、汇总、分析和提供科学数据是一种支持与促进科学发展的工作，人们利用这些数据研究新的问题，也不应忽视数据提供者的科研贡献。因此，科学数据的引用不仅对于完善科研评价体系具有一定的作用，在数据库的长期发展中也扮演着关键角色。

数据库的数据引用有若干种情况：要求引用数据集的标识符，可能是数字资源标识符或数据库分配的编号 ID；要求引用数据库本身的名称及网址；要求引用数据库创建者所撰写的一篇论文。生命科学领域数据库普遍倾向引用数据库及其信息。例如，ITIS 的引文格式：检索 [月、日、年]，来自分类学信息系统在线数据库，http://www. itis. gov。

2.3.3.3 个别数据库需要明确数据授权许可

数据授权许可协议是数据开放共享的权利规范，能够为进一步发挥科学数据的巨大科学价值、经济价值、社会价值起到保驾护航的作用。数据授权许可证是一整套的规范，涉及使用者被允许进行的行为活动，包括浏览阅读、下载存储、复制传播、内容重用、内容挖掘、信息抽取、内容汇编、重制衍生、附加许可、商业使用等。目前，数据库所讨论的数据授权许可主要着重在元数据和数据的许可证协议（License）方面，通常采用知识共享协议。

生命科学学科共同体资源类别下的数据库政策指出四点：①禁止以营利为目的的传播。例如，MGI 规定事先未得到明确的书面许可时，数据禁止用于任何商业用途的传播和使用。②禁止商业用途的信息抽取和利用。例如，ClinicalTrials. gov 规定用户不得从数据库中提取电子邮件地址用于营销或其他促销行为。③特殊信息的使用授权。例如，美国国家吸毒和艾滋病毒数据存档项目规定对于机密数据，获得机密数据任何部分的研究人员和机构有义务保护个人的机密信息，采取预防措施以保护机密数据的非授权使用。④非专属权。例如，ClinicalTrials. gov 声明用户不拥有数据库任何部分的任何专有权，也不能代表数据库或其任何部分（孙轶楠等，2015）。

2.4 总结与展望

生命与健康科学大数据是国家人口健康和生物安全的重要战略性资源，面对我国生命与健康领域的科学数据数量呈指数级增长但学科数据流失严重、重用效率极低的局面，亟待从国家层面构建科学数据管理共享机制，建设国家级生命与健康科学大数据中心和共享服务平台，形成有效的存储、管理、共享科学数据的能力，早日实现成为生命与健康领域世界科技强国的最终目标。

参考文献

鲍一明，薛勇彪. 2018. 生命与健康大数据现状和展望. 中国科学院院刊，33（8）：861-865.

操利超，陈凤珍，严志祥. 2015. 生物数据标准化研究进展. 生物信息学，13（1）：31-34.

孙铁楠，顾立平，宋秀芳，等 . 2015. 学科数据知识库的政策调研与分析——以生命科学领域为例 . 现代图书情报技术，2015，265（12）：13-20.

Saunders G，Baudis M，Becker R，et al. 2019. Leveraging European infrastructures to access 1 million human genomes by 2022. Nature Reviews Genetics，20（11）：1-9.

Watson J D. 1990. The human genome project：past，present，and future. Science，248（4951）：44-49.

第 3 章

面向生物医药领域知识发现的信息组织

本章以知识发现（knowledge discovery）为视角，梳理了国内外知识发现的面向领域、技术方法与实践应用等的有关观点与研究进展。同时，选择中国科学院成都文献情报中心、广州生物医药与健康研究院联合研建的“干细胞领域知识发现平台”对其信息组织进行较为深入的剖析，分析其信息对象实体、信息需求与知识服务，以及在知识发现不同阶段所利用的信息组织技术方法。在对知识发现相关研究有较为系统的认识的基础上，也对语义层面更深粒度的信息组织发展提出了新的思考。

3.1 引言

我国在 20 世纪 70 年代步入信息社会，90 年代中期走进知识经济时代，充分证明知识资源不容忽视的地位和作用。如何有效利用、传播、分享知识成为社会进步的关键要素之一，而信息组织在其中不断发挥出日益重要的“软支撑”力量（陈树年等，2006）。同时，数据库技术、语义技术、关联技术、机器学习等方法与技术手段的快速发展与成熟，为精准化的知识发现提供了必不可少的“硬实力”支持，为促进信息组织相关理论和技术的变革提供了强大驱动力。

在大数据环境下，人们能够容易地获取大量数据，但从数据中获得有价值的信息却变得不易，呈爆炸式增长的信息资源为构建有效的信息组织带来了诸多挑战。信息组织的面向对象、关注内容、实现机制等都在应时而变。数字化时代，任意层次的信息内容、信息单元和信息集合正逐步以计算机可识别和理解的方式被定义、描述、指向、链接、传递和动态组织（冷伏海，2003）。信息资源的对象已发展到覆盖科技文献、专利、政策、人才、项目，甚至实验仪器设备等的综合科技资源，而信息组织也开始介入到资源检索、科研过程、成果产出、成果共享、存储管理等整体信息交流体系的全过程。为了更高效、精准地发现有用的信息、整合有价值的信息，实现信息资源的最大共享，信息组织的发展已经深入到知识发现、信息重组、知识组织等领域。

本章试图从知识发现的视角对国内外有关观点进行梳理，并进行知识发现平台的案例调研，分析其信息对象、信息组织需求与信息组织技术方法，以对知识发现的研究与应用发展有较为系统的认识，对其底层的信息组织方式有较为深刻的了解。

3.2　国内外研究现状

3.2.1　知识发现的内涵

知识发现（Fayyad et al.，1996）于1989年美国人工智能协会（the Association for the Advance of Artificial Intelligence，AAAI）召开的第11届国际人工智能联合学术会议上首次提出，从大量繁杂的数据中提取有价值的、潜在有用的、创新的并最终以可理解的形式呈现出来的非平凡的处理过程，是开展知识服务的基础（刘惠，2004）。对知识发现更普遍的理解是基于数据库的知识发现（knowledge discovery in databases，KDD）（黄晓斌和邓爱贞，2003），指从数据库中获取有价值的信息，是数据挖掘的一种更广义的说法。知识发现的本质是将信息变为知识，用户不需面对烦琐杂乱的原始数据，可以直接从数据资源中发现所需知识。

总而言之，知识发现是一种有效整合广泛丰富的信息资源，识别出特征知识，挖掘其中隐含的关联关系的过程链，根本上是将知识单元关联为知识结构，再将知识结构组织为知识空间，这样能够放大数据的价值，加速知识的“显性化”和利用，实现知识的“增值”，最终满足用户的特定需求。

3.2.2　知识发现的面向对象

时至今日，知识发现已发展到面向多种对象，被应用于多种场景并不断扩展，主要概括为图书情报领域、生物医学领域、工商农业领域、其他应用领域。

（1）图书情报领域

在现代信息环境与学术交流环境的双重影响下，图书情报工作面临新的知识服务需求（张晓林，2000）。张钧（2017）提出基于内容、行为认知和群体协同建模方法，构建基于用户画像的图书馆知识发现服务模型，为用户提供精准化的知识服务，或以知识挖掘为技术基础构建图书馆智慧推荐服务模式（王颖纯等，2018）。而王慧（2017）以用户浏览行为表示用户兴趣，以天津图书馆知识发现系统为案例具体分析了个体用户与群体用户的兴趣分布情况。Nicholson（2006）以数字图书馆服务为切入视角，集成数据挖掘和知识挖掘进行书目探索和文献计量分析。张晗等（2018）、丁梦晓等（2018）探讨了数字图书馆知识发现系统与用户交互的机制，并对其交互服务进行了改进优化。李祎（2017）针对情报机构的智库建设，阐述了智库知识发现构建的基本模型和实现方法。

（2）生物医学领域

Holzinger 和 Zupanm（2013）将知识发现应用于生物医学领域，认为生物医学研究人员应该将知识发现和数据挖掘的方法应用于科研工作中。朱腾飞（2017）构建了医药行业知识库，并提出基于医药知识库的语义检索（HMM 和 CRF）方法，实现用户对医药领域的知识检索，为智能医药服务提供支撑。鲍玉来（2018）构建蒙医药学领域本体语义系统，利用 SWRL 规则语言和 Jena 推理引擎实现诊断推理的方剂推荐，开发出蒙医药学领域知识库，以领域文献为基础实现领域知识发现。张志强等（2018）、张志强和范少萍（2015）梳理生物医学信息学的发展脉络，并提出面向精准医学知识发现的生物医学信息学发展建议，丰富了学科信息学的有关研究。张莉等（2017）则从生物医学文献输入输出、信息定位等信息检索过程和统计图表、层次结构等可视化设计多维度分析对用户知识发现的影响。

（3）工商农业领域

在制造业领域，孙立和焦微玲（2017）分析制造业知识发现和知识服务的现状与挑战，并根据企业需求提出差异化的知识服务实施策略。知识发现在金融业同样应用广泛，如最常见的股票市场分析和预测。Mishra 等（2015）提出一种面向认知的物联网大数据框架，将知识发现系统应用于大型工业的自动化建设。周娅等（2018）将动态网络分析（dynamic network analysis，DNA）方法引入金融知识中识别演化路径，为我国金融领域的科研工作提供了一定的参考价值。在商业、销售业中，知识发现的作用愈加重要，如对产品的销售预测、价格分析等。

（4）其他应用领域

赵瑞雪等（2016）设计了一种面向大数据的农业知识发现服务体系，阐述农业知识发现服务的相关研究。郭宁生等（2018）以重大基础研究项目为视角，采用自下而上的“以点串面”思路，从资源层、处理层、决策层三个层面梳理重大基础研究项目的知识发现机制。赵洪等（2018）利用自然语言处理等方法揭示政府公文的知识关联，实现大规模公文资源的知识发现。Zhang 等（2015）将知识发现应用于智慧城市建设中网络舆情的管理方面。徐向阳（2018）对旅游景点的知识特征进行抽取并加以时间分布预测，构建出基于地理位置服务的社交网络方法来提供推荐策略，在相关行业中具有一定应用潜力和价值。

3.2.3　知识发现的技术方法

在不同层面的应用场景，面对不同的数据类型，往往采用不同的知识发现方法实现知识需求，主要有数理方法、数据挖掘、机器学习、社会网络分析等技术实现手段。知识发现的每一环节往往少不了多种方法的综合运用，其中，数据挖掘技术的研究与应用受关注度较高。

（1）数理方法

Bai等（2014）通过对自组织特征进行优化得到了批量学习自组织特征（BLSOM），以此来进行知识发现的聚类分析。贾修一（2011）、王莉（2013）提出了一种基于粗糙集和模糊集的集成分类方法，优化了知识发现中数据挖掘与分析过程的技术方法。

（2）数据挖掘方法

目前较为常用的主要是基于文本统计的方法（Srinivasan，2004）、基于关联规则的挖掘方法（宋艳雪，2011），以及基于复杂网络的方法（Wren et al.，2004），如知识网格技术（温有奎等，2006）。除此之外，学者纷纷对文献文本的挖掘方法进行了探索与应用。例如，崔明亮（2017）运用基于主题抽取和主题聚类的方法对癌症领域的文献进行知识发现，分析并预测其主题发展。范馨月和崔雷（2018）利用基于词典的命名实体识别等文本挖掘方法，依靠药物-副作用共现关系进行聚类分析，为药物副作用的早期知识发现提供了一种可行思路。闵波等（2017）与Cabrera等（2015）均考虑时间效应，分别提出基于时间加权的文献知识发现方法与时间序列数据挖掘方法。王鑫等（2018）提出结合词类别属性的WP-Word2Vec词向量表示方法，并据此设计知识发现模型，在化学领域专利数据中得到有效验证。孙震和冷伏海（2017）深入分析文本内容，提出基于知识元的科学计量方法，以更深粒度计量隐性知识。

（3）机器学习方法

在偏重计算机前沿技术方面，王萍等（2008）将医学领域知识融合嵌入机器学习方法，构建优化数据挖掘模型，并以临床数据进行实证研究，以提高知识发现结果的有效性并探索更深粒度的知识指导。黎旭荣（2015）结合深度学习方法与决策树提出Foresnet模型进行图像数据处理。

（4）社会网络分析方法

社会网络分析方法主要用于知识的可视化呈现，如Braun等（2016）将社会网络分析用于知识发现，通过社交网络图谱进行可视化呈现。韩雪（2018）主要运用共词分析、社会网络分析方法聚焦于2012～2017年国内知识发现的研究现状与趋势分析。

（5）自建方法

不同于传统的基于关联规则推荐（徐锡忠等，2015）、基于内容过滤推荐（杨武等，2016）等技术，胡玉婷和黄晨（2018）提出一种基于贝叶斯统计推断的关键词关联算法，对关键词的直接关系和隐语义关系进行知识发现与结果推荐。Chen 等（2016）开发了一种统一功能关联测量方法（BUFAM）来解决生物医学的“全功能频谱”知识发现中存在的异构知识源问题，适用于生物医学领域多种数据类型的表示。

3.2.4 知识发现的应用案例

总体来说，面对海量资源，知识发现服务为资源发现的深度问题和广度问题提供了良好的解决途径（李洁等，2018）。但以知识发现冠名的诸多平台，大部分仍然停留在数据挖掘的初级阶段，仅对信息资源进行较为结构化的呈现及初步的统计分析，要真正做到知识发现还远远不足。经过调研将现有知识发现平台实践分为三大类：数字图书馆知识发现系统、科研信息知识发现平台及面向领域的知识发现平台。考虑到篇幅及本章研究重点，下面仅对部分应用案例做简要介绍。

（1）数字图书馆知识发现系统

21 世纪以来传统图书馆为顺应资源变化、提高信息服务水平，转型建设数字图书馆；随着近年来新兴技术手段（大数据技术和数据集成、机器学习、数据挖掘、自然语言处理）的快速发展，数字图书馆开始探索知识发现领域的无限可能性。例如，天津图书馆（2018）提出“数字图书馆知识发现模型”，对用户行为规律进行深度知识挖掘和揭示。数字图书馆知识发现系统在非结构化数据处理、碎片化数据挖掘、语义化概念描述、关联化内外部结构连接、可视化分析呈现及个性化、精准化和智能化的服务拓展等方面为用户提供知识服务（李洁等，2018），具备良好的应用前景与推广价值。

（2）科研信息知识发现平台

科研信息知识发现平台包括各大文献数据库及基于文献数据库的工具平台，如 Web of Science、ProQuest、CNKI 等。以 CNKI 为例，除了基本的检索服务，该平台还提供特征聚类、自动检索提醒、推荐关键词、学科趋势分析等知识服务。此外，还有 Summon 学术资源发现系统、Primo 学术资源发现系统、超星知识发现系统等依托文献数据库的知识发现平台。例如，Elsevier（2016）发布的基于 Scopus 数据库的科研管理工具 SciVal，可以从多学科角度对标科研同行，评价科研人员、科研机构及科研产出的科研表现。2016 年国内建设的国际 OA 知识发现平台是在 OADT 国际博硕学位论文数据库的基础上升级的新一代知识发现平台，涵盖全球 100 多个国家 OA 资源（硕士和博士学位论文、期刊论文等）。

(3) 面向领域的知识发现平台

面向领域的知识发现平台已有较为丰富的应用实践，如汤森路透（Thomson Reuters）开发的生命科学与制药的智能信息平台 Cortellis（Clarivate，2013），是对原有系统 Thomson Reuters Pharma 的升级，能够挖掘、分析药物方面的知识元，满足用户特定知识需求。基于互动文献的生物医学发现支持系统 Bitola（IBMI，2001），通过发现生物医学概念之间潜在的新关系，帮助研究人员寻找知识点。DisGeNET 知识发现平台（Piñero et al.，2015）包含 628 685 个基因–疾病关联（GDAs），旨在解决有关人类疾病的遗传学问题。经多年发展已成为世界领先的筛选化合物和化合物构建单元的供应商的乌克兰企业 Enamine（Enamine Ltd，1991），为生物技术公司、药物发现中心、学术机构等研究组织提供化合物数据库、高通量筛选的生物服务等药物发现服务。另外，还有由商业公司开发的面向市场的知识发现系统。

由于知识发现研究实践存在很多细分领域，难以全部涵盖，文章对已有研究的分析归纳可能未囊括所有知识发现的相关文献。基于此，文章从知识发现的面向对象、技术方法、应用案例三个角度，试图对主要观点与相关研究进展进行梳理，为相关人员把握知识发现研究进展提供参考。

3.3　知识发现平台信息组织分析

针对干细胞领域知识发现对科研信息化的需求，中国科学院成都文献情报中心、广州生物医药与健康研究院 2018 年联合研建了“干细胞领域知识发现平台”（胡正银，2018），旨在一站式解决干细胞领域存在的信息分散、情报贫乏、知识稀缺等问题。该平台提供干细胞科研大数据集成化管理、“一站式”智能检索、基于知识图谱的精准知识检索与知识导航、热点前沿探测、科研画像等服务，可为研究所科技创新与科研管理提供基础数据、信息产品及个性化的知识发现与情报支撑服务。本小节以该平台（图 3-1）为分析对象，深入分析其基本信息对象及实体关系、信息组织需求及信息组织技术方法。

3.3.1　基本信息对象及实体关系

干细胞领域知识发现平台的基本信息对象包括由多源异构科技大数据集成的基础数据、知识图谱、知识计算、知识发现四大模块。

其中：①基础数据汇聚了论文专利、行业资讯、基金项目、科学实验、临床试验、硕

图 3-1 干细胞领域知识发现平台

资料来源：http://stemcell. kmcloud. ac. cn/serive

博论文等 12 类数据集。②通过对结构化、半结构化和文本数据进行数据融合与关联，从科学仪器、实验试剂、实验动物等视角、2 万余知识实体进行知识挖掘，对论文、专利、基金项目等多源数据进行实体对齐和语义关联，形成语义水平上的知识图谱。③该平台的知识计算环境中，集成了多种通用的数据清洗规则和数据挖掘算法，如回归、聚类、推荐、自然语言处理等运算法则，以及 20 余种干细胞知识计算分析任务模型，并提供了可视化计算工具包，能够将计算结果以可视化方式呈现。④知识发现主要对多源异构科技大数据及知识图谱进行一系列语义挖掘、知识计算与知识关联处理后，呈现出干细胞领域研究热点、研究前沿，包括新概念、新发现、新方法等描述科技创新研究的资源，进而开展干细胞领域关键技术分析并进行更深层次的技术预见，满足领域科研用户基于精准知识检索的知识发现需要与可视化呈现服务。

基础数据、知识图谱、知识计算与知识发现四类实体之间存在相互作用的关系（图 3-2）。对干细胞领域不同来源、不同结构形式的多源异构科技大数据进行组织、初步加工等规范化操作，形成平台底层的基础数据。经过对基础数据的抽取、融合、实体对齐、语义标注与关联，构建不同知识单元的领域知识图谱。基于基础数据并结合构建的领域知识图谱，经知识发现平台内置且支持外接的工具与技术集成环境的知识计算实现对知识单元多粒度、多维度的关联分析。最后，综合进行基础数据的融合关联与语义化、知识图谱的语义化与知识化、知识计算的知识化与可视化操作，满足干细胞领域大数据知识发现的信息化需求，促进研究创新。

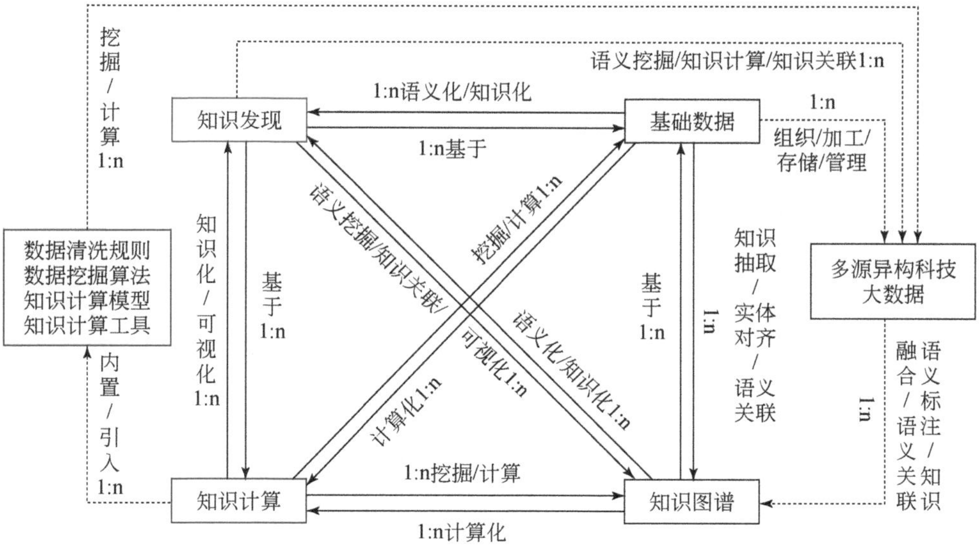

图 3-2　干细胞领域知识发现平台实体关系图

注：1∶n 表示元数据中该实体的出现频次

3.3.2　信息组织需求

经调研与深度试用，该平台的知识组织体系基本按照数据层-标引层-语义层-计算层-分析层-服务层的思路建设（图 3-3），主要提供知识检索与导航、知识图谱、知识计算及基于大数据知识计算的知识发现等功能服务，具体如下。

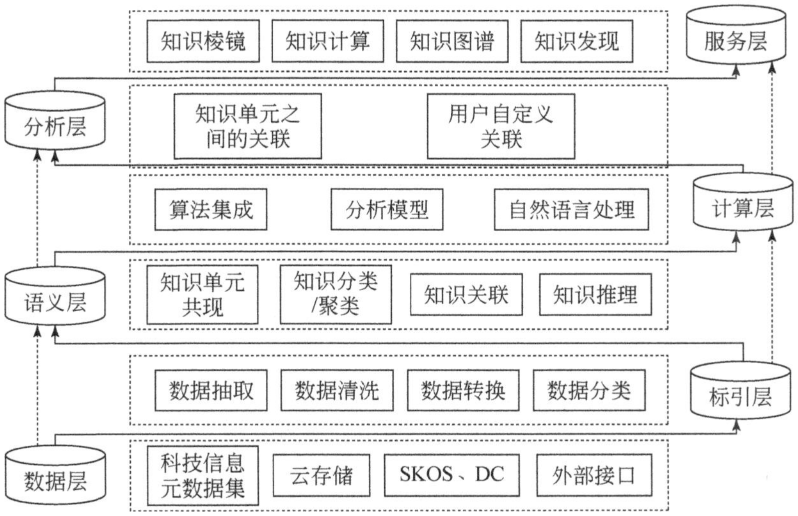

图 3-3　干细胞领域知识发现平台知识组织框架

资料来源：胡正银，2018

1）知识检索与导航功能。基于语义网的思想，该平台利用关系型数据库、图数据库与 Solr 索引技术对科研数据集进行有效的采集加工、分类组织、存储与集成化管理。平台用户一方面可以在主页干细胞领域资源集成界面，选择论文专利等 12 类数据集，实现基于知识棱镜的知识检索与导航功能；另一方面可以通过关键词云图、实验试剂、文献来源等 9 种直观的可视化方式进行浏览检索。

2）知识图谱功能。在对数据集进行有效整合之后，首先采用基于本体的知识抽取技术挖掘科学仪器、动物模型、疾病基因等知识单元的领域知识实体；其次借助统一医学语言系统（unified medical language system，UMLS）等词表工具（Kashyap and Borgida，2003），利用专业化知识抽取工具 SemRep、MetaMap 对科技文献进行文本挖掘，抽取三元组知识实体及实体间关系；最后基于知识组织体系进行语义标注和知识融合，在实体对齐的基础上建立语义关联关系，实现对结构化、半结构化和文本数据的知识融合与关联，形成知识图谱。

3）知识计算功能。该平台不仅支持摄入外部数据，对外部数据按规则进行清洗、转换与合并，进而对数据集进行融合、关联处理；还支持用户自定义组合、开发新的计算流程，满足个性化需求。其中，该平台基于 ZStack 私有云环境和 Spark 分布式计算环境，在其知识计算环境中内置了 26 种数据清洗规则和 30 种数据挖掘算法（图 3-4）。在关联发现方面，基于论文专利、基金项目等多源数据，通过挖掘算法提供知识单元粒度的深入检索，同时构建围绕某个视角（科学仪器、实验试剂、实验方案等）知识的关联组织，并能

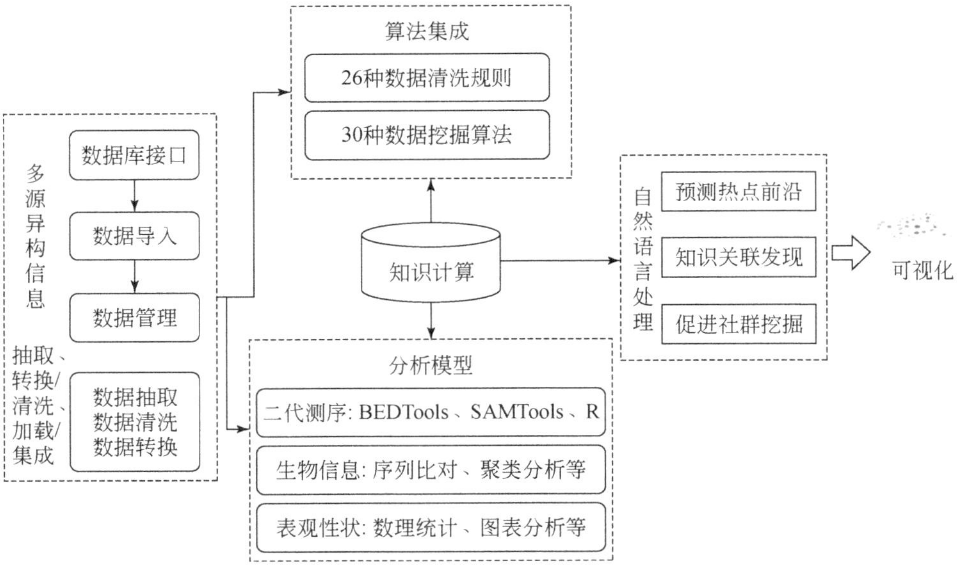

图 3-4　干细胞领域知识发现平台知识计算实现机制

资料来源：胡正银，2018

够将知识单元多粒度、多层次可视化呈现在检索结果中。在社群挖掘方面，对于不同层次的知识单元，该平台提供了该知识单元知识点的来源科技文献的研究社群，能够反映出采用了同样的实验方法、实验试剂但属于不同领域方向的科研学术圈，可进一步查看相关社群中包含的其他知识集合。

4）基于大数据知识计算的知识发现功能。知识发现可呈现出干细胞领域研究热点、研究前沿，包括新概念、新发现、新方法等描述科技创新研究进展的资源，进而进行语义挖掘及关联关系分析，满足基于精准知识检索的知识发现需要：①热点前沿探测。基于干细胞领域知识图谱中的论文专利、行业资讯等数据，结合科学计量学指标，从“产、学、研、用”相结合角度，满足用户智能化的知识检索需求，挖掘干细胞领域研究热点、研究前沿与研究趋势。②科研画像。从专家、论文、专利、政策等角度，对热点前沿主题进行画像。

3.3.3　信息组织技术方法

（1）数据库系统底层架构

干细胞领域知识发现平台基于语义网构建，采用领域本体进行干细胞领域知识组织体系的建构。目前语义网研究方法主要有两大模块：一是以 XML 与 RDF（s）为手段的信息组织模块，它用于管理信息，具有部分语义；二是以本体论（ontology）为手段的知识组织模块，它用于管理知识，提供机器间的语义互操作（罗昊，2005）。语义网为知识集成系统提供了理论指导和技术路线（孙涛和杨丽萍，2014），该平台在进行设计时首先对知识数据的元数据进行定义，创建知识数据的描述结构，同时设计知识数据的存储模型，在模型中设计知识数据的关联接口，建立开放式的知识集成系统仓储库。

（2）数据集存储、组织与管理

该平台采用云存储技术存储干细胞领域科技信息数据集，存储并管理包括论文、专利、行业资讯、基金项目、科学实验、临床试验、硕博论文等 12 类数据集，并引入 ETL（数据仓库技术）对干细胞领域科研数据进行清洗与初步加工。利用关系型数据库 MySQL 集成化存储原始数据集，利用图数据库 Neo4j 对加工后的干细胞知识图谱数据进行存储与管理。同时，还需要对数据进行规范化组织。该平台通过不同方法对多源实体进行甄选和分类，将不同类型数据中表示同一对象的实体进行对齐，也就是归并为一个具有统一标识的实体。例如，使用进行期刊论文的去重，使用开放研究者与贡献者身份识别码（open researcher and contributor ID，ORCID）区分研究人员，使用标题、作者、出版年份确定同一篇期刊论文，使用标题、作者、毕业院校、年份、指导教师区别学位论文等。

（3）知识挖掘与知识计算

利用巨型医学术语系统 UMLS 和 SemRep 等工具，从干细胞领域多源数据集中自动抽取三元组知识实体及实体间关系，并对照干细胞领域知识组织体系对抽取出的知识实体进行映射，以对概念、术语等进行实体对齐。同时，辅助以自动检测和人工检验的方式，以尽量保证数据处理的可靠性。

在知识计算与关联分析方面，该平台基于 ZStack 私有云环境和 Spark 分布式计算环境，除了内置多种数据清洗规则、数据挖掘算法和 20 余种干细胞知识计算分析任务模型，进行特定知识计算流程的计算外，还可导入外部算法，实现多维度知识单元的关联分析。简言之，该平台主要采用统计分析、机器学习、自然语言处理等技术方法，结合可扩展的开放计算接口的知识计算环境，对数据集进行深度挖掘、分类聚合、语义关联与知识计算。

（4）知识图谱的生成、呈现与更新

基于本体从各类科研大数据中挖掘领域知识实体，并且在构建知识组织体系的基础上进行语义标注和知识融合，建立语义关联关系生成知识图谱。同时，基于前期的实体对齐操作，该平台在为用户提供数据视图时，采用 Apache Solr 索引技术对知识图谱中的不同实体进行多维索引，采用统一的知识视图技术“屏蔽”不同形式实体对象的差异性，为知识发现服务平台提供统一的数据检索接口。其中，实体对象既包括不同数据类型的科研数据集相关字段（如关键词、出版年份、方法技术、实验动物等），还包括经知识计算环境处理生成的知识图谱对象。此外，该平台知识图谱功能采用的索引更新机制，对应于不同数据源的数据更新频率，包括日更新、周更新、月更新等，因此该知识发现大数据平台上仪表盘图表的呈现也会动态更新。

（5）知识发现与可视化

1987 年由美国国家科学基金会（National Science Foundation，NSF）举办的可视化会议首次提出可视化的概念，可视化技术在情报研究领域得到迅速发展与应用（汤天波和高峰，2009）。可视化技术指利用计算机图形学和图像处理技术，将数据转换成图形或图像在屏幕上显示出来，能够把多源异构科技大数据转换为直观的、可观察、可计算的图谱。

干细胞领域知识发现平台，主要利用文本挖掘技术、自然语言处理等方法实现用户的知识发现需求：一是基于干细胞领域知识图谱中的科技文献、科技信息等数据，结合科学计量学指标（如引文关系），从国际、国家研发重点及中国科学院重点突破方向等不同层次，挖掘出近 5 年来一系列干细胞领域研究热点、研究前沿；二是利用清洗、加工后的知识图谱数据，对科学家、科研机构等不同知识单元进行科研画像。

在可视化呈现方面，该平台提供了 12 种常用的可视化方式，如柱状图、饼图、雷达图、词云等，并通过仪表盘对图表进行集中展示。其中，底层数据集有所更新时，经层层传递，平台前端界面可视化图表也会随之更新。该平台还提供分析报告模块，支持直接将分析结果生成分析报告，并对分析报告进行分组管理、分享、导出等操作。

3.4　总结与思考

数据驱动的科技创新范式正在改变我们理解世界的方式，信息机构对信息组织的需求向多源、深层次、细粒度方向发展，这就需要了解目前知识发现的有关研究实践。本章对知识发现的面向对象、技术方法与应用案例的调研分析，有助于计算机领域、图书情报领域科研人员及科研评价、科研管理人员从实践应用的角度对知识发现有更加系统、全面的认识。同时，语义网、数据挖掘等技术、工具、研究方法的发展与成熟，为实现这种需求提供了可能，信息组织逐步向知识组织的方向发展。例如，干细胞领域知识发现平台，通过借助较为成熟的信息组织有关技术方法，并结合对新兴技术手段（如知识图谱技术）的不断探索，为科研用户提供了对领域知识的组织、关联、热点预测等情报支撑，能够帮助决策者、科研人员实现对领域知识内容的深度挖掘。

但是，信息组织的发展越来越依赖新兴技术手段，为了充分发挥数据价值、提供精准的知识服务，在机器学习、人工智能等技术的支持下，信息组织在语义层面的知识关联、集成和互操作方面已经取得长足进步，同时，也对远远超出传统范畴的多元化、多形式大数据的知识融合、语义关联、知识计算等分析过程提出了更高要求。在今后面向领域科研大数据的知识发现的研究与实践中，需要在数据的规范化处理、知识挖掘的准确度、知识图谱技术的质量等方面不断探索，在提升数据质量的基础上，以提高知识图谱技术的精准化为宗旨，以实现信息服务智能化和满足用户高质量、高效率的知识发现需求为目标。

参考文献

鲍玉来 . 2018. 基于领域本体的蒙医药学知识库构建与知识发现研究 . 长春：吉林大学 .

陈树年，李青华，朱连花 . 2006. 近年来我国信息组织研究进展及趋势 . 图书馆建设，(3)：62-67.

崔明亮 . 2017. 基于主题模型的生物医学文献知识发现 . 长春：吉林大学 .

丁梦晓，毕强，张晗，等 . 2018. 数字图书馆知识发现系统用户交互优化研究 . 情报资料工作，(4)：32-38.

范馨月，崔雷 . 2018. 基于文本挖掘的药物副作用知识发现研究 . 数据分析与知识发现，2 (3)：79-86.

郭宁生，黄柯鑫，王楠楠 . 2018. 基于知识发现过程的重大基础研究项目发现策略 . 中国高校科技，(1)：16-19.

韩雪 . 2018. 国内知识发现研究可视化分析 . 中国管理信息化，21 (3)：136-138.

胡玉婷，黄晨 . 2018. 知识发现系统的关键词联想推荐研究 . 图书馆杂志，37 (2)：71-77.

胡正银 . 2018. 基于生物医药大数据的干细胞领域知识发现//2018 科学计量与科技评价天府论坛，成都 .

黄晓斌，邓爱贞 . 2003. 现代信息管理的深化——数据挖掘和知识发现的发展趋势 . 现代图书情报技术，（4）：1-3，16.

贾修一 . 2011. 基于语义的粗糙集理论和模型研究 . 南京：南京大学 .

冷伏海 . 2003. 信息组织概论 . 北京：科学出版社 .

李洁，毕强，张晗，等 . 2018. 数据驱动下数字图书馆知识发现的服务研究 . 情报资料工作，（4）：6-14.

李祎 . 2017. 基于图书情报机构智库建设的知识发现系统构建研究 . 图书馆工作与研究，（2）：61-65.

黎旭荣 . 2015. Forestnet：一种结合深度学习和决策树集成的方法 . 广州：中山大学 .

刘惠 . 2004. 知识发现理论与方法及其应用的研究 . 大连：大连理工大学 .

罗昊 . 2005. 语义网信息组织机制论纲 . 图书情报工作，（7）：16-19.

闵波，张莉，张云宏，等 . 2017. 基于时间加权的生物医学文献知识发现的应用模型 . 情报学报，36（6）：574-577.

宋艳雪 . 2011. 基于关联规则和图排序的句子情感倾向性研究 . 大连：大连理工大学 .

孙立，焦微玲 . 2017. 工业大数据驱动下知识发现与知识服务构建研究 . 情报理论与实践，40（11）：86-89，104.

孙涛，杨丽萍 . 2014. 语义网环境下的知识集成系统设计 . 现代计算机（专业版），（12）：16-19.

孙震，冷伏海 . 2017. 基于知识元的新型科学计量范式探析 . 情报学报，36（6）：555-564.

汤天波，高峰 . 2009. 可视化技术在情报研究中的应用案例分析 . 情报理论与实践，32（8）：63-67.

天津图书馆 . 2018-1-31. 文化部科技创新项目“数字图书馆知识发现系统研究”顺利通过验收 . http://www.chnlib.com/News/2018-01/433471.html［2019-02-10］.

天津智新云创科技有限公司 . 2016. 国际 OA 知识发现平台 . https://oakd.witnew.net/［2019-01-31］.

温有奎，温浩，徐端颐，等 . 2006. 基于知识元语义网格平台的知识发现研究 . 计算机工程与应用，42（4）：4-6，34.

王慧 . 2017. 基于数字图书馆浏览行为的用户兴趣研究——以天津图书馆“数字图书馆知识发现系统研究项目”为例 . 图书馆工作与研究，（S1）：30-34.

王莉 . 2013. 基于粗糙-模糊集成的分类知识发现 . 南京：南京大学 .

王萍，牟冬梅，石琳，等 . 2008. 领域知识融合驱动下的数据挖掘模型构建与优化 . 情报理论与实践，41（9）：114-117，153.

王鑫，吉久明，李楠等 . 2018. 基于词向量的化学领域知识发现研究 . 图书馆杂志，37（11）：90-98.

王颖纯，董雪敏，刘燕权 . 2018. 基于知识挖掘的图书馆智慧推荐服务模式 . 图书馆学研究，428（9）：37-43.

徐锡忠，李丹青，朱晓然 . 2015. 一种适合于保险产品的个性化推荐算法 . 计算机应用与软件，32（10）：279-283.

徐向阳 . 2018. 基于 LBSNs 的城市景点知识发现与推荐优化 . 成都：电子科技大学 .

杨武，唐瑞，卢玲 . 2016. 基于内容的推荐与协同过滤融合的新闻推荐方法 . 计算机应用，36（2）：414-418.

赵洪，王芳，王晓宇，等 . 2018. 基于大规模政府公文智能处理的知识发现及应用研究 . 情报学报，

37（8）：805-812.
赵瑞雪，鲜国建，寇远涛，等.2016. 大数据环境下的农业知识发现服务探索. 数字图书馆论坛，（9）：28-33.
张钧.2017. 基于用户画像的图书馆知识发现服务研究. 图书与情报，（6）：60-63.
张晗，毕强，许鹏程.2018. 图书馆知识发现系统与用户交互模型构建. 情报资料工作，（4）：15-23.
张莉，闵波，杨帆，等.2017. 面向知识发现的生物医学文献信息检索与可视化设计. 医学信息学杂志，38（12）：65-68.
张晓林.2000. 走向知识服务：寻找新世纪图书情报工作的生长点. 中国图书馆学报，26（5）：30-35.
张志强，范少萍，陈秀娟.2018. 面向精准医学知识发现的生物医学信息学发展. 数据分析与知识发现，2（1）：1-8.
张志强，范少萍.2015. 论学科信息学的兴起与发展. 情报学报，34（10）：1011-1023.
中国科学院成都文献情报中心，中国科学院广州生物医药与健康研究院.2018. 干细胞领域知识发现平台.http://stemcell. kmcloud. ac. cn/service［2019-02-11］.
周娅，王菲菲，李子陆.2018. 动态网络视角下金融领域知识结构发现与演化研究. 中国管理信息化，21（7）：145-149.
朱腾飞.2017. 面向医药行业的知识库构建与知识发现. 湖南：湖南大学.
Bai Y，Iwasaki Y，Kanaya S，et al. 2014. A novel bioinformatics method for effcient knowledge discovery by BLSOM from big genomic sequence data. Biomed Research International，2014（5）：1-11.
Braun P，Cuzzocrea A，Leung C，et al. 2016. Knowledge discovery from social graph data. Procedia Computer Science，96：682-691.
Cabera F，Shin R，Concha D，et al. 2015. Temporal knowledge discovery in big BAS data for building energy management. Energy and Buildings，109（4）：75-89.
Chen H D，Chen W，Liu C L，et al. 2016. Relational network for knowledge discovery through heterogeneous biomedical and clinical features. Scientific Reports，6（1）：29915-29927.
Clarivate. 2013. Thomson Reuters Cortellis. http://ips. clarivate. com//video/ls- training/cortellis- ci- overview/［2019-01-31］.
Elsevier. 2016. Scival. https://www. elsevier. com/zh-cn/solutions/scival［2019-01-30］.
Enamine Ltd. 1991. Enamine. https://enamine. net/［2019-12-30］.
Fayyad U M，Piatetsky-Shapiro G，Smyth P. 1996. The KDD process for extracting useful knowledge from volumes of data. Communications of the ACM，39（11）：27-34.
Holzinger A，Zupanm M. 2013. KNODWAT；A scientific framework application for testing knowledge discovery methods for the biomedical domain. BMC Bioinformatics，14（1）：191.
IBMI. 2001. BITOLA - Biomedical Discovery Support System. http://ibmi. mf. uni-lj. si/bitola/［2019-02-10］.
Kashyap V，Borgida A. 2003. Representing the UMLS ® Semantic Network Using OWL. The Semantic Web - ISWC 2003，1-16.
Mishran N，Lin C C，Chang H T. 2015. A cognitive adopted framework for IoT big- data management and

knowledge discovery prospective. International Journal of Distributed Sensor Networks：6.

Nicholson S. 2006. The basis forbibliomining：Frameworks for bringing together usage-based data mining and bibliometrics through data warehousing in digital library services. Information Processing and Management，42（3）：785-804.

Piñero J，Queralt- Rosinach N，Bravo À，et al. 2015. DisGeNET：a discovery platform for the dynamical exploration of human diseases and their genes. Database，2015（3）.

Srinivasan P，Libbus B. 2004. Mining MEDLINE for implicit links between dietary substances and diseases. Bioinformatics，20（1）：290-296.

Wren J D，Bekeredjian R，Stewart J A，et al. 2004. Knowledge discovery by automated identification and ranking of implicit relationships. Bioinformatics，20（3）：389-398.

Zhang C，He L，Mao Y，et al. 2015. Knowledge discovery of network public opinion in the concept of smart city//Industrial Electronics andApplications（ICIEA），2015 IEEE 10th Conference on IEEE：1197-1202.

三、技 术 篇

第 4 章

生物信息学数据分析工具综述

本章通过以文献调研为主、工具试用为辅的调研方法，介绍了生物信息学数据分析的发展现状和应用场景，并发现生物信息学研究的工具存在既广又专、既大又小的特点。一个完整的生物学实验或研究流程会用到多种分析工具。有的分析工具不断发展，持续更新功能；有的分析工具面向特定问题，不断提升分析效率。生物信息学学者通过加深数据分析工具知识将极大地提高研究效率。

4.1 引言

4.1.1 形成和内涵

20 世纪 80 年代末期，生物医药领域的研究人员逐渐认识到将计算机科学与生物学结合起来的重要意义，生物信息学（bioinformatics）这个非常贴切的领域名称也开始出现。到了 90 年代中期，bioinformatics 基本成为业内共同认定的名称。生物信息学是在生命科学的研究中，以计算机为工具对生物信息进行储存、检索和分析的科学（Hodgman et al., 2010）。它是当今生命科学和自然科学的重大前沿领域之一，同时也将是 21 世纪自然科学的核心领域之一。其研究重点主要体现在基因组学（genomics）和蛋白质组学（proteomics）两方面，具体说就是从核酸和蛋白质序列出发，分析序列中表达的结构功能的生物信息。

1995 年，人类基因组计划（Human Genome Project，https://web.ornl.gov/sci/techresources/Human_Genome/index.shtml）在其首个五年计划成果汇总报告的新闻专题稿中给出了一个较为完整的生物信息学的定义：生物信息学是研究生物信息的采集、处理、存储、传播、分析和解释等方面的学科，它综合运用数学、计算机科学和生物学的各种工具进行研究，目的在于了解大量的生物学的意义。鉴于生物信息学结合了多个领域的专业知识，领域中的问题需要多个领域的专家协同解决，因此生物信息学的研究需要生物学家、计算机学家、数学家的有机结合。

4.1.2 发展历程

生物信息学的发展主要经历了三个阶段（赵屹等，2012）：前基因组阶段、基因组阶段和后基因组阶段，主要分隔点在于人类基因组计划的建立和完成。

在第一个阶段，生物信息学研究的重点主要在于几大标志性生物学的建立、早期的研究方法和各类计算机算法的形成、DNA 和蛋白质序列的生成。

在第二个阶段，由于人类基因组计划的启动和新的测序技术的发明，生物信息学真正地兴起并取得了飞速的发展，在这个阶段生物学家完成了大量的核苷酸序列的测定和分析、新基因的定位和识别、网络数据库的建立和交互界面分析工具的开发等工作（李云飞等，2007）。

第三个阶段开始的标志性事件是 2013 年 4 月 16 日，人类基因组计划的 6 国科学家宣布人类基因组序列图绘制工作已全部完成。随着这项工作的完成和新基因的发现，系统地了解基因组内所有的生物功能成为新阶段的研究重点。生物信息学也进入了功能基因组时代。在这一阶段，随着测序技术的不断发展，基因组、转录组的遗传信息能够被快速准确地检测，从而为生物信息学的研究提供了丰富的资源，持续推动着生物信息学的研究进展(唐旭清和朱平，2008)。

随着大数据、云计算技术的发展，生物信息学数据的快速积累，以及生物信息学与计算生物学、生物统计学、系统生物学、合成生物学等学科的进一步交叉融合，生物信息学的研究又迎来了新大幅度跨步的机遇。

4.2 生物信息学研究内容与方法

4.2.1 生物信息学研究的主要内容和意义

生物信息学不仅仅是一门科学学科，更是一种重要的研究开发工具。

从科学的角度来讲，它是一门研究生物学和生物相关系统中信息内容物和信息流向的综合系统科学，只有通过生物信息学的计算处理，我们才能从众多分散的生物学观测数据中获得对生命运行机制的详细和系统的理解。

从工具的角度来讲，它是几乎进行所有生物医药研究开发所必需的舵手和发动机。只有基于生物信息学对大量已有数据资料的分析处理所提供的理论指导和分析，我们才能选择正确的研发方向。同样地，只有选择正确的生物信息学分析方法和手段，我们才能正确地处理和评价新的观测数据并得到准确的结论。

4.2.2　生物信息学研究的方法和技术

生物信息学研究的方法和技术主要分为以下十大类（孙啸等，2005）。

1）数学统计方法。数据统计、因素分析、多元回归分析都是生物学研究的必备工具。一个典型的例子是马尔可夫链在遗传基因分析中的应用。

2）动态规划方法。动态规划对序列对比、基因识别、结构预测生物分子探针优化等有重要的作用。

3）机器学习与模式识别技术。目前表观遗传特征最精确的基因表达预测是通过线性模型和随机森林算法得到的。

4）数据库技术及数据挖掘。主要是数据库查询搜索，以及发现并提取隐藏在其中的深层次信息，通过归纳、整理及联想发掘数据潜在的一些关联，用以预测信息和行为决策。

5）人工神经网络技术。在生物信息学研究中使用最多的是反向传播神经网络（back propagation neural network）。

6）专家系统。专家系统将有关专家的知识和经验以一定的知识表示形式（如产生式规则、语义网络等）存放在计算中，并在用户需要时，以智能的方式帮助解决问题，提供参考性决策。专家系统是人工智能领域里的一个重要分支，在生物信息学研究中也有着应用，如用于基因识别。

7）分子模型化技术。分子模型化是进行分子设计的基础，它是分子图形学和其他化学计算方法的有机结合。

8）量子力学和分子力学计算。量子力学和分子力学主要应用在分子结构分析、构象优化、分子间相互作用研究和分子模拟方面。

9）生物分子的计算机模拟。利用计算机进行模拟实验，预测生物分子的结构和功能。分子动力学和蒙特卡洛法是两种常见的技术。

10）互联网技术。目前，分子生物学研究人员进行信息交流特别是生物分子数据的交流，都是通过 Internet 网实现的。在大多数情况下，可以从 Internet 网上查到所想要的生物分子数据，如原始的序列和结构数据，经过加工处理以后的数据。同时，也可以将所要处理的数据直接送到相应的网络服务器上，服务器接受处理请求，并将处理结果返回。

通过上述的一种或多种技术的有机结合运用，具体来说，生物信息学解决的主要问题有（http://www.mybiosoftware.com/biology-software-list）：①分子三维结构；②序列对比；③聚类分析；④基因组分析；⑤基因组拼接；⑥遗传质谱分析；⑦测序数据分析；⑧蛋白质序列分析；⑨RNA 分析；⑩系统生物学分析；⑪生化、酶动力学分析；⑫图像分析；⑬微生物分析；⑭其他杂项，如文本转换、文本挖掘、计算管理等。

综合以上信息可以看出，与很多学科一样，生物信息学研究发展到现阶段的重点，主要在于数据分析；特别是在大数据时代，由于原始数据累积速度呈指数型增长，如何快速处理大批量数据并从中获取有效信息是研究过程中的核心关注点之一，而要对数据进行高效、准确的处理，则离不开专业的数据分析工具。

4.3 常用分析工具介绍

在 omicX（https://omictools.com/analytics/bioinformatics/）的分类体系的基础上，本研究根据每种工具（平台）的主要应用场景所处理的数据类型，从生物科学的角度将其分成了 7 个大类，分别是基因组学、蛋白组学、转录组学、表观组学、代谢组学、表型组学 6 个组学类，以及一个通用数据处理类。这里的分类仅作为一种常用领域的参考，许多工具（平台）因其功能和应用场景的多样化并不仅限于进行一个类别的数据处理。工具相关论文和应用场景论文中的引用数据都来自 EuropePMC（http://europepmc.org/）。

4.3.1 通用数据处理类

通用数据处理类主要介绍一些并非专门针对生物医药领域开发的分析软件在本领域中的应用，以及一些具有跨组学数据处理能力的工具。本类别中应用最广、最流行的工具主要包括 SPSS、Statistica、SigmaPlot、G * Power 等。

（1）SPSS

SPSS（https://www.ibm.com/analytics/spss-statistics-software）是世界上最早的统计分析软件，由美国斯坦福大学的三位研究生 Norman H. Nie、C. Hadlai（Tex）Hull 和 Dale H. Bent 于 1968 年研究开发成功，2009 年 7 月 28 日，IBM 以 12 亿美元现金收购统计分析软件提供商 SPSS 公司。

SPSS 的基本功能包括数据管理、统计分析、图表分析、输出管理等。SPSS 统计分析过程包括描述性统计、均值比较、一般线性模型、相关分析、回归分析、对数线性模型、聚类分析、数据简化、生存分析、时间序列分析、多重响应等几大类，每类中又分为若干个统计过程。例如，回归分析中又分线性回归分析、曲线估计、逻辑回归、概率单位回归、加权估计、两阶段最小二乘法、非线性回归等多个统计过程，而且每个统计过程中又允许用户选择不同的方法及参数。SPSS 也有专门的绘图系统，可以根据数据绘制各种图形。

在生物数据分析中，利用 SPSS 提供的上述功能都可以进行参数估计、t 检验、卡方检验、非参数检验等一系列的广泛应用。早在 1971 年，Robins（1971）在他发表于 *Hand* 期刊上的文章中就使用 SPSS 进行了 t 检验和皮尔森相关系数计算，用以对比分别接受克氏针和环板固定法的手术患者的关节活动度及力量强度的恢复时间曲线。Peto 等（1977）在提出的随机临床试验设计（被引超过 4700 次）中已经意识到 SPSS 在批量处理临床数据方面的优势。Gupta 等（2010）使用 SPSS 建立比例风险回归模型来对乳腺癌患者的 Kaplan-Meier 生存曲线进行多元分析。

SPSS 的分析结果清晰、直观、易学易用，而且可以直接读取 Excel 及 DBF 数据文件，现已推广到多种各种操作系统的计算机上，它和 SAS（statistical analysis system）、BMDP（bio medical data processing）并称为国际上最有影响的三大统计软件。时至今日，SPSS 的权威性和应用广泛性在生物医药研究中已经毋庸置疑，很多富有影响力（相关学术论文被引超过 3000 次）的数据管理软件、数据分析方法都提供 SPSS 格式的文件输出服务或可在 SPSS 中直接使用的宏流程，其中包括 Harris 等开发的 REDCap 系统（https://www.project-redcap.org/）、Preacher 等提出的中介模型对比和评价策略（SPSS and SAS procedures for estimating indirect effects in simple mediation models）及 Kanda 进行学术评测的 Easy R 系统（http://www.ezrtools.com/）。在国际学术界有条不成文的规定，即在国际学术交流中，凡是用 SPSS 软件完成的计算和统计分析，可以不必说明算法，由此可见其影响之大和信誉之高。

（2）Statistica

Statistica（https://www.tibco.com/products/data-science）由建立于 1984 年的 StatSoft 公司开发。目前最新版的 Statistica 已经更名为 TIBCO Data Science。Statistica 是一个整合数据分析、图表绘制、数据库管理与自订应用发展系统环境的专业数据软件。Statistica 不仅满足使用者统计、绘图与数据管理程序等一般目的的需求，更提供特定需求所需的数据分析方法。

Statistica 产品现所提供的分析工具，皆以软件包的形式供使用者自行选择。这些工具可经由不同的使用者接口与程序语言对 SVB 格式的文件予以控制、使用。具有以下显著特点：

1）图形库种类非常丰富。Statistica 的图形不但种类多而且质量很高，配有分布拟合（distribution fitting）功能，对于多维多变量资料集，交谈式三维探索器（interactive 3D explorer）提供“Slice & Dice”般的资料切割技巧，如可以将三维空间资料切割成数个二维或三维的资料子集。

2）有同步报告输出功能。Statistica 可以在作统计分析的同时就可以编辑统计分析报告，并且可以另存为 Word 文档（. rtf 格式），大大节省时间。

3）软件兼容性很好。Statistica 同 Excel、C++、Java 等多种外部应用工具兼容，通过强大且直观的询问工具，可以连接并处理存储于任何地方的大型资料（这些资料可以储存在 Oracle、Sybase、Microsoft SQL Server、IBM DB2 等数据库中），而无须事先将资料拷贝到当前电脑中，就可以执行理想的大型资料提取和资料的分析任务。

4）导入导出数据时支持多种格式。Statistica 导入导出数据时支持多种格式，如 Statistica documents、Excel、dBase、SPSS、Lotos、text、HTML、Rich Text File（. rtf Word 文档）等。

5）软件操作简便。Statistica 使用简便，操作界面、操作方式同 Office 类似。其友好的操作界面，方便客户操作并满足客户定制化的需求。Statistica 中同一功能有多种操作实现方法，有多种快捷方式可供选择。

6）内置 Visual Basic 程序。Statistica 内建完整的 Visual Basic 程序，一方面可以供分析人员处理大数据量时进行编程之用，另一方面可以对 Statistica 进行二次开发，将其放置在后台进行运算。

7）定制化的报表功能。Statistica 利用如同 MS 活页式（Binder-Style）之便利且有效的工作簿功能，组织所有的文件（如 Statistica、MS Excel、HTML 报表等）。透过树状结构概观图组织、检视并且修改所有的 Statistica 电子表格（Spreadsheet）、图形、报表及 Statistica 工作簿宏指令。同时 Statistica 可以自动化制作完美格式的报表，以及利用鼠标拖曳其他对象完成定制化的报表。

Enright 等（2000）在研究金黄色葡萄球菌的抗药性和易受性时使用 Statistica 通过非加权算术平均法对分离菌株进行了聚类。Butte 等（2007）在 T 细胞抑制研究中，使用 Statistica 对平衡结合数据的分析结果进行了图形可视化。Hagan 等（1999）在研究增食因子 A 对小鼠发育的影响论文中，通过软件提供的单因子变异数分析功能和最小差异性检验 t-检测功能，分析了小鼠的神经化学和血浆激素数据。

（3）SigmaPlot

SigmaPlot（https://systatsoftware.com/products/sigmaplot/）是 Systat Sotfware 公司的一款专业性极强的科学绘图软件，允许用户自行建立任何所需的图形，绘图 2D 或者 3D 的图表。当用户要处理复杂的数据时，SigmaPlot 的宏指令可实现用户数据管理自动化。软件无缝集成了 Microsoft Office，用户可以在 Excel 数据电子表格和 PowerPoint 中进行结果演示。SigmaPlot 曾多次获得 *Scientific Computing* 杂志的年度最佳图形类软件奖和最佳数据分析类软件奖。

SigmaPlot 不仅能完成一些常见的简单线图、散点图、点线图、森林图、直方图、饼图等，还能完成极坐标、雷达图、三维图，也可以完成 3D 瀑布图、3D 三点图。而且对于多图层的支持也是在作图时非常有利的补充，图库中拥有上百种图形样式。使用 SigmaPlot，用户可以轻松地画出精密准确的图形，软件提供了丰富全面的图形组件、超过 80 种图标样式；包括点、线、面、各类特殊标签符号的颜色、粗细、方向、形式、排列方式等大量可全面、深度定制的图形细节，可以 360°自由旋转的 3D 图形。除了绘图功能，软件还集成了许多数学工具和数据分析函数，用户不仅可以使用 SigmaPlot 一键完成如主成分分析、协方差分析、赤池信息量准则、非线性回归概率函数、高斯累积分布函数等数据分析流程，还可以一站式地完成分析结果的数据可视化，软件内建的分析方法超过百种。软件可以处理多类型的结构化和非结构化数据，包括各类文本、Excel 文件和 SPSS、SAS 等数据分析软件的输出文件。当用户使用 SigmaPlot 完成制图后，就可联结其他软件进一步展示，并可输出 PDF、EPS、TIFF、JPEG、WMF、BMP 等图形格式，或者可缩放的网页形式。

为了找出实验所需的酶活性常量，Dang 等（2010）通过 SigmaPlot 运用了标准动力模型（standard dynamic model）下的曲线拟合（curve fitting）算法。Lauber 等（2009）在文章中使用 SigmaPlot 的线性多项式（linear polynomial）、二次多项式（quadratic polynomial）及幂律功能建立了系统发育多样性和单个门的最佳适配模型。Diehl 等（2007）使用 SigmaPlot 进行了包括非配对 t 检验中癌胚抗原和循环肿瘤 DNA 的相对变化评估，通过线性回归测算癌胚抗原和循环肿瘤 DNA 的局部残留值等。

4.3.2　基因组学类工具

（1）Clustal

Clustal（http://www.clustal.org/）是一个单机版的基于渐进比对的多序列比对工具，最早由 Higgins D. G. 等开发，后与欧洲分子生物学实验室（European Molecular Biology Laboratory，EMBL）的科学家共同升级。有应用于多种操作系统平台的版本，包括 Linux 版、DOS 版的 Clustalw（命令行程序）、Clustalx（图形界面程序）等。目前 Clustal 老版程序已经更新到 2.1 版本并不再更新，2011 年被由原作者重新开发并重新命名的 Clustal Omega 取代。

使用该工具不仅能够对 DNA 或者蛋白质进行多序列比对，还可以自动生成多种格式或构建进化树等。同时该工具可以用来发现特征序列，进行蛋白分类，证明序列间的同源性，帮助预测新序列二级结构与三级结构，确定 PCR 引物，以及在分子进化分析方面均有很大帮助。Clustal 包括 Clustalx 和 Clustalw（前者是图形化界面版本，后者是命令界面版本），是生物信息学常用的多序列比对工具。

Clustal 是一种渐进的多序列比对方法，首先将多个序列两两比对构建距离矩阵，反映两两序列之间的关系；其次根据距离矩阵计算产生系统发育指导树，对关系密切的序列进行加权；最后从最紧密的两条序列开始，逐步引入临近的序列并不断重新构建比对，直到所有序列都被加入。多序列对比可以用于描述一组序列之间的相似性关系，以便了解一个家族的分子性特征，寻找模体（motif）、保守区域等信息；也可以用于描述一组同源序列之间的亲缘关系的远近，进而应用到进化分析中；还可以构建 prolile、打分矩阵或进化树等。软件可以灵活包括 FASTA、PIR、Swiss- Prot、GDE 格式等在内的各种常见的序列文件，处理结果可以输出为 GCG、ALN、PHYLIP 等多种格式的文件。

Clustal 一经发布便被生物信息学界广泛认可和应用，工具发布同年，Perego 等（1989）、Green 等（1989）、Linton 等（1989）都在发表的高被引文章中使用了 Clustal，其主要用于对比和对齐蛋白质与氨基酸的序列，以及测定同源关系。截至 2019 年 11 月，Clustal 工具作者发表的多篇工具相关学术论文都已经被大量地引用，其中最高的引用量分别达到 31 751 次。Clustal 可以说是序列比对工具的标杆，在其问世之后所有新的主流序列比对工具，如 MAFFT、Jalview、ESPript 都会使自己的数据处理结果格式与 Clustal 的文件输入格式相匹配。

（2）MEGA

MEGA（Molecular Evolution Genetics Analysis，https://www.megasoftware.net/）由 Kumar 等人于 1993 年开发，到 2018 年已经推出第 10 个版本 MEGA X。

MEGA 的开发目标是提供一个具有革新性的探索、发现和分析 DNA 及蛋白质序列的工具，每一代 MEGA 软件的开发，都是为了适应更快的硬件计算速度和更大的序列数据处理需求，软件由最初的单个基因处理到后来的基因组处理，由简单的文件输入支持进化到支持多种输入格式。软件提供的序列分组功能可以帮助生物信息学者更好地估算组间和组内多样性，从而推测基因和物种的高级进化关系。软件提供了多种进化距离的估算方法、分子序列和基因多样性的组内运算，并且持续提高了软件处理性能和用户体验性能。MEGA5 引入了多线程机器学习系统，在位置运算准确度的基础上，将多线程运算速度提高了上千倍。MEGA7 在 MEGA5 的基础上进一步提高了软件性能，将处理能力从 4 万个分类群提高到了 10 万个分类群以上。

MEGA 同样一经发行，就被应用在一些在生物领域内颇有影响力的期刊论文中。例如，Wang 等（2009）在婴儿粪便菌群研究中，使用了 MEGA1 来对数据进行引导复制，配合使用 Clustal 完成了系统发育树的构建。Hall（2013）在其高被引论文中详细地介绍了进化分析的难点和如何使用 MEGA 软件系统地基于分子数据建立进化树。Didelot 和 Falush（2006）在分析细菌的微进化过程时，使用 MEGA 软件以辐射树的形式，建立了细菌的系谱。

（3）NCBI-BLAST™

BLAST™-Basic Local Alignment Search Tool（局部相似度基本查询工具，https://blast.ncbi.nlm.nih.gov/Blast.cgi）是由 NCBI 开发的一套可以在蛋白质数据库或者 DNA 数据库中进行相似度比较的分析工具。BLAST 是目前采用最多的序列相似度分析工具之一，可以迅速与公开数据库中的序列进行相似度比较，按照评分高低、序列相似度大小对结果进行排序。BLAST 可处理任何数量的序列，包括蛋白质序列和核酸序列；也可选择多个数据库，但数据库类型必须相同，即要么都是蛋白质数据库要么都是核酸数据库。所查询的序列和调用的数据库则可以是任何形式的组合，既可以是核酸序列到蛋白质库中作查询，也可以是蛋白质序列到蛋白质库中作查询，反之亦然。BLAST 提供了 3 种使用形式，即可以下载数据库和程序到本地使用，可以在程序中调用在线 BLAST API，也可以直接在网页中访问 BLAST 云服务器。

BLAST 采用一种启发式的局部算法获得两个序列中具有相似度的序列。首先将 query 序列打断成子片段，称为 seed word，然后将 seed word 与预先索引好的序列进行比对，选择 seed 连续打分较高的位置采用动态规划算法进行延伸，延伸过程也会进行打分，当打分低于某一限度时，这一延伸过程就会被终止抛弃，最终产生一系列的高得分序列。最后还要使用 E-value 对其显著性进行评估，选出比对结果最好的序列。BLAST 的执行过程大致如图 4-1 所示。

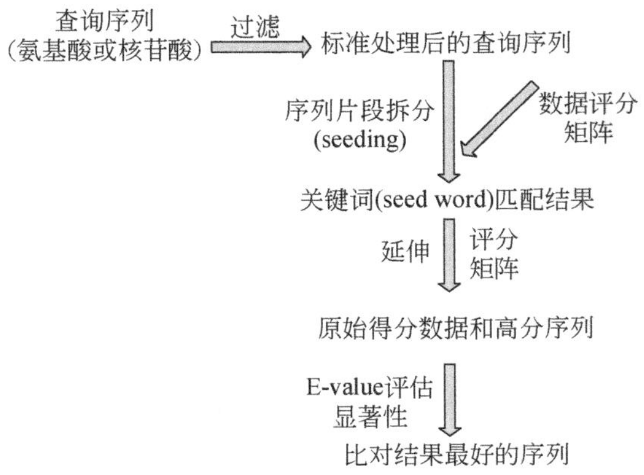

图 4-1　BLAST 的执行过程

BLAST 套件的 blastn、blastp、blastx、tblastn 和 tblastx 五种核心子工具的用途分别

如下：

1）blastn 是将给定的核酸序列与核酸数据库中的序列进行比较。

2）blastp 是将蛋白质序列与蛋白质数据库中的序列进行比较，可以寻找较远的关系。

3）blastx 则是将给定的核酸序列按照六种阅读框架将其翻译成蛋白质序列，与蛋白质数据库中的序列进行比对，对分析新序列和 EST 很有用。

4）tblastn 将给定的氨基酸序列与核酸数据库中的序列（双链）按不同的阅读框进行比对，对于寻找数据库中未标注序列的新编码区很有用。

5）tblastx 只在特殊情况下使用，它将 DNA 被检索的序列和核算数据库中的序列按不同的阅读框全部翻译成蛋白质序列，然后进行蛋白质序列比对。

BLAST 的不同套件实际上跨越了基因组学数据分析和蛋白质组学数据分析两个类别，本研究在此将其统一在基因组学章节中进行介绍。

Altschul 等在 1990 年发表的首篇 BLAST 论文和 1997 年发表的新的改进型 BLAST 算法论文迄今均已被引用超过 3. 6 万次（Basic local alignment search tool. ）。新的 PSI-BLAST 对于寻找已知蛋白质进化上的“远亲”的灵敏度要比一般的 blastp 高很多。新的 BLAST 子程序 Gapped BLAST 允许在它产生的比对（alignments）中存在缺口。BLAST 的进化路程并未就此止步，目前 BLAST 家族中的专业搜索子工具已经超过 10 个，如引物设计和特异性检验工具 Primer- Blast、在普通 BLAST 检索结果上精确筛选后只返回最佳适配结果的 SmartBLAST。

BLAST 的应用最早可以追溯到 Wang 等（1991）的研究，其使用 BLAST 分别搜索多个 DNA 数据库和蛋白质数据库寻找 *sar1* 基因的同源基因。BLAST 在较有影响力的学术成果中用到的例子有 Turnbaugh 等（2008）在实验过程中多次采用 BLAST 的多个子组件检索构建的微生物谱系基因的同源基因，并多次参考了 BLAST 的同源性评价值 E-value。

4.3.3 蛋白组学类工具

（1）SHELX

SHELX（http://shelx. uni- goettingen. de/）是德国哥廷根大学的著名晶体学教授 Sheldrick G. M. 编写的一个共享软件，它由一组用来测定小分子和大分子晶体结构的软件程序构成，主要采用的是单晶体 X 射线衍射法和中子衍射法。这些独立的可执行程序不需要依赖库、额外的文件或额外的环境变量。SHELX 程序组兼容现在的 Linux、Windows 和 MacOSX 操作系统，并免费供学术界使用。商业用户使用该软件需要付一笔认证费用。该软件在晶体学领域获得了极大的欢迎，研究晶体学的科学家几乎都使用该软件。关于该软件在晶体学领域中的影响力可以用一则趣事来说明：2008 年，软件作者 Sheldrick G. M. 在软件安装协议中增加了一条引用声明，指出所有与SHELX程序相关的发表物都应在引用说明中加入其在2007年于Acta Crystallogr A杂志上发表的*A short history of SHELX*这篇文章，于是这篇文章的被引次数在2007～2008年集中增加，使得杂志的影响因子激增20倍，甚至在2009年达到49.926，一度超过*Science*和*Nature*。

SHELX程序组可以通过shelXle、Olex2、Oscail、Wingx等网站的图形界面进行调用，也可以在Windows中通过命令行终端调用，也就是CMD窗口。如果不指定输入文件，其中的一些程序会输出一份操作指导。SHELX-2019主要包括以下程序：

1）SHELXT——新的小分子结构测定。

2）SHELXS——经典的直接法小分子结构测定程序。

3）SHELXL——小分子和高分子提炼，部分功能与SHELX76及SHELXL-97兼容。

4）PDB2INS——.ins文件和某些.hkl文件在使用SHELXL进行高分子精炼前的预处理程序。对于程序数据库文件（program database file，PDB）已经收录的结构，只需要输入4位数PDB码就可以查询结果。95%的PDB已收录结构都包含反射数据，这样无须修改文件就可以直接将数据进行SHELXL提炼。

5）CIFTAB和ShredCIF-编辑和处理SHELXL输出的小分子晶体学信息文件（crystallographic information file，CIF）。

6）SHELXC、SHELXD和SHELXE-MM相化。其中SHELXD也可通过直接法测定小分子结构。

7）AnoDe-高分子异常密度图的预处理和分析。

SHELX自1976年发布以后至今持续受到晶体学家的青睐。Walkinshaw等（1980）通过使用SHELX对眼镜蛇毒液分子进行全矩阵最小二乘修正，提高了现存原子坐标数据的精确性。Kato等（2012）在SHELX中使用直接法测定了B-Isox的晶体结构。Yuan等（2009）在禽流感聚合酶研究工作中，使用SHELX确定了硒代蛋氨酸衍生数据中的六硒分子的空间坐标。

（2）FlowJo

FlowJo（https://www.flowjo.com/）是一个流式细胞分析和可视化的集成平台，称为工作空间。该工作空间中陈列着用户录入的所有样例数据，展示着框选工具和统计数据及对这些样例数据做的其他分析。另外，该工作空间中还提供其他的工具，如用户可以通过设计图表和统计表来描述和导出自己的分析结果。由于功能强大，简单易用，FlowJo已经被生命科学领域内的科学家、实验室广泛使用；同时，它也是各高影响力核心期刊较受欢迎的流式数据分析软件。FlowJo具备以下特色功能。

1）补偿——修正荧光色素的发射光谱中的重叠。随着实验复杂度的提升，对准确度和自动补偿的需求也会越发提升。

2）衍生参数——支持通过参数的代数组合建立新的参数，包括大量丰富的结构方程和结构公式，类似于表单中的计算列。

3）动力学分析——衡量染剂信号强度和染料配比随时间的变化。生成已对刺激产生反应的细胞子集的统计和亚群信息。

4）细胞周期分析——通过染料来测量细胞中当前的DNA总量，从而计算各个细胞周期中细胞数所占的比例（如7AAD，PI，DAPI）。

5）增值分析——通过测量CFSE或者其他细胞示踪染剂的浓度来建立增值数据模型。FlowJo会展示子集中的每一代细胞的信息并绘制成图。

6）降维功能——可以将多维数据通过t-分布邻域潮嵌入（t-distributed stochastic neighbor embedding，t-SNE）算法转化为2D图形。

FlowJo在学术论文中的使用最早可以追溯到Fong等（1990）的研究，他们在树突状细胞研究中使用FlowJo来分析流式细胞仪产生的实验数据。直到现在，FlowJo在一些富有影响力的论文中也依然是不可或缺的辅助工具，Vierbuchen等（2010）在发表在*Nature*主刊的论文中使用FlowJo来分析研究成纤维细胞事的流式细胞仪产出数据。

（3）PyMOL

PyMOL（https://pymol.org/2/）是一个开放源代码（商用收费），是由使用者赞助的分子三维结构展示软件。最初由Warren Lyford DeLano编写，现在由薛定谔公司维护。软件以Py+MOL命名：Py表示软件是由Python计算机语言所衍生出来的，MOL表示它是用于显示分子结构的软件。

PyMOL适用于创作高品质的小分子或是生物大分子（特别是蛋白质）的三维结构图像。软件的作者宣称，在所有正式发表的科学文献中的蛋白质结构图像中，有四分之一的蛋白质结构图像是使用PyMOL来制作的。PyMOL是少数可以用在结构生物学领域的开放源代码视觉化工具。PyMOL具有命令行和图形界面两种操作模式，可以制作出高质量、适合科学论文的图像，并且支持动画制作。用户使用PyMOL不仅可以来比对蛋白质序列和原子对，也可以展示分子的距离、结构和二角面等属性，PyMOL支持图像立体化，并引入了光线追踪，从而使图像更加清晰、鲜明。PyMOL内置了二级结构归属、泊松-玻尔兹曼方程（Poisson-Boltzmann Equation）等数学工具以满足科研工作者的不同需求。软件最新版本为2.4版。

Bayliss等（2002）在化合物反应研究中，使用PyMOL作为一系列渐进的绘图工作的最后的结构测定和精炼工具。Cherezov等（2007）在一篇发表在*Nature*的高被引论文中使用PyMOL绘制了文章中所有的分子结构图，并使用PyMOL内建的泊松-玻尔兹曼方程计算了溶液的静电力学属性。

4.3.4　转录组学类工具

（1）RAxML/PhyML

RaxML（https://raxml-ng. vital-it. ch/）是利用最大似然法（maximum likelihood）建树的经典软件，不仅可以建有根树，还支持服务器上多线程运行。另外，RaxML 是目前为数不多的支持 ML 法多基因联合建树的软件，可以说是一款功能非常完备的软件。

PhyML（http://www. atgc-montpellier. fr/phyml/）是一款老牌的支持 ML 法多基因联合建树的软件。RaxML 在核苷酸替换模型方面只支持通用可逆时间（General Time-Reversible，GTR）模型，而 PhyML 可支持众多的核苷酸替换模型（因为可以自定义模型）。单软件运算速度略逊于 RaxML。

Lozupone 等（2007）在微生物菌落结构的定性与定量研究中，使用 RaxML、MrBayes、DNAPARS 根据不同参数构建了包括最大似然树、简约引导树（Parsimony Guide）等多种树图来进行温泉沉积物的主坐标分析（principal co-ordinates analysis，PCoA）。由 300 位国际科学家组成的番茄基因组联盟（The Tomato Genome Consortium）在其 2012 年发表的一篇研究肉质果蔬菜进化的论文中使用 PHyML 配合 MEGA 构建了系统发育树。

（2）MUSCLE

MUSCLE（Multiple Protein Sequence Alignment，http://www. drive5. com/muscle/）是一款蛋白质水平多序列比对的软件，软件使用起来十分方便简洁，大多数情况下用户只需要指定输入输出文件即可。从一些最新的基准测试结果来看，它在速度和精度上都优于 ClustalW。最近几年科研人员在进行多序列比对时，很多情况下会优先使用 MUSCLE。据 MUSCLE 开发者 Edgar R. C. 统计，该软件平均每天会获得 10 次以上的新引用。

多序列之间具有同源关系，并且具有同一方向，MUSCLE 通过对序列进行拉伸，可以进行多序列比对，如将同一个或多个看家基因（house-keeping gene）、16s rRNA 等放在一起进行比对。我们同样也可以将多样品的 SNP 结果连接起来进行多序列比对，做系统发育分析。

MUSCLE 算法原理如下：先使用渐进式比对（progressive alignment）方法获得初始的多序列比对结果，再使用横向精炼（horizontal refinement）迭代方法提高多序列比对结果的精确性。

算法实现过程主要分为以下步骤。

1）使用数串（k-mer counting）方法获得序列间的全局比对结果和局部相似度。

2）填充序列间距离的三角矩阵。

3）使用 UPGMA 或 NJ 法构建序列发生树，并确定无根树的根。

4）从叶节点开始向上推测父节点的渐进式比对，最后产生根节点的多序列比对。

5）根据得到的多序列比对，计算任意两序列间的相似度。

6）计算 Kimura 距离矩阵，构建发生树。

7）比较新生成的树和原来树的差异，如果有节点的重排，跳转到步骤 4。

8）从树上砍断一个枝，产生两个子树，并按与根的距离对每次砍断的位置进行降序排列。

9）分别计算两个子树的多序列比对，并对两个结果比对得到新的多序列比对。

10）如果新的比对结果的 SP（sum of pairs）分数降低，保留这个新的比对结果。反之丢弃。反复迭代步骤 8 ~ 步骤 10，直到分值不再降低或达到最大迭代次数。

Magnani 等（2004）在研究 AP2 DNA 结合区的演化时，全文 11 次使用 MUSLCE 来进行不同植物的 DNA 比对。Hornung 等（2009）在实验中的测序分析步骤使用 MUSLCE 生成了选定脓素域的多重比对结果。Smith 等（2009）使用 MUSCLE 完成了血凝素基因和神经氨酸酶基因与密码子位置的比对。

（3）MrBayes

MrBayes（http://nbisweden. github. io/MrBayes/）是基于机器学习和贝叶斯推理法的系统发生分析及演化模型软件，并采用马尔可夫链-蒙特卡洛数据模拟技术来估算后验概率。该软件的突出特点是可以对数据进行分隔，能同时将核酸序列、蛋白质序列及形态学观察结果整合到数据文件中，从而得出综合分析结果。软件特点如下。

1）支持多操作系统的统一命令行界面。

2）具有详尽的命令行帮助说明。

3）可以分析核苷酸、氨基酸、酶切位点和形态学数据。

4）可以同时分析混合型数据，如分子和形态学混合数据。

5）通过参数可以自由地链接和断开不同的数据分区。

6）集合了丰富多样的演化模型，包括针对核苷酸数据的 4×4 模型、二重态模型和密码子模型，以及大量针对氨基酸数据的标准矩阵，同时整合了最好的多物种溯祖模型。

7）可以进行完全分级贝叶斯框架中的选定切位点估算。

8）可以通过一系列严密/放送时钟模型来估算时间校正树。

9）具有支持正约束、负约束、骨干约束混合的拓扑结构。

10）可以在分析过程中实时监控收敛性，软件还内嵌了丰富的收敛性诊断工具以供分析完成后使用。

11）软件可以通过消息传递接口（message passing interface，MPI）在主机集群间并行运行任务。

12）软件内嵌了阶石法，可以用来精确地估算在参数发生变化时贝叶斯模型的相似度。

13）支持 BEAGLE 库，并且可以极大地提升在 NVIDIA 显卡上进行密码子运算和氨基酸模型运算的速度。

14）模型运行过程中设置了多个断点，使得任务可以在系统意外断电或崩溃后从断点继续运行，而无须从头开始。

Ley 等（2005）为了评价拓扑结构的健壮性，使用 MrBayes 中的马尔可夫链蒙特卡洛（Markov Chain Monte Carlo，MCMC）方法计算了拓扑结构的后验概率。Li 等（2014）在亚洲棉基因测序工作中，使用 BrBayes 建立了该物种的系统发育树。

（4）TopHat/Hisat

TopHat（http://ccb.jhu.edu/software/tophat/index.shtml）是一个基于 Bowtie 的 RNA-Seq 数据分析工具，由约翰霍普金斯大学和华盛顿大学的 Daehwan Kim 等人开发。软件通过超高通量短读比对器 Bowtie（见 4.3.5 节）将 RNA-Seq read（或译为读长）和哺乳动物级别的基因组进行比对。它可以快速确认 exon-exon 剪切拼接事件。

TopHat 最新版本为 2.1.1，其相对速度快并且占用内存小，在 RNA-Seq 中常常用于跨内含子比对，适合于 75bp 以上的 Read 比对。TopHat2 是一个多步骤比对的程序，如果基因组的注释文件存在，那么它会先将 Read 比对到转录组上。这就大大提高了比对的准确性，还可以避免序列匹配到假基因上，加快了整个比对的进程。TopHat2 容错率很低，并不会因为没有比对上就截短 Read 从而去比对上，所以低质量的碱基序列比对的效果可能不会太好。此外，TopHat2 可以察觉基因组的易位，将 Read 比对到潜在的融合转录子上。

TopHat2 比对有 3 个主要的步骤，即转录组的比对（步骤①）、基因组的比对（步骤②）、剪接比对（步骤③）。双端测序的 Read 首先要对每端数据要单独进行比对，其次考虑比对的片段长度及方向，将单独比对结果合并在一起形成双端比对结果。

TopHat2 可以产生以下多个输出文件。

1）accepted_ hits.bam 以 BAM 文件的形式储存比对信息，这些比对信息是依据染色体的顺序排列储存的。

2）junctions.bed 以 Bed 格式储存发现的剪接位点，每个位点都含有左右两个部分，每个部分长度是 Read 能够跨越剪接位点匹配到基因组的最远距离，最终的得分是跨越剪接位点的 Read 数量。

3）insertions.bed 包含查询到的插入位点信息，chromLeft 指的是插入到基因组的位置。

4）deletions.bed 包含查询到的缺失位点信息，chromLeft 指的是缺失片段的第一个碱基。

5）align_ summary.txt 能够显示比对效率及能够进行多处比对的 Read 数量。

HISAT（http://ccb. jhu. edu/software/hisat/index. shtml）是 TopHat 开发团队的新作，全称为 hierarchical indexing for spliced alignment of transcripts，它旨在取代 TopHat。HISAT 使用改进的 BWT 算法，实现了更快的速度和更少的资源占用，它的原理是利用大量 FM 索引，以覆盖整个基因组。以人类基因组为例，它需要48 000 个索引，每个索引代表大约 64 000 bp的基因组区域。这些小的索引结合几种比对策略，实现了 RNA-Seq 读取的高效比对，特别是那些跨越多个外显子的读取。尽管 HISAT 利用了大量 FM 索引，但占用内存大小仅为 4. 3 GB。这种应用程序支持任何规模的基因组，包括那些超过 40 亿个碱基的基因组。表 4-1 为不同软件在进行相同比对任务时占用内存和运行时间的对比。

表 4-1　不同软件在进行相同比对任务时占用内存和运行时间的对比

软件	运行时间/min	占用内存/GB
HISATx1	22. 7	4. 3
HISATx2	47. 7	4. 3
HISAT	26. 7	4. 3
STAR	25	28
STARx2	50. 5	28
GSNAP	291. 9	20. 2
OLego	989. 5	3. 7
TopHat2	1 170	4. 3

注：图中展示了使用 HISAT 和其他剪接比对器在比对肺成纤维细胞数据集时的任务运行时间和内存占用率。该数据集中包含 1. 09 亿个大小为 101 bp 的转录组测序读长，使用的设备是 Mac Pro，设备配有主频为 3. 7GHz 四核英特尔至强 E5 处理器和 64 GB 内存

虽然 Top Hat 开发团队在 TopHat 官网声明 TopHat 将不再更新，建议研究人员转用效率更高的 HISAT，TopHat 近三年的被引率也逐年下降，但由于软件前期积累的用户和声誉，每年仍在研究界大量的学术论文中受到偏爱，而作为升级版本的 HISAT 自然更是大受欢迎，相关论文近三年被引量大幅度增长。

Trapnell 等（2009）详细地介绍了使用 TopHat 配合 CuffLinks 进行流程化差异基因和转录表达分析。Zhang 等（2014）在发表在 *Cell* 期刊上的论文中使用 TopHat 和 TopHat-Fusion 作为核心工具与算法建立了一个精准预测环状 RNA 结合点位的流程。Pimentel 等（2017）在差异分析实验中使用 HISAT2 分别进行了测序读长与人类基因组和老鼠基因组的比对。

（5）BWA

BWA（burrows-wheeler aligner，http://bio-bwa. sourceforge. net/index. shtml）是一款十

分优秀的序列比对软件。它主要应用二代测序后的大量短小片段与参考基因组之间进行定位比对，能够以较小的空间代价和时间代价，获得令人满意的比对效果。

BWA 主要是将测序读长比对到大型基因组上，主要功能是：序列比对。首先通过 BWT（burrows-wheeler transformation）压缩算法为大型参考基因组建立索引，其次将测序读长比对到该基因组。BWA 的特点是快速、准确、省内存，由三种类似算法组成，即 BWA-backtrack、BWA-SW 和 BWA-MEM，首推 BWA-MEM。三种算法的适用范围如下：

1）BWA-backtrack。测序读长<70bp 时，推荐本算法，建议输入测序读长<100bp。

2）BWA-SW。在测序读长具有频繁的间隙（gap）时，比对更敏感，推荐本算法。测序读长一般为 70 ~ 1000 000 bp，支持 long-reads，split alignment。

3）BWA-MEM（首推）。当测序读长在 70 ~ 1000 000 bp 时，推荐本算法（除了上面两种情况）。支持 long-reads、split alignment。

BWA 在实践中多用于 DNA-seq 比对，TopHat 和 HISAT 多用于 RNA-seq 比对。大部分全基因组测序研究和全外显子测序研究都使用 BWA 进行比对工作。

Renton 等（2011）在研究肌萎缩侧索硬化和额颞叶痴呆的致病基因时，使用 BWA 比对了总量达到 170GB 的基因测序数据。Elshire 等（2011）提出了一种新的基因分型方法，在方法中使用 BWA 对测序读长与参考基因组进行比对，该方法目前已成为权威的测序基因分型法。Rao 等（2014）在 DNA 成环研究中自建的 Hi-C 数据处理流程中，使用 BWA 来比对 read，并筛选过滤重复 reads。

4.3.5　表观组学类工具

（1）Samtools

Samtools（http://www.htslib.org/）是 BWA 作者李恒开发的一个用于操作 SAM 和 BAM 文件的工具合集。它能够实现二进制查看、格式转换、排序及合并等功能，结合 SAM 格式中的 flag、tag 等信息，还可以完成比对结果的统计汇总。同时利用 Linux 中的 grep、awk 等操作命令，还可以大大扩展 SAMTools 的使用范围与功能。

SAM（序列比对/映射）格式是存储大体量核苷酸序列比对数据的文件格式，是 BWA、Bowtie、TopHat 等软件的主要输出格式。SAM 文件的特点如下。

1）可以灵活地存储不同比对软件产出的比对信息。

2）结构简单，大多数比对软件都兼容，也可以方便地和其他比对文件格式互相转换。

3）文件占空间较小。

4）支持软件对文件进行流式读取，无须直接将整个文件读入到内存中。

5）文件支持通过基因位点建立索引，可以高效地检索出特定基因座的全部比对测序读长。

Samtools 论文发表一个月不到，Yoon 等（2009）就将这个优秀的工具应用到了他们的研究工作中，他们用软件读取和分析了一些第三方的开放序列比对文件（BAM 格式），过滤了映射质量较低的测序读长。Ding 等（2012）在肿瘤克隆演化研究中，使用 BWA 对数据进行了双端测序读长比对，并通过 Samtools 配合其他工具从数据中筛选出体细胞突变信息。Schwartzentruber 等（2012）在研究驱动基因突变的过程中，调用了 Samtools 的单核苷酸多态性（single nucleotide polymorphism，SNP）、小片段插入及缺失（InDel）工具进行数据处理和过滤。

（2）Bowtie/Bowtie2

Bowtie（http://bowtie-bio. sourceforge. net/index. shtml）是一个超级快速的、较为节省内存的短序列拼接至模板基因组的工具。它在拼接 35bp 的序列时，可以达到每小时 2. 5 亿次的拼接速度。Bowtie 并不是一个简单的拼接工具，它不同于 Blast 等。它适合的工作是将小序列比对至大基因组上去。它最长能读取 1024 个碱基的片段。换言之，Bowtie 非常适合下一代测序技术。

Bowtie2 是对 Bowtie 的升级重写，两者并不兼容。Bowtie 对于早期的 50bp 以下的序列比对效果非常不错，Bowtie2 则提升了对较长序列的比对能力，并增加了空位比对、局部比对、双端测序比对功能。包括 TopHat、Cufflinks、MapSplice、GenomeMeta 等数十种从 mRNA 测序到宏基因组学领域的工具都支持使用 Bowtie 作为前序或后序数据处理工具。软件支持多线程运算，在多核 CPU 上运算速度极快。

Haas 等（2013）在实验的转录丰度估计过程中使用了 Bowtie 来比对 read 及配合 Trinity 平台计算丰度，又在后续的替代分析方法中推荐了 Bowtie2。Konermann 等（2014）在转录激活研究工作中，使用 Bowtie2 在 *hg19* UCSC 基因组基础上建立了索引，并进行双端测序 read 比对。

（3）DAVID

DAVID（the Database for Annotation，Visualization and Integrated Discovery，http://david. abcc. ncifcrf. gov/）。DAVID 是一个生物信息数据库，也是一款在线免费分析软件，其整合了生物学数据和分析工具，为大规模的基因或蛋白列表（成百上千个基因 ID 或者蛋白 ID 列表）提供系统综合的生物功能注释信息，帮助用户从中提取生物学信息。目前 DAVID 数据库主要用于差异基因的功能和通路富集分析，对很多科研工作者来说，是个非常好的工具。DAVID 官网的谷歌 Scholar 统计插件数据显示，2015 ~ 2018 年，DAVID 年均被引数量超过 5000 次，平均日访问量超过 2700 次。

DAVID 在 2003 年发布，目前版本是 DAVID 6. 8 。和其他类似的分析工具一样，都是将输入列表中的基因关联到生物学注释 term 上，进而通过统计学方法找出最显著富集的生物学注释。最主要的是功能注释和信息链接。主要功能如下。

1）识别富集生物主题，特别是基因本体术语；

2）发现富集功能相关基因组；

3）在 BioCarta 和 KEGG 数据库通路图上进行基因可视化；

4）以 2D 形式展示基因-术语的多重关联；

5）搜寻与所查数据有功能相关性的基因；

6）列出与所查数据能相互影响的蛋白质；

7）批量搜寻基因名称；

8）基因-疾病关联揭示；

9）突出显示蛋白功能结构域和模体（motifs）。

Deutsch 等（2010）在一篇蛋白组学串联质谱法研究论文中，推荐使用 DAVID 数据库来研究蛋白质的丰度差异和功能分类。Neilson 等（2011）在松鼠肝组织质谱分析过程中，使用 DAVID 进行了数据的皮尔森相关系数计算。Ivanov 等（2009）使用 DAVID 分析了探针数据集，从而完成了生物过程拓扑结构的富集分析。

4.3.6　代谢组学类工具

（1）EMBOSS

EMBOSS（The European Molecular Biology Open Software Suite）软件包源于 1988 年开始开发的 EGCG 系统，是一个开放源代码的序列分析软件包。该软件包包含 160 多个小型程序，涵盖序列比对、快速数据库搜寻序列、蛋白质模序及结构域分析、表达序列标签（expressed sequence tags，EST）分析、核苷酸序列分析（如 CpG 岛的识别）等多个领域。软件丰富的功能和全面的覆盖面使得它非常适合用来建立生物信息学应用和生物信息学工作流。

EMBOSS 的主要功能如下。

1）可以进行序列比对；

2）快速搜索数据库；

3）进行蛋白质模序及结构域分析；

4）进行核苷酸序列分析，包括寻找 CpG 岛，寻找重复序列等。

5）进行小基因组的编码区分析，如寻找开放阅读框、寻找 EST 等。

6）序列模式识别与翻译；

7）引物筛选；

8）序列提取和扫描；

9）跨膜区预测、疏水性筛选。

Hangauer 等（2013）在研究中使用 EMBOSS 软件包中的 Getorf 工具来定位不同转录组中大于 100 个氨基酸组合的开放阅读框（open reading frame）。Huang 等（2012）在 HIV-1 病毒研究过程中，使用 EMBOSS 中的 Pepwheel 工具构建了螺旋轮图（helical wheel）并配合 PyMOL 分子结构可视化工具完成了分子结构认定和分析。

（2）Proteome Discoverer

Proteome Discover（https://www.thermofisher.com/cn/en/home/industrial/mass-spectrometry/liquid-chromatography-mass-spectrometry-lc-ms/lc-ms-software/multi-omics-data-analysis/proteome-discoverer-software.html）是 ThermoFisher 公司推出的一个全面、可扩展的定量、定性生物数据分析平台。蛋白组学不仅仅是一个简单的确认过程，Proteome Discoverer 能够为众多的蛋白组学研究工作流简化复杂生物样品中蛋白质的定性和定量工作，包括从蛋白质和肽鉴定到 PTM（post-translational modification）分析、从等压质量标记到细胞培养稳定同位素标记（stable-isotope labelling by amino acids in cell culture，SILAC）和无标记定量分析等功能。

Proteome Discoverer 软件包含全面的分析工具组件，可以灵活地适用于各式各样的研究工作流，使用方便，界面友好。软件不仅支持多种数据库搜索算法，包括 SEQUEST HT、Mascot、Byonic、MS Amanda 和 ProSightPD 等，也支持多种解离方式，包括 CID、HCD、ETD 和 EThcD 等。

Peinado 等（2012）通过 PD 平台的 SEQUEST 检索算法在人类和老鼠 UniProt 数据库中对研究所用质谱数据进行了分析。Hoshino 等（2015）在亲器官性转移研究中，同样使用 PD 软件分析了实验产生的质谱数据。

（3）GROMACS

GROMACS（http://www.gromacs.org/）是一个用于分子动力学模拟和能量最小化的计算引擎。分子动力学模拟和能量最小化是计算化学和分子建模领域众多技术中的两种。计算化学是计算技术在化学中的应用，涉及范围从分子的量子力学到复杂大分子聚集体的动力学。分子建模是用实际的原子模型描述复杂化学体系的一般方法，其目的是以原子尺度的详细知识为基础，理解和预测物质的宏观性质。通常，分子建模被用于设计新的材料，因为在这过程中需要对实际体系的物理性质进行准确的预测。

软件主要是针对蛋白质和脂类这种有复杂的键合相互作用的生化领域的分子设计的，但因其在非键合相互作用运算中的快速表现，很多研究者也将它应用在非生物系统中，如非生物聚合物。

GROMACS 支持所有常见的现代分子动力学分析算法，包括紧邻搜索、蛙跳式积分法、Verlet 积分法、约束算法、能量最小化算法等。它还具有一些独特的功能，如对逆平方根算法的改进，对多种语言的编译优化，对多种 CPU 架构和操作系统的运算优化，使得 GROMACS 运算速度达到一般同类软件的 3 ~ 10 倍。

Fischer 等（2015）为了确定 50s 小亚基的刚性核（rigid core），使用 GROMACS 计算了每个原子的均方根涨落。Best 等（2012）在实验的不同步骤中 7 次使用 GROMACS 来模拟各种基因和蛋白质的分子动力学特性。

4.3.7　表型组学类工具

（1）ImageJ/Fiji

ImageJ（https://imagej.nih.gov/ij/index.html）是一款公有领域的 Java 图像处理和分析程序，该程序的灵感来源于苹果电脑（Macintosh）的图像处理软件 NIH Image。其运行有两种方式，其一是在线的小程序；其二是可下载的应用，在任何具有 Java 1.5 及之后虚拟机的电脑上都可以使用。针对 Windows、Mac OS X 及 Linux 都有可下载的版本。

ImageJ 可以展示、分析、处理、保存及打印（输出）8bit、16bit、32bit 的图像。可读取的图片格式包括 TIFF、GIF、JPEG、BMO、DICOM、FITS 及“原始图件”。支持“堆栈”及多维的堆栈，一系列的图片可以共用一个窗口。它是多线程的程序，因此，如图片读取这种较耗时的操作可与其他操作同时进行。

ImageJ 的功能包括：可以根据定义的选择计算区域以及像素值的统计；可以测量距离和角度；可以创建密度直方图及线段剖面图；支持标准的图片处理功能，如对比度调节、锐化、平滑处理、边界检测及中值过滤；可以进行几何转化，如缩放比例、旋转、翻转（flips）。ImageJ 可以放大至 32∶1 或缩小至 1∶32，且在任何放大倍数下图像的分析和处理功能都是可用的。理论上如果内存允许的话，ImageJ 对窗口数（图片数）是没有限制的。

ImageJ 具备空间校准功能以提供现实世界维度的测量，如毫米（mm）单位的测量，同时也可进行密度和灰度的测量。ImageJ 的设计基于开放式的结构，为其提供了 Java 插件的拓展性。自定义采集、分析和处理插件的创建可以利用 ImageJ 的内置编辑器和 Iava 编译器来实现。用户编写插件可以解决几乎所有图像处理和分析的问题。

作为公共域开源软件，Richard Stallman 1986 年定义了 ImageJ 用户的四个基本的自由。

1）以任何目的运行该程序的自由；

2）学习该程序如何运行的自由，并可以对其进行改变，以此来满足用户工作需求；

3）拷贝、传播的自由，方便更多人的使用；

4）改善该程序的自由，并向大众公开程序改进之处，以便整个社区可以享用。

ImageJ 是在 Mac OS X 上利用其内置编辑器和 Java 编译器结合 BBEdit 编辑器和 Ant 构建工具编写完成的。其源代码可以免费获得。作者 Wayne Rasband（Bethesda，Maryland，USA）是美国国家心理卫生研究所的特殊志愿者。

Fiji（http://fiji.sc/）的全称是 Fiji is just ImageJ，它的出现是为了简化 ImageJ 的安装、使用、ImageJ 插件的安装使用、ImageJ 插件开发这一系列的复杂流程。现在研究者一般都直接使用 Fiji。

Fiji 拥有超过 260 个子程序，支持非常多的图形处理流程，主要功能包括图像配准、图像分割、3D 重建和 3D 可视化。

Long 等（2015）在研究嵌合抗原受体引发 T 细胞耗竭的文章中，使用 ImageJ 分析了仪器扫描的细胞图像，从而筛除了死亡细胞，并确定了每个细胞的感兴趣区域。Hughes 等（2013）在实验中分别使用 Fiji/ImageJ 进行了细胞图像分割、细胞图像上色、丝状伪足的长度测量、机动性、密度等多项图像处理和分析工作。Mani 等（2008）使用 ImageJ 来辅助筛选培养物中达到一定发展标准的菌落来测定菌株在软琼脂中的菌落形成能力。

（2）pCLAMP

pCLAMP（https://www.moleculardevices.com/products/axon-patch-clamp-system/acquisition-and-analysis-software/pclamp-software-suite）软件包是 Molecular Devices 公司旗下的细胞神经生物科学数据收集与分析软件。pCLAMP 可以用于各种类型的实验，并已成为电生理实验和数据分析的标准软件之一。

历史悠久的 pCLAMP 软件已经发布了最新的 pCLAMP11 软件包，它主要包含用于数据采集和刺激输出的 Clampex、用于分析数据的 Clampfit，以及用于记录和转换型号的辅助程序 AxoScope 与 Minidigi。

Clampex 是一个功能强大的通用工具，适用于所有类型数据的数字化采集，它特别适用但不限于膜片钳记录、电压钳与电流钳制反应记录。理论上它可记录几乎所有的电生理信号，主要包括以下信号。

1）动作电位；

2）肌电图（electromyogram，EMG）；

3）眼［动］电图（electro-oculogram，EOG）；

4）兴奋性突触后电流（excitatory post-synaptic current，EPSC）；

5）兴奋性突触后电位（excitatory postsynaptic potential，EPSP）；

6）抑制性突触后电流（inhibitory post-synaptic current，IPSC）；

7）抑制性突触后电位（inhibitory postsynaptic potential，IPSP）；

8）微小兴奋性电位（Minis）；

9）长时程增强（long-term potentiation，LTP）；

10）长时程抑制（long-term depression，LTD）；

11）荧光染色比率；

12）峰电位串；

13）突触网络信号。

除此之外，Clampex 也可对单细胞及组织片进行如下模式的记录。

1）电压钳；

2）电流钳；

3）全细胞记录；

4）单通道记录。

pCLAMP 最早应用在科研中可追溯到 Tseng 和 Wit（1987）的研究，其在研究犬类心室肌细胞的过程中，使用该软件进行了肌电数据的记录和初步分析。Shankar 等（2008）在研究阿尔茨海默病患者脑部蛋白时，使用海马作为实验对照，海马切片电生理数据全部由 pCLAMP 软件进行记录，并用 Clampfit 进行分析。Claycomb 等（1998）在研究小鼠心房肌细胞时使用 pCLAMP 进行电生理学数据的收集和指令电位的控制。

（3）SPM

SPM（Statistical Parametric Mapping，https://www.fil.ion.ucl.ac.uk/spm/）是一个专门为脑功能成像数据分析而设计开发的通用软件包。它的理论和思想最初是由英国的 Karl Friston 在 1991 年提出的，当时是为了处理 PET 功能成像数据。到了 1994 年 Karl Friston 推出 SPM 的第一个正式版 SPM 94，后来的 SPM 95（从这个版本开始能够处理 fMRI 数据）、SPM 96，一直到现在的 SPM 12 都是在 SPM 94 的基础上加入新的算法和理论开发出来的。它的主要目的是对被试间或者被试内的不同成像结果做比较，得出一个具有统计学意义的结果，SPM 处理过程中的每一步都是为了实现这个目的。

SPM 指的是统计参数图像，也就是这个软件的最终输出。它通过对所有成像数据的每个像素点分别进行计算，得出包含每个像素点参数值的图像，这个参数图像是对许多单次扫描图像所包含信息的精简和压缩，这样有利于用户读取和理解。

Holcomb 等（1996）较早将 SPM 应用在研究中，其在进行脑部代谢模式研究时，使用 SPM 进行了立体定向归一化和协方差分析，并通过计算 t 统计量对正电子发射体层摄影（positron emission tomography，PET）和磁共振成像（magnetic resonance imaging，MRI）图像进行了分析。Yan 等（2013）在研究头部微动对功能连接组学的影响时，使用 SPM 对文章中所有头部扫描图像进行了预处理。Woo 等（2014）在研究 fMRI 实验的多个步骤中，使用 SPM8 的高斯随机场计算基于群集扩展的阈值。

4.4　结语

通过对生物信息学的形成、发展、现状和生物信息学数据分析工具的各种应用场景的归纳与总结可以看出，生物学在现代的发展研究，与计算机技术结合得越来越紧密，生物信息学研究者想要更高效地解决问题、产出成果，需要具备多方面的知识和技术，掌握多种数据分析工具和平台。随着新的生物学问题的发现和新数据的积累，众多主流的分析工具也呈现出三个方向的进化趋势：

一是统计类分析工具具备的功能越发趋近全面化，如 SPSS、Statistica 等历史较久的大型软件始终在不断地更新完善自身的功能，在覆盖范围逐渐互相交叉的过程中，也在持续地追求新的特色的非同质化功能。

二是精确任务导向的工具的功能越发趋近精确化，FlowJo、SHELX 等工具在功能变化不多的情况下不断优化改进算法细节，使得数据对比和分析结果越来越精确，需要的人工干预和数据再处理工作越来越少。

三是许多工具从原先的 kB 级数据处理能力，逐渐大数据化，将数据处理量级提升到了 MB 甚至 GB 级，以应对随着每 10 个月就会翻倍的基因数据而快速增长的研究需求。

生物信息学研究者的工作离不开数据分析工具的辅助，对工具相关知识的全面的深入的了解也就必不可少，这样才能高效准确地建立分析流程，挑选适用工具，特别是在一个实际的完整的研究过程中，往往需要数个甚至数十个工具的融合使用，研究者不仅需要熟悉单个的工具，还需要合理地运用如 Galaxy、BaseSpace、DNAnexus 等新型的工作流集成平台。

参考文献

李云飞，周龙，史成和. 2007. 生物信息学及其研究现状. 科技信息（科学教研），(32)：350，364.

孙啸，陆祖宏，谢建明. 2005. 生物信息学基础. 北京：清华大学出版社.

唐旭清，朱平. 2008. 后基因组时代生物信息学的发展趋势. 生物信息学，(3)：142-145.

赵屹，谷瑞升，杜生明. 2012. 生物信息学研究现状及发展趋势. 医学信息杂志，33（5）：2-6.

Bayliss R，Leung S W，Baker R P，et al. 2002. Structural basis for the interaction between NTF2 and nucleoporin FxFG repeats. The EMBO Journal，21（12）：2843-2853.

Best R B，Zhu X，Shim J，et al. 2012. Optimization of the additive CHARMM all- atom protein force field targeting improved sampling of the backbone φ，ψ and side-chain χ（1）and χ（2）dihedral angles. Journal of Chemical Theory and Computation，8（9）：3257-3273.

Butte M J，Keir M E，Phamduy T B，et al. 2007. Programmed death-1 ligand 1 interacts specifically with the B7-1 costimulatory molecule to inhibit T cell responses. Immunity，27（1）：111-122.

Cherezov V，Rosenbaum D M，Hanson M A，et al. 2007. High- resolution crystal structure of an engineered human beta2-adrenergic G protein-coupled receptor. Science，318（5854）：1258-1265.

Claycomb W C，Lanson N A，Stallworth B S，et al. 1998. HL-1 cells：a cardiac muscle cell line that contracts and retains phenotypic characteristics of the adult cardiomyocyte. Proceedings of the National Academy of

Sciences of the United, 95 (6): 2979-2984.

Dang L, White D W, Gross S, et al. 2010. Cancer-associated IDH1 mutations produce 2-hydroxyglutarate. Nature, 465 (7300): 966.

Deutsch E W, Mendoza L, Shteynberg D, et al. 2010. A guided tour of the Trans-Proteomic Pipeline. Proteomics, 10 (6): 1150-1159.

Didelot X, Falush D. 2006. Inference of bacterial microevolution using multilocus sequence data. Genetics. 175 (3): 1251-1266.

Diehl F, Schmidt K, Choti M A, et al. 2007. Circulating mutant DNA to assess tumor dynamics. Nat Med, 14 (9): 985-990.

Ding L, Ley T J, Larson D E, et al. 2012. Clonal evolution in relapsed acute myeloid leukaemia revealed by whole-genome sequencing. Nature, 481 (7382): 506-510.

Elshire R J, Glaubitz J C, Sun Q, et al. 2011. A robust, simple genotyping-by-sequencing (GBS) approach for high diversity species. PLoS One, 6 (5): e19379.

Enright M C, Day N P J, Davies C E, et al. 2000. Multilocus sequence typing for characterization of methicillin-resistant and methicillin-susceptible clones of Staphylococcus aureus. Journal of Clinical Microbiology, 38 (3): 1008-1015.

Fischer N, Neumann P, Konevega A L, et al. 2015. Structure of the E. coli ribosome-EF-Tu complex at <3 Å resolution by Cs-corrected cryo-EM. Nature, 520 (7548): 567-570.

Fong A T, Swanson H I, Dashwood R H, et al. 1990. Mechanisms of anti-carcinogenesis by indole-3-carbinol. Studies of enzyme induction, electrophile-scavenging, and inhibition of aflatoxin B1 activation. Biochemical Pharmacology, 39 (1): 19-26.

Green E P, Tizard M L, Moss M T, et al. 1989. Sequence and characteristics of IS900, an insertion element identified in a human Crohn's disease isolate of Mycobacterium paratuberculosis. Nucleic Acids Research, 17 (22): 9063-9073.

Gupta R A, Shah N, Wang K C, et al. 2010. Long non-coding RNA HOTAIR reprograms chromatin state to promote cancer metastasis. Nature, 464 (7291): 1071-1076.

Haas B J, Papanicolaou A, Yassour M, et al. 2013. De novo transcript sequence reconstruction from RNA-seq using the Trinity platform for reference generation and analysis. Nat Protocols, 8 (8): 1494-1512.

Hagan J J, Leslie R A, Patel S, et al. 1999. Orexin A activates locus coeruleus cell firing and increases arousal in the rat. Proceedings of the National Academy of Sciences of the United States of America, 96 (19): 10911-10916.

Hall B G. 2013. Building phylogenetic trees from molecular data with MEGA. Molecular biology and evolution, 30 (5): 1229-1235.

Hangauer M J, Vaughn I W, McManus M T. 2013. Pervasive transcription of the human genome produces thousands of previously unidentified long intergenic noncoding RNAs. PLoS Genetics, 9 (6): e1003569.

Hodgman T C, French A, Westhead D R. 2010. Bioinformatics, Second Edition. UK: T & F Books. Consortium T

G. 2012. The tomato genome sequence provides insights into fleshy fruit evolution. Nature, 485 (7400): 635-641.

Holcomb H H, Gordon B, Loats H L, et al. 1996. Brain metabolism patterns are sensitive to attentional effort associated with a tone recognition task. Biological Psychiatry, 39 (12): 1013-1022.

Hornung V, Ablasser A, Charrel-Dennis M, et al. 2009. AIM2 recognizes cytosolic dsDNA and forms a caspase-1-activating inflammasome with ASC. Nature, 458 (7237): 514-518.

Hoshino A, Costa- Silva B, Shen T L, et al. 2015. Tumour exosome integrins determine organotropic metastasis. Nature, 527 (7578): 329-335.

Huang J H, Ofek G, Laub L, et al. 2012. Broad and potent neutralization of HIV-1 by a gp41-specific human antibody. Nature, 491 (7424): 406-412.

Hughes E G, Kang S H, Fukaya M, et al. 2013. Oligodendrocyte progenitors balance growth with self-repulsion to achieve homeostasis in the adult brain. Nature Neuroscience, 16 (6): 668-676.

Ivanov I I, Atarashi K, Manel N, et al. 2009. Induction of intestinal Th17 cells by segmented filamentous bacteria. Cell, 139 (3): 485-498.

Kato M, Han T W, Xie S H, et al. 2012. Cell-free formation of RNA granules: low complexity sequence domains form dynamic fibers within hydrogels. Cell, 149 (4): 753-767.

Konermann S, Brigham M D, Trevino A E, et al. 2014. Genome-scale transcriptional activation by an engineered CRISPR-Cas9 complex. Nature, 517 (7536): 583-588.

Lauber C L, Hamady M, Knight R, et al. 2009. Pyrosequencing-based assessment of soil pH as a predictor of soil bacterial community structure at the continental scale. Appl Environ Microbiol, 75 (15): 5111-5120.

Ley R E, Bäckhed F, Turnbaugh P, et al. 2005. Obesity alters gut microbial ecology. Proceedings of the National Academy of Sciences of the United, 102 (31): 11070-11075.

Li F G, Fan G Y, Wang K B, et al. 2014. Genome sequence of the cultivated cotton Gossypium arboreum. Nature Genetics, 46 (6): 567-572.

Linton J P, Yen J Y, Selby E, et al. 1989. Dual bidirectional promoters at the mouse dhfr locus: cloning and characterization of two mRNA classes of the divergently transcribed Rep-1 gene. Molecular and Cellular Biology, 9 (7): 3058-3072.

Long A H, Haso W M, Shern J F, et al. 2015. 4-1BB costimulation ameliorates T cell exhaustion induced by tonic signaling of chimeric antigen receptors. Nature Medicine, 21 (6): 581-590.

Lozupone C A, Hamady M, Kelley S T, et al. 2007. Quantitative and Qualitative Diversity Measures Lead to Different Insights into Factors That Structure Microbial Communities. Applied and Environmental Microbiology, 73 (5): 1576-1585.

Magnani E, Sjölander K, Hake S. 2004. From endonucleases to transcription factors: evolution of the AP2 DNA binding domain in plants. The Plant Cell, 16 (9): 2265-2277.

Mani S A, Guo W, Liao M J, et al. 2008. The epithelial-mesenchymal transition generates cells with properties of stem cells. Cell, 133 (4): 704-715.

Neilson K A, Ali N A, Muralidharan S, et al. 2011. Less label, more free: approaches in label-free quantitative mass spectrometry. Proteomics, 11 (4): 535-553.

Peiñado H, Alečković M, Lavotshkin S, et al. 2012. Melanoma exosomes educate bone marrow progenitor cells toward a pro-metastatic phenotype through MET. Nature Medicine, 18 (6): 883-891.

Perego M, Cole S P, Burbulys D, et al. 1989. Characterization of the gene for a protein kinase which phosphorylates the sporulation-regulatory proteins Spo0A and Spo0F of Bacillus subtilis. Journal of Bacteriology, 171 (11): 6187-6196.

Peto R, Pike M C, Armitage P, et al. 1977. Design and analysis of randomized clinical trials requiring prolonged observation of each patient. II. analysis and examples. British Journal of Cancer. 35 (1): 1-39.

Pimentel H, Bray N L, Puente S, et al. 2017. Differential analysis of RNA-Seq incorporating quantification uncertainty. Nat Methods, 14 (7): 687-690.

Rao S S P, Huntley M H, Durand N C, et al. 2014. A 3D map of the human genome at kilobase resolution reveals principles of chromatin looping. Cell, 159 (7): 1665-1680.

Renton A E, Majounie E, Waite A, et al. 2011. A hexanucleotide repeat expansion in C9ORF72 is the cause of chromosome 9p21-linked ALS-FTD. Neuron, 72 (2): 257-268.

Robins R H C. 1971. Injuries of the metacarpophalangeal joints. The Hand. 3 (2): 159-163.

Schwartzentruber J, Korshunov A, Liu X Y, et al. 2012. Driver mutations in histone H3.3 and chromatin remodelling genes in paediatric glioblastoma. Nature, 482 (7384): 226-231.

Shankar G M, Li S, Mehta T H, et al. 2008. Amyloid-beta protein dimers isolated directly from Alzheimer's brains impair synaptic plasticity and memory. Nature Medicine, 14 (8): 837-842.

Smith G J D, Vijaykrishna D, Bahl J, et al. 2009. Origins and evolutionary genomics of the 2009 swine-origin H1N1 influenza A epidemic. Nature, 459 (7250): 1122-1125.

Trapnell C, Pachter L, Salzberg S L. 2009. TopHat: discovering splice junctions with RNA-Seq. Bioinformatics, 25 (9): 1105-1111.

Tseng G N, Wit A L. 1987. Characteristics of a transient inward current that causes delayed afterdepolarizations in atrial cells of the canine coronary sinus. Journal of Molecular and Cellular Cardiology, 19 (11): 1105-1119.

Turnbaugh P J, Hamady M, Yatsunenko T, et al. 2008. A core gut microbiome in obese and lean twins. Nature, 457 (7228): 480-484.

Vierbuchen T, Ostermeier A, Pang Z P, et al. 2010. Direct conversion of fibroblasts to functional neurons by defined factors. Nature, 463 (7284): 1035-1041.

Walkinshaw M D, Saenger W, Maelicke A. 1980. Three-dimensional structure of the "long" neurotoxin from cobra venom. Proc Natl Acad Sci U S A, 77 (5): 2400-2404.

Wang Y W, Hoenig J D, Malin K J, et al. 2009. 16S rRNA gene-based analysis of fecal microbiota from preterm infants with and without necrotizing enterocolitis. The ISME Journal. 3 (8): 944-954.

Wang Y, Boguski M, Riggs M, et al. 1991. Sar1, a gene from Schizosaccharomyces pombe encoding a protein that regulates ras1. Cell Regulation, 2 (6): 453-465.

Woo C W, Krishnan A, Wager T D. 2014. Cluster-extent based thresholding in fMRI analyses: pitfalls and recommendations. Neuroimage, 91: 412-419.

Yan C G, Cheung B, Kelly C, et al. 2013. A comprehensive assessment of regional variation in the impact of head micromovements on functional connectomics. Neuroimage, 76: 183-201.

Yoon S, Xuan Z, Makarov V, Ye K, Sebat J. 2009. Sensitive and accurate detection of copy number variants using read depth of coverage. Genome Res, 19 (9): 1586-1592.

Yuan P W, Bartlam M, Lou Z Y, et al. 2009. Crystal structure of an avian influenza polymerase PA (N) reveals an endonuclease active site. Nature, 458 (7240): 909-913.

Zhang X O, Wang H B, Zhang Y, et al. 2014. Complementary sequence-mediated exon circularization. Cell, 159 (1): 134-147.

第5章

面向知识发现的生物医学文本挖掘

本章从生物医学领域本体、生物医学文本挖掘工具及生物医学文本挖掘应用三个角度出发，全面介绍面向知识发现的生物医学文本挖掘方法与技术。首先梳理了通用的生物医学领域本体统一医学语言系统（unified medical language system，UMLS）的数据组织模式、语义网络和专家词典，这是生物医学文本挖掘重要的数据基准。其次介绍了生物医学文本挖掘所依赖的自然语言处理工具、实体识别工具、信息抽取工具和已有的文献挖掘与分析工具，这是生物医学文本挖掘的重要技术手段。最后介绍了生物医学文本挖掘在信息检索、信息组织、信息抽取、自动问答和临床决策等应用中的具体案例，这是生物医学文本挖掘的核心目标。通过对生物医学文本挖掘数据、工具和应用的详细梳理与介绍，期望能进一步发挥和利用生物医学文本挖掘在语义化和智能化应用中的作用与价值。

5.1 引言

在生物医学领域，科技文献、科学实验、临床试验及电子病历等科技数据呈指数级增长。除了数据量巨大与来源分散外，这些数据通常以非结构化或半结构化的文本形式存在，日益丰富的数据在产生价值的同时也为用户发现新知识带来挑战。文本挖掘是指从大规模非结构化或半结构化文本数据中挖掘结构化信息或知识的过程，与信息检索、信息抽取、数据分析、数据可视化等过程密切相关（Chaussabe，2004）。文本挖掘最初被提出旨在通过趋势与关联分析来发现大量文本数据中的新知识。人工智能等技术的发展推动了文本挖掘相关技术的发展，拓宽了文本挖掘的应用场景，生物医学文本挖掘在信息检索、自动问答、辅助临床决策、智能医疗等智能化应用中发挥着越来越重要的作用。

5.2 生物医学领域本体 UMLS

统一医学语言系统（UMLS）（https://www.nlm.nih.gov/research/umls/）是美国国立医学图书馆（National Library of Medicine，NLM）于 1986 年开始建设的一体化医学知识语言系统（方平，1998）。其汇集了生物医学领域的词汇与标准，旨在整合生物医学领域相同概念的不同表达方式，集成不同数据库系统中的概念信息，开发基于概念信息的生物医学领域产品工具，提高计算机程序“理解”生物医学词汇语义的能力，具有集成性、跨领域和工具化的特点（NLM，2009a）。

UMLS 是迄今为止生物医学领域最大、最完整的知识图谱，作为领域知识图谱的最佳实践，UMLS 为其他知识图谱的构建建立了标杆。同时，UMLS 作为智能化的情报检索语言集成系统，以及概念规范化与自然语言处理的有效工具，能够克服因不同语言系统的差异性和分散性所造成的互操作问题，有利于开发应用程序，如分类工具、词典和语言翻译器等，在术语研究、知识组织、智能检索及文本挖掘等领域具有广泛的应用价值（刘蕾蕾，2020）。

UMLS 的核心组成如图 5-1 所示，包括超级叙词表（metathesaurus）、语义网络（semantic network）、专家词典（specialist lexicon）和专家工具（lexical tools）四部分。UMLS 超级叙词表从概念、关系、属性和索引四个角度将来自 210 个数据源的数据整合在一起，目前已经包含了生物医学领域的 3 848 696 条概念，是领域信息组织与数据挖掘的重要数据资源。UMLS 语义网络为所有的概念制定了统一的语义类型和关系标准，是生物医学领域语义化应用的重要基石。UMLS 专家词典为生物医学领域自然语言处理工具与应

图 5-1　UMLS 的核心组成

资料来源：STIS，2019

用提供了重要词汇。UMLS 专家工具提供了词汇处理、文本处理、信息抽取等一系列自然语言处理和文本挖掘工具，这些自然语言处理工具以 UMLS 知识源为基础，是生物医学领域语义化、智能化应用的关键部件（NLM，2009a）。

5.2.1　超级叙词表①

Metathesaurus（https://www.nlm.nih.gov/research/umls/knowledge_sources/metathesaurus/）是 UMLS 最核心的组成部分，是对生物医学领域 210 个来源词表中概念、术语、词汇及其含义、等级范畴的广泛集成。UMLS 来源词表的范围包括患者病历系统中的术语表、统计报告，计费中的大型疾病和程序分类表，与精神病学、护理、医疗设备、药物不良反应等相关的词汇表，疾病和专家诊断系统的术语表，生物医学文献索引和编目表，美国标准代码和术语集，临床和健康数据电子交换术语与代码集，以及其他叙词表、分类表、代码集和受控术语列表。

Metathesaurus 以概念为核心进行数据组织，同时从关系与属性的角度辅助数据组织，其组织形式包括关联、保留、自定义与统一。关联指对不同来源词表的同一概念的相似名称进行关联和规范化。保留指对来源词表中的概念含义、名称和关系完全保留，即当不同来源词表中的多个概念名称相同时，同时保留多个概念及其含义并指明各自的来源词表；当相同的概念在不同来源词表中的层次结构不同时，保留所有的层次结构；当不同来源词表中的两个概念关系相互矛盾时，保留所有的关系；当词表中的概念名称比较生僻或不规范时，仍进行保留处理。自定义是指 Metathesaurus 在创建与维护期间，自行添加的关系、概念名称和属性。统一是指 Metathesaurus 统一了所有数据的存储格式与概念的语义类型。

UMLS 依据关联、保留、自定义与统一规则，从概念、关系与属性三个角度对不同的来源词表进行数据组织，保留不同来源词表的所有信息，但未对所有的概念和关系进行完全标准化和统一化，因此，Metathesaurus 支持用户自定义词表子集来定制化不同的应用，以确保应用的实用性和准确性。

（1）Metathesaurus 概念组织

概念组织。Metathesaurus 依据概念进行数据组织，其主要目的之一是将来自不同来源词表的相同概念的交替名称进行关联。因此，Metathesaurus 为其包含的所有概念分配了四种类型的标识符，包括概念标识符（CUI）、字符串标识符（SUI）、原子标识符（AUI）和术语标识符（LUI）。通过建立四种不同形式的标识符之间的关联，来表达相同概念（不同形式和来源）之间的关系，UMLS 标识符见表 5-1。

---

① 资料来源：NLM，2009b。

表 5-1　UMLS 标识符

标识符	含义	关联
概念标识符（CUI）	不同来源词表中的相同概念的规范化标识符	每个 CUI 与至少一个 LUI、SUI 或 AUI 相关联
术语标识符（LUI）	对相同概念的每一个术语所定义的规范化标识符	每个 LUI 与多个 AUI、多个 SUI 和多个 CUI 相关联
字符串标识符（SUI）	相同的概念，由于字符串的变形、大小写、标点符号或语言的不同所定义的字符串标识符	每个 SUI 与多个 AUI、单个 LUI 和多个 CUI 相关联
原子标识符（AUI）	来源词表中为每个概念定义的标识符	每个 AUI 与单个 SUI、单个 LUI 和单个 CUI 相关联

资料来源：NLM，2009b

表 5-2 展示了 UMLS 基于标识符组织数据的具体案例。心房颤动（Atrial Fibrlation）出现在 MSH、PSY 两个来源词表中，在每个词表中都有单独的原子标识符 AUI。这些不同的原子概念中，相同的字符串将关联到同一字符串标识符 SUI。“Atrial Fibrlations”是“Atrial Fibrlation”的复数，两者具有不同的 SUI。由于单数和复数是彼此的词汇变体，两者都关联到同一术语标识符 LUI。“Atrial Fibrlations”和“Auricular Fibrillation”被认为具有相同的含义，表达同一概念，因此它们关联到同一概念标识符 CUI。

表 5-2　UMLS 基于标识符组织数据的案例

<table>
<tr><th>概念标识符 CUI</th><th>术语标识符 LUI</th><th>字符串标识符 SUI</th><th>原子标识符 AUI</th></tr>
<tr><td rowspan="5">C0004238
Atrial Fibrillation
(preferred)
Atrial Fibrillations
Auricular Fibrillation
Auricular Fibrillations</td><td rowspan="3">L0004238
Atrial Fibrillation
(preferred)
Atrial Fibrillations</td><td rowspan="2">S0016668
Atrial Fibrillation
(preferred)</td><td>A0027665
Atrial Fibrillation
(from MSH)</td></tr>
<tr><td>A0027667
Atrial Fibrillation
(from PSY)</td></tr>
<tr><td>S0016669
(plural variant)
Atrial Fibrillations</td><td>A0027668
Atrial Fibrillations
(from MSH)</td></tr>
<tr><td rowspan="2">L0004327
(synonym)
Auricular Fibrillation
Auricular Fibrillations</td><td>S0016899
Auricular Fibrillation
(preferred)</td><td>A0027930
Auricular Fibrillation
(from PSY)</td></tr>
<tr><td>S0016900
(plural variant)
Auricular Fibrillations</td><td>A0027932
Auricular Fibrillations
(from MSH)</td></tr>
</table>

资料来源：NLM，2009b

概念优选术语。Metathesaurus 通过建立四种标识符之间的关联，来揭示概念之间的关系。但在建立不同概念之间的关系后，会牵扯到选择用语的问题。为了方便用户自定义 Metathesaurus，避免在可选术语和字符串之间费力选择，Metathesaurus 定义了所有同义词索引表之间的优先顺序。例如，MeSH 词表在 Metathesaurus 索引词表中具有最高优先权，因此在 UMLS 检索时，在 MeSH 中出现的概念被视为优先选用词。Metathesaurus 提供的默认的优先顺序可能并不适用于所有应用，如 SNOMED CT 的概念名称在临床应用中可能更受欢迎，MeSH 词表的术语在文献检索系统中可能更受欢迎。因此 MetamorphoSys 允许用户自定义词表之间的优先顺序，在自定义优先顺序时，需要考虑的因素包括主题覆盖的广度、更新的频率及来源词表中的概念名称在临床或生物医学中的使用频率等。

字符串多重含义。在某些情况下，相同的概念名称（不考虑大小写差异）表示不同的内涵。例如，在不同词表中，字符串“Cold”表示“温度”或“普通感冒”，而“COLD”是“慢性阻塞性肺病”的首字母缩写词。因此，“Cold”或“COLD”在 Metathesaurus 中作为多个概念的名称出现。Metathesaurus 提供了具有模糊含义或多重含义的术语和字符串的表示文件 AMBIGLUI. RRF，在具体的应用中，支持用户基于语义消歧来明确概念内涵。

自添加概念。Metathesaurus 在构造期间自行添加了部分概念名称，具体情况包括：为具有多重含义的字符串创建唯一名称；当概念的所有原子名称都无法充分表达其含义时，会创建一个含义更加明确的名称；为扩展字符集（如 Unicode）中的字符串名称生成等效的 ASCII 字符串名称等。与 Metathesaurus 中的其他概念名称一样，Metathesaurus 构造期间创建的名称也同样指向其数据来源。

（2）Metathesaurus 关系组织

Metathesaurus 包括了不同概念之间的关系（非同义关系）。这些关系来自不同的来源词表，或在 Metathesaurus 构造期间自行添加，或由 Metathesaurus 用户提供以支持某些类型的应用程序。Metathesaurus 指明了每个关系的作者。

Metathesaurus 包含的非同义关系包括源内关系和源间关系。源内关系指同一来源词表中概念间的非同义关系，由来源词表提供。这些关系主要从来源词表的显式或隐式层次结构、交叉引用结构中提取。源间关系指不同来源词表中概念间的关系，主要指 Metathesaurus 概念结构中的同义关系，源间关系或是在 Metathesaurus 构造期间生成，或是由 Metathesaurus 用户提供的“相似”关系，这是对相对严格的同义关系的补充。

Metathesaurus 为所有关系（除基本概念结构之外）分配了关系标签 REL，用于描述关系的基本性质及关系来源。此外，大约四分之一的关系被分配另一个标签 RELA，该标签从关系的来源词表中抽取，用于更精确地解释该关系的性质，如“is_ a”、“branch _ of”和“component_ of”等。Metathesaurus 中的每个关系都被分配了唯一标识符

（RUI），旨在检测 Metathesaurus 不同版本之间关系的变化，同时对来源词表中自有的关系标识符进行保留。

关系组。关系组（relationship group，RG）指关系的源声明或关系间的隐含关联，当存在多个关系时，关系组可以表达更丰富的内涵。关系组可在 MRREL. RRF 文件中查看，以一组 AUI2 和 RG 相同行文件表示，RG 值随着与同一 AUI2 关联的关系组数量的增加而增加，空值表示关系不存在分组。如果关系已过时，则该关系会被抑制，该值在 SUPPRESS 字段中由 0 表示。

一个 UMLS 关系组的示例如图 5-2 所示，其中，关系组 0 将 A2957612（儿童哮喘）与 A3154872（肺结构）和 A2926532（儿童）之间的关系进行分组，以明确儿童哮喘存在于儿童的肺中。关系组 1 将 A2957612（儿童哮喘）与 A3104303（支气管结构）和 A2873893（阻塞）的关系进行分组，提示儿童哮喘以支气管阻塞为特征。

```
CUI1|AUI1|STYPE1|REL|CUI2|AUI2|STYPE2|RELA|RUI|SRUI|SAB|SL|RG|DIR|SUPPRESS|CVF
C0024109|A3154872|SCUI|RO|C0264408|A2957612|SCUI|has_finding_site|R14028961|994883025|SNOMEDCT_US|SNOMEDCT_US|O|Y|O||
C0231335|A2926532|SCUI|RO|C0264408|A2957612|SCUI|occurs_in|R123147138|1795540028|SNOMEDCT_US|SNOMEDCT_US|O|Y|N||
C0006255|A3104303|SCUI|RO|C0264408|A2957612|SCUI|has_finding_site|R98157815|3465258024|SNOMEDCT_US|SNOMEDCT_US|1|Y|O||
C0028778|A2873893|SCUI|RO|C0264408|A2957612|SCUI|has_associated_morphology|R98053314|3419439024|SNOMEDCT_US|SNOMEDCT_US|1|Y|O||
```

图 5-2　UMLS 关系组示例

资料来源：NLM，2009b

（3）Metathesaurus 属性组织

Metathesaurus 从概念属性、原子属性和关系属性三个维度来组织概念。概念属性在 Metathesaurus 构造期间自行添加，适用于同一概念的所有不同表达。例如，“心房颤动”的首选概念名称为“Atrial Fibrillation”，其语义类型为“Pathologic Function”和“Finding”，则该语义类型也适用于该概念的所有不同表达。原子属性来源于原子的来源词表，原子属性仅仅是与该原子相关概念的属性之一。Metathesaurus 保留了所来源词表中的原子属性，更有利于应用的定制化。关系属性来源于来源词表，旨在描述来源词表中关系的特征。Metathesaurus 中的每个属性都被分配唯一标识符（ATUI），ATUIs 的变化揭示了 Metathesaurus 的内容变化。

（4）Metathesaurus 索引

Metathesaurus 从概念、关系和属性三个角度将多个来源词表的数据关联融合，旨在为领域数据组织、信息检索等智能化应用提供规范化的数据基础。为了高效的辅助应用，方便用户检索相关概念，Metathesaurus 提供了三种概念名称的索引，即单词索引、规范化单词索引（仅适用于英语单词）和规范化字符串索引（仅适用于英语字符串）。

单词索引。Metathesaurus 将单词定义为长度大于或等于 1 的字母或字符串。单词索引将字符串中的每个单词关联到与其相关的概念、术语和字符串标识符，Metathesaurus 中的每种语言都有单独的单词索引文件。

规范化单词索引。规范化单词指对字符串进行分词、单词小写、去变形、去除停用词等操作生成的标准化单词。去变形单词通过专家词典（specialist lexicon）或算法产生。规范化单词索引将字符串中的每个规范化后的单词关联到与其相关的概念、术语和字符串标识符。

规范化字符串索引。规范化字符串指对字符串进行分词、单词小写、去形式、去除停用词及调整单词顺序等操作后生成的字符串。规范化字符串索引将每个单独的字符串关联到与其相关的概念、术语和字符串标识符。

一个 Metathesaurus 索引的示例见表 5-3，对于表中的四个概念，其单词索引将包括："Diseases"、"Lung"、"Disease" 和 "Obstructive" 四个单词的索引词目。其中，单词 "diseases" 与 "disease" 的单词索引如第三列所示。"Diseases" 的规范化单词为 "Disease"，因此四个概念的规范化单词索引将包括 "Disease"、"Lung" 和 "Obstructive" 三个单词的索引词目，其中规范化单词 "disease" 的索引词目如第四列所示。由于表中四个概念的规范化字符串为 "disease lung obstructive"，其规范化字符串索引如第五列所示。

表 5-3　Metathesaurus 索引示例

概念	CUI，LUI，SUI	单词索引	规范化单词索引	规范化字符串索引
Lung Diseases，Obstructive	(C0600260，L0024117，S0058463)	ENG	diseases	C0600260	L0024117	S0058463		ENG	disease	C0600260	L0024117	S0058463		ENG	disease lung obstructive	C0600260	L0024117	S0058463	
Obstructive Lung Diseases	(C0600260，L0024117，S0068169)	ENG	diseases	C0600260	L0024117	S0068169		ENG	disease	C0600260	L0024117	S0068169		ENG	disease lung obstructive	C0600260	L0024117	S0068169	
Lung Disease，Obstructive	(C0600260，L0024117，S0058458)	ENG	disease	C0600260	L0024117	S0058458		ENG	disease	C0600260	L0024117	S0058458		ENG	disease lung obstructive	C0600260	L0024117	S0058458	
Obstructive Lung Disease	(C0600260，L0024117，S0068168)	ENG	disease	C0600260	L0024117	S0068168		ENG	disease	C0600260	L0024117	S0068168		ENG	disease lung obstructive	C0600260	L0024117	S0068168	

资料来源：NLM，2009b

5.2.2 语义网络[①]

UMLS 语义网络（https://semanticnetwork. nlm. nih. gov/）由语义类型和语义关系两部分组成。语义类型是由 Metathesaurus 为所有概念提供的统一的语义分类，语义类型并非该概念最细粒度的语义类型，而是指语义类型层次结构中最适合概念的语义类型，如“Macaca”在语义网络中没有更具体的类型“灵长目动物”时，则接受语义类型“哺乳类”。语义关系是指语义类型之间的关系，语义类型之间的链接代表了生物医学领域中的重要关系，从而形成语义网络。目前 Metathesaurus 中有 133 种语义类型和 54 种语义关系，UMLS 语义类型如图 5-3 所示，UMLS 语义关系如图 5-4 所示。

- Physicaai object(实体对象)
  - Organism(生物)
    - Archaeon(古细菌)
    - Bacterium(细菌)
    - Eukaryote(真核生物)
      - Animal(动物)
        - Vertebrate(脊椎动物)
          - Amphibian(两栖动物)
          - Bird(鸟类、禽类)
          - Fish(鱼类)
          - Mammai(哺乳动物)
            - Human(人类)
          - Reptile(爬行动物)
      - Fungus(真菌)
      - Plant(植物)
    - Virus(病毒)
  - Anatomical Stuctre(解剖学结构)
    - Embryonic Stnucture(胚胎结构)
    - Anatomical Abnormality(解剖学异常)
      - Congenital Abnormality(先天性异常)
      - Acquired Abnormality(获得性异常)
    - Fully Formed Anatomical Structure(完全发育解剖学结构)
      - Body Part,Organ,or Organ Component(身体部位，器官或器官成分)
      - Tissue(组织)
      - Cell(细胞)
      - Cell Component(细胞成分)
      - Gene or Genome(基因或基因组)
  - Manufactured Object(人工对象)
    - Medical Device(医学设备)
      - Drug Delivery Device(药物传输装置与系统)
    - Research Device(研究设备)
    - Clinical Drug(临床药物)
  - Substance(物质)
    - Chemical(化学物质)
      - Chemical Viewed Functionally(功能分类化学物质)
        - Pharmacologic Substance(药理性物质)
          - Antibiotic(抗生素)
        - Biomedical or Dental Material(生物医学或牙科物质)
        - Biologically Active Substance(生物活性物质)
          - Hormone(激素)
          - Enzyme(酶)
          - Vtamin(维生素)
          - Immunologic Factor(免疫因子)
          - Receptor(受体)
        - Indicator,Reagent.or Diagnostic Acid(指示剂，反应剂或诊断辅助用酸)
        - Hazardous or Poisonous Substance(有害性或毒性物质)
      - Chemical Viewed Structurally(结构分类化学物质)
        - Organic Chemical(有机化学物质)
          - Nucleic Acid,Nucleoside,or Nucleotide(核酸，核苷酸或核苷)
          - Amino Acid,Peptide,or Prptein(氨基酸，多肽或蛋白质)
        - Inorganic Chemical(无机化学物质)
        - Element,lon,or Isotope(元素，离子或同位素)
    - Body Substsance(体物质)
    - Food(食物)
- Conceptual Entity(概念实体)
  - Idea or Concept(想法或概念)
    - Temporal Concept(时间概念)
    - Qualitative Concept(定性概念)
    - Quantitative Concept(定量概念)
    - Functional Concept(功能性概念)
      - Body System(身体系统)
    - Spatial Concept(空间概念)
      - Body Space or Junction(身体间隙或连接)
      - Body Location or Region(身体部位或区域)
      - Molecular Sequence(分子序列)
        - Nucleotide Sequence(核酸序列)
        - Amino Acid Sequence(氨基酸序列)
        - Carbohydrate Sequence(碳水化合物序列)
      - Geographic Area(地理区域)
  - Finding(发现)
    - Laboratory or Test Result(实验室或检验结果)
    - Sign or Symptom(体征或症状)
  - Organism Attribute(有机系统属性)
    - Clinical Attribute(临床属性)
  - Intellectual Product(智能产品)
    - Classification(分类)
    - Regulation or Law(法规或法律)
  - Language(语言)
  - Occupation or Discipline(职业或专业)
    - Biomedical Occupation or Discipline(生物医学职业或专业)
  - Organization(组织机构)
    - Health Care Related Organization(保健相关组织)
    - Professional Society(专业学会)
    - Self-help or Relief Organization(自助组织)
  - Group Attribute(组团属性)
  - Group(组)
    - Professional or Occupational Group(专业组)
    - Population Group(人群组)
    - Family Group(家庭组)
    - Age Group(年龄组)
    - Patient or Disabled Group(病残组)

图 5-3 UMLS 语义类型

资料来源：Current Semantic Types. 2020. https://www. nlm. nih. gov/research/umls/META3_current_semantic_types. html

① 资料来源：NLM，2009c。

- Associated_With(与...相关)
  - Physically_Related_To(物理相关)
    - Part_Of(是…一部分)
    - Consists_Of(由…组成)
    - Contains(包含)
    - Connected_To(与…连接)
    - interconnects(相互连接)
    - branch_of(是…的分支)
    - tributary_of(是…的支流)
    - ingredient_of(是…的成分)
  - spatially_related_to(空间相关)
    - location_of(位于)
    - adjacent_to(毗邻于)
    - surrounds(包围)
    - traverses(横断关系)
  - functionally_related_to(功能相关)
    - affects(影响)
      - manages(管理)
      - treats(治疗)
      - disrupts(使…紊乱)
      - complicates(使复杂)
      - interacts_with(与…相互作用)
      - prevents(预防)
    - brings_about(导致)
      - produces(产生)
      - causes(引起)
    - performs(执行)
      - carries_out(实行)
      - exhibits(显示)
      - practices(实现)
    - occurs_in(发生于…)
      - process_of(是…的过程)
    - uses(实应用)
    - manifestation_of(是…的表现)
    - indicates(提示)
    - result_of(是…的结果)
  - temporally_related_to(时间相关)
    - co-occurs_with(与…同时发生)
    - precedes(在…之先)
  - comceptually_related_to(概念相关)
    - evaluation_of(对…的评价)
    - method_of(是…的方法)
    - conceptual_part_of(是…的概念性部分)
    - issue_in(造成)
    - degree_of(…的程度为)
    - analyzes(分析)

图 5-4　UMLS 语义关系示例

关系继承。通常情况下，高层次语义类型之间存在关系，则其子类可通过“isa”链接继承该关系。对于一些语义关系而言，如果按照语义类型的等级结构和继承规则，会使某些语义类型和语义关系的关联产生歧义，此时，会产生继承阻断。

语义网络与超级词表。Metathesaurus 中的每个概念被分配语义类型，概念之间可继承语义类型之间的关系，但语义类型之间的关系，并不适用于语义类型下的所有的概念实例，当概念之间的关系产生歧义时，同样会产生继承阻断。语义网络中的语义关系定义了部分 Metathesaurus 概念之间的关系，反之，来源词表中的概念关系同样被集成到语义网络中。

语义组。语义网络的覆盖范围很广，Metathesaurus 仅仅提供了一个语义类型和关系标准，可能并不适用于所有的应用，用户可以在其基础上进行自定义，扩展或缩小语义类型的粒度。UMLS 语义组通过对语义类型进行分组，来降低 Metathesaurus 的复杂性。但是，针对特定的应用，用户可以在此基础上自定义语义类型分组。分组通常遵循语义有效性、简约性、完整性、排他性、自然性和实用性六个原则（McCray et al.，2001）。

5.2.3 专家词典[①]

专家词典（https://lexsrv3. nlm. nih. gov/Specialist/）是 UMLS 的重要知识资源之一，是生物医学领域通用的英语词典，同时也是一本同义词词典和语法词典，旨在为 SemRep、MetaMap、CSpell 和 Lexical Tools 等自然语言处理工具和应用提供所需的词汇信息。2019 年，专家词典新增一项分类功能（classification type，CT），可以有效排除过时或非正式词汇，实现不同语言的映射，提高查询扩展能力等，有助于改善自然语言处理（natural language processing，NLP）应用的性能（Lu et al.，2019）。专家词典收录了包括 MEDLINE 引文记录、《多兰图解医学词典》、《美国遗产词频表》、Metathesaurus 浏览与检索系统等在内的多项词典词汇。

专家词典通过词项记录（lexical item）来表示其所包含的词汇信息。通常而言，词项包括单个单词（如 ice-cream）和组合单词（如 ice cream）。每个词项都通过词性、词形变化、含义及单词顺序等条件来表示词汇。

LexBuild 是一个词典构建工具，用于自动化和简化专家词典的构建过程，对于领域专家构建领域词典和控制词典质量来说非常重要。它为专家词典的构建系统提供了一种更简单的方法，有助于确保词汇条目的质量和完整性，增加词汇的覆盖率。

LexAccess 与 LexBuild 集成，是专家词典的词汇访问工具。LexAccess 支持纯文本格式与 XML 格式的词汇记录查询，返回与查询术语相关的所有词汇记录，术语查询支持基本形式（base form）、变形形式（inflected term）或字符串标识符（SUI）三种模式。

LexCheck 与 LexBuild 集成，是专家词典的术语检查工具，用于检查词典中词法记录的语法和内容，确保词汇记录的质量。此外，LexCheck 还支持文本格式、XML 格式和 Java 数据格式的转换，以及生成词汇的变形形式等功能。

---

① 资料来源：NLM，2009d。

5.3　生物医学领域文本挖掘工具

UMLS 工具集是基于 UMLS 数据的一系列自然语言处理工具，主要包括 UMLS 专家自然语言处理工具（SPECIALIST NLP Tools），实体识别工具（MetaMap）和信息抽取工具（SemRep）。其在文本挖掘、智能检索、自动问答等应用中具有重要应用价值（刘蕾蕾，2020）。

5.3.1　专家自然语言处理工具①

SPECIALIST NLP Tools 旨在辅助用户更好地利用生物医学信息资源，完成生物医学领域的词汇规范化和文本分析等任务，包括一系列自然语言处理工具，详见表 5-4。

表 5-4　UMLS 专家自然语言处理工具

工具	介绍	应用
SPECIALIST Lexicon	专家词典	自然语言处理、实体识别、信息检索等
LexBuild	专家词典构建工具	词典术语构建
LexAccess	专家词典访问工具	词典术语查询
LexCheck	专家词典术语检查工具	词典术语检查
Lexical Tools	核心 NLP 工具	变形检索，术语规范化，单词索引等
Cspell	用户语言拼写检查工具	拼写纠错，信息检索等
MEDLINE N-Gram Set	MEDLINE N-Gram 数据集	N 元术语提取，信息检索等
Sub-Term Mapping Tools	子术语映射工具	术语映射，术语规范化等
Visual Tagging Tool	视觉标记工具	文本标注，自然语言处理等
Text Categorization Tools	文本分类工具	文本分类，内容索引，词义消歧等
Text Tools	文档工具	文档切分，术语变形查找等
Spelling Resources	拼写资源工具	相似单词检测，拼写纠错等
dTagger	词性标注工具	词性标注，自然语言处理等

资料来源：Lexical Systems Group，2018。

（1）词典类工具

SPECIALIST Lexicon Tools。专家词典工具包括专家词典、专家词典构建工具

① 资料来源：Lexical Systems Group，2018。

LexBuild、专家词典访问工具 LexAccess 和专家词典术语检查工具 LexCheck。专家词典工具既是 UMLS 重要的数据基础，也是重要的自然语言处理工具，其相关内容包含在 UMLS 专家词典部分。

MEDLINE N-Gram Set。生物医学领域尚未形成公开可用的 N-Grams 数据集，导致术语查询、信息检索等应用的准确率低下。MEDLINE N-Gram Set 是从 MEDLINE 的标题和摘要中抽取的 n（n=1，2，3，4，5）元词法，用于检索专家词典中的多元单词。

（2）词汇处理工具

Lexical Tools。Lexical Tools 是一套检索词汇变化的核心 NLP 工具，功能包括检索词汇的变体形式与去变形形式、拼写变形形式、派生词和同义词及标准化形式等，由 62 个功能组件和 34 种操作选项组成。具体包括 Lvg（Lexical Variants Generation）、Norm、LuiNorm、WordInd、ToAscii、Fields 和 Lgt 共七项工具，每个工具都集成并封装了不同的功能组件与操作选项。

具体来讲：①Lvg。词汇变形生成工具，针对给定的输入，生成、转换和过滤词汇变形，是其他所有词汇处理工具的基础。②Norm。它旨在规范化字符串，对于派生词扩展和同义词扩展具有重要意义。③LuiNorm。它是 Norm 的另一个版本，在 UMLS Metathesaurus 中使用，旨在将字符串转换为相应的术语标识符。与 Norm 的相似之处在于，它提供了一种规范化表示，来对词汇中的变形、停用词、标点符号、连字符和单词顺序等进行规范化；不同之处在于，它对于任何输入均仅返回一个规范化单词。例如，在 LuiNorm 中，“left” 的规范化形式是 “leaf”，两者显然是无关的，这在一定程度上降低了规范化的准确率。④WordInd。它用于创建单词索引，将字符串拆分成小写的“单词”列表。⑤ToAscii。它将 Unicode 字符（UTF-8）转换为 ASCII（7 位）字符，与传统数据转换方式相比，该工具更为简单且通用。⑥Fields。根据用户在 NLP 过程中的偏好来过滤掉某些字段或重新排列文件中的字段。⑦Lgt（Lexical Gui Tool）。针对给定的输入，生成、转换和过滤词汇变形，其中包含了 lvg、norm、luiNorm 和 wordInd。

Sub-Term Mapping Tools（STMT）。子术语映射工具（STMT）旨在查找术语的所有子术语（sub-term）、前缀子术语（prefix sub-term）、最长前缀子术语（prefix sub-term）及同义词子术语等。STMT 工具包括专家词典子术语查找工具 LSF、术语规范化工具 NT、术语映射工具 MT 及同义词映射工具 SMT。子术语查找工具旨在查找术语的所有子术语模式；术语规范化工具在进行术语映射之前，对术语进行规范化，包括 LexNorm、SynonymNorm 和 LvgNorm；术语映射工具将术语映射到 UMLS Metathesaurus 概念的 CUI、EUI 及同义词，将 CUI 映射到首选概念名称；同义词映射工具通过对术语的所有子术语进行同义词扩展，将其术语映射到 UMLS Metathesaurus 概念的标识符 CUI。

（3）文本处理工具

Text Tools。Text Tools 是一组文本处理工具，集成了单词、句子、段落分割器（Tokenizer），术语标记器（LexicalLookup），短语分词器（Parser），术语变体查找工具（VariantLookup），词性标注工具（POS Tagger），以及文档索引创建工具（IndexMaker 和 IndexLexicon）。Tokenizer 可以处理自由文本和 MEDLINE 引文格式，将文本标记为单词、句子和章节。LexicalLookup 旨在从文本中查找专家词典术语、数字或日期等格式的词汇。Parser 基于最小承诺分析算法将句子切分为名词短语。VariantLookup 旨在生成词汇的多种变形和表达形式，如同义词、派生词、拼写变形、缩略词等。POS Tagger 旨在为文档中的术语或短语分配词性标签。IndexMaker 用于为一个或多个文档创建单词索引、术语索引和短语索引。IndexLexicon 旨在为词汇变形创建二进制索引。

Visual Tagging Tool（VTT）。通过视觉样式（颜色、字体、大小等）来标记文本，极大地简化了人工标注过程。VTT 支持全文档输入，可以与其他 NLP 程序集成实现文本自动标注。

dTagger。dTagger 是在基因组学领域（MedPost 语料库）中一组 MEDLINE 的摘要上训练得到的词性（POS）标注工具，与专家词典一起使用，旨在给文档中的术语标注名词、形容词、副词等词性标签，允许用户创建新的训练语料和模型。

Text Categorization Tools。文本分类工具包括 JDI 工具、STI 工具和 StWsd 工具，可以支持文本分类、内容索引、记录检索和词义消歧等应用。JDI 是基于期刊描述索引的高级分类工具，STI 是基于语义类型索引的文本分类工具，是 JDI 的扩展，它根据 UMLS 语义类型对文本进行分类。StWsd 是基于语义类型的词义消歧工具包，主要应用于词义消歧。JDI 分类工具通常作为自然语言处理和词义消歧的文本预处理过程。文本分类工具针对生物医学文本输入，返回 JDs（生物医学学科的期刊描述）或 STs（UMLS 语义类型）的排名列表。

（4）拼写资源工具

UMLS 提供了一组拼写资源工具，包括 GSpell 拼写建议工具、BagOwordsPlus 短语检索工具、NGrams 检索工具、MetaphoneRetrieve 语音检索工具、Homophones 同音字检索工具和 Commonmisings 查找工具。

NGrams 旨在检索数据中的 N 元术语，默认情况下，NGram 是二元语法。MetaphoneRetrieve 是一种语音检索工具，它使用 Lawrence Philips Metaphone 算法将术语归一化为简单的语音表示形式。Homophones 是一个基于同音字表的短语检索工具。CommonMisspellings 搜集了常见拼写错误的正确拼写，用于检索常见的拼写错误。

GSpell 使用以上多种单词相似度算法来为拼写错误的单词提供正确的拼写建议，候选词项通过 Levenshtein 编辑距离进行评估，排序相近的候选词项将通过单词的语料库频率来重新排序。GSpell 将空格视为任何其他字母，以便纠正单词组合中的错误。此外，GSpell 还可用于不涉及拼写错误的单词相似度任务。BagOwordsPlus 是基于 GSpell 的单词相似度算法，旨在从数据中检索最接近的匹配短语。

Cspell。MedlinePlus、搜索引擎、社交媒体、论坛等为用户提供了广泛的医疗信息检索与交流平台，越来越多的健康信息消费者、患者、护理人员等上网进行健康咨询并提出问题。问题中包含很多拼写错误及非正式用语，拼写错误降低了自动问答与信息检索的准确率，生物医学领域公开可用的拼写纠错工具很少，无法很好地处理错误信息。2012 年，NLM 实施“消费者健康信息自动问答”项目，旨在提供正确可靠的健康咨询。CSpell 是一个用户语言拼写检查工具，旨在检测和纠正“用户健康问答”中的各种类型的拼写错误，包括非单词错误（non-word error）、真实单词错误（real-word error）、单词边界违规（word boundary infraction）、标点符号错误（punctuation error）、非正式表达（informal expression）及组合错误。

5.3.2 实体识别工具（MetaMap）①

MetaMap 是一个基于 UMLS 超级叙词表、专家词典和专家自然语言处理的实体识别工具，旨在将生物医学文本映射到 Metathesaurus，或识别文本中的 Metathesaurus 概念。它是信息检索和数据挖掘等应用的有效工具，是 NLM 医学文本索引器（MTI）的基础构件之一，旨在对生物医学文献进行半自动和全自动索引。MetaMap 提供了交互式使用、批量文件处理和 web API 三种使用方式。

（1）Interactive MetaMap 与 Batch MetaMap

Interactive MetaMap 是由 UMLS 提供的 MetaMap 交互式程序，允许用户在线提交字符数不超过 10 000 的生物医学文本。Batch MetaMap 是由 UMLS 提供的文件批量处理程序，支持批量文本的输入。交互式程序与文件批量处理程序允许用户通过自定义参数来控制映射过程。可选参数包括数据选项、数据模型、输出与显示选项、行为选项与浏览模式等。

（2）MMTx

MMTx 是完成 MetaMap 的 Java 工具包，其映射机制如图 5-5 所示。MMTx 映射功能的实现包括 5 部分：①词法/句法分析。将文档切分成段落、句子和短语，确定句子边界并识别文档中的缩略词；对句子进行词性标注，查找专家词典，使用专家工具中的最小承诺切分器对文本进行浅层句法分析。②变体生成。利用专家词典及同义词表来确定所有短语的可能变形体。③候选词识别。通过控制参数。检索超级词表，产生至少包含一个变形体

---

① 资料来源：NLM，2020

的候选词列表。计算评估候选词与短语文本的匹配程度，评价函数由中心度（centrality）、变形情况（variation）、覆盖度（coverage）和内敛度（cohesiveness）四个指标加权平均组成。④映射匹配。将短语各部分的候选词进行组合来生成与短语文本最匹配的结果。⑤词义消歧：基于上下文选择语义更为匹配的概念。

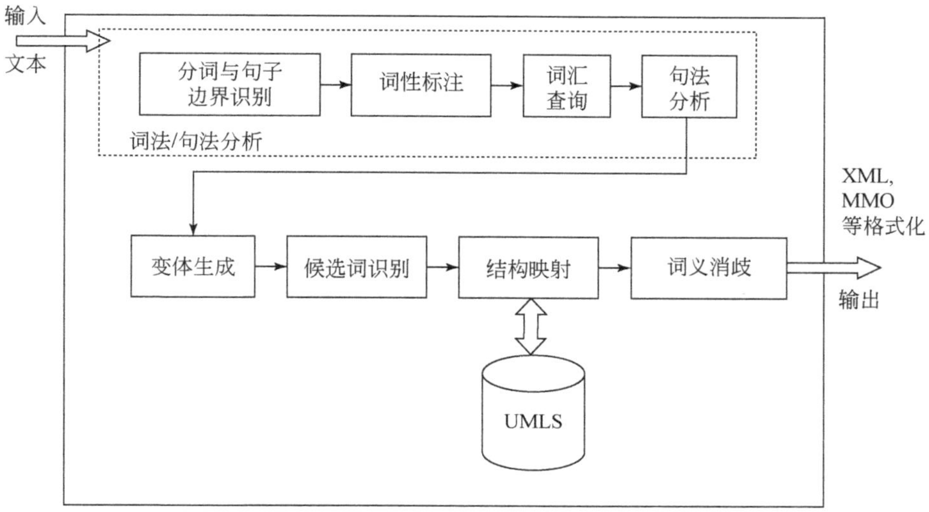

图 5-5　MMTx 映射机制

资料来源：Aronson 和 Lang（2010）

（3）MapFace

将术语自动映射到 UMLS 概念是许多任务的前提，由于 UMLS 超级词表的性质和 MetaMap 等工具的性质，在一些情况下无法实现正确的映射。MapFace 是 MMTx 的可视化程序，通过突出显示特定的文本块和其语义信息，可以实现 MMTx 信息的可视化，支持更正或消除 UMLS 特定信息的歧义，改善后续任务的输出，可以更好地理解生物医学文本（Kaiser et al.，2008）。

（4）MetaMap Lite

命名实体识别作为信息抽取、文本挖掘、主题识别等应用的基础任务，应用广泛。考虑到许多研究人员不具备很强的计算机操作能力，Ravi Teja 等人针对非技术用户开发了 MetaMap Lite，是对 MetaMap 的重新实现，其允许用户在电子表格环境中对生物医学文本进行信息抽取，并支持交互式与批量处理两种模式，更加方便和高效（Bhupatiraju et al.，2017）。

MetaMap 除了可以在生物医学领域实现命名实体识别外，还可以移植到其他领域。MetaMap 的算法与领域无关，可以在任何具有足够知识源的领域中使用，MetaMap 数据文件构建器允许用户创建类似于 UMLS 的数据模型，从而实现 MetaMap 的跨领域使用。

5.3.3 信息抽取工具（SemRep）[1]

SemRep是基于UMLS超级叙词表、语义网络和专家自然语言处理技术的生物医学文献语义知识抽取与表示工具，旨在从生物医学文献中抽取知识实体及知识实体之间的语义关系（Rindflesch and Fiszman，2003）。以Subject-Predicate-Object（SPO）三元组结构来揭示文献的知识内容，其中Subject、Object是UMLS超级词表中的规范化概念，Predicate是UMLS语义网络中的语义关系。

（1）SemRep配置选项

SemRep与MetaMap类似，提供了交互式使用、批量文件处理和web API三种使用方式，用户可以通过参数调节，来控制三种使用方式的信息抽取流程。可用的配置选项包括数据选项、数据模型、输出格式。

数据选项：选择要使用的词汇表、数据版本和数据模型。

数据模型：与MetaMap相同，其包括宽松模型和严格模型。宽松模型包括词汇过滤与手动过滤。其中，词汇过滤指排除映射到同一概念的大多数UMLS字符串，这些字符串与同一概念的其他字符串在本质上是相同的，如同一字符串后添加说明、大小写变形、连字符变形及字法通用等。手动宽松指排除没必要的歧义词汇，UMLS制定了“可禁止的同义词”概念，即不能完整表达自身含义、缩写或者非正式的字符串。大多数可能导致出现问题或者含义模糊的字符串被标注为可禁止字符串。严格模型在上述宽松模型的基础上，增加了句法过滤。句法过滤指排除具有潜在句法结构的复杂字符串。例如“accident caused by caustic and corrosive substances”，SemRep与MetaMap通常无法匹配到这类跨越多短语的复杂字符串，可通过选择“指代消解”选项进行句法过滤。指代消解系指，由于事件和实体间语义关系往往散布于文本的不同位置，其中涉及的实体通常有多种表达方式，如某个语义关系中的实体可能是以代词形式出现的，为了更准确且没有遗漏地从文本中抽取相关信息，对文本中的指代现象进行消解（孟嘉，2019）。

输出格式：SemRep在处理过程中将整篇文档拆分成不同的句子，以句子为单位进行信息抽取，提供默认输出格式、全局输出格式和XML格式三种输出格式。默认输出格式仅输出每个句子处理单元，以及处理单元中包含的三元组关系；全局输出格式输出每个句子处理单元，以及处理单元中包含的实体和三元组关系；XML格式输出格式化的文档处理单元及其包含的实体与三元组信息。

除以上可调参数外，SemRep还可以直接调用一些MetaMap选项，包括禁用某些同义

---

① 资料来源：NLM，2017。

词、允许人工定义数据库和语义类型、限定 UMLS 来源词表等操作。

（2）SemMedDB

SemMedDB 是由 SemRep 提取的 SAO 三元组存储库，包含来自 PubMed 引文和摘要的约 9400 万条三元组信息（截至 2017 年 12 月 31 日），是 Semantic MEDLINE 的数据基础（Rindflesch et al.，2011），可以辅助 PubMed 搜索、SemRep 预测、自动摘要和数据可视化等应用。

Semantic MEDLINE 旨在帮助用户管理 PubMed 搜索结果，输出可视化的信息图，该图包含了从标题和摘要中提取的语义三元组。此外，SemMedDB 还可独立于 Semantic MEDLINE，作为大规模的知识源加以利用，将 SemMedDB 作为 MySQL 数据库使用，用户可以避免 Semantic MEDLINE 的“搜索-汇总-可视化”模型，并直接应用高级数据挖掘算法来支持生物医学研究及临床实践，从而生成假设和基于文献的知识发现（Kilicoglu et al.，2012）。Mille 等（2012）的研究已经证明了 SemMedDB 在生物医学领域生成假设和基于文献的知识发现，以及确定临床报告中的药物关系，辅助临床决策等应用中的有效性。

5.3.4 文献挖掘与分析工具

（1）SciMiner

SciMiner（http://hurlab.med.und.edu/SciMiner/）是一个基于词典和规则的生物医学文献挖掘与功能分析工具。通过对 MEDLINE 摘要和全文进行上下文分析来识别基因和蛋白质（Hur et al.，2009）。SciMiner 支持自由文本或 PubMed 唯一标识符查询，可以辅助用户查找任何分子实体（基因或蛋白质）相关的生物医学文献，帮助用户对论文集中进行富集分析，富集实验可以支持目标（基因）列表、基因本体、MeSH 主题词表、通路和 PPI（蛋白质交互网络），同时允许用户比较多个不同的检索结果。

（2）iHOP

iHOP（Information Hyperlinked over Proteins，蛋白质超链接信息，http://www.worldlibrary.org/articles/Information_Hyperlinked_over_Proteins）是一个在线文本挖掘系统，该系统由 Robert Hoffmann 和 Alfonso Valencia 于 2004 年建立，旨在通过基因网络访问 PubMed 摘要。iHOP 由 iHOP 工厂和 web 应用程序两部分组成。iHOP 工厂管理 PubMed 源数据（文本和基因数据），并将其存储于 PostgreSQL 数据库中。web 应用程序为用户提供相关的查询与展示服务。iHOP 系统表明，基于基因关联网络，不同的医学和生物学概念可通过少数的基因关联起来，两个基因之间的最短平均路径为 4 个中间基因。

（3）ARROWSMITH

ARROWSMITH（http://arrowsmith.psych.uic.edu/arrowsmith_uic/index.html）是由

D. Swanson 等人开发的基于 PubMed 的非相关文献知识发现系统。其思路是利用两类非相关文献 A 和 C 在内容上的互补性，结合专业知识推测出两类文献内容之间的隐含关系，找到 A 和 C 文献中共同出现的词语列表 B，查询出 AB、BC 的相关文献，辅助和引导科研人员发现 AB 和 BC 中潜在的有科学价值的信息，进一步证实科学假设的可行性。

（4）STRING

STRING（Szklarczyk et al.，2018）旨在收集、整合和预测并形成完整的数据库，蛋白质间的作用关系包括蛋白质间的直接（物理）联系和间接（功能）联系，这些作用关系来源于计算预测、生物体之间的知识传递及其他数据库之间的整合。STRING 的数据包括 5 种，即基因组上下文预测、高通量实验、共表达分析、自动化文本挖掘及数据库中的先验知识。目前，STRING 数据库涵盖了来自 5090 个生物体的 24 584 628 个蛋白质。可用于蛋白质相互作用网络，功能富集等分析。

（5）G2D

G2D（Perez-Iratxeta et al.，2005）是一个与人类遗传病相关的基因数据库，存储了从文献中抽取的序列、疾病与表型和基因功能之间的关系。G2D 通过将位置数据与基因表达数据相结合来挖掘疾病信息，根据基因与疾病的关系对基因进行优先排序，允许用户分析相关的疾病和遗传区域。

（6）IProLINK

IProLINK（integrated Protein Literature，INformation and Knowledge，蛋白质、信息与知识整合，https://research. bioinformatics. udel. edu/iprolink/）：是一个可以访问文本挖掘工具和内部开发的注释语料库的系统，其将收集到的数据提供给用户以支持知识计算和探索关于蛋白质及其特征或性质的文献信息，其支持的文本挖掘工具见表 5-5。

表 5-5　IProLINK 文本挖掘工具

工具	介绍	应用
iTextMine（https://research. bioinformatics. udel. edu/ itextmine/integrate）	它是一个自动化的工作系统，集成了文本挖掘工具和从大型文本中抽取的关系结果	文本挖掘；关系抽取
pGenN（Ding et al.，2015）	它是专门为植物基因规范化而设计的系统，允许用户通过关键字、PMIDs 列表或 UniProt ACs 来搜索规范化基因信息。基因名称和相应的 UniProt ACs 检索结果对应的文本证据可供用户下载以支持进一步研究	信息检索
miRTex（Gang et al.，2015）	它是一种文本挖掘系统，可以从文献中提取 miRNA 基因调控关系和 miRNA 靶标关系。目前数据库存储了 18 756 篇 PubMed 摘要，其中包含了 20 119 个 miRNA 靶标对、42 728 个 miRNA 基因调控对和 5512 个 miRNA 基因调控对	信息抽取；关系抽取

续表

工具	介绍	应用
eFIP(https://research. bioinformatics. udel. edu/eFI-Ponline/)	它是一个辅助检索蛋白质磷酸化依赖的蛋白质间相互作用的相关文章的系统，同时可以抽取有关蛋白激酶、底物和相互作用物质的信息	信息抽取；信息检索
iGRINminer(https://research. bioinformatics. udel. edu/iGRIN-miner/)	它是一个从文献中抽取 miRNA 信息的综合文本挖掘系统	信息抽取
RLIMS-P(https://research. bioinformatics. udel. edu/rlim-sp/)	它是一个基于规则的文本挖掘系统，旨在从生物医学文献中提取有关的蛋白激酶、底物和磷酸化位点的蛋白质磷酸化信息	信息抽取
iXtractR （Peng et al.，2014a）	它是一个面向开发人员的关系抽取系统和框架，旨在促进基于模式的生物医学关系提取系统的发展	关系抽取
iSim （Peng et al.，2014b）	它是一个面向开发人员的句子简化系统，通过降低句子的句法复杂性，从而简化自然语言处理和文本挖掘工具的开发	句子简化

（7） BIND

BIND 是一个生物分子相互作用网络数据库，存储了生物分子交互、合成和通路信息。大多数经过实践验证的生物分子相互作用和生物通路数据都存在于非结构化的生物医学文献中，PreBIND （Donaldson et al.，2003） 运用支持向量机来定位文献中的交互信息，抽取文献中的蛋白质相互作用数据，并将这些数据整理审核后存储在 BIND 数据库中，为用户提供相关的查询、分析和可视化服务 （Bader et al.，2003）。

（8） PubGene

PubGene （https://www. pubgene. com/） 由挪威科技大学和挪威肿瘤医院的研究人员于 2001 年在挪威奥斯陆成立，COREMINE™是由 PubGene 提供的一系列生物医学数据与文本挖掘工具。Coremine Vitae 包含了有关治疗、临床试验和研究及患者生活方式对治疗的影响等详细信息，同时利用文本挖掘、统计分析和机器学习等技术来为患者和医生提供个性化治疗服务，帮助医生根据患者的医疗状况找到最佳的癌症治疗方法。COREMINE Medical 是为医疗卫生专业人士提供的免费服务，旨在提供有关疾病、治疗和药物的最新医疗咨询，有利于医学研究人员检索复杂信息，提高用户对复杂生物系统的理解，推动生物医学研究和药物发现发面的创新。COREMINE Oncology 能够辅助癌症研究人员分析复杂的癌症特异性突变，事变关键的可驱动和可用药突变，辅助肿瘤专家选择最佳的治疗方案。

5.4 生物医学文本挖掘应用

随着生物医学领域科技文献的激增，文本挖掘在各个层面发挥了越来越重要的作用。在制药层面，文本挖掘可以查找蛋白质、药物及生物过程等之间的复杂作用关系；在信息检索层面，文本挖掘有利于优化搜索，改善搜索体验，提高检索效率；在知识发现层面，文本挖掘有利于发现生物医学途径和不利影响等隐藏信息。文本挖掘为生物医学领域数据规范化、信息组织、自然语言处理、信息检索等应用提供了重要的数据和工具基础。

5.4.1 信息检索

文本挖掘旨在从文本中提取高质量的信息，信息检索是有效利用生物医学文献和其他资源的基础，是文本挖掘的重要应用场景。

UMLS 汇集了生物医学和健康领域的词汇与标准，整合了生物医学领域相同概念的不同表达方式，集成了不同数据库系统中的概念信息，能够提高信息检索的针对性和准确性，在搜索引擎中具有重要的应用价值，PubMed 是基于 UMLS 信息检索的典型示例（王茹，2014）。段落检索是生物医学检索系统的重要组成部分，Sarrouti 提出了一种基于 UMLS 概念、信息检索模型及 Stanford CoreNLP 工具的段落检索方法，通过在 BioASQ 竞赛数据集中进行评估，得到了较高的平均精度均值（MAP）（Sarrouti and Alaoui，2017）。

NIH 的自动化索引研究项目（https://lhncbc.nlm.nih.gov/project/automated-indexing-research）基于语言与机器学习方法，旨在半自动或全自动地从文本数据库（如 MEDLINE）中检索生物医学信息。目前，该项目开发了医学文本索引器（MTI）。该索引器基于两种索引方法：一种方法是基于 MetaMap 程序，将文本映射为 UMLS Metathesaurus 中的概念，然后将其限制为 MeSH 主题词；另一种方法是使用 PubMed 预相关的文章中的 MeSH 主题。结合 MEDLINE 索引策略及两种索引方法的合并结果生成推荐索引词的排名列表。目前，MTI 不仅运用于 NLM 索引、编目和 NLM 医药图书收藏历史，还是23 种期刊的首要索引器。

BabelMeSH 和 PICO（患者、干预、比较和结果）是为非英语母语用户而设计的基于 MEDLINE 和 PubMed 的多语言搜索引擎工具。其支持多语种（13 个语种）的单一术语或复杂短语及基于字符的语言查询，允许用户选择输入语言和键入重音符号与其他符号，并将用户查询语言转换为英语，返回 MEDLINE 和 PubMed 相关结果。这些功能是其他搜索引擎不具备的。

Open-i 项目为 PubMed Central 等全文数据库中的生物医学文章提供文本与图像检索服务，可以基于图像特征链接到图像和与图像相关的文本及概念（Abacha et al., 2017）。Open-i 生物图像搜索引擎不仅允许用户检索 MEDLINE 引文信息，还允许用户检索文章的结果陈述及与结果最相关的图片。此外，可以使用图像作为查询组件查找相关图像或视觉上类似的图像。

5.4.2　信息组织

在文本挖掘中，由于缺乏标准化的数据基准，多源异构数据源之间缺乏数据集成标准，对大型数据集进行挖掘时计算能力与时间消耗等难以满足需求。

UMLS 包含了 210 种多语言 KOS（知识组织系统）的数据，将生物医学领域的概念与信息整合在一起，为生物医学领域的术语映射与概念标准化提供了一套基准，同时为所有概念构建了统一的语义类型和语义关系，支持用户基于此定制自己的信息组织系统。在研究中，已有许多实践，如 John D. Osborne 详细介绍了如何利用 MMTx 将非结构化的自由文本数据映射到 UMLS 概念（Osborne et al., 2007）；王丽伟（2014）以 UMLS 数据为基准，通过将 AERS 中的药物数据分别映射到 UMLS 和 RxNorm，来比较 RxNorm 收录 AERS 药名的范围，分析部分药名无法被收录的原因；祝帆帆（2018）提出了一种基于 UMLS 的药物知识组织三层体系，即利用 UMLS 来抽取底层知识单元，基于 UMLS 语义网络和药物本体 RxNorm 构建中间层药物本体，在顶层构建知识网络并提供知识利用服务。Modaresnezhad 利用 UMLS 来进行语义数据集成、标准化和降维处理，生成标准化医学数据，从而使得数据挖掘技术可以快速有效地应用于大型临床数据集（Modaresnezhad et al., 2019）。UMLS 是生物医学领域概念规范化与信息组织的重要基准，其流程如图 5-6 所示。

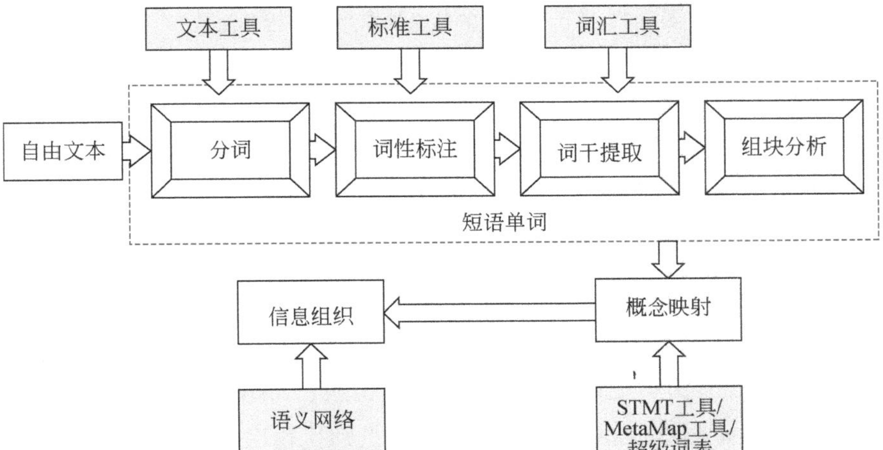

图 5-6　基于 UMLS 的概念规范化与信息组织流程

资料来源：Chirs, 2019

5.4.3 信息抽取

生物医学文献的数量的指数级增长，使得高效、快速发现文献中的有用知识和隐式知识变得困难，通过文献挖掘可以生成有效的假设，发现隐含的知识，具有重要意义。李宗耀等（2016）提出了一种基于语义关联的生物医学知识发现方法，运用SemRep来抽取文献中的知识实体和关系，结合UMLS语义类型、概念信息、关联规则及统计量信息等对知识进一步过滤来获取有效知识，通过对Swanson经典病历验证，证实了方法的有效性。Hristovski详细介绍了基于文献的知识发现（literature-based discovery，LBD）的新型治疗方案识别方法，证明了LBD在药物靶标发现和现有药物重新标记方面具有很大的潜力，可以补充传统的药物发现，其中UMLS超级词表、语义关系、语义类型及信息抽取工具都是生物医学领域LBD重要的数据基础（Peterlin et al.，2013）。基于UMLS来进行信息抽取与文本挖掘的有效性已经得到了验证，其基本流程如图5-7所示。

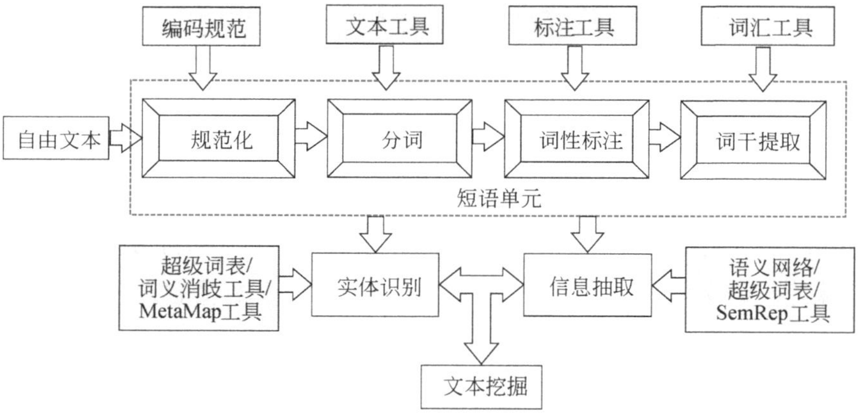

图5-7　基于UMLS的信息抽取与文本挖掘流程

资料来源：Chirs，2019

此外，生物医学领域的一些评测会议也推动了生物医学信息抽取的发展。生物医学实体识别（biomedical named entity recognition，Bio-NER）是指自动识别文献、病历及百科网站中的蛋白质、疾病、药物等专有名词和术语，是生物医学文本挖掘的关键任务之一，是实现生物医学实体关系抽取的基础，具有重要的研究意义。JNIPBA评测由NLPBA和BioNLP联合举办，以GENIA V3.02为训练语料，集成了Human、Blood Cells及Transcription Factors三个医学主题词，要求识别蛋白质、DNA、RNA、细胞系及细胞类型五类实体（Kim，2004）。BioCreAtIvE 1会议旨在识别生物医学文本中的基因名称并对其进行标准化（Hirschman et al.，2005）。I2B2是一个针对医疗电子病历进行实体与关系抽取的评测会议，每年的评测任务有所不同，如 2009 年的识别任务重点在于识别药物、剂量、给药方式、频率、持续时间等（Uzuner et al.，2010）；2010 年的评测任务包括识别医疗问题、治疗手段及检查方式等（Uzuner et al.，2011）。受相关会议的驱动，生物医学领域命名实体识别已经取得了良好的效果（潘璀然等，2018）。

生物医学实体抽取（Bio-ERE）是指挖掘生物文本中蛋白质与蛋白质、药物与疾病、基因与疾病、疾病与诊断方式，疾病与症状等实体之间的作用关系。BioNLP-ST（http://www.bionlp-st.org/）是一个旨在促进生物医学文献中细粒度信息抽取的评测会议，其中 BB3 子任务旨在自动抽取生物文献中的微生物与栖息地之间的相互作用机制。自 2009 年以来，该会议已经举办了四届，目前会议的重点已经从信息抽取转向知识库的构建。BioNLP-ST 对于丰富领域知识具有重要意义。I2B2 评测会议中也包含了对疾病、病症、检查手段和治疗方法等实体关系的识别（Uzuner et al.，2010）。一些已经公开的系统对 Bio-ERE 的抽取具有重要意义，如 DiMEX（https://omictools.com/dimex-tool）由特拉华大学计算机与信息科学系、麦考密克基因组与蛋白质组学中心等机构联合开发，旨在挖掘生物医学文本中的突变基因与疾病之间的关系，已经被应用于 Medline 的摘要数据中，取得了很好的效果。BioRover（http://bio-nlp.org/index.php/projects/biorover）是由 UMass 开发的一个提取基因、疾病与物种之间相互关系的系统。此外，随着机器学习方法进一步发展，Bio-ERE 已经取得了很大的进展。如 Zhang 和 Lu（2019）提出一种基于多层神经网络的半监督学习方法，来自动抽取生物医学实体关系，在蛋白质-蛋白质作用库（PPIs）、药物-药物作用库（DDIs）和化学物质-蛋白质作用库（CPIs）进行实验，结果证明该方法可以极大地提高 Bio-ERE 的性能。Zhang 等（2018）提出了一种 CNN 与 RNN 的混合方法，两种方法通过优势互补，在 Bio-ERE 上表现良好。

5.4.4　自动问答

随着互联网和人工智能的发展，信息检索系统的发展日趋智能化、专业化和个性化，自动问答成为一项重要智能化应用。大量生物医学领文献资料和在线健康知识资源为患者、用户和临床医生提供了重要的数据，其中包含了临床过程中多数患者信息需求的答案，然而知识资源的不可获得性及临床医生时间的缺乏导致有效资源未被充分利用。CHIQA（https://lhncbc.nlm.nih.gov/）是由 NLM 实施的消费者健康信息自动问答项目，旨在自动分类客户需求，回答消费者健康问题。Jonnalagaddda 等（2012）基于 UMLS 超级叙词表来提取文本概念，运用 SemRep 来提取语义关系，结合 TextRank 算法从 Medline 引文中抽取知识摘要，自动生成问题答案，以支持临床医生的信息需求，在有关抑郁和阿尔茨海默病治疗方案两个案例中进行效果评估，结果证实该方法可以辅助临床决策，满足用户就诊时的信息需求。智能问答是大数据与人工智能时代的重要应用，UMLS 作为生物医学领域最全面的数据资源，具有重要的应用价值。基于 UMLS 的信息检索与自动问答流程如图 5-8 所示。

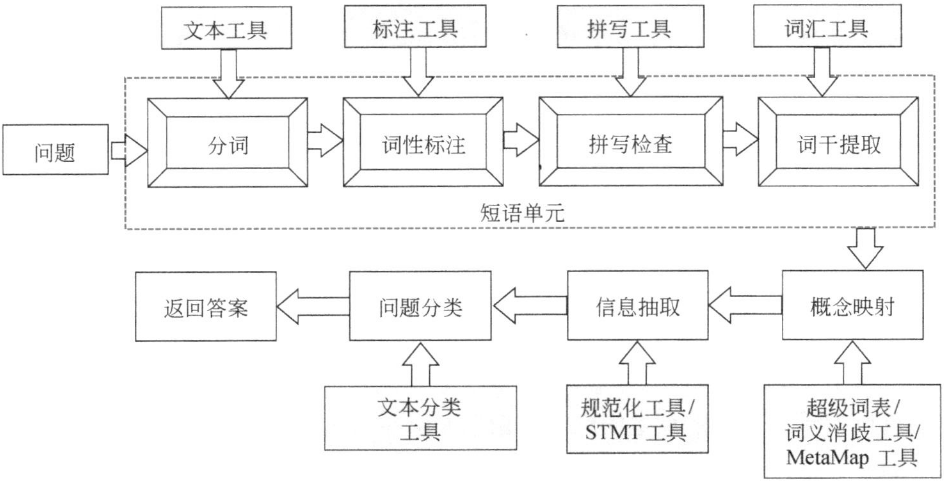

图 5-8　基于 UMLS 的信息检索与自动问答流程

资料来源：Chirs，2019

5.4.5　临床决策

文本挖掘能够识别生物医学文献、电子病历、临床试验文本中的关键信息，进一步辅助医生做出临床决策判断。

叙事性临床报告包含丰富的临床知识，对临床研究有重要价值。但是，它们通常包含个人身份标识符，这些标识符是受保护的健康信息，与使用限制和隐私风险相关。De-Identification Tools（Kayaalp，2017）是由 NIH 提供的去除身份识别工具，通过计算并消除叙事文本中的个人身份标识符，生成去识别文件，可以在研究的同时保护患者隐私。计算消除身份识别通常使用自然语言处理（NLP）工具和技术来识别文本中与患者相关的个人可识别信息（如姓名、地址、电话和社会安全号码），并对其进行编辑，有利于保护患者隐私和临床知识。LHNCBC 正在开发一款新的应用，该应用采用了多种确定性和概率性模式识别算法和计算语言方法，能够以较高的准确率识别多种临床报告。该应用软件包括一个用于可视化和标记的编辑器（VTT），尽管 VTT 是专门为标记包含个人可识别的、受保护的健康信息等标识符而设计的，但它已经向更大的 NLP 社区公开，用于扩展词法标记和文本注释。

RIDeM（Repository for Informed Decision Making，信息决策支持库，https://lhncbc.nlm.nih.gov/project/repository-informed-decision-making-ridem）是 LHNCBC 临床决策支持项目之一。RIDeM 依据基于证据的医学（EBM）原则进行开发，以发现和评估信息，其长期目标是提供支持临床决策所需的关键信息，这些关键信息摘录自生物医学文献和临床文本指导了信息库的开发。当前的原型使用 MetaMap 和 UMLS 从临床文本、MEDLINE 摘要和 PubMed Central（PMC）开放获取子集中提取关键的临床概念。使用 Essie 或 PubMed 结合用户搜索参数从关键事实中提取临床结果（底线建议）和临床研究的其他描述信息（如参与者的数量）。

5.5　结论

本章从生物医学领域本体 UMLS、生物医学文本挖掘工具和生物医学文本挖掘应用三个角度出发，详细梳理了 UMLS 超级叙词表和语义网络的数据组织模式，介绍了包括专家词典、MetaMap、SemRep 和 SciMiner 在内的一系列自然语言处理工具、实体识别工具、信息抽取工具和文献挖掘与分析工具，概括了生物医学文本挖掘在信息检索、信息组织、信息抽取、自动问答和临床决策等领域中的应用与实践。

大数据与人工智能技术的发展驱动着对信息组织的进一步需求，数据变得越来越来重要，UMLS 作为生物医学领域全面且具有权威性的数据资源，已经在信息组织、自动问答、数据挖掘及辅助临床决策等智能化应用中彰显出优势，其应用前景有待进一步开发和挖掘，并将持续为领域多样化应用贡献其价值。生物医学领域文本挖掘工具逐渐丰富化，简洁、多元和用户友好的自然语言处理与文本挖掘工具能够提高用户数据处理的效率，提升实体识别与信息抽取的准确率，更大地发挥生物医学文本挖掘的价值。生物医学文本挖掘将更好地辅助用户获取已有信息，发现隐藏信息，同时在信息组织、自动问答和辅助临床决策等智能化应用中发挥更大的价值。

参考文献

方平. 1998. 试论一体化医学语言系统（UMLS）超级叙词表的特点. 图书情报工作，(10)：3-5.

李宗耀，杨志豪，吴晓芳，等. 2016. 基于语义资源的生物医学文献知识发现研究. 中文信息学报，30（1）：176-182.

刘蕾蕾. 2020. 面向学科知识问答的多源数据融合研究——以造血干细胞癌症治疗为例. 北京：中国科学院大学.

孟嘉. 2019. 知识图谱已成 AI 下一风口. https://www.sohu.com/a/287308153_769062.

潘璀然，施维，薛均，等 . 2018. 生物医学命名实体识别研究现状及中文生物医学命名实体识别难点与意义综述 . 医学信息学杂志，39（3）：53-59.

王丽伟 . 2014. 药物不良事件信息资源整合与数据挖掘研究 . 长春：吉林大学 .

王茹 . 2014. UMLS 在信息检索系统中的应用 . 情报探索，（3）：84-86.

祝帆帆 . 2018. 基于 UMLS 的药物知识组织模型研究 . 武汉：华中师范大学 .

Abacha A B et al. 2017. NLM at ImageCLEF 2017 Caption Task. International Conference of the Cross-Language E-valuation Forum for European Languages 2017 Sep 11. Springer，Cham. （pp. 358-360）

Aronson A R，Lang F M. 2010. An overview of MetaMap：historical perspective and recent advances. Journal of the American Medical Informatics Association，17（3）：229-236.

Bader G D，Betel D，Hogue C W V. 2003. BIND：the biomolecular interaction network database. Nucleic Acids Research，31（1）：248-250.

Bhupatiraju R T，Fung K W，Bodenreider O. 2017. MetaMap Lite in Excel：Biomedical Named- Entity Recognition for Non-Technical Users. Studies in Health Technology Informatics，245：1252.

Chaussabel D. 2004. Biomedical literature mining：challenges and solutions in the ‘omics’ era. American Journal of PharmacoGenomics，4（6）：383-393.

Chris J . 2019. The SPECIALIST Lexicon and Lexical Tools. https://lexsrv3. nlm. nih. gov/Specialist/Docs/Presentations/2019LHCAssociate/2019-CSpell. pdf.

Ding R Y，Arighi C N，Lee J Y，et al. 2015. pGenN，a gene normalization tool for plant genes and proteins in scientific literature. PLoS One，10（8）：e0135305.

Donaldson I，Martin J，de Brujin B，et al. 2003. PreBIND and Textomy – mining the biomedical literature for protein-protein interactions using a support vector machine. BMC Bioinformatics，4（1）：11.

Hirschman L，Yeh A，Blaschke C，et al. 2005. Overview of BioCreAtIvE：critical assessment of information extraction for biology. BMC Bioinformatics，（S1）：S1.

Hur J，Schuyler A D，States D J，et al. 2009. SciMiner：web-based literature mining tool for target identification and functional enrichment analysis. Bioinformatics，25（6）：838-840.

Jonnalagadda S R，Fiol G D，Medlin R，et al. 2012. Automatically extracting sentences from Medline citations to support clinicians \" information needs. Journal of the American Medical Informatics Association，20（5）：995-1000.

Kaiser K，Gschwandtner T，Martini P. 2008. MapFace - An editor for MetaMap Transfer（MMTx）// 21st IEEE International Symposium on Computer-Based Medical Systems. Finland：IEEE，2008：150-152.

Kayaalp M. 2017. Modes of De-identification. AMIA Annual Symposium Proceedings，1044-1050.

Kilicoglu H，Shin D，Fiszman M，et al. 2012. SemMedDB：a PubMed-scale repository of biomedical semantic predications. Bioinformatics，28（23）：3158-3160.

Kim J D，Ohta T，Tsuruoka Y，et al. 2004. Introduction to the Bio- Entity Recognition Task at JNLPBA// Proc. International Workshop on Natural Language Processing in Biomedicine and its Applications（JNLPBA-04），Switzerland：Association for Computational Linguistics，2004：70-75.

Lexical Systems Group. 2018. The SPECIALIST Lexicon and NLP Tools. https://lexsrv3. nlm. nih. gov/Specialist/Home/index. html.

Li G, Ross K E, Arighi C N, et al. 2015. miRTex: A Text Mining System for miRNA- Gene Relation Extraction. PLoS Computational Biology, 11 (9): e1004391.

Lu C J, Payne A, MD D DF. 2019. Classification Types: A new Feature in the SPECIALIST Lexicon//AMIA 2019 Annual Symposium. USA: IEEE, 2019: 16-20.

McCray A T, Burgun A, Bodenreider O. 2001. Aggregating UMLS semantic types for reducing conceptual complexity. Studies in Health Technology and Informatics, 84 (1): 216-220.

Miller C M, Rindflesch T C, Fiszman M, et al. 2012. A Closed Literature- Based Discovery Technique Finds a Mechanistic Link Between Hypogonadism and Diminished Sleep Quality in Aging Men. Sleep, 35 (2): 279-285.

Modaresnezhad M, Vahdati A, Nemati H, et al. 2019. A rule- based semantic approach for data integration, standardization and dimensionality reduction utilizing the UMLS: Application to predicting bariatric surgery outcomes. Computers in Biology and Medicine, 106: 84-90.

NLM. 2009a. UMLS ® Reference Manual. https://www. ncbi. nlm. nih. gov/books/NBK9676/.

NLM. 2009b. UMLS Metathesaurus. https://www. ncbi. nlm. nih. gov/books/NBK9685/.

NLM. 2009c. UMLS Semantic Network. https://www. ncbi. nlm. nih. gov/books/NBK9679/.

NLM. 2009d. UMLS SPECIALIST Lexicon and Lexical Tools. https://www. ncbi. nlm. nih. gov/books/NBK9680/.

NLM. 2017. SemRep. https://semrep. nlm. nih. gov/.

NLM. 2020. MetaMap. https://metamap. nlm. nih. gov/.

Osborne J D, et al. 2007. Mining biomedical data using MetaMap Transfer (MMtx) and the Unified Medical Language System (UMLS). Methods in Molecular Biology, 408: 153-169.

Peng Y et al. 2014. iSimp in BioC standard format: Enhancing the interoperability of a sentence simplification system. Database.

Peng Y, Torii M, Wu CH, Vijay- Shanker K. 2014. A generalizable NLP framework for fast development of pattern- based biomedical relation extraction systems. BMC Bioinformatics. 15: 285.

Perez- Iratxeta C, Wjst M, Bork P, et al. 2005. G2D: a tool for mining genes associated with disease. BMC Genetics, 6 (1): 45.

Rindflesch T C, Fiszman M. 2003. The interaction of domain knowledge and linguistic structure in natural language processing: interpreting hypernymic propositions in biomedical text. Journal of Biomedical Informatics, 36 (6): 462-477.

Rindflesch T C, Kilicoglu H, Fiszman M, et al. 2011. Semantic MEDLINE: An advanced information management application for biomedicine. Information Services and Use, 31 (1-2): 15-21.

Rindflesch T, Hristovski D, Peterlin B. 2013. Using literature- based discovery to identify novel therapeutic approaches. Cardiovascular and Hematological Agents in Medicinal Chemistry, 11 (1): 14-24.

Sarrouti M, Alaoui S O E. 2017. A passage retrieval method based on probabilistic information retrieval model and UMLS concepts in biomedical question answering. Journal of Biomedical Informatics, 68: 96-103.

STIS. 2019. 知识图谱：常用知识获取的方法 . https://kuaibao. qq. com/s/20190119G000S500? refer = cp _1026.

Szklarczyk D et al. 2018. STRING v11: protein - protein association networks with increased coverage, supporting functional discovery in genome-wide experimental datasets. Nucleic acids research, 47 (D1): D607-D613.

Uzuner Ö et al. 2011. 2010 i2b2/VA challenge on concepts, assertions, and relations in clinical text. Journal of the American Medical Informatics Association, 18 (5): 552-556.

Uzuner Ö, Solti I, Cadag E. 2010. Extracting medication information from clinical text. Journal of the American Medical Informatics Association, 17 (5): 514-518.

Zhang Y J, Lin H F, Yang Z H, et al. 2018. A hybrid model based on neural networks for biomedical relation extraction. Journal of Biomedical Informatics, 81: 83-92.

Zhang Y J, Lu Z Y. 2019. Exploring semi- supervised variational autoencoders for biomedical relation extraction. Methods, 166: 112-119.

第 6 章

数据驱动的生命科学知识发现框架 Galaxy

Galaxy 是一个基于 Web 的、数据驱动的生命科学领域数据分析与知识发现框架，以解决数据驱动的生命科学研究面临的挑战作为软件框架设计与系统开发的出发点，具有开放性、可重复性和透明性等独特优势，受到全球大量科研人员的广泛关注和使用。本章从 Galaxy 平台的开发背景、框架特点、核心功能、典型应用举例及发展趋势等方面对其进行了详细介绍。

6.1 引言

基因测序技术、蛋白质组学技术等生物信息学技术与大数据技术的快速发展推动着基因组、转录组、蛋白质组等生命科学组学数据的飞速增长（张国庆等，2018）。随着海量的实验数据、科学文献造成的信息爆炸，生命科学研究正在向着数据密集型的第四范式发展。通过使用大数据技术对大量科学数据进行分析和挖掘，从中发现数据之间的相关关系，以促进发掘新的科学知识已成为一种重要的研究方式。大规模的生命科学数据分析计算对研究人员的信息素养和实验的可重复性均提出了新的挑战（张志强等，2020）。

目前，数据驱动的生命科学领域中大量研究都依托于对大型数据集的计算和分析。在传统实验分析中，研究人员可以通过 Excel 等数据分析工具进行分析，但这些数据分析工具无法处理基因组等大批量数据。很多复杂的分析都需要借助编程、数据库技术及多种分析工具来实现，对不具备编程技术和信息学专业知识的生命科学研究人员来说，在实验研究从工具的安装、使用、程序编写到数据在各种工具之间的传递等一系列过程中都会遇到严重阻碍（Afgan et al.，2018a，2018b，2018c；张志强等，2020）。

科研成果的可复制性对于数据驱动的科学研究具有重要的作用，既可以推动科研合作更好地开展，也能够促进科研成果的验证、利用和进一步研究。然而，由于目前的实验研究大多是独立分散的，实验原始数据及实验细节的缺失、数据集的不规范、数据来源的多样性及计算工具的复杂性等问题，使得实验被成功地重复进行的可能性大大降低，研究人员之间共享数据集也比较困难。此外，对于大批量数据的分析，不同研究人员编写程序所使用的语言不尽相同，在进行合作时需要花费大量的时间成本进行理解和交流（Afgan et al.，2018a，2018b，2018c）。

因此，在生命科学大数据的时代，如何借助数据挖掘、分析、集成和可视化工具将数据转化为信息和知识，并且保证操作的简单化和可复制性已经成为一个重要的研究问题。为解决面临的各种挑战，促进基因组学研究的发展，数据驱动的开放生命科学数据分析与知识发现框架 Galaxy 应运而生（Afgan et al.，2018a）。

6.2 Galaxy 介绍

Galaxy 项目是一个开放的、基于 Web 的科学数据管理、分析和计算平台。该项目受到美国国家科学基金会（National Science Foundation，NSF）与国家人类基因组研究所（National Human Genome Research Institute，NHGRI）的联合支持，由宾夕法尼亚州立大学和约翰霍普金斯大学等联合开发，已经成为生命科学与生物医学领域科技大数据管理、分析与知识发现的通用基础性框架（Afgan et al.，2018a）。

Galaxy 项目最初主要用于大规模的生命科学数据、算法的管理和集成。该项目自开发起，以实现数据驱动的生物医学科学研究为重点，并一直致力于实现以下三个目标：第一，为所有的研究人员提供可获取的数据分析服务，包括没有信息学专业知识背景的研究人员和旨在寻求更广泛的受众与工具集成的数据分析工具开发者等；第二，提供不受特定平台限制的可重复的分析服务；第三，实现分析的透明化交流，使得数据和分析过程可以在社区中得到重复使用和扩展分析（Afgan et al.，2018b）。

Galaxy 平台主要面向数据密集型的生物医药和基因研究，集成大量具有数据分析功能的工具，并提供可视化的交互界面，简化复杂的大规模数据分析过程，研究人员只需要关注数据的输入和输出，使得没有信息学或者编程专业知识的实验人员通过 Web 浏览器即可执行复杂的大规模数据分析。目前，Galaxy 平台已经在全球得到广泛的应用，用户的量级也证明了其处理大规模计算的能力。Galaxy 也不仅仅是一个平台，更是一个完备的知识发现框架体系，目前已有大量的软件在其开源框架的基础上进行二次开发（Afgan et al.，2018a）。

6.2.1 项目特点

Galaxy 项目的核心特征和价值主要体现在可获得性、可重复性和透明性三个方面（Afgan et al., 2018a, 2018b, 2018c; Goecks et al., 2010）。

（1）可获得性

可获得性是指 Galaxy 通过一个基于 Web 的用户友好型界面为用户提供大量的数据资源和分析工具。Galaxy 在其后台封装了大量复杂的计算工具，并且在网页前端以直观的使用界面呈现，将计算和存储管理等底层技术细节隐藏，使得用户不需要编写代码就能够容易地使用数据并配置和运行工具进行数据分析（Afgan et al., 2018a, 2018b, 2018c）。

Galaxy 允许用户以多种方式从现有的资源中收集和处理数据。在 Galaxy 的数据仓库中内置有大量的基因组学数据，用户可以从数据仓库中选择合适的数据集进行分析，也可以按照一定的标准格式上传自己的数据集。此外，用户可以对不同来源的基因组数据进行独立的查询，并使用一些工具进行组合（Afgan et al., 2018a, 2018b, 2018c）。

可获得性也体现在 Galaxy 框架对分析工具的集成上。分析工具开发者使用任何编程语言编写的分析软件都可以通过接口集成到 Galaxy 框架中。在 Galaxy 中，工具的发布需要遵循一定的规则，包括撰写描述工具安装、运行细节的配置文件等。虽然工具的集成过程比较复杂，但是为平台使用者提供了极大的便利。用户通过可视化的界面，可以直接通过输入数据和调整参数使用这些工具（Goecks et al., 2010）。据统计，截至 2018 年 4 月，Galaxy 的工具管理组件 Tool-Shed 托管工具达 5628 个（Afgan et al., 2018b），这些工具的功能各不相同，包括文本处理、距离分析、基因组选择、标记选择、文件转化等。

（2）可重复性

可重复性是指在用户在 Galaxy 上使用的数据集和操作过程都是可以重复进行的。Galaxy 通过操作元数据和工作流两方面的措施来保证用户的分析过程可重复进行。

Galaxy 通过元数据对数据集和操作过程的特征进行规范化的描述，从而保证分析操作可复制。一方面，Galaxy 可以在用户的数据集、工具及调用中自动捕捉大量的操作元数据，用户进行的每一步操作都能够按照一定的标准被完整全面地记录在历史记录中；另一方面，Galaxy 具有完善的注释和标签系统，通过用户生成内容的方式对操作过程的元数据进行补充。用户可以对每一步操作进行注释，详细阐述步骤的具体细节和操作目的，也可以使用单词或者短语对某一事物打标签。注释和标签数据属于用户元数据，既可以帮助其他用户更加细致地理解整个操作流程，也可以帮助用户对自己的数据进行分类管理，便于快速检索到数据集等需要查找的内容（Goecks et al., 2010）。

除了充足的元数据描述，Galaxy 还有一个强大的工作流程系统。工作流程系统可以记录用户的每一步操作，并对操作进行管理，方便用户再次查看和使用。对于形成的工作流程，每次运行都会执行具有相同参数的相同工具。用户可以对相同的数据集或者不同的数据集重复进行同样的操作（Afgan et al., 2018a，2018b，2018c）。

（3）透明性

Galaxy 的透明性主要体现在用户的数据集、工作流程及实验分析结果可以通过 Galaxy 进行分享、发布和提取，用户也可以搜索远程资源，整合查看可视化分析结果及其他用户的实验分析项目（Afgan et al., 2018a，2018b，2018c）。Galaxy 的共享模型、公共存储库和显示框架为用户提供了分享和交流实验数据、分析过程与结果的方式。用户在分析处理数据之后，可以发布项目，平台会自动生成指向该项目的链接，并存储在公共存储库中。用户可以通过各类元数据在存储库中搜索感兴趣的项目，并通过操作元数据和用户元数据了解项目，查看项目的用户可以直接通过固定的链接将该项目导入工作区中使用（Goecks et al., 2010）。

Galaxy Page 是 Galaxy 实现透明化的交流和研究可重复性的一个重要方式。Galaxy Page 详细地展示了每一个发布项目的信息，包括每一个操作步骤、数据集及工作流程。用户可以通过 Page 全面地了解某一项目。同时，Galaxy Page 还提供使用该项目的链接，用户可以无须离开 Galaxy 工作界面就可以将历史记录和工作流程复制到自己的工作区中，进行复制或扩展实验（Goecks et al., 2010）。

6.2.2 框架结构

Galaxy 项目主要由两部分的组件构成，分别为 Galaxy 软件框架（The Galaxy software framework）和公共 Galaxy 服务（The Public Galaxy Service）（Afgan et al., 2018a，2018b，2018c；Goecks et al., 2010）。

Galaxy 软件框架是一个开源的应用程序，并根据免费的学术许可开放源代码。Galaxy 软件框架是使用 python 编程语言开发的，作为包含嵌入式 Web 服务器和 SQL 数据库的独立软件包分发。它是一组可重用的软件组件，其功能包括封装用于描述计算工具的通用接口，构建用户与工具交互的具体接口，并在各种执行环境中通过接口调用计算工具，处理一些通用格式和用于特定工具的数据集格式及这些格式之间的相互转换，并使用元数据描述数据集、工具及其关系。Galaxy 作为连接用户和底层基础架构的中间平台，一方面向用户提供可视化的、用户友好型的操作界面来与用户进行交互，另一方面负责与底层的基础设施进行交互。Galaxy 使得用户无须和底层结构直接交互即可处理大型的数据集，为更多的没有信息学专业知识的学者提供了计算分析相关领域数据的便捷方式（Afgan et al., 2018a，2018b）。Galaxy 软件框架的基本思想如图 6-1 所示。

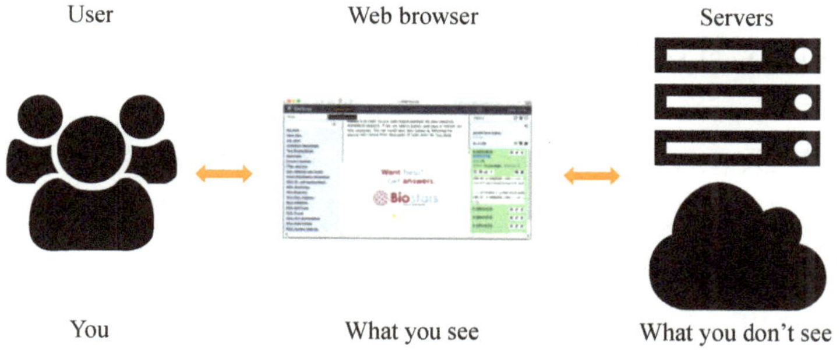

图 6-1　Galaxy 软件框架的基本思想

资料来源：Afgan 等（2018a）

Galaxy 框架提供了较为完善的开发接口和扩展机制，通过接口可以将其集成到其他应用程序中，从而进行二次开发。其可扩展的插件架构允许用户集成任何领域的数据类型和工具，并为集成的工具创建用户友好型的图形化界面。此外，搭建定制化的生物信息分析平台也是 Galaxy 的一大特色。Galaxy 提供本地化部署与安装，基于 Galaxy 软件框架，用户可以在本地部署满足特定需求的生物信息分析平台，添加合适的分析工具和其他功能。用户可以在 UNIX／Linux 或 Mac OSX 操作系统上部署和配置本地的 Galaxy 实例，并依据研究的需要对其功能、工具进行设置和扩展（Afgan et al.，2018a，2018b，2018c）。

公共 Galaxy 服务是在各个站点运行应用 Galaxy 软件框架的实例。这些实例包括主要的 Galaxy 实例和许多运行在其他站点的 Galaxy 应用程序。UseGalaxy（usegalaxy. org）是运行在 Galaxy 官方服务器上的实例，为用户提供免费的基于 Web 的生物信息分析服务。UseGalaxy 部署在 PSU 服务器上，它集成了许多通用的工具和数据，由 Galaxy 团队运营。该网站从 2007 年开始提供服务，任何人都可以免费地使用该网站分析数据。UseGalaxy 提供了充足的 CPU 和磁盘空间，并集成了大量生物医学的数据分析工具，可以支持大型数据集的分析工作。利用 UseGalaxy，用户可以进行变异分析、ChIP-seq 分析、RNA 序列分析、下一代测序数据分析等。例如，在 ChIP-seq 分析中，用户可以使用 UseGalaxy 查找转录因子结合位点等；在变异分析中，用户可以利用 Galaxy 平台在下一代测序数据中检测遗传变异的证据、预测对基因和蛋白质的分子作用等（Afgan et al.，2018a，2018b，2018c）。

除了 Galaxy 自身的服务器外，世界各地的很多其他研究机构也在 Galaxy 平台的基础上进行了各种二次开发和扩展，推出了一系列基于 Galaxy 的大数据知识发现平台和工具。这些平台广泛地覆盖了生命科学领域，包括基因组学、宏基因学、转录基因学、蛋白质组学、药物发现甚至某些外部生物学。它们分别部署在各种类型的服务器上，包括一些公共服务器、学术服务器、商业服务器、容器、虚拟机等。每个实例依据其不同的开发目的，具有不同的工具集和可选择的图形界面，并提供大量的 CPU 和磁盘空间，用户可以在这些站点上进行大数据分析（Afgan et al.，2018c）。

6.2.3 Galaxy 社区与培训

Galaxy 项目在其发展过程中已经形成了一个由贡献者组成的庞大的社区。社区成员包括研究人员、工具开发人员、资源提供者、培训人员和受训人员等。社区中的成员遍布世界各地，并且经常组成小组，开展一些学术问题的研讨和项目合作等，为维持服务器、开发工具及解决用户问题做出了巨大的贡献（Galaxy Community Hub，2020）。2010 年美国国家科学基金会启动了年度 Galaxy 用户和开发者的聚会，并通过赠款补充证明了该项目。此后，这种聚会发展成为一年一度的活动，即 Galaxy 社区会议（Galaxy community conferences，GCC）。GCC 在美国和欧洲之间交替举办，提供了一个共享知识和建立合作关系的论坛。自 2012 年以来，该会议每年都有 200 多位参与者（GCC，2020）。GCC 是 Galaxy 社区的重要活动，每年都会将数据密集型相关的研究者、生物信息学家、服务和基础设施提供商及研究数据发布者聚集在一起，开展为期一周的有关数据密集型生物的学术交流活动（Afgan et al.，2018a，2018b，2018c）。

Galaxy 社区关注的重点问题在于资源整合与工具开发（GCC，2020）。为了更好地集中利用社区资源，Galaxy 开发了 Galaxy Community Hub。在 Galaxy Community Hub 上，用户可以使用 Markdown（一种简单的格式语言）编写内容。任何人都可以使用 GitHub 提交请求更新 Markdown 文档，这是在 GitHub 项目上协作代码和文档的标准方法（Galaxy Community Hub，2020）。提交的请求将会被审核和合并，同时中心站点将会自动重新生成和更新，从而生成高质量的审核内容，并且可由 Galaxy 社区的任何成员进行更新（Afgan et al.，2018a，2018b，2018c）。

Galaxy 社区的一大作用就是对 Galaxy 集成工具的开发和可用性的管理。为了确保集成工具功能的正确性，Galaxy 成立了 Galaxy 实用工具委员会（IUC），这是一个基于社区的组织，用于维护一组高质量的 Galaxy 工具（Afgan et al.，2018a）。IUC 是一个自我组织和自我调节的小组，主要由核心 Galaxy 开发团队以外的人员组成。IUC 只是众多工具提供者中的一种，“工具棚”允许 Galaxy 社区中的任何成员进行共享并将其添加到 Galaxy 中的工具（Galaxy Community Hub，2020）。

Galaxy 在其官方网站上为用户提供了详尽的使用教程。除此之外，该项目还形成了 Galaxy 培训网络（Galaxy training network，GTN），集中了有兴趣教授 Galaxy 使用技能的用户和具有学习 Galaxy 需求的用户。Galaxy 培训网络提供了大量的免费学习资源，包括教程、幻灯片、虚拟机及可用于 Galaxy 教学的研讨会资料包，用户可以提供培训教程，也可以获取免费教程（GTN，2020）。

6.3　核心功能

Galaxy 平台为生命科学研究人员在海量的实验数据中发现知识提供了极大的便利。研究人员可以通过网页或者其他方式在 Galaxy 平台上进行不同类型的基因组的研究，包括表观基因组学、染色质谱图、转录增强因子和基因组与环境相互作用的研究等方面（Afgan et al.，2018a，2018b，2018c）。

从用户使用 Galaxy 平台进行数据分析的过程来看，首先，用户需要选取合适的数据集，Galaxy 提供多种数据上传方式，用户可以自行上传数据或者使用 Galaxy 公共仓储库中内置的数据集；其次，用户需要选择所需的分析工具，通过设置参数对分析过程进行控制，并使用各种可视化工具对实验结果进行分析。同时，用户可以在历史记录中查看每一步操作过程，并可以通过生成的工作流对分析过程进行还原。依据整个操作过程，可以将 Galaxy 的核心功能分成分析工具、注释与标签、历史记录、工作流程、数据可视化、分享与发布等部分（Afgan et al.，2018a，2018b，2018c）。

6.3.1　分析工具

Galaxy 中集成了海量的数据分析计算工具。这些工具各自具有不同的用途，包括文本处理、数据格式转换、测序数据处理、序列比对、变异与进化分析、功能分析等，基本覆盖了普通实验分析的所有功能。例如，在文本处理相关的工具中，有对大型文本章件行列提取、合并、条件过滤、删剪、排序和转换格式等一系列操作的可视化工具。用户对这些

图 6-2　UseGalaxy 的分析工具

工具的操作也比较容易，只需要其上传数据文件、设置参数、点击执行就能完成整个分析过程（Afgan et al.，2018a，2018b，2018c）。图 6-2 是 Galaxy 的分析工具。

这些分析工具统一由 Galaxy 的工具存储库“工具集合”（ToolShed）管理。工具集合相当于一个全球范围内的 Galaxy 应用商店，用于管理、存储和共享工具包、数据类型及导出的工作流等。用户可以在任何一个部署的 Galaxy 中找到并且安装工具集合提供的工具，同时，Galaxy 也允许用户开发、更新工具并且发布在 ToolShed 中与 Galaxy 社区的成员共享（Afgan et al.，2018b）。

6.3.2 注释与标签

注释与标签系统是 Galaxy 的一个重要功能，也是实现分析过程可重复性的一个关键环节。Galaxy 的注释功能是指用户可以对每一个分析步骤进行描述或者做笔记，解释进行这一操作的原因。标签功能是指用户可以使用一些单词、短语对分析过程中的数据集、历史记录及分析步骤使用短语打标签。标签可以帮助用户对这些事物进行快速分类，便于检索查询（Afgan et al.，2018a，2018b，2018c）。这些注释与标签内容均属于用户生成内容，是用户元数据的一部分。

6.3.3 历史记录

历史记录是对用户使用数据和执行动作的记录。用户在 Galaxy 上的每一步操作都会生成

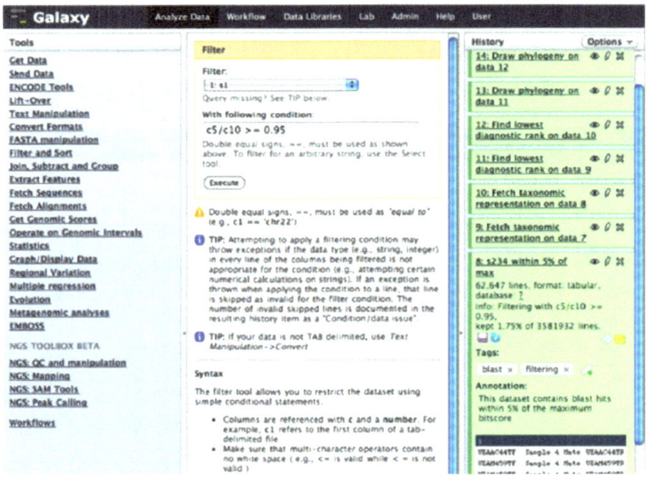

图 6-3 Galaxy 的工作界面

资料来源：Goecks 等（2010）

一个新的历史记录项目，可以用于后续的分析、下载和可视化。用户可以创建、复制和修订历史记录。Galaxy 的历史记录功能提供自动跟踪的元数据和用户的元数据（Afgan et al., 2018a, 2018b, 2018c）。图 6-3 显示了 Galaxy 的工作界面，右侧绿色部分为用户的历史记录。

6.3.4　工作流

工作流是 Galaxy 的一个重要功能，也是其特色之一。工作流程是可以重复使用的模板分析流程。用户可以在相同的工作流程上运行不同的数据，以重复分析过程。Galaxy 的强大工作流程系统允许用户自由选择每一个分析步骤采用的分析工具来创建用于特定分析的工作流程，其特有的历史机制可以记录用户的每一步操作并在此基础上提取工作流程，对于已经建好的工作流，用户可以编辑参数。工作流在指定数据源后即可以自动运行，并在历史中显示出输出结果（Afgan et al., 2018a, 2018b, 2018c; Goecks et al., 2010）。

使用历史记录创建工作流的步骤为：①依据合理的分析步骤进行操作并同步生成历史记录；②根据历史记录自动生成工作流；③使用生成的工作流对其他输入数据集进行重复分析。执行工作流时，系统也会捕捉其操作的元数据放置在历史记录中。此外，同历史记录一样，用户也可以为工作流和工作流中的每一个步骤添加注释与标签，对其目的和细节进行详细解释，使其能够得到有效的重用（Goecks et al., 2010）。

图 6-4 体现了某一操作过程中生成的工作流及工作流编辑器。Galaxy 的工作流编辑器以一个交互式的图形界面形式呈现，为用户提供了较为直观简单的创建工作流程的执行环境。用户除了可以通过历史记录直接生成工作流，也可以通过工作流编辑器创建或者修改工作流。其中，画布上的方框表示对应步骤中使用的工具，两个工具之间连接的连线及箭头显示了数据的流动方向（Goecks et al., 2010）。

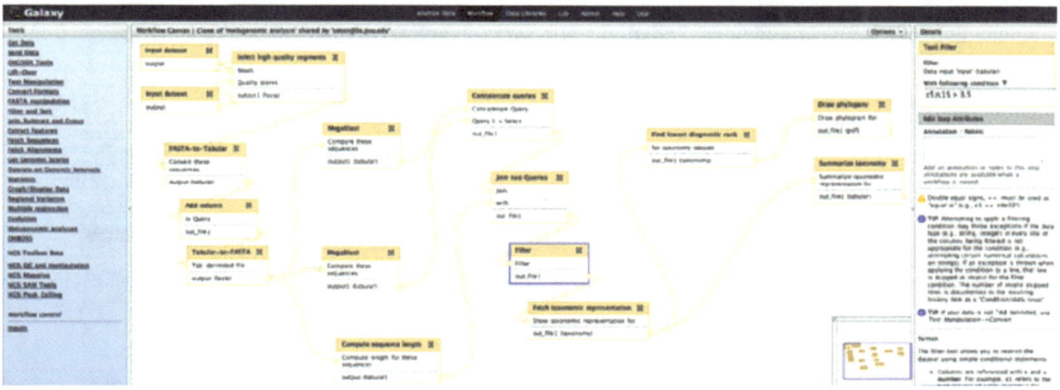

图 6-4　Galaxy 的工作流程

资料来源：Goecks 等（2010）

6.3.5 数据可视化

Galaxy 提供即时发布的可视化功能，分析结果能够以条形图、折线图、箱线图、热图、散点图、韦恩图等方式呈现。该平台还具有用于更深入挖掘的交互可视化功能，集成了基因组浏览器 Tracker、BiosJS 提供的 100 多种可视化方式及 Cytoscape（一种图形化显示网络分析和编辑软件）等（Afgan et al., 2018a, 2018b, 2018c）。

6.3.6 分享与发布

Galaxy 平台是研究人员分享、交流和再利用实验数据的一种重要方式。用户可以选择合适的分享级别将自己的数据集、历史记录和工作流等发布在平台上。平台会将发布的项目存储在公共仓储库中，并自动生成指向该项目的链接。Galaxy 将所有共享或已发布的项目显示为带有自动和用户元数据及其他链接的网页。这样，所有的 Galaxy 用户都可以在公共仓储库中按照一定的筛选条件检索到感兴趣的项目并进行查看，也可以将该项目导入其分析工作区并开始使用（Afgan et al., 2018a, 2018b, 2018c; Goecks et al., 2010）。

此外，Galaxy 的 Page 功能也是分享的一个重要形式，为用户就整个计算过程进行交流提供了极大的便利。Page 通过增加描述的详细程度来传达实验的各个方面，其显示的内

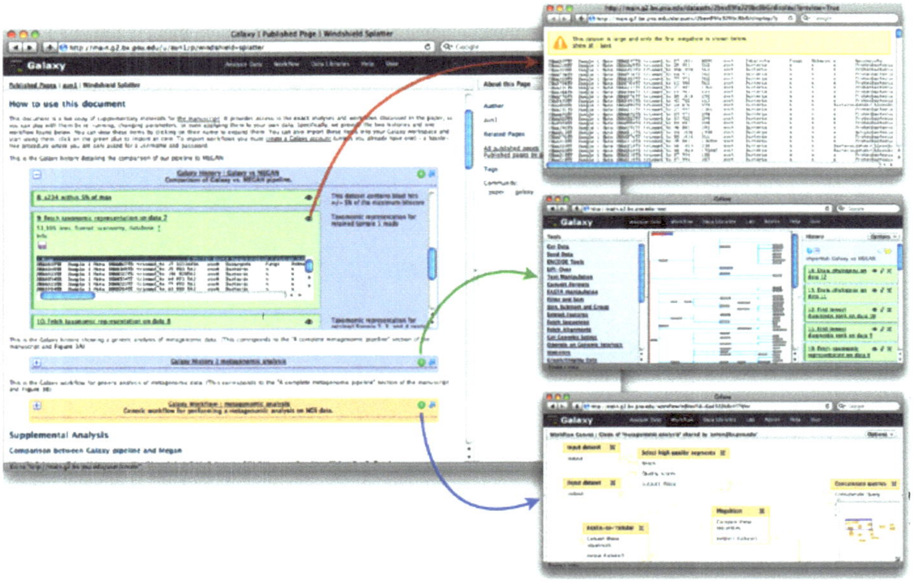

图 6-5 Galaxy 的 Page 功能

资料来源：Goecks 等（2010）

容包括描述实验分析的文字、图片，并嵌入了 Galaxy 项目的数据集、历史记录和工作流。读者可以通过阅读关于实验介绍的文字和图片了解实验，并通过嵌入的项目了解实验的细节，包括所有的操作步骤、注释与标签、各种元数据等。Page 还为用户使用和重复项目提供了便捷路径。用户可以将任何嵌入的项目复制到其分析工作区中，然后立即开始使用该项目（Goecks et al.，2010）。图 6-5 显示了 Galaxy 的 Page 功能。

6.4　应用

Galaxy 目前已被超过 125 个大数据知识发现平台采用。Galaxy 项目的实例及基于 Galaxy 项目进行二次开发和扩展的平台除了覆盖生物科学领域，包括基因组学、宏基因学、转录基因学、蛋白质组学、药物发现甚至某些外部生物学，更是扩展到整个科技大数据分析与知识发现领域（Afgan et al.，2018a，2018b，2018c）。

6.4.1　应用概况

依据其平台的功能和特点，可以将各个站点运行应用 Galaxy 软件框架的实例分为四种类型（Afgan et al.，2018c）。

第一，Galaxy 官方提供的实例 UseGalaxy。UseGalaxy 服务器实现了一系列通用的工具和参考基因的核心，对每个使用者开放，包括欧洲 UseGalaxy 服务器（https://usegalaxy.eu/）、主要的 UseGalaxy（https://usegalaxy.org/）服务器和澳大利亚 UseGalaxy（https://usegalaxy.org.au/）服务器。

第二，基因组学相关的实例。这些平台包含了大量的分析工具，并不特定局限于生命树的某一个部分或者任意一种类型的分析。例如，Biomina 是一个通用的 Galaxy 实例，包括用于 DNA / RNA 测序的大多数标准工具，用于面板重新测序、变体注释的其他工具，以及一些用于 Illumina SNParray 分析的工具。

第三，特定领域的实例。这些平台专门用于生命树的特殊分支或者特殊分析类型，为专业领域中的分析提供各种工具和数据集等。例如，用于转录基因研究的 Cistrome，在标准的 Galaxy 工具的基础上，还增加了用于 ChIP-chip 和 ChIP-seq 分析的特定工具，包括初步的高峰呼叫和相关性分析、下游基因组特征关联分析、基因表达分析等。

第四，工具发布平台。这些平台托管来自特定组织发布的工具，研究人员无须安装和使用命令行版本即可进行使用。例如，Excellence in Breeding 平台托管了 GOBii 项目，

HTPG 项目等项目发布的工具（包括基因组选择、标记选择、GWAS、插补、文件转换和聚类分析等工具）。

6.4.2 典型应用—Stem Cell Commons

干细胞研究是生命科学领域的一个重要研究方向。随着科学研究在不断朝着数据密集型方向发展，干细胞研究也同样面临大数据时代科学研究的各种挑战。一方面，不同研究对实验的描述格式不统一，以及多样化的数据来源导致使用的数据集格式不统一，使得实验数据的管理和再利用变得十分困难，同时也给不同研究人员或者实验室之间的合作带来了诸多不便；另一方面，对干细胞实验数据在分子和语义层面的要求越来越高（张志强等，2020）。因此，为了应对这些挑战，哈佛大学干细胞研究所（Harvard Stem Cell Institute，HSCI）基于 Galaxy 研发了专门的干细胞数据分析与管理平台 Stem Cell Commons（https://hsci.stemcellcommons.org/），为干细胞研究的数据分析、管理提供了更加便捷的途径。

Stem Cell Commons 是基于 Galaxy 框架进行二次开发的一个典型应用，由与 ISA-tab（多基因组学研究格式）兼容的数据存储库驱动。它是为 HSCI 成员特别设计的，并且仅为 HSCI 成员提供服务，是一个集中管理、分析和可视化 HSCI 成员数据的分享平台，用于干细胞研究的实验分析、比较、知识发现等（图 6-6）。

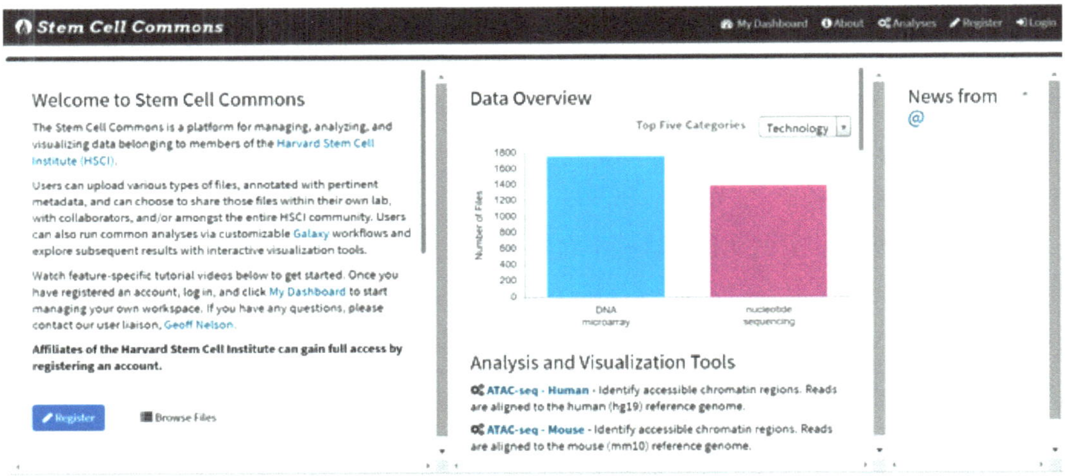

图 6-6 Stem Cell Commons 网站截图

（1）基本架构

Stem Cell Common 使用用于描述实验的通用格式 ISA-tab 整合实验信息，使得各个实验之间能够更方便地比较和利用（Sui et al.，2013；Shannan et al.，2014）。该应用主要由数据仓库和新型可视化探索工具开发平台 Refinery 两部分构成，将 the Blood Genomics Repository、the Stem Cell Discovery Engine、the new Refinery platform 这三个用于促进干细胞存储、交互和分析的独立系统进行整合。

数据仓库是基于 eXframe 系统建立的，旨在为用户提供各类干细胞资源。Blood Genomics（一种用于造血研究的微阵列资源）和 the Stem Cell Discovery Engine（链接到 Galaxy 的组织和癌症干细胞资源）是两个使用 ISA 框架的项目，均使用相同的语义框架对资源进行描述。Stem Cell Commons 将 53 个 SCDE 项目和 87 个 Blood Genomics 项研究整合为一个单一的、全面的干细胞资源，链接到其公共存储库（isacommons. org）中。最终的 Stem Cell Commons 的数据仓库中包含来自 20 个 HSCI 实验的数据和由 3500 个测定方法组成的 202 个数据集，共有 155 个实验和 2727 种测定方法。这些数据包括涉及人类、小鼠、大鼠和斑马鱼的多种细胞类型、组织的微阵列、NGS 数据、生物、疾病和技术等数据（Sui et al.，2013；Shannan et al.，2014）。

Refinery 是一个基于 Web 的数据可视化和分析系统，该系统通过扩展 Galaxy 核心 API 使用户可以在 Refinery 中使用 Galaxy 控制和自动分析。Refinery 具有一个 Django 的可视化界面。用户可以将公共存储库中的 ISA-tab 格式的实验元数据导入 Refinery 中，Refinery 可以对这些元数据进行解析并存储到其内部的数据库中。用户在可视化界面上，可以选择感兴趣的样本和合适的工作流、参数及数据资源来进行分析和处理。图 6-7 显示了 Refinery 的框架结构（Sui et al.，2013；Shannan et al.，2014）。

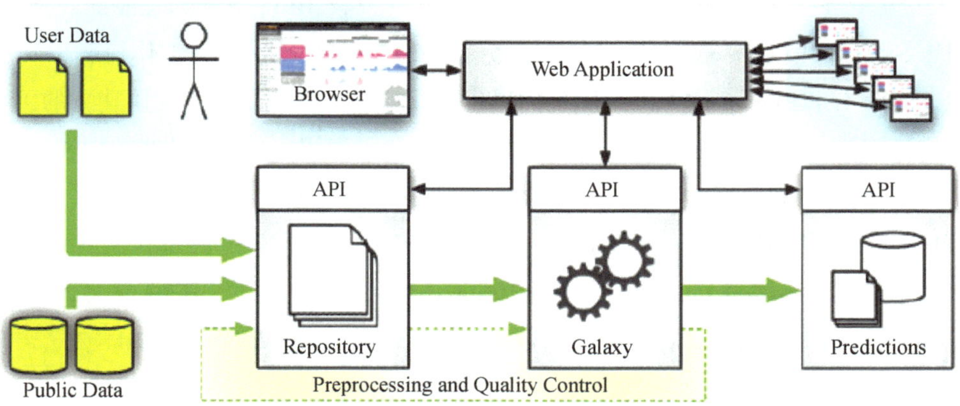

图 6-7　Refinery 的框架结构（Shannan et al.，2014）

数据仓库与 Refinery 之间相互连通，数据仓库为用户在 Refinery 上的操作提供标准的数据源和实验方法，Refinery 依据用户选择的实验方法和数据集为用户提供运行分析的可视化的工作流环境。

（2）核心功能

由于 Stem Cell Commons 是基于 Galaxy 框架进行开发的应用，其大部分功能均与 Galaxy 平台类似，这些功能主要包括数据发现、管理、分析、协作、复制、可视化及发布等（Sui et al.，2013；Shannan et al.，2014）。

数据发现是 Stem Cell Commons 一个重要的功能。Stem Cell Commons 的数据仓库内置有大量的干细胞数据资源。用户可以使用全文本搜索来发现所需的数据集。平台也提供基于注释的干细胞相关转录组学和表观基因组学研究可视化等方式，便于用户通过各种所需数据之间的关系快速找到数据集（Sui et al.，2013；Shannan et al.，2014）。

Stem Cell Commons 为用户提供方便的数据可视化管理。在数据集面板中，用户可以对自己的数据集进行浏览和通过各种字段筛选查询，从而快速找到感兴趣的数据文件（Sui et al.，2013；Shannan et al.，2014）。

数据分析是 Stem Cell Commons 的另一重要功能。Stem Cell Commons 提供大量的干细胞数据分析工具，并通过可视化的交互界面呈现，用户只需考虑输入数据和输出数据及参数的设置，而无须了解分析工具背后的原理和机制，这样，用户只需要通过简单的点击操作就可以进行测序数据的质量评估、RNA 序列分析、ChIP 分析等（Sui et al.，2013；Shannan et al.，2014）。

Stem Cell Commons 也具有一个强大的分享和协作机制。用户可以与合作者分享数据集，并且可以设置不同层级的访问权限，如只读元数据、只读和修改，也可以在整个 HSCI 社区分享自己的数据和分析过程、结果（Sui et al.，2013；Shannan et al.，2014）。

由于 Stem Cell Commons 链接了 Galaxy 分析引擎，该平台也具有工作流程、历史记录等功能。Stem Cell Commons 可以对用户的操作步骤形成历史记录，并使用建立的可视化工具对工作流程进行跟踪，便于分析过程的重复运行和再利用（Sui et al.，2013；Shannan et al.，2014）。此外，该平台也提供了大量的交互式的可视化分析工具，如热图、散点图等，帮助用户对分析结果进行进一步探索，从而在数据中有新的发现，提出新的假设。

总的来说，Stem Cell Commons 是利用 Galaxy 框架构建的一个面向干细胞知识发现的应用，其充分发挥了 Galaxy 框架对实验数据进行分析的重要功能，是 Galaxy 框架在干细胞领域的一个典型应用。

6.5 发展趋势

随着生命科学领域的研究对大型数据集进行分析的依赖程度不断增强，Galaxy 平台的应用也越来越广泛。目前，全球有数以万计的科学家都在使用 Galaxy 平台或者基于 Galaxy 框架开发的数据分析平台对生命科学领域的数据进行挖掘和探索。为了尽可能地满足研究人员的使用需求，Galaxy 团队和社区也在对 Galaxy 核心框架进行不断的改进。Galaxy 框架在基础设施性能、工具及交互等各个方面均有所完善，其发展趋势具体体现在如下四个方面（Afgan et al.，2018a，2018b，2018c）。

第一，Galaxy 的可扩展性不断增强。生物医学数据集规模和数量的不断增长，对 Galaxy 处理数据的能力提出了新的要求。例如，单细胞 RNA-seq 实验通常会生成数百个或数千个主要数据集。作为基于 Web 的应用程序，Galaxy 必须同时在其基于 Web 的界面和后端服务器上进行扩展，并且必须在多用户环境中进行扩展。Galaxy 的可扩展性的改进主要表现在两个方面：一是用户界面的可扩展性，也就是研究人员能够使用 Galaxy 平台的 Web 界面分析许多数据集，对这些数据集进行集体操作，使得大批量数据的操作变得更加方便。这也意味 Galaxy 框架在工作流和集合等功能需要方面有进一步的改进。二是服务器的可扩展性，是指 Galaxy 的服务器需要能够同时承载大量的用户在其上进行大批量的数据分析和操作任务（Afgan et al.，2018b）。

第二，分析工具质量和数量的增长。Galaxy 对计算工具的集成是其作为生命科学知识发现框架的核心，Galaxy 框架应用范围的不断拓宽及工具开发者的贡献使得 Galaxy 集成的工具在不断地拓展与完善。ToolShed 作为 Galaxy 的软件应用商店，承担着这数千个工具的部署和管理功能。对于工具的发展，一方面，ToolShed 上的工具的数量和质量都得到了提高。新增的工具包括用于探索遗传变异的 GEMINI（Paila et al.，2013）及用于分析 rRNA 基因序列的 mothur（Schloss et al.，2009）等；另一方面，Galaxy 工具环境的可执行性和向后兼容性也在不断得到提高，从而保证工具版本与 Galaxy 版本之间的兼容性（Afgan et al.，2018b）。

第三，对用户交互体验的重视程度不断增加。Galaxy 在与用户的交互、可视化的呈现等方面都进行了大量的改进，这些设计体现出以用户为中心的理念。在互动分析上，Galaxy 推出了互动分析机制，对于部分需要自定义脚本或可视化的数据分析（如基因组数据），用户可以直接通过交互的可视化界面和自定义脚本来实现相应的功能。在可视化方面，Galaxy 增添了大量的新的可视化工具，其可视化框架实现了对各种基于 Web 端的可视化和服务器端的可视化的集成，可以对生物数据进行敏捷的交互式可视化（Afgan et al.，2018b）。在平台交互方面，Galaxy 也在用户与平台交互的各种功能上进行了改进，使得用户的使用更加流畅，有更好的体验感。Galaxy 增加了自定义精度的交互式导览，逐步引导用户使用界面、工具、工作流程等，使用户对 Galaxy 平台的使用有全面的了解。在工作流程上，Galaxy 也进行了进一步的改进，使得创建和编辑工作流程变得更加容易，并且能够支持更大型的工作流程。Galaxy 的主要功能就是数据分析，在数据处理方面，Galaxy 对数据集的处理也进行了一定的改进，使用户对数据的处理和工具批处理的操作更加容易，并引入了在集合上执行的专用工具。

第四，基础设施的增强。为了使平台在执行环境中更强大，Galaxy 通过对基础设施的改进逐渐增强平台的可移植性、安全性、可靠性和伸缩性。例如，Galaxy 为了消除 Python 在并发任务执行方面的限制（如内置的负载平衡、可伸缩性等），将 uWSGI（http://projects. unbit. it/uwsgi）用作其默认的 Web 应用程序服务器（Afgan et al.，2018b）。Galaxy 也将在基础设施方面不断改进，提高平台的并发执行任务能力、容错能力等各方面的能力。此外，由于分析数据集规模的不断增大，在本地运行 Galaxy 比把数据上载到远程 Galaxy 服务器进行分析要更为方便。因此，Galaxy 在其本地配置和对本地服务器的访问等方面也在进行不断的改进。例如，对于用户在安装过程中选择工具套件以及在分析过程中选择工具版本和参数可能会遇到的由选择过多而导致混乱的问题，为了便于在许多预定义的应用程序场景中以最佳值配置这些参数，Galaxy 项目利用了 Ansible（https://www. ansible. com）这个软件来自动配置和管理其他软件包，从而为解决这一问题提供了一个解决方案（Afgan et al.，2018b）。

6.6 总结

Galaxy 以解决数据驱动的生物医学科学研究面临的挑战作为出发点进行软件框架的开发，并以其可获得性、可重复性和透明性的独特优势在大量的生命科学信息分析平台中脱颖而出，受到全球大量科研人员的广泛关注。Galaxy 项目主要由 Galaxy 框架和软件生态系统、公共 Galaxy 服务、工具棚及 Galaxy 社区四部分组件构成。其中，社区的贡献使 Galaxy 框架及其工具套件得到了极大的发展。Galaxy 内置的丰富数据资源和数据分析工具，以及其独特的工作流、历史记录、注释与标签等功能，化简了基因组等数据分析的过程，使得没有信息学或者编程专业知识的实验人员通过 Web 浏览器即可执行复杂的大规模数据分析和进行资源共享。同时，Galaxy 是一个开源的知识发现框架，并提供规范的 API 接口，任何人都可以基于 Galaxy 核心进行一些软件结成和开发工作，也可以通过 Galaxy 提供的 API 接口在其基础上进行二次开发。基于 Galaxy 项目进行二次开发和扩展的平台除了覆盖生物科学领域，包括基因组学、宏基因学、转录基因学、蛋白质组学、药物发现甚至某些外部生物学，更是扩展到整个科技大数据分析与知识发现领域。例如，由哈佛大学干细胞研究所开发的 Stem Cell Commons 项目就是在干细胞研究领域运用 Galaxy 软件框架开发的数据管理与分析平台的一个典型案例。

随着数据集规模的不断增大，Galaxy 也在不断地完善，以适应不断发展的生命科学研究及用户的特定需求。其在可扩展性、用户交互体验、数据分析、计算工具的质量和数量及基础设施等方面均有一定的改进。

总之，Galaxy 框架的开发和应用，统一规范了数据集和实验分析的描述，使得数据集和实验分析过程可以被重复进行和进一步使用。这为数据驱动的生命科学领域研究带来了极大的便利，促进了不同研究人员或者实验室之间的交流与合作，推动了生命科学领域研究的进一步发展。Galaxy 框架是数据密集型科学研究的一种新的尝试与探索，也为这一研究范式的未来发展提供了一定的借鉴。

参考文献

张国庆，李亦学，王泽峰，等 . 2018. 生物医学大数据发展的新挑战与趋势 . 中国科学院院刊，33（8）：853-860.

Afgan E et al. 2018a. Galaxy 101 - What is Galaxy? https://Galaxyproject. org/tutorials/g101/.

Afgan E, Baker D, Batut B, et al. 2018b. The Galaxy platform for accessible, reproducible and collaborative biomedical analyses: 2018 update. Nucleic Acids Research, 46 (W1): 537-544.

Afgan E et al. 2018c. Galaxy Platform Directory: Servers, Clouds, and Deployable Resources. https://Galaxyproject. org/use/.

Giardine B, Riemer C, Hardison R C, et al. 2005. Galaxy: a platform for interactive large-scale genome analysis. Genome Research, 15 (10): 1451-1455.

Goecks J, Nekrutenko A, Taylor J. 2010. Galaxy: a comprehensive approach for supporting accessible, reproducible, and transparent computational research in the life sciences. Genome Biology, 11 (8).

Paila U, Chapman B A, Kirchner R, et al. 2013. GEMINI: integrative exploration of genetic variation and genome annotations. PLoS Computational Biology, 9 (7): e1003153.

Schloss P D, Westcott S L, Ryabin T, et al. 2009. Introducing mothur: open-source, platform-independent, community-supported software for describing and comparing microbial communities. Applied and Environmental Microbiology, 75 (23): 7537-7541.

Shannan H et al. 2014. The Stem Cell Commons: An HSCI Resource for Stem Cell Genomics Data and Reproducible Analyses. http://gehlenborg. com/wp-content/uploads/Malkin_ HSCI_ June2014. pdf.

Sui S H, Merrill E, Gehlenborg N, et al. 2013. The Stem Cell Commons: an exemplar for data integration in the biomedical domain driven by the ISA framework. AMIA Joint Summits on Translational Science Proceedings, 70.

Taylor J et al. 2007. Using galaxy to perform large-scale interactive data analyses. Current Protocols in Bioinformatics, 19 (1).

第 7 章

深度学习在生物医学领域的应用进展①

本章通过文献调研方法，分析了深度学习（deep learning，DL）方法在生物医药领域的应用并提出展望。结果发现应用主要集中在生物信息学、医学图像识别、病症预测、临床辅助决策和药物开发等方面。现有研究通过结合深度学习算法与领域特征，开发利用各种模型进行评价预测，基本都取得了优于传统方法的效果。

7.1 引言

深度学习作为机器学习（machine learning，ML）领域的一个新兴学科和快速发展的分支，已经被广泛应用于包括图像识别、自动语音识别、自动机器翻译、自然语言处理等在内的多个领域（Cios et al.，2005；Langkvist et al.，2014；Krizhevsky et al.，2017）。深度学习方法最早在 20 世纪 80 年代建立，由于计算机计算能力的大幅度提升和大量可获取数据集的涌现，其在 2006 年开始快速发展，并逐渐扩大在计算机领域的影响（Hinton et al.，2006 ，Hinton and Salakhutdinov，2006）。

在机器学习过程中，构建学习模型需要领域专家参与设计特征抽取器，从而提高算法的识别精度。而深度学习作为一种表示学习的形式，并不需要太多相关领域的专家知识。它是由多个顺序排列的表示层与大量原始的非线性操作组合而成，使得上一层的表示（从原始数据输入开始）被馈入下一层，并转换成更抽象的表示，反复操作直到数据点变得可区分。通过这种方式，该模型可以学习高度复杂的函数（Esteva et al.，2019），实现准确的数据预测。深度学习在提供更高准确度、处理更复杂问题的基础上，也意味着海量的数据样本、大量的计算资源、特定的模型架构和高额的成本投入。

---

① 本章内容来自朱冬亮等（2020），本章对技术细节（数据）进行了补充。

深度学习最常见的几种模型主要有卷积神经网络（convolutional neural networks，CNN）、递归神经网络（recurrent neural network，RNN）和深度置信网络（deep belief network，DBN）（表 7-1）。典型的 CNN 拥有卷积层、池化层和全连接层三部分，其中卷积层负责提取目标的局部特征；池化层用来大幅降低参数量级（降维）；全连接层用来输出想要的结果。CNN 通过卷积层的特征提取和池化层的数据降维，具有共享权值和局部感知的特点，能够较好地识别对象特征，在生物医学领域的图像配准、影像识别方面应用较多（刘毅铭，2019）。RNN 结构简单，主要由输入层、隐藏层和输出层组成，较传统神经网络的区别在于每次都会将前一隐藏层的输出数据带入下一隐藏层一起训练。RNN 对时域序列的输入数据处理更胜一筹，能够对序列的演进方向进行递归，因此在生物医学领域主要应用于患者的病例识别、文本处理等自然语言处理过程（natural langunge possns，NLP）。DBN 由多层玻尔兹曼机（restricted boltzmann machine，RBM）和前馈反向传播（Back Propagation，BP）网络组成，其不仅克服了 BP 网络局部最优与训练时间长的缺点，而且结合了有监督学习与无监督学习的优点，具有高灵活性、容易扩展的特点（谭笑枫和李广帅，2019）。

近年来，随着生物医疗设备、治疗记录和应用程序能够以图像、声音、文本、图形和信号的形式生成大量数据，已经逐步促成了生物医学大数据的概念。深度学习在生物医学和医疗保健方面的分析与应用受到了前所未有的关注。该技术已挖掘出了许多有意义的功能并完成了部分迄今为止其他方法和专家无法解决的任务（Tobore et al.，2019）。

表 7-1　深度学习各模型对比表

模型名称	优点	缺点	主要用途
卷积神经网络	共享权值，局部感知；具有良好的数据特征提取和学习能力	无记忆功能，处理随时序数据能力有限；全连接模式冗余且低效	图片分类检索、目标分割、目标定位检测等
循环神经网路	有效处理时序数据	长时依赖会产生梯度消失和梯度爆炸	语音处理、语言建模、自然语言处理等
深度置信网络	高度灵活，易拓展，性能效果良好；不易因随机初始化权值参数而陷入局部最优；更加抽象地学习高层特征	应用范围有限，网络结构复杂，消耗算力；无法学习观察变量时间联系上的关系	语音识别、文字检测、遥感图像分类等
生成对抗网络	能更好地建模数据分布；在理论上可训练任何一种生成器网络；无复杂的变分下界，避开近似计算棘手的概率难题	难训练，不稳定，易出现模式缺失问题；生成器和判别器同步困难	图像生成、图像转化、图片修复等

续表

模型名称	优点	缺点	主要用途
深度强化学习	不需要大量的数据训练，引入自我学习，通过“奖励机制”，易于产生近乎无限的经验	环境探索难，数据昂贵；奖励函数难设计；系统复杂；采样效率低	智能控制机器人、游戏、分析预测、自动驾驶等

本章通过对国内外相关文献的研究，了解深度学习在生物医学方面的应用现状。获取深度学习在现阶段主要应用的技术框架，预测该技术可能对生物信息学和医学实践发展发挥的推动作用。研究主要采用了文献调研的方式。通过中国知网、Web of Science 核心合集等平台进行文献检索与阅读，检索时间：2020 年 6 月 11 日，中国知网检索式为：主题=“深度学习” 并且 主题=（“医学” 或含 “生物医药”）；Web of Science 核心合集检索式为：TS=（（" deep learning" OR " DL"） AND （" medicine" OR " biomedicine"））（表 7-2）。对检索到的深度学习在生物医学领域应用的有关研究成果进行阅读与学习，掌握现阶段的最新进展并汇总分析。

表 7-2　各数据库检索式

数据库名称	检索式
中国知网	主题=“深度学习” 并且 主题=（“医学” 或含 “生物医药”）
Web of Science 核心合集	TS=（（" deeplearning" OR " DL"） AND （" medicine" OR " biomedicine"））

其中，深度学习在生物信息学、医学图像识别和疾病预测方面的研究文献较多。在生物信息学方面的研究集中在基因组学的序列分析、基因突变和蛋白质结构预测领域；在医学图像识别方面的研究主要关注癌变病灶的识别和肺部影像的变化；在疾病预测方面的研究则集中于对电子健康记录的学习与利用，并据此进行疾病的预测与诊断，甚至可以为临床决策做贡献。

7.2　进展分析

随着可穿戴式设备、智能手机、医疗设备、电子健康记录的广泛使用，以及现代生物医学技术的推广，生物医学数据量呈现指数式增长态势。例如，Gene Expression Omnibus（GEO）数据库中的基因表达数据集在过去 15 年从 33982 条增至 3485323 条，蛋白质数据库（Protein Data Bank，PDB）中的大分子结构数量从 2005 年的 28693 个增加到现在的

161470 个（截至 2020 年 3 月 12 日）（图 7-1）。各种生物医学数据在反映人群状态、揭露机体原理的同时，如何有效地被二次利用也逐渐得到大家的关注。深度学习作为大规模数据的有效解释器，在疾病预测、诊断、治疗和预后等方面呈现出巨大潜力。除此之外，相关算法专家利用深度学习在生物信息学、医学图像识别、临床辅助决策、药物开发等领域也做出了不菲的成绩（表 7-3）。

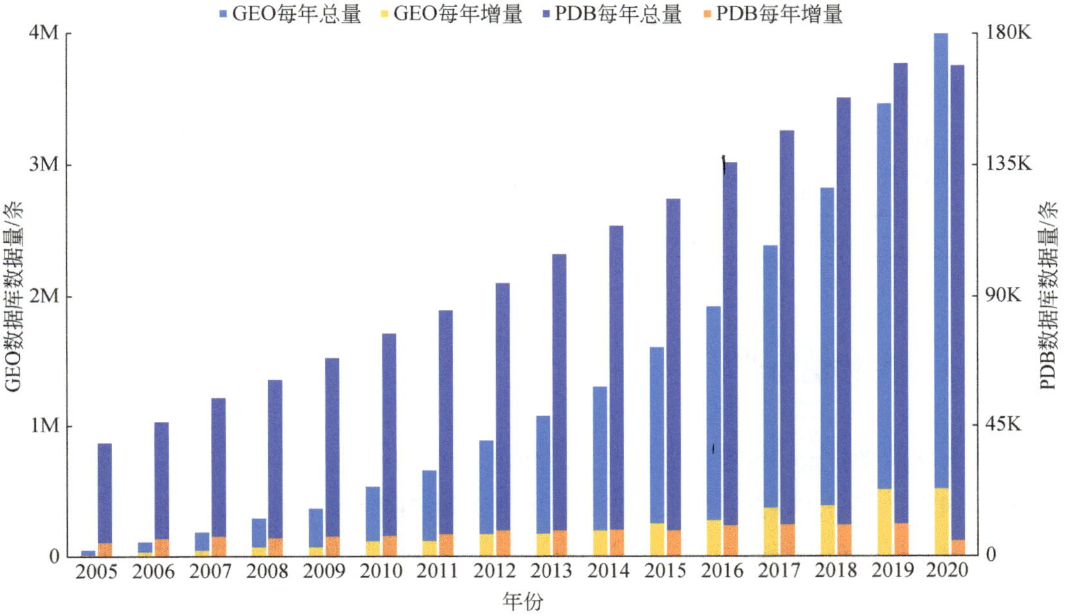

图 7-1　2005～2020 年 GEO 与 PDB 数据库数据量变化

表 7-3　深度学习模型在生物医药领域应用

应用领域	深度学习模型	模型用途
生物信息学	CNN	乳房组织病理学图像有丝分裂检测（Saha et al., 2018）
	DBN	在动态 PPI 网络中识别关键蛋白（Zhang et al., 2014）
	DCA	单细胞 RNA 序列测序去噪（Eraslan et al., 2019）
医学图像识别	CNN	医学图像配准（刘兆辉等，2019）
	CNN	利用双变量脑电波同步测量数据预测癫痫发作（Mirowski et al., 2009）
	CNN	进行胸部 X 光片疾病检测（Abiyev and Ma'aitah, 2018）
	CNN，AE	医学图像中肿瘤病变识别（Dayong et al., 2016）
	DRL	肺癌辅助诊断和治疗（Liu et al., 2019）
	DBN，CNN，DNN	肺结节诊断识别（高唤和李秀娟，2019）
	CNN，PFT	肺结节良恶性辅助诊断（张驰名等，2020）
病症预测	CNN	慢性充血性心衰预测（Cheng et al. 2016）
	RNN	对疾病诊断进行多标签分类（Lipton et al., 2015）

续表

应用领域	深度学习模型	模型用途
病症预测	RNN	预测患者未来的事件（Choi et al.，2016）
	CNN，RNN	医学事件预测（Rajkomar et al.，2018）
临床辅助决策	CNN	肿瘤标志物识别（Vandenberghe et al.，2017）
	AE	寻找有潜在风险的患者（Miotto et al.，2016）
	RNN	临床文本自动识别（Dernoncourt et al.，2016）
	RNN	临床干预任务预测（Suresh et al.，2017）
药物开发	DNN	模拟药物与药物的相互作用（Ryu et al.，2018）
	DBN	预测药物与标靶的相互作用（Wen et al.，2017）
	DNN，RF	预测潜在药物分子的活性（Ma et al.，2015）
	DBN	预测药物组合的协同作用（Chen et al.，2018）

7.2.1 生物信息学

随着生物医学技术与计算机运算能力的高速发展及高通量测序的普遍应用，生物信息学领域基因组、蛋白质数据开始大量累积。由人工神经网络发展而来的基于深度学习的算法在从复杂数据中提取特征和学习模式方面显示出巨大的潜力，其可以提供数据驱动的特征学习并处理高维数据，因此在基因组序列的分析中应用日益广泛（Cao et al.，2018）。深度学习除了可以用于基因组测序、基因表达分析和预测蛋白质结构外（Cao et al.，2018），还可以从基因组角度分析组织模型（Leung et al.，2014）、预测内含子和外显子变异对疾病发生的影响（Xiong et al.，2015），以及分析 DNA 和 RNA 结合蛋白质的序列特异性（Alipanahi et al.，2015）。

除此之外，Saha 等（2018）利用在 CAFFE 深度学习框架基础上开发的拥有五个卷积层、四个池化层的卷积神经网络对乳腺组织病理进行细胞有丝分裂建模。模型利用第一个全连接层后的 Dropout 正则化避免过度拟合，最终预测精度为 92%、召回率为 88%、*F* 值为 90%，对于临床乳腺癌分级提供了重要的第二意见。Zhang 等（2014）开发一种多源深度置信网络（msiDBN），将不同时间节点的蛋白质结构变型解读为重构的残差，通过提取多个蛋白质–蛋白质相互作用网络的通用表示，重构动态网络，分析重构残差并确定酵母细胞周期过程中的关键蛋白质，获得了较传统方法更高的重建率和重建效率。Eraslan 等（2019）在自动编码框架下利用零膨胀负二项（Zero-Inflated Negative Binomial，ZINB）模型与朴素贝叶斯（Naive Bayesian，NB）模型优化色散、斜率和偏移参数，以最小化观测值和预测值之间的二进制交叉熵。其构建的深度计数自动编码网络（deep count autoencoder，DCA）在单细胞 RNA 序列去噪操作中，其质量和速度均优于现有的数据填补方法，有利于增强生物发现。

7.2.2 医学图像识别

生物医学信号数据在逐年的累积中也在实现着量的变化，尤其是生物医学图像数据方面。随着医学图像数据的显著增加，用于图像分割、定位、分类和识别的深度学习算法取得了成功。基于卷积神经网络的无监督的图像配准技术——深度学习图像配准（deep learning image registration，DLIR）框架在训练完成后进行图像配准无须迭代，性能与传统图像配准相当，速度快了几个数量级（刘兆辉等，2019）。卷积神经网络由于其在空间信息分析方面的出色能力，在序列分析、生物信号处理和临床预判中表现出巨大潜力（Alipanahi et al.，2015 ，Mirowski et al.，2009）。在胸部 X 光片检查中，卷积神经网络验证了其对胸部病理分类识别的能力，如慢性阻塞性肺疾病、肺炎、哮喘、结核病和其他肺部疾病，其综合识别率达到 92. 4%，明显高于传统浅层网络（反向传播神经网络和竞争神经网络）的 85%（Abiyev and Ma'aitah，2018）。

卷积神经网络和自动编码器在数据中高效自主学习的显著特征，使其在医学图像处理中的能力已经超过了传统机器学习的支持向量机（support vector machine，SVM）和随机森林分类器等技术。对于生物影像图片，Aditya Khosla 等人利用 GoogLeNet 生成肿瘤概率热图，在此基础上计算肿瘤图像的几何和形态学特征，并利用相同的模型对肿瘤邻近区域进行丰富以辅助识别肿瘤病变，该技术的应用使得他们团队在国际生物医学成像研讨会（International Symposium on Biomedical Imaging，ISBI）的大挑战赛中取得优秀成绩（Dayong et al.，2016）。

在国内，Liu Zhuo 等（2019）提出了几种有代表性的深度强化学习（Deep Reinforcement Learning，DRL）模型（如：深度 Q 网络、分层深度 Q 网络、深度后继 Q 网络）在肺癌辅助诊断和治疗中的应用，并对卷积神经网络在肿瘤精准定位方面和深度强化学习模型在制定个性化治疗计划方面进行了展望。对深度学习在医学影像方向的应用研究中，高唤和李秀娟（2019）通过将深度学习在肺结节诊断识别方面的研究成果对比分析（如自定义 DBN 引入到肺结节良恶性诊断、肺癌钙化识别的三种深度神经网络 CNN/DNN/SAE 等），发现深度学习在该方面应用有着巨大优势；张驰名等（2020）针对小数据量深度学习困难的问题，提出先在源域大数据学习特征知识、拟合网络参数，然后迁移到小标签样本、细粒度肺结节图像分类任务上，通过小数据集进行参数微调再预测的策略。该渐进微调策略对良恶性肺结节的诊断准确率为 91. 44%，AUC 为 0. 9621，优于传统的转移学习策略和其他三种先进的深度学习方法（Jie-Zhi、Shen、Setio）。辛磊（2019）从生物医学的角度阐述了深度学习在医学影像方面发挥作用的可行性，对未来人工智能在整合病史、体征检查等数据方面的应用前景进行展望；邹茂扬等（2019）通过对基于优化策略的相似性估计、直接估计医学图像配准的变换参数等方面的医学图像配准研究进展分析，提出了迁移学习、无监督学习等多种可能解决当前面临问题的方法。

7.2.3 病症预测

深度学习在病症预测与分类方面，已见的相关研究包括探索不同的时间融合机制对慢性阻塞性肺疾病的预测效果研究：时间慢融合卷积神经网络（SF-CNN）在使用90%的训练数据时，预测结果优于其他方法（BS-CNN、EF-CNN等），预测AUC比基线提高了5.3%（Cheng et al.,）；Thomas等人使用高斯过程回归推断的纵向概率密度，通过将深度学习模型与临床数据耦合，准确区分了痛风与急性白血病尿酸特征（0.97 AUC）（Lasko et al., 2013）；Lipton等（2015）使用没有时间戳的诊断标签，通过递归神经网络训练模型对疾病诊断进行分类，测试结果优于几个强大的传统基线；Che等（2015）将深度学习应用于临床时间序列中的生理学特征发现和检测，通过将该领域的先验知识转化为图的拉普拉斯矩阵来作为一个简单高效的正则化工具，然后结合用于发现和检测临床时间序列中不同长度模式的有效增量学习框架，有效地提高了临床疾病分类的效率与质量。

Choi等（2016）利用RNN进行临床实践预测，他们将表示患者状态的高维向量通过神经网络体系投射到低维空间，然后通过RNN传递低维向量，使用softmax层预测诊断代码和药物代码，并使用校正线性单元预测下一次就诊的持续时间。该模型在单独的盲目测试集评估的基础上，可以执行差异诊断，且召回率高达79%，远高于几个已有基线。利用卷积神经网络在慢性充血性心衰的预测中建立的模型有效提高了疾病预测的准确度，在60%和90%的数据作为训练集的情况下，模型的预测精度分别提升1.5%和5.2%（Cheng et al.，2016）。Rajkomar等（2018）建立的临床数据预测模型纳入了标准的全部电子健康记录（electronic health record，EHR）数据并提取出准确的预测变量进行模拟学习，其对院内死亡率、30天计划外再入院、延长住院时间等指标的预测结果均优于传统临床预测模型，其AUROC取值范围分别为0.93~0.94、0.75~0.76、0.85~0.86。对于临床数据存在缺失值的情况，Tresp和Briegel（1998）使用实时递归学习规则、EM自适应规则和借助卡尔曼滤波方程实现的非线性回归神经预测模型与线性误差模型，在对于糖尿病患者的葡萄糖/胰岛素代谢的预测方面取得了不错的成绩。

7.2.4 临床辅助决策

在辅助医生进行临床决策方面，深度学习可以评估组织切片中HER2等诊断标志物的表达，在一组71个乳腺瘤切除样本的队列中，基于CNN的自动评分系统与病理学家评分的一致性达到了83%，且对不一致的12个病例进行独立的回顾性分析，导致8例患者的初步病理学评估的诊断改变（Vandenberghe et al.，2017）。Edward Choi等人开发的Doctor AI，利用递归神经网络的时间模型，借助电子健康记录中的疾病、诊断或药物代码预测临床中可能发生的各种事件，辅助医生决策，Doctor AI可以在30分钟内进行79%的重复性诊断，显著高于几个基线（Choi et al.，2016）。Riccardo Miotto等人开发使用三层去噪自动编码器通过分层规律和依存关系寻找"深层患者"，得到了能够改善临床预测的患者表征，并且为增强临床决策系统提供了机器学习框架。其在每个患者患三种或更多种疾病时获得了大约55%的校正预测，较其他方法改进了5%～15%。并且该模型在严重的糖尿病、精神分裂症和各种癌症的预测中性能最高（Miotto et al.，2016）。Melissa等人开发的仅使用生命体征数据进行败血症预测的算法——InSight，使用梯度树构造分类器将多个弱决策树进行迭代组合，根据患者沿决策树路径生成风险评分。该算法在脓毒症、严重脓毒症、感染性休克和严重败血症等检测方面取得了不菲的成绩（AUROC分别为0.92、0.87、0.96、0.85），有助于临床患者的疾病改善和预后评价（Mao et al.，2018）。

除此之外，Dernoncourt等人利用字符串令牌嵌入的双向长短期记忆（long short-term memory，LSTM）网络及字符和单词嵌入创建了一个用于临床文本自动识别的系统（在去标识化MIMIC数据集上F1得分=0.9923，召回率=99.25%，精确度=99.21%），取代了传统费力的人工识别过程并促进了临床记录的利用（Dernoncourt et al.，2016）。利用长短期记忆网络和卷积神经网络对ICU的多来源数据进行整合，分别进行有创通气、无创通气等五项任务的临床干预任务预测，两者的预测结果均优于传统基线（Suresh et al.，2017）。

7.2.5 药物开发

新药开发是一个漫长且复杂的过程，涉及生物、化学、医药等多学科专业知识。其中，药代动力学、药效建模、药物临床试验等环节的改进对加快新药的研发速度意义重大。在药代动力学分析领域，不仅可以通过将药物结构特征结合深度学习建立基于深度神经网络的药物-药物相互作用（Drug-Drug Interactions，DDI）预测模型，预测可能的不良药物事件（Deep DDI可预测86种药物-药物相互作用类型，平均准确率为92.4%）（Ryu et al.，2018），还可以通过结合具有贪婪层、监督层的DBN与药物靶点相互作用机制（DTIs）评估候选分子的有效性、估计药物与标靶的相互作用，促进药效学建模（Wen et al.，2017）。在医学和基因组学领域，深度学习还可以被应用于重建大脑神经回路（Helmstaedter et al.，2013）及预测潜在药物分子的活性（Ma et al.，2015）。Chen等（2018）通过堆叠RBMs模型，结合基因表达过程、药物作用途径和本体属性特征来预测药物组合的协同作用，结果总准确度为 71.5%，召回率为 60.2%，*F* 值为 65.4%，优于 DREAM 2015 年参与团队的模型，有效提高了新药研发效率。

7.3 结论

深度学习作为机器学习之后的又一算法领域热点，已经被尝试应用在了生产实践中的方方面面。通过对深度学习在生物医学方面的研究调研，发现已有研究主要集中在生物信息学、医学图像识别、病症预测、临床辅助决策和药物研发方面，对于各大领域的研究均有涉及，但是每个领域的细分区域仍然存在研究空白点（如某个特定疾病的多指标综合预测与辅助临床干预决策）。其中，深度学习在生物信息学、医学图像识别和疾病预测方面的研究文献较多。在生物信息学方面的研究集中在基因组学的序列分析、基因突变和蛋白质结构预测领域；在医学图像识别方面的研究主要关注癌变病灶的识别和肺部影像的变化；在疾病预测方面的研究则集中于对电子健康记录的学习与利用，并据此进行疾病的预测与诊断，甚至可以为临床决策做贡献。

通过对深度学习在生物医学领域的应用进展研究，算法专家不仅已经在该领域取得了令人振奋的结果，还得到了一部分意想不到的收获。如 Harini Sureshde 等人在利用 EHR 进行模型训练的过程中发现，生理专业术语的录入有效提高了利用 LSTM 网络的性能（Suresh et al.，2017）。在对医疗保健领域数据值缺失的情况进行分析的过程中发现，基于门控循环单元的 GRU-D 模型，充分利用掩码和时间间隔，对处理临床应用中的时间序列数据缺失的情况有一定的借鉴意义（Che et al.，2018）。研究显示，深度学习凭借其复杂模拟算法的优势，在生物医学领域取得了优于已有算法的成果。无论是在生物信息学、生物医疗方向，还是在药物研发方向，深度学习都已取得突破性进展，其利用自身优势为疾病诊断、预测、治疗提供参考。随着该算法与生物医学技术的结合发展，更多应用的可能性也逐渐显现出来。

同时，在对相关领域文献调研的过程中也发现，现阶段对于深度学习在生物医药方面的全面推广应用还存在部分需要考虑的问题。主要包括以下几方面：

1）如何创建带有良好注释的医学数据大型数据库；

2）医学数据包含大量的个人隐私与敏感内容，数据获取比较困难，如何实现相关数据的规范管理；

3）医生对诊断决策负有最终责任，深度学习是否只提供辅助参考。

7.4 展望

7.4.1 疾病 ICD-10 自动编码

对临床病例进行深度学习，根据规则对疾病进行 ICD-10 分类编码。虽然目前已有系统的疾病分类编码规则，但是主要依靠人工完成。同时由于规则复杂，人工编码水平参差不齐，疾病编码结果的准确度不一致。该编码质量的好坏直接影响后期算法对个人健康记录学习、预测的质量。

7.4.2 医学图像自动标注技术

由于医学临床图像分辨率低、噪声大、可疑诊断多等问题，对于同一张片子可能会存在不同的病灶，不同的大夫也可能产生不同的诊断。为了有效提高医生阅片的效率，可以结合谷歌图像标题自动生成技术（Vinyals et al.，2015），对放射图像进行识别与标注，按照相似度排序，依次呈现图像反映出的疾病与病灶，反馈给医生辅助诊断。

7.4.3 多数据源临床分析与预测

影像诊断模型的训练不应仅停留在对影像图像的识别和分析上，应整合患者病史、体征、实验室检查、心电检查等其他检查结果，进一步提升人工智能的综合诊断能力，将深度学习在生物医药方面的应用从辅助诊断逐步过渡到预测判断和辅助决策。

7.4.4 深度学习在公共卫生领域的应用

公共卫生领域在流行病学、人口健康普查、慢性病等领域经过多年的积累已经储存了大量的数据，但是该领域目前的数据应用主要集中在分析软件的分析功能。通过中国知网经初步检索未见深度学习在该领域应用的相关文献。未来在公共卫生领域，深度学习可应用于慢性病预测、疫情追踪、地方病预测等方面。

参考文献

高唤，李秀娟. 2019. 基于深度学习的肺结节诊断识别研究. 软件导刊，18（9）：47-50，57.

刘毅铭 . 2019. 深度学习研究与应用综述 . 绿色科技，(11)：281-283.

刘兆辉，李铭浩，肖延丽，等 . 2019. 基于深度学习的医学图像配准 . 电子制作，(18)：52-53.

谭笑枫，李广帅 . 2019. 深度学习发展综述//中国地球物理学会国家安全地球物理专业委员会，陕西省地球物理学会军事地球物理专业委员会 . 国家安全地球物理丛书（十五）——丝路环境与地球物理 .

辛磊 . 2019. 医学人工智能发展现状及未来方向 . 山西医药杂志，48（17）：2112-2115.

张驰名，王庆凤，刘志勤，等 . 2020. 基于深度迁移学习的肺结节良恶性辅助诊断方法 . 计算机工程，1-8.

邹茂扬，杨昊，潘光晖，等 . 2019. 深度学习在医学图像配准上的研究进展与挑战 . 生物医学工程学杂志，36（4）：677-683.

Abiyev R，Ma'aitah M K S 2018. Deep Convolutional Neural Networks for Chest Diseases Detection. Journal of Healthcare Engineering，2018：1-11.

Alipanahi B，Delong A，Weirauch M T，et al. 2015. Predicting the sequence specificities of DNA- and RNA-binding proteins by deep learning. Nature Biotechnology，33（8）：831-838.

Cao C，Liu F，Tan H，et al. 2018. Deep Learning and Its Applications in Biomedicine. Genomics Proteomics and Bioinformatics，16：17-32.

Che Z P，Purushotham S，Cho K，et al. 2018. Recurrent neural networks for multivariate time series with missing values. Scientific Reports，8：6805.

Che Z，Kale D，LI W，et al. 2015. Deep Computational Phenotyping.

Chen G C，Tsoi A，Xu H，et al. 2018. Predict effective drug combination by deep belief network and ontology fingerprints. Journal Of Biomedical Informatics，85：149-154.

Cheng Y，Wang F，Zhang P，et al. 2016. Risk prediction with electronic health records：a deep learning approach. Proceedings of the 2016 SIAM International Conference on Data Mining：432-440.

Choi E，Bahadori M T，Schuetz A，et al. 2016. Doctor AI：predicting clinical events via recurrent neural networks. JMLR Workshop and Conference Proceedings，56：301-318.

Cios K J，Mamitsuka H，Nagashima T，et al. 2005. Computational intelligence in solving bioinformatics problems. Artificial Intelligence in Medicine，35（1-2）：1-8.

Dernoncourt F，Lee J Y，Uzuner O，et al. 2016. De- identification of patient notes with recurrent neural networks. Journal of the American Medical Informatics Association，24（3）：596-606.

Eraslan G，Simon L M，Mircea M，et al. 2019. Single-cell RNA-seq denoising using a deep count autoencoder. Nature Communications，10.

Esteva A，Robicquet A，Ramsundar B，et al. 2019. A guide to deeplearning in healthcare. Nature Medicine，25（1）：24-29.

Helmstaedter M，Briggman K L，Turaga S C，et al. 2013. Connectomic reconstruction of the inner plexiform layer in the mouse retina. Nature，500：168-174.

Hinton G E，Osindero S，Teh Y-W. 2006. A fast learning algorithm for deep belief nets. Neural Computation，18：1527-1554.

Hinton G E, Salakhutdinov R R. 2006. Reducing the dimensionality of data with neural networks. Science, 313 (5786): 504-507.

IgbeT, Nie Z, Al- Handarish Y, et al. 2019. Deeplearning intervention for health care challenges: some biomedical domain considerations. Jmir Mhealth And Uhealth, 7.

Krizhevsky A, Sutskever I, Hinton G E 2017. ImageNet Classification with Deep Convolutional Neural Networks. Advances in neural information processing systems, 60: 84-90.

Langkvist M, Karlsson L, Loutfl A 2014. A review of unsupervised feature learning and deep learning for time-series modeling. Pattern Recognition Letters, 42: 11-24.

Lasko T A, Denny J C, Levy M A. 2013. Computational Phenotype Discovery Using Unsupervised Feature Learning over Noisy, Sparse, and Irregular Clinical Data. PLoS One, 8 (6): e66341.

Leung M K K, Xiong H Y, Lee L J, et al. 2014. Deep learning of the tissue- regulated splicing code. Bioinformatics, 30 (12): 121-129.

Lipton Z C, Kale D C, Elkan C, et al. 2015. Learning to Diagnose with LSTM Recurrent Neural Networks, arXiv e- prints.

Liu Z, Yao C, Yu H, et al. 2019. Deep reinforcement learning with its application for lung cancer detection in medical Internet of Things. Future Generation Computer Systems- the International Journal Of Escience, 97: 1-9.

Ma J, Sheridan R P, Liaw A, et al. 2015. Deep neural nets as a method for quantitative structure- activity relationships. Journal Of Chemical Information and Modeling, 55 (2): 263-274.

Mao Q Q, Jay M, Hoffman J L, et al. 2018. Multicentre validation of a sepsis prediction algorithm using only vital sign data in the emergency department, general ward and ICU. BMJ Open, 8 (1) .

Miotto R, Li L, Kidd B A, et al. 2016. Deep patient: an unsupervised representation to predict the future of patients from the electronic health records. Scientific Reports, 6.

Mirowski P, Madhavan D, LeCun Y, et al. 2009. Classification of patterns of EEG synchronization for seizure prediction. Clinical Neurophysiology, 120 (11): 1927-1940.

Rajkomar A, Oren E, Chen K, et al. 2018. Scalable and accurate deep learning with electronic health records. NPJDigital Medicine, 1: 18.

Ryu J Y, Kim H U, Lee S Y 2018. Deep learning improves prediction of drug- drug and drug- food interactions. Proceedings Of the National Academy Of Sciences Of the United States Of America, 115 (18): E4304- E4311.

Saha M, Chakraborty C, Racoceanu D. 2018. Efficient deep learning model for mitosis detection using breast histopathology images. Computerized Medical Imaging And Graphics, 64: 29-40.

Suresh H, Hunt N, Johnson A, et al. 2017. Clinical Intervention Prediction and Understanding with Deep Neural Networks //D. - V. FINALE, F. JIM, K. DAVID, et al., Proceedings of the 2nd Machine Learning for Healthcare Conference. PMLR; Proceedings of Machine Learning Research: 322-337.

Tresp V, Briegel T. 1998. A solution for missing data in recurrent neural networks with an application to blood glucose prediction //Jordan M I, Kearns M J, Solla S A. Advances In Neural Information Processing Systems 10: 971-977.

Vandenberghe M E, Scott M L J, Scorer P W, et al. 2017. Relevance of deep learning to facilitate the diagnosis of HER2 status in breast cancer. Scientific Reports, 7.

Vinyals O, Toshev A, Bengio S, et al. 2015. Show and tell: a neural image caption Generator. 2015 Ieee Conference on Computer Vision And Pattern Recognition: 3156-3164.

Wang D Y, Khosla A, Gargeya R, et al. 2016. Deep learning for identifying metastatic breast cancer arXiv. arXiv: 6 pp. -6 pp.

Wei W, Ji Z L, He Y P, et al. 2018. Finding relevant biomedical datasets: the UC San Diego solution for the bioCADDIE Retrieval Challenge. Database, 2018.

Wen M, Zhang Z M, Niu S Y, et al. 2017. Deep- learning- based drug- target interaction prediction. Journal of Proteome Research, 16 (4): 1401-1409.

Xiong H Y, Alipanahi B, Lee L J, et al. 2015. The human splicing code reveals new insights into the genetic determinants of disease. Science, 347 (6218): 1254806.

Zhang Y, Du N, Li K, et al. 2014. msiDBN: A Method of Identifying Critical Proteins in Dynamic PPI Networks. Biomed Research International.

四、应 用 篇

第 8 章

数据驱动的合成生物学领域基础研究与技术创新关联分析①

本章以论文、专利分别作为基础研究与技术创新的替代指标，以 Web of Science 和美国专利商标局（United States Patent and Trademark Office，USPTO）中收录的近十年合成生物学领域共 9033 篇论文、5233 件专利为研究对象，从引文整体分布情况、科学及技术关联度、引文时滞、循环周期四个角度对专利及论文引文进行分析，从主题分布情况对论文-专利混合共被引情况进行分析，力求多角度综合分析合成生物学领域基础研究与技术创新之间的关系。通过论文及专利的交叉引用，分析探讨合成生物学领域基础研究与技术创新的关联，为提高该领域基础研究及技术创新能力提供建议，为科技资源整合策略提供支持。

8.1 引言

发达国家的成功经验表明，产业核心技术能力的提高需要长期稳定的基础研究支持。我国《国家中长期科学和技术发展规划纲要》（2006—2020 年）明确了“科技创新”的国家发展战略地位及“整合科技资源、提升创新能力、加速成果转化”的战略目标；同时，当前我国正处于迈向创新型国家行列的关键节点，充分整合全球科技资源、深度融入全球科技创新网络是建设创新型国家和世界科技强国的必由之路。然而，哪些科技资源应当整合？应该如何整合？这是需要首先回答的问题。发现科技资源之间的客观关系，是找准整合对象、制定正确整合方案的依据和保障，而科学-技术关联研究正是解决该问题的基础（李睿，2011）。

要想理清科学-技术关联研究的本质，首先需明确两个问题：何为科学？何为技术？科学最早源于拉丁文 scientia，指学问和知识。《辞海》中指出科学是反映自然、社会、思

---

① 本章内容来源于张雪等（2020），本章对概念辨析、现有研究、数据处理、研究方法等部分进行了补充。

维等的客观规律的分科的知识体系（池岩，1999）；Feynman（2006）认为，科学是对存在于物理宇宙的各种形式的系统观察、创造、分析和模拟。技术的概念最早源于希腊文，指人造的物品和器具，也指人的天赋和能力。唐未兵等（2014）研究指出，技术是人类在实践（包括生产和交往等）活动中，根据实践经验或科学原理所创造或发明的各种物质手段（如工具、机器和仪表等）及经验、方法和技巧等；Arthu（2007）认为技术包含两大特点，一是帮助人们达到某种目的，如为飞机增加动力、对 DNA 进行测序等，二是利用一种力或现象，如光能转换成电能利用了光电效应；Dosi（1982）认为技术是一系列的知识片段，这些知识片段是既有实践意义又有理论意义的技巧、方法、过程等，同时包括物理设备与技术。通过以上定义可知，科学旨在探究客观世界的本质，发现事物之间变化的规律；技术旨在应用和改进技术手段与方法，是科学向工程转变的桥梁。科学和技术不是独立存在的，Bush（2004）在 1945 年的论文中首次提出二者为线性关系，即科学发展促进技术创新；Godin（2006）于 1960 年将发展理论引入线性模型；Klevorick 等（1995）认为突破性的技术往往都可以追溯至相关基础科学知识的突破；Williams（2013）认为，科学与技术之间的联系是复杂的，那种直接、简单的连接是不存在的，它们之间具有滞后性，且相互间的反馈机制也错综复杂；Guan 和 He（2007）认为科学与技术在信息互馈中螺旋上升发展的模式为双螺旋模式；董坤等（2018）在前人研究基础上将其分为科学带动技术、技术催生科学、科技协同创新、相对独立四种模式。

在以上相关概念研究的基础上，学者对科学和技术之间的关系进行进一步深入剖析，首先对何为科学-技术关联研究进行界定，如表 8-1 所示。国内外学者普遍认为，科学-技术关联即为基础研究与技术创新成果之间的知识传递过程。根据研究方法的不同，不同领域学者也从不同角度对二者关系进行探究，如科学哲学领域学者郭慧志等（2007）以瓦特发明蒸汽机为例探讨基础研究与技术创新的紧密联系，提出二者是“脑”与“手”的关系，对于人类发展缺一不可；技术经济领域学者 Bhattachary 和 Meyer（2003）通过挖掘基础科研机构和技术开发机构在地理空间上的关联规则及二者的合作研发活动，得出基础研究在跨国公司技术创新活动中有举足轻重的作用；计量经济学领域学者 Zhao 和 Guan（2012）通过构建联立方程模型分析基础研究与技术创新的依赖关系，发现科研经费支出对基础研究及技术创新成果无显著促进作用；文献计量学领域学者 Narin 和 Noma（1985）利用专利引文分析方法探讨基础研究与技术创新的互动关系，结果表明在高新技术领域，技术的发展与基础研究的关系日益密切。对比分析以上几种方法，其中科学哲学领域以案例调查为主要手段，需要大量的历史数据且结果具有一定的主观性、事后性；技术经济领域主要用于某产业或某项目的投入产出分析，关注面较为狭窄；计量经济学领域主要分析产业基础研究投入强度与产出的关系，研发产出难以界定和测量且对模型精度要求较高。对比而言，文献计量学领域中的专利引文分析方法可从定量微观角度分析基础研究与技术创新的关系，且数据源可广泛、公开获取，故是近年来运用较多的方法之一。

表 8-1　科学–技术关联研究的概念解析

序号	定义	提出者
1	技术对科学的依赖关系，具体而言即某一特定技术在知识上来源于或受益于科学成就的程度	Carpenter 和 Narin（1983）
2	科学与技术之间的互动关系，即一对共舞者之间的相互配合与协作关系	Rip（1992）
3	科学–技术关联是科学与技术之间的知识传递关系，基础科学向某一特定技术领域的知识传递可以用该领域内的专利对科学论文的引用频次来衡量	Narin 等（1995）
4	从科学史角度指出科学–技术关联是科学与技术之间的互信息关系，即技术创新活动通常以科学成就为信息源获取如何改善人类生活的灵感，同时基础科学研究也以新技术为信息源获取如何探索世界本源的方法和手段	Berger（2010）
5	公共科学对技术创新贡献的程度，专利对公共科学的依赖程度	刘立和王耀德（2003）
6	科学技术关联指基础科学研究成果与技术创新成果之间的知识传递关系	李睿（2011）

本章的科学–技术关联分析从文献计量学领域出发，以基础研究与技术创新成果相互转化为视角展开论述。基础研究是为了获得关于现象和可观察事实的基本原理与新知识的实验性或理论性的工作（Ziman，2002），是对科学前沿的探索，发表科学论文或撰写专著是研究人员公开其研究成果的主要形式；技术创新是指企业应用创新的知识和新技术、新工艺，采用新的生产方式和经营管理模式，提高产品质量，开发生产新的产品，提供新的服务，占据市场并实现市场价值。只有申请专利保护，才能享有对技术创新成果的独占权。故虽论文、专利不是基础研究与技术创新的全部，但由于论文及专利数据具有易获取、时间序列长等特点，在文献计量学领域，论文、专利可分别作为衡量基础研究、技术创新水平的替代测度指标，而论文、专利之间的交叉引用可表明科学与技术之间的知识交流，用来揭示基础研究与技术创新成果之间的关系。

因此，本章以国内外重点发展领域合成生物学为对象，以美国专利商标局及 Web of Science 中收录的合成生物学领域近十年专利与论文为数据源，从专利引文分析、论文引文分析、论文–专利混合共被引分析三个角度出发，探讨合成生物学领域基础研究与技术创新之间的关系，为我国科技资源整合策略提供建议，为加大企业、高校、研究所基础研究力度提供理论依据，为相关科技政策制定提供支持。

8.2　国内外相关研究综述

在文献计量学领域，目前国内外学者通常从专利的论文引文分析、论文的专利引文分析、专利发明人–论文作者关联分析、论文–专利混合共被引分析四个角度对基础研究与技术创新关联关系进行分析。

其中专利的论文引文分析方面，多以专利所引用的论文文献为对象，通过分析专利对期刊论文、会议论文等的引用特征和规律，显性定量地揭示基础研究对技术创新的推动作用。研究视角包括：①利用统计分析方法分析引用论文在不同国家、领域、机构之间的分布情况。例如，Narin 和 Noma（1985）分析了 1978～1980 年公布的美国生物技术专利的引文情况，发现生物技术专利引用了大量的科学论文，表明在高新技术领域技术创新与基础研究关系日益密切；Meyer（2000）以专利引用期刊论文信息为数据源，分析了纳米技术领域科学技术与基础研究之间的关系，表明专利对不同领域论文的引用频率不同；赵志耘和雷孝平（2012）以生物科技领域为研究对象，定量研究了生物科学对生物技术的影响，结果显示我国生物科技领域技术创新对基础研究的依赖程度较高，而且呈不断加强的趋势；文晓芬（2011）以我国 2000～2009 年在美国专利商标局获得授权的化学、医药、计算机与通信、机械四个技术领域的发明专利为研究对象，对我国基础研究与技术创新之间的关系进行了实证研究，结果表明医药领域 70% 以上的技术创新活动直接引用了来自基础研究的科学知识。②引用论文文献对专利质量的影响研究。例如，裴云龙等（2010）以世界知识产权组织的纳米专利样本为数据源，定量研究了纳米论文文献对纳米专利知识扩散的影响，结果显示专利对科学论文的引用频次与专利的被引频次存在显著正向关系；Park 和 Kang（2009）以 4275 件韩国在美国申请的专利为数据源，分析不同年份、不同领域专利所引用的论文分布情况，结果显示专利引用论文随时间和领域的不同而不同，其中引用论文的数量及质量对专利被引频次的影响最大。该方法仅揭示了基础研究对技术创新的数量特征的影响，未深入到二者内在的作用机理。

论文的专利引文分析方面，多以 SCI 论文所引用的专利文献为对象，通过分析、总结论文引用专利的规律来揭示和评价技术创新对基础研究的影响，但此类文章很少，这与论文引用专利数量少、格式不规范等问题有关。例如，Meyer 等（2010）以纳米技术领域为研究对象，研究技术关联度与论文影响力的关系，结果表明参考文献中有专利的论文更容易被其他文章引用；Glänzel 和 Meyer（2003）统计了 SCI 论文引用美国专利商标局专利的情况，发现化学部类的论文对专利的引用量最高，医学和药学部类次之；覃佳慧等（2018）对富勒烯领域论文引用专利数据进行分析，结果表明论文引用专利文献的次数远远小于论文引用论文的次数，但论文引用的专利越来越新，知识从技术创新向科学研究传递的平均速度正在变快；杨祖国等（1999）分析了中国专利被 SCI 论文的引用情况，结果表明专利首次被引时间为其公开后的 2～3 年，此后 2～3 年达到引用高峰。不过该方法也未深入到科学技术内在作用机理层面。有的学者将专利的论文引文分析与论文的专利引文分析相结合，如 Huang 等（2015）对燃料电池的论文与专利引文进行交叉分析，得出与专利引用论文相比，论文更倾向引用更新的专利；吴菲菲等（2013）借助社会网络分析方法分析了科学与技术之间的相互作用关系，研究表明通过学科领域与技术领域之间的交叉影响，可以实现科学知识和技术应用的跨领域转移。

专利发明人-论文作者关联分析方面以同时具有学术论文作者和专利发明人双重身份的研究人员为切入点，从研究人员从事科研活动的角度分析基础研究和技术创新的互动关系，此类文章较少，这与相关数据少、同名同姓问题难以解决有关。例如，Noyons 等（1994）以激光器在医学中的应用为例，分析了 30 个专利发明人的专利及其发表的学术论文，发现在准备申请专利的过程中，这些发明人的科学活动也很活跃；Wang 和 Guan（2011）以中国纳米技术领域为例，分析美国专利商标局中的专利数据的论文引文，研究表明学术型发明人申请的专利引用了更多的科学论文，其自引率也更高，而公共机构和企业联合申请的专利几乎不引用科学论文。通过对作者-发明人网络的分析发现发明人—作者类型的研究者绩效高于纯学术研究者。

为了进一步揭示基础研究和技术创新的互动关系，高继平等（2012）提出了论文-专利混合共被引分析法，通过构建基于大样本的专利、论文混合共被引网络，将网络属性与技术演化的机理有机联系起来，分析科学和技术在知识流动中的相互作用；孙晓玲和丁堃（2017）以石墨烯碳类纳米材料为例，构建论文之间、专利之间相互引用的复杂网络，利用知识基因发现算法识别在科学技术进化与突变中起关键作用的科学知识基因和技术知识基因。

通过分析现有研究中涉及的以上四种分析维度，发现大量研究侧重于专利的论文引文分析，探索基础研究对技术创新的贡献，很少有研究关注后三种分析方法，忽略了技术创新对基础研究的再促进作用，且由于引文数据不规范、数据处理困难等问题，国内现有研究所选取的样本很少，以几十件或几百件专利作为研究对象，研究范围较为局限。由于专利发明人-论文作者的行为受到多种因素的影响，且同名同姓问题难以解决，本章未涉及该方法，以剩余三种方法为基础，既关注传统的技术创新对基础研究的依赖程度，又反过来分析技术创新对基础研究是否存在再促进作用，同时运用论文-专利混合共被引方法深入分析二者之间的内在作用机理，定量地全方面研究合成生物学领域基础研究与技术创新的关系。

8.3 研究方法

8.3.1 研究对象

合成生物学是后基因组时代生命科学研究的新兴领域，其作为正式学术名词是在 1980

年由德国科学家提出，是生命科学在 21 世纪刚刚出现的一个分支学科、交叉学科，涉及生物化学、物理化学、分子生物学、系统生物学、基因工程、工程学及计算科学等多个领域。随着研究推进，2000 年 *Nature* 报道了人工合成基因线路研究成果，将合成生物学研究推向世界；2014 年，美国国防部将其列为 21 世纪优先发展的六大颠覆性技术之一；英国商业创新技能部将合成生物技术列为未来的八大技术之一；中国科学院发布的《创新 2050：科学技术与中国的未来》认为“合成生物学是可能出现革命性突破的 4 个基本科学问题之一”；我国在“十三五”科技创新战略规划中，已将合成生物技术列为战略性前瞻性重点发展方向；同时习近平总书记于 2018 年在中国科学院第十九次院士大会、中国工程院第十四次院士大会上指出，“以合成生物学、基因编辑、脑科学、再生医学等为代表的生命科学领域孕育新的变革”。根据表 8-2 可知，目前我国学者大多从传统文献计量分析角度出发，通过地域分布、机构分布、研究热点等研究内容揭示近年来合成生物学的发展趋势，但对于合成生物学领域基础研究如何影响技术创新成果的产出、技术创新成果对基础研究有无促进作用、二者之间的关联程度如何、研究主题有何异同等问题尚不清楚，故本章从这些尚未完全解决且亟待完善的问题出发，以合成生物学领域为研究对象，对分析其技术研究与技术创新之间的关系具有重要的理论和实践意义。

表 8-2　我国合成生物学研究现状（节选）

序号	数据来源	研究内容	作者
1	SCI 数据库中 1990 ~ 2010 年的 3949 篇论文	论文产出规模、地域分布、机构分布、研究热点、学科关联性、知识基础	刘娅和崔伟（2012）
2	SCI 数据库中 1990 ~ 2014 年的 9604 篇论文	国家分布、城市分布、研究主题	倪萍和安新颖（2016）
3	SCI 数据库中 1984 ~ 2015 年的 961 篇论文	参考文献共被引聚类、文献耦合聚类	盛立等（2015）
4	SCI 数据库、DII 数据库	核心科学家、地域分布、产业化开发内容	王慧媛等（2015）
5	SCI 数据库中 1992 ~ 2012 年的 5012 篇论文	年代分布、地域分布、机构分布、研究热点	安嘉璐等（2015）
6	SCI 数据库中 2000 ~ 2012 年的 1484 篇论文	研究热点、优势机构、领军人物	钱万强等（2013）

8.3.2　数据来源

本章所涉及的专利数据来自美国专利商标局的授权专利数据库，美国是目前唯一的将申请人引用的参考文献（论文引文、专利引文）以目录形式记载在专利说明书扉页的国家。该数据库获得的专利可以被认为是全球技术发展的缩影，且具有数据量大、质量高、覆盖面广、检索方便等优点；选择 Web of Science 数据库作为科学论文数据来源，该数据库的全面性、权威性、知名性也受到研究者认可。

首先检索 PubMed 数据库中合成生物学的 MeSH 词" Synthetic Biology" 及入口词" Biologies, Synthetic"、" Biology, Synthetic" 与" Synthetic Biologies"；其次参考借鉴合成生物学相关文献中的用词，最终采用关键词" Synthetic biolog $ " OR " engineered biolog $ " OR " gene circuit $ " OR " genetic circuit $ " OR " genetic device $ " OR " synthetic life" OR " synthetic live $ " OR " synthetic tissue $ " OR " synthetic cell $ " OR " synthetic genome $ " OR " synthetic gene $ " OR " genetically modified organisms technique $ " OR " transgenic biotechnolog $ " OR " minimal genome $ " OR " essential gene $ " OR " gene circuit $ " OR " construct new pathways within existing cells" OR " constructing new biosynthetic pathways" OR " biolog $, synthetic" AND APD/1/1/2009->12/1/2018 在 USPTO 中进行专利检索，使用同样的关键词在 Web of Science 数据库中进行检索，检索字段选择主题，时间窗限定为 2009 ~ 2018 年，文献类型限定为 article，一共得到 5233 件专利、9033 篇论文数据，专利、论文引文分别为 721 368 篇、449 513 篇。

8.3.3 基础研究-技术创新测度计量指标

为了分析论文与专利之间的交叉引用关系及内在作用机理，本章在调研国内外相关指标的基础上，选取以下指标来描述专利及论文引文的异同点，指标内涵及计算方法如下。

1）科学关联度（science linkage，SL）：科学关联度由 Narin 和 Olivastro（1988）提出，指专利所引用的科学论文或研究报告等的平均数量，能反映技术创新对基础研究的依赖程度，计算公式为 $\mathrm{SL}_i = \sum Rt_i/P_t$（$Rt_i$ 代表第 i 件专利所引用的论文数量，P_t 代表施引专利总数），该值越大，说明技术创新对基础研究的依赖程度越高。

2）技术关联度（technology linkage，TL）：技术关联度与科学关联度类似，指论文所引用的技术专利的平均数量，能反映基础研究对技术创新的依赖程度，计算公式为 $\mathrm{TL}_i = \sum_i Rs/P_s$（$Rs_i$ 代表第 i 篇论文所引用的专利数量，P_s 代表施引论文总数），该值越大，说明基础研究对技术创新的依赖程度越高。

3）专利引用时滞：包括专利引用专利时滞和专利引用论文时滞。其中，专利引用专利时滞=施引专利公开年-被引专利公开年，用于评价技术转化速度；专利引用论文时滞=施引专利公开年-被引论文发表年，用于评价科学向技术的转化速度。

4）论文引用时滞：包括论文引用论文时滞和论文引用专利时滞。其中，论文引用论文时滞=施引论文发表年-被引论文发表年，用于评价科学转化速度；论文引用专利时滞=施引论文发表年-被引专利公开年，用于评价技术向科学的转化速度。

5）技术循环周期（technology cycle time，TCT）：技术循环周期由 Narin 等（2000）提出，包括论文的技术循环周期（TCT_s）和专利的技术循环周期（TCT_t）。其中，论文的技术循环周期计算公式为 $TCT_s = \sum T_{si}/P_s$（T_{si} 代表第 i 篇论文所引用的专利年龄中位数，P_s 代表施引论文总数）；专利的技术循环周期计算公式为 $TCT_t = \sum T_{ti}/P_t$（T_{ti} 代表第 i 件专利所引用的专利年龄中位数，P_t 代表施引专利总数），技术循环周期越短，说明被引用的专利新颖性越高，创新潜力越大。

6）科学循环周期（science cycle time，SCT）：科学循环周期由 Verbeek 等（2002）提出，包括论文的科学循环周期（SCT_s）和专利的科学循环周期（SCT_t）。其中，论文的科学循环周期计算公式为 $SCT_s = \sum S_{si}/P_s$（S_{si} 代表第 i 篇论文所引用的论文年龄中位数，P_s 代表施引论文总数）；专利的科学循环周期计算公式为 $SCT_t = \sum S_{ti}/P_t$（S_{ti} 代表第 i 件专利所引用的论文年龄中位数，P_t 代表施引专利总数），科学循环周期越短，说明被引用的论文新颖性越高，知识在论文之间的传递速度越快。

8.3.4 数据处理

（1）专利及其引文数据处理

步骤 1：因美国专利商标局数据库不支持下载，故通过 Python 编程爬取检索出的 5233 件专利的公开号，将公开号用“OR”连接。德温特创新（Derwent innovation，DI）平台是科瑞唯安公司在应用创新领域拥有的全球最权威、最著名的专利科技文献检索平台，其不仅支持专利数据的检索，同时集成了专利数量、国别、主题等分析。本章将构建的 5233 件专利公开号检索式放入 DI 平台进行二次检索，数据导出时选择“引用的参考文献数-专利、引用的参考文献详细信息-专利、引用的参考文献数-论文、引用的论文-DOI”等字段。

步骤 2：分别统计各年度专利引用的专利文献数、论文文献数；按国别统计各国专利公开量，筛选出专利公开量最多的国家分别为美国、德国、瑞士，以中国作为参比对象，分别统计这 4 个国家各年度专利总量、引用专利文献量、引用论文文献量，根据公式计算其科学关联度。

步骤 3：对步骤 1 导出的“引用的参考文献详细信息-专利、引用的参考文献数-论文”字段进行进一步处理，某件专利引用的多件专利、多篇论文间用“|”进行分割，以专利公开号为索引，分别将引用的多件专利、多篇论文存放在独立的单元格，根据数据库存储数据格式，采用 Python 编程通过规则匹配分别提取每件专利的公开年、每篇论文的出版时间，以专利公开年减引用专利及论文的公开年及出版时间即为引用文献时滞。

步骤 4：根据上述统计结果，通过 Excel 函数分别统计每件专利引用的专利年龄中位数、论文年龄中位数，根据公式计算专利的技术循环周期、科学循环周期。

步骤 5：经多次实验，提取专利引文大于等于 55 频次的引文共 92 篇，构建 92×92 维共现矩阵，将矩阵导入 VosViewer 中，通过 VOS 布局算法参数 Attraction、Repulsion 大小的调整绘制可视化图谱。

（2）论文及其引文数据处理

步骤 1：将 Web of Science 数据库中检索出的 9043 篇论文以制表符分隔（Win）格式导出，在 Derwent Data Analyzer（DDA）平台中对数据进行进一步清洗与加工。

步骤 2：论文引文以分号为标识，以论文 DOI 号为索引，采用 Python 编程分别将每篇论文引用的多件专利、多篇论文进行分割并存放在独立的单元格，根据数据库存储数据格式，采用 Python 编程通过规则匹配分别统计每篇论文引用文献数量，其中是否引用专利以字段“CR”中是否有“Patent No.”标识为准。汇总加和每篇论文引文，分别统计各年度论文引用的论文文献数、专利文献数。最后以相同方法分别统计美国、德国、瑞士、中国各年度论文总量、引用专利文献量、引用论文文献量，根据公式计算其技术关联度。

步骤 3：对步骤 2 处理后的每篇论文引用的专利、论文信息进行进一步处理，采用 Python 编程通过规则匹配分别提取引用的每件专利的公开年、每篇论文的出版时间，以论文出版年减引用专利及论文的公开年及出版时间即为引用文献时滞。

步骤 4：上述已统计出每年引用专利的论文总数及每篇论文引用专利数量，在此基础上通过 Excel 函数分别统计每篇论文引用的专利年龄中位数、论文年龄中位数，根据公式计算论文的技术循环周期、科学循环周期。

步骤 5：经多次实验，提取论文引文大于等于 100 频次的引文共 76 篇，构建 76×76 维共现矩阵，将矩阵导入 VosViewer 中，通过 VOS 布局算法参数 Attraction、Repulsion 大小的调整绘制可视化图谱。

8.3.5　研究方法

本章主要采用引文分析方法，以专利所引用文献、论文所引用文献、论文-专利共被引文献为分析数据，利用各种数学、统计学方法，从科学关联度、技术关联度、专利引用时滞、论文引用时滞、科学循环周期、技术循环周期等角度出发建立科学计量学指标体系对引文进行定量分析研究，以此分析合成生物学领域基础研究与技术创新之间的关系。结合上述内容，本研究的分析流程如图 8-1 所示。

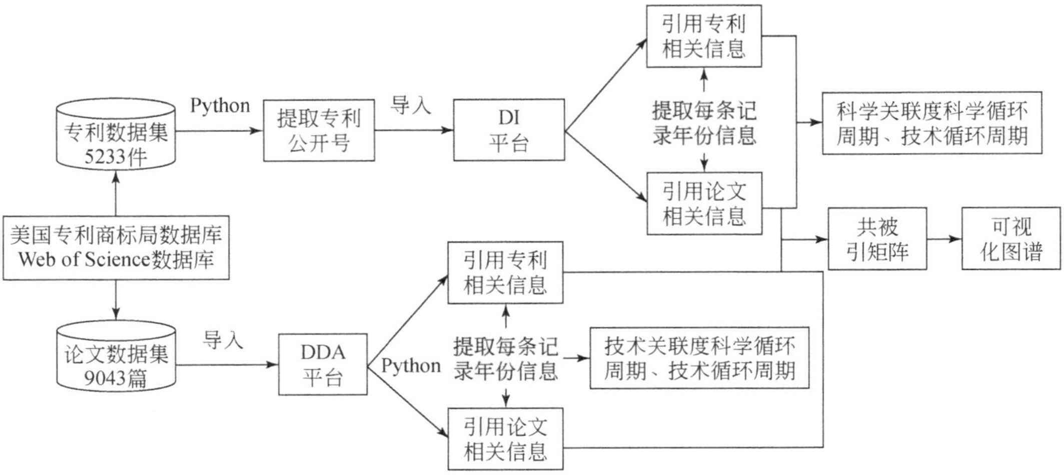

图 8-1　分析流程

8.4　结果与讨论

8.4.1　专利引文层面

（1）专利引文总体情况

2009～2018 年美国专利商标局数据库中授权并公开发布的合成生物学领域相关专利共 5233 件，引用的专利文献、论文文献分别为 303 578 篇、417 790 篇，平均每件专利引用 58 篇专利文献、80 篇论文文献，其中有 105 件专利未引用专利文献，143 件专利未引用论文文献。合成生物学领域专利授权数量及引用专利文献量、引用论文文献量随时间的变化趋势如图 8-2 所示。由图 8-2 可看出，专利文献量基本呈逐年递增趋势，说明合成生物学受到人们的持续关注。其中，2014～2016 年较之前增长更加迅猛，这是因为经济合作与发展组织（Organisation for Economic Co-operation and Development，OECD）在 2014 年 6 月 4 日发布《合成生物学领域的新兴政策问题》报告，认为合成生物学应用前景广阔；国际知名知识产权公司麦仕奇 2014 年 6 月 24 日发布的《2014 年生命科学报告：基因组 2.0 时代》显示，个体化医疗和合成生物学领域都显示出潜在商业前景；英国 2013 年投资 4000 万英镑资助三个大型合成生物学研究中心，2014 年在此基础上再次支持三个新的合成生物学中心；*Nature* 期刊于 2014 年 5 月 8 日推出了合成生物学的特刊，报道了这一学科发表在 *Nature*、*Nature Methods*、*Nature Reviews Microbiology* 上的论文的最新进展，包括综述和评论性文章，扩大了合成生物学研究的影响力；同时，2014 年科学家第一次用含有人工遗传密码的 DNA 生成了有机体，激起了学术界对该领域广泛的讨论。此外，从图 8-2 可看出，随着时间变化，专利引用专利文献量、引用论文文献量均呈指数增长趋势（R^2 分别为 0.9155 和 0.7527），说明有越来越多的专利技术在其研发过程中引用基础研究知识。其他领域相关研究表明，专利引用专利文献量一般高于引用论文文献量，但本研究中专利引用论文文献量更多，说明合成生物学领域技术创新需要大量基础研究的积累，基础研究在产业核心技术能力提高方面有举足轻重的作用。

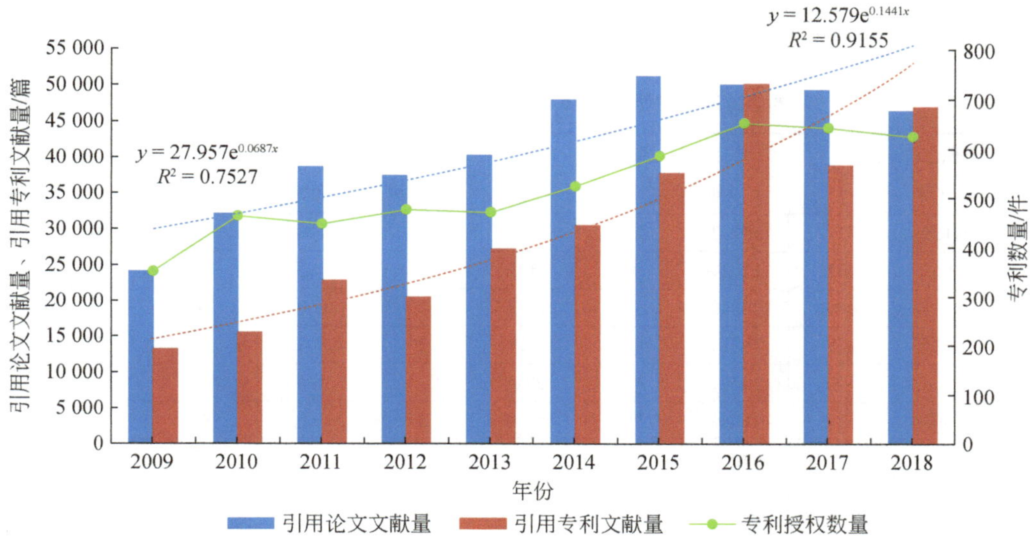

图 8-2　合成生物学领域专利授权数量及引用专利文献量、引用论文文献量随时间的变化趋势

（2）科学关联度

经统计，美国、德国、瑞士在合成生物学领域专利公开量最多，分别为 3263 件、313 件、188 件，中国公开专利量为 44 件，这是因为美国历来是合成生物学的领跑者，政府、国家科学基金会、国防部、能源部等都加大投资力度，通过资助项目、建立研究中心等促进合成生物学研究；德国重视生命科学领域研究，德国研究协会、德国国家科学院、德国国家工程院等均围绕如何发展合成生物学起草概要。合成微生物学中心在促进德国合成生物学的发展方面也发挥了重要作用；瑞士苏黎世联邦理工学院是国际合成生物学研究的重要机构之一，Mattin Fussenegger 教授实验室人工设计、合成的可以取代胰岛 β 细胞的人造细胞（HEK-β）在国际上引发重大影响和广泛讨论；我国合成生物学研究与发达国家相比起步较晚，2010 年左右才与国际研究高度接轨，近年来国家战略层逐渐重视该领域研究，制定合成生物学战略路线图，我国在该领域研究也不断取得突破和进展。为从时间维度对比分析中国和以上三个国家在合成生物学领域技术创新对基础研究的依赖程度的不同，分

别统计美国、德国、瑞士、中国在美国申请专利的数量及所引用的论文数量（表 8-3），在此基础上计算各个国家科学关联度随时间的变化趋势。如图 8-3 所示，红色代表所有国家科学关联度的平均变化趋势，表明随着时间推移，合成生物学领域技术创新对基础研究的依赖程度增减交替，波动不大。其中，美国技术创新与基础研究的关联程度一直高于平均水平，德国、瑞士分别在 2014 年、2018 年科学关联度骤然上升，我国合成生物学领域科学关联度在四个国家中相对较低，除 2013 年引用 519 篇论文，科学关联度与平均水平保持一致外，其余年份均低于平均水平，提示我们应重视基础研究在技术创新中的角色，应用基础研究产生的科学知识，提高技术创新能力。

表 8-3　合成生物学领域专利文献量及其引用论文文献量　　　单位：件

年份	引用论文文献量	专利量	引用论文文献量	美国专利量	引用论文文献量	德国专利量	引用论文文献量	瑞士专利量	引用论文文献量	中国专利量
2009	24156	351	17702	219	961	34	178	6	50	4
2010	32063	462	22629	300	491	30	786	16	84	3
2011	38634	446	28349	302	362	21	600	14	55	3
2012	37415	475	26512	312	728	29	898	19	57	5
2013	40306	470	29209	317	2228	25	134	4	519	6
2014	48004	523	31944	318	5105	27	366	9	21	4
2015	51225	586	37457	360	3859	32	612	17	153	6
2016	50077	652	40528	394	568	23	1517	50	2	1
2017	49399	643	36144	388	640	21	1267	41	117	8
2018	46511	625	31305	354	2013	71	836	12	63	4

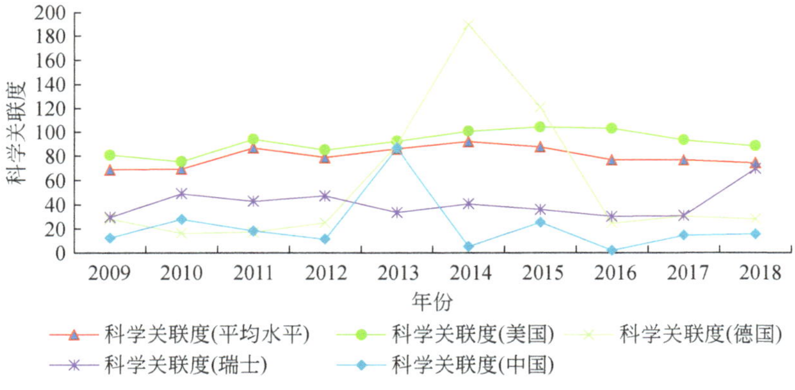

图 8-3　合成生物学领域专利的科学关联度

（3）专利引用时滞

计算专利引用的每一篇专利参考文献和论文参考文献的引用时滞，分别统计不同引用时滞下专利或论文被引频次及被引频次累积百分比，统计结果如图 8-4 所示。从图 8-4 可知，专利引用的 307 578 篇专利文献中，引用时滞最长可达 118 年，共有 6 篇专利引用了公开于 118 年前的专利。引用时滞为 14 年的专利被引频次最高，共被引 16 651 次，占 6%，引用时滞小于 15 年的专利被引频次累积百分比为 51. 79%，超过所有专利文献的一半，说明合成生物学领域专利文献更倾向引用时滞小于 15 年的专利。专利引用的417 790 篇论文文献中，引用时滞最长可达 117 年，共有 1 篇专利引用了发表于 117 年前的论文。引用时滞为 11 年的论文被引频次最高，共被引 16 640 次，占 5. 7%，引用时滞小于 13 年的论文被引频次累积百分比为 50. 29%，超过所有论文文献的一半，说明合成生物学领域专利文献更倾向引用时滞小于 13 年的论文。通过对比分析专利引用专利文献及论文文献时滞的不同可知，与引用以往技术创新成果相比，合成生物学领域技术创新对基础研究的时间敏感性稍强。

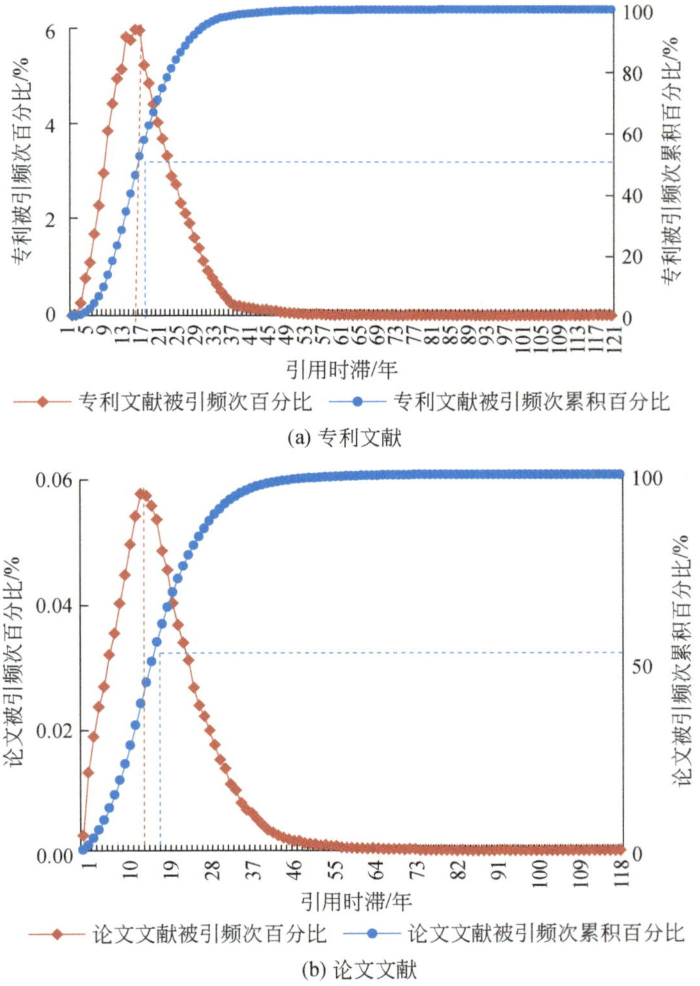

图 8-4　合成生物学领域专利文献被引时滞对比情况

（4）专利的科学循环周期、技术循环周期

根据上文的计算公式可得合成生物学领域专利的技术循环周期（TCT_t）为 13.92 年，科学循环周期（SCT_t）为 12.28 年，其中专利引用的专利年龄中位数最大值为 44 年，专利引用的论文年龄中位数最大值为 38 年，说明合成生物学领域知识从基础研究向技术创新成果的转化速度稍快于先前技术创新成果向技术创新传递的速度。分别计算 2009～2018 年每一年的专利技术循环周期和专利科学循环周期，由图 8-5 可看出两个循环周期均呈上升趋势。进一步对两组数据进行配对样本的 t 检验，得到 $t=-17.553$，$P=0.000<0.01$，说明专利科学循环周期及专利技术循环周期均值不相等，后者比前者平均多 1.63 年。

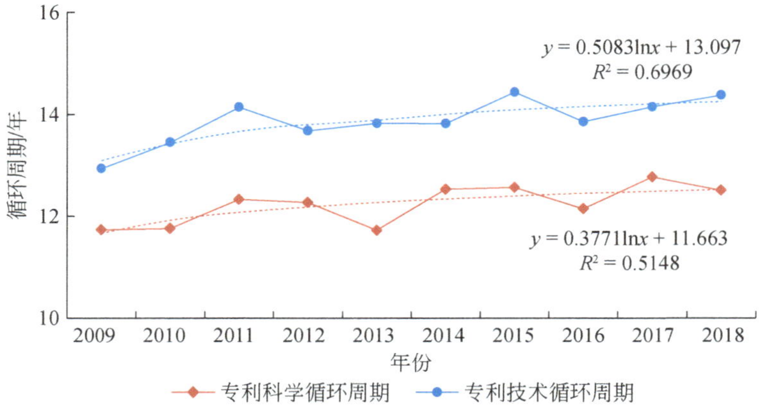

图 8-5　合成生物学领域专利技术循环周期及专利科学循环周期

8.4.2　论文引文层面

（1）论文引文总体情况

2009～2018 年 Web of Science 数据库中公开发表的合成生物学领域相关论文共 9043 篇，其中 355 篇论文引用专利文献，共占 4%。所有论文引用的论文文献、专利文献分别为 448 727 篇、786 篇，平均每篇论文引用 50 篇论文文献、0.09 篇专利文献，37 篇论文无参考文献。合成生物学领域论文数量及引用论文文献量、引用专利文献量随时间的变化趋势如图 8-6 所示。由图 8-6 可看出，合成生物学领域的论文数量总体呈增长趋势，十年间增加三倍左右，说明全球科学界对其关注度不断上升。由图 8-6 还可看出，随着时间变化，论文引用论文文献数量、引用专利文献数量均呈指数增长趋势（R^2 分别为 0.9433 和 0.5445），但引用论文文献数量远多于论文引用专利文献数量，说明一方面在基础研究过程中对技术创新成果的吸收、转化及利用意识不够，效率不高；另一方面可能由于专利涉及专利使用费的问题，没有期刊文献容易获取。同时与每件专利平均引用 80 篇论文文献相比，每篇论文平均引用 0.09 篇专利文献，相差很大，表明技术创新对于基础研究的再促进作用远远低于基础研究对于技术创新的促进作用，提示我们在以后的研究中注意加强技术知识在基础研究中的应用。

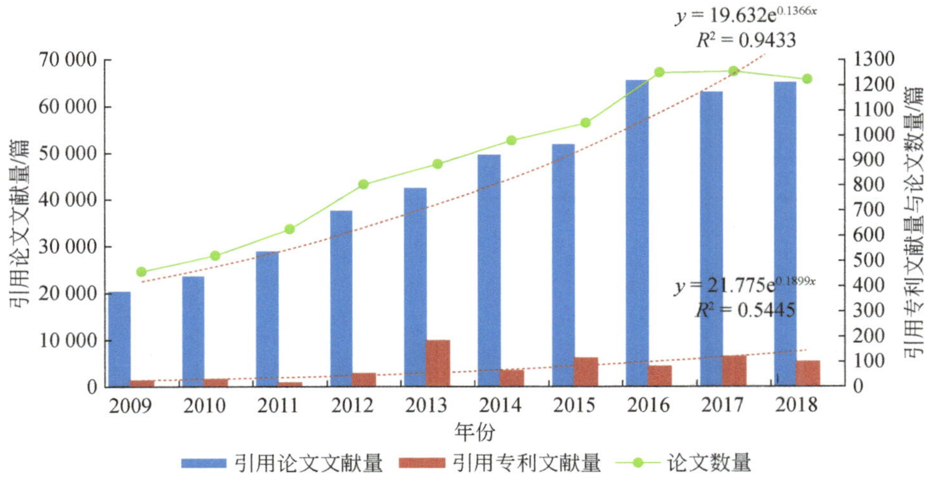

图 8-6　合成生物学领域论文数量及引用论文文献量、引用专利文献量随时间的变化趋势

（2）技术关联度

为与上述科学关联度进行对比分析，分别统计美国、德国、瑞士、中国论文数量及引用专利文献量（表 8-4），在此基础上计算各个国家技术关联度随时间的变化趋势。结合表 8-4、图 8-7 可得，虽整体来看各国论文引用专利量在十年间均有提高，但技术关联度并没有形成明显的提高或减弱趋势，除美国每年均引用专利文献外，德国、瑞士和中国有时并不引用专利文献，整体来看各个国家对专利文献的引用程度并不高，一方面与我们本身的引文习惯有关，参考文献类型一般以期刊、图书、网络文献、学位论文等为主，专利文献引用并不多见；另一方面也反映出专利文献在科研中尚未得到充分应用，技术创新成果在基础研究中的应用情况并不乐观。

表 8-4　合成生物学领域论文文献量及其引用专利文献量　　单位：件

年份	引用专利文献量	论文量	美国引用专利文献量	美国论文量	德国引用专利文献量	德国论文量	引用专利文献量	瑞士论文量	引用专利文献量	中国论文量
2009	25	457	7	213	1	35	0	15	2	39
2010	31	520	16	240	0	44	0	15	0	45
2011	16	625	3	280	1	67	1	23	0	58
2012	52	803	31	374	0	60	1	32	2	95

续表

年份	引用专利文献量	论文量	美国引用专利文献量	美国论文量	德国引用专利文献量	德国论文量	引用专利文献量	瑞士论文量	引用专利文献量	中国论文量
2013	184	885	43	377	15	83	1	36	2	97
2014	63	979	16	425	5	100	0	38	19	122
2015	114	1049	39	408	4	106	2	28	16	162
2016	80	1249	36	499	8	133	2	61	11	201
2017	121	1254	29	542	2	116	6	50	11	232
2018	100	1222	40	469	14	139	5	50	3	226

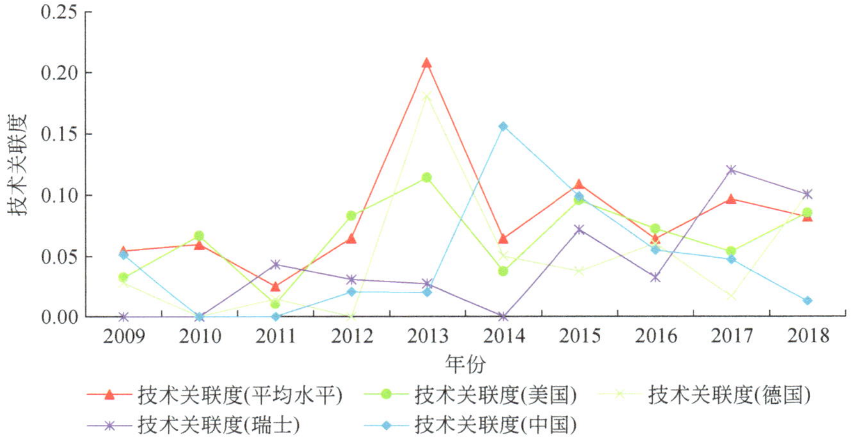

图 8-7　合成生物学领域专利的技术关联度

（3）论文引用时滞

计算论文引用的每一篇专利参考文献和论文参考文献的引用时滞，分别统计不同引用时滞下专利或论文被引频次及被引频次累积百分比，统计结果如图 8-8 所示。从图 8-8 可知，论文引用的 786 篇专利文献中，引用时滞最长可达 160 年，共有 1 篇论文引用了公开于 160 年前的专利。引用时滞为 5 年的专利被引频次最高，共被引 85 次，占 11%，引用时滞小于 6 年的专利被引频次累积百分比为 52.15%，超过所有专利文献的一半，说明合成生物学领域论文文献更倾向引用时滞小于 6 年的专利。论文引用的 448 727 篇论文文献中，引用时滞最长可达 118 年，共有 1 篇论文引用了发表于 118 年前的论文。引用时滞为 2 年的论文被引频次最高，共被引 42 683 次，占 9.56%，引用时滞小于 6 年的论文被引频次累积百分比为 50.62%，超过所有论文文献的一半，说明合成生物学领域论文文献更倾向引用时滞小于 6 年的论文，特别是引用时滞为 2 年的论文。通过对比分析论文引用专利文献及论文文献引用时滞的不同可知，合成生物学领域论文对专利文献及论文文献的引用时滞累积频次分布相似，均较多引用 6 年前的文献，但论文文献引用频次的最高峰小于专利文献，为 2 年。与专利引用时滞相比，论文文献引文时滞整体小于专利文献引文时滞，说明论文引文比专利引文的时间敏感性更强。

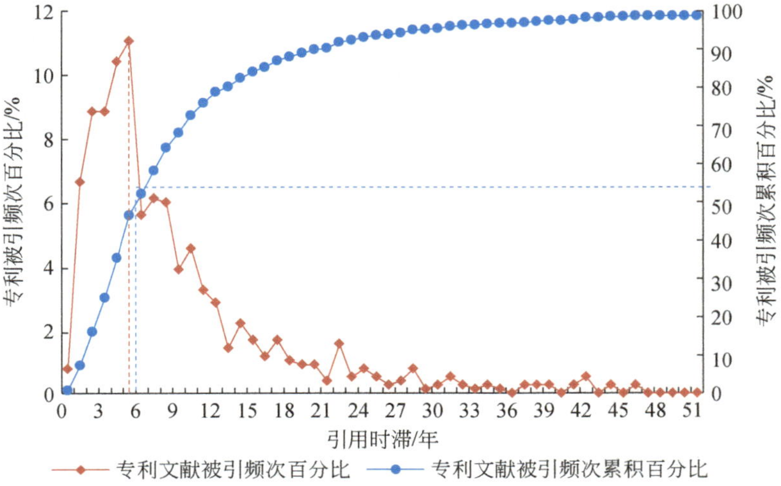

(a) 专利文献

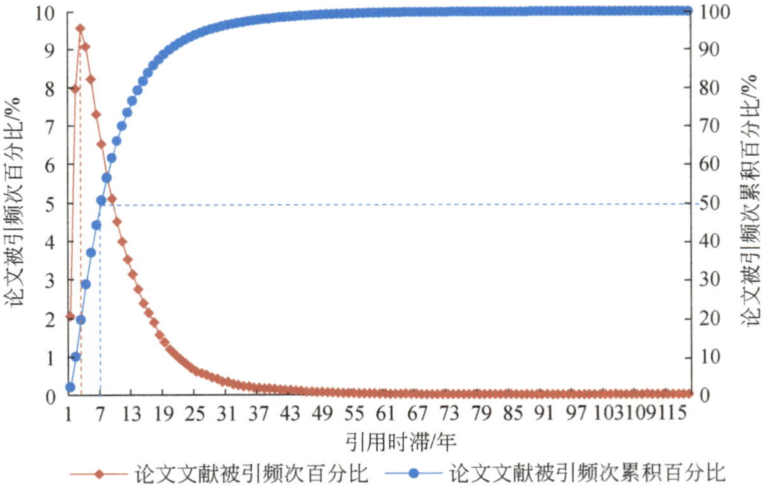

(b) 论文文献

图 8-8　合成生物学领域论文引文被引时滞对比情况

（4）论文的科学循环周期、技术循环周期

根据前述计算公式可得合成生物学领域论文的科学循环周期（SCT_s）为 6.99 年，技术循环周期（TCT_s）为 10.85 年，其中论文引用的论文年龄中位数最大值为 45 年，论文引用的专利年龄中位数最大值为 125 年，说明合成生物学领域知识从基础研究向基础研究成果的转化速度远远快于技术创新成果向基础研究传递的速度。分别计算 2009～2018 年每一年的论文科学循环周期和论文技术循环周期，由图 8-9 可看出由于论文引用专利文献量少，曲线波动幅度大，而论文引用论文文献量多，曲线较为平滑，论文技术循环周期呈下降趋势。论文科学循环周期呈上升趋势。进一步对两组数据进行配对样本的 t 检验，得到 $t=5.674$，$P=0.000<0.01$，说明论文科学循环周期及论文技术循环周期均值不相等，后者比前者平均多 4.43 年。通过对论文科学循环周期及专利科学循环周期的对比可知，基础研究向基础研究的转化速度要远快于基础研究向技术创新的转化速度；通过对论文技术循环周期及专利技术循环周期的对比可知，技术创新向基础研究的转化速度快于先前技术创新向技术创新的转化速度。

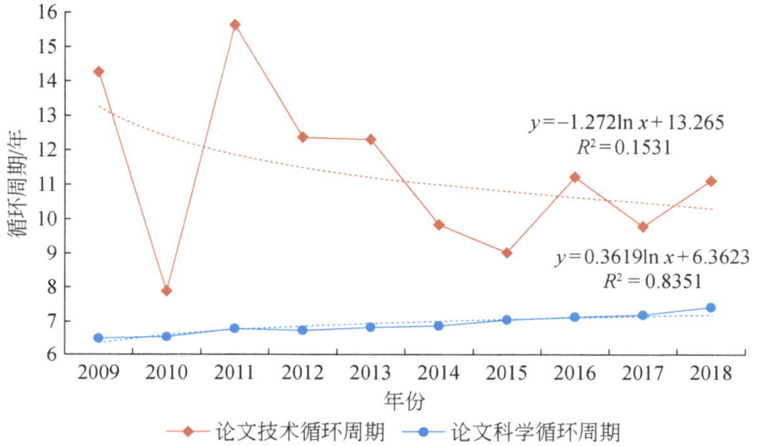

图 8-9　合成生物学领域论文技术循环周期及论文科学循环周期

8.4.3　论文-专利混合共被引层面

专利及论文引文分析研究大多揭示的是基础研究与技术创新关系的数量特征，对二者之间相互关联、相互作用的主题和内容并未进行深入分析，故本节在提取专利引文频次大于等于 55、论文引文频次大于等于 100 的引文基础上，通过数据格式转换、共被引矩阵构建等步骤，得出论文-专利混合共被引网络，如图 8-10、图 8-11 所示，节点代表高被引引文，连线代表共被引关系，节点越大，说明被引频次越高，点的颜色代表不同研究主题。

从图 8-10 可看出，合成生物学领域技术创新研究主要聚焦在四个方面，分别为：①基因与基因组的合成研究（红色聚类），此类技术主要为发挥特殊功能的单一“部件”，目的是让生物系统经重新组装后发挥新的功能，包括将生物系统精简成模块及其他部件、扩增，检测或克隆相关序列等，如 Mullis（1986）发明了扩增核酸或其混合物中所含任何所需特定核酸序列的方法；Jones 等（1986）将小鼠抗体 B1-8 重链可变区域的 CDRs 替换为半抗原 NP-cap 结合的 CDRs，使得从相应小鼠单克隆抗体构建人类单克隆抗体；②基因

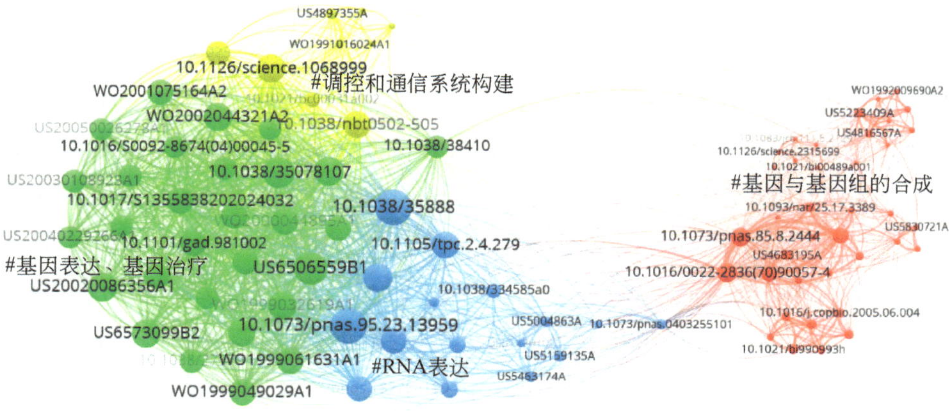

图 8-10　合成生物学领域专利引文混合共被引聚类结果

表达、基因治疗研究（绿色聚类），包括基因修饰赋予新功能、抑制靶基因表达的技术等，主要对基因组进行操控和克隆，如 Graham（2003）发明了修饰转基因生物的技术，当引入该合成基因时，会抑制、延迟或减少内源性基因或靶基因的表达；③RNA 表达相关研究（蓝色聚类），包括 RNA 酶、RNA 干扰内源性基因功能等相关研究，如 Fire 等（1998）研究发现双链 RNA 在产生干扰方面比单链 RNA 更有效；④调控和通信系统构建研究（黄色聚类），包括多阴离子，多阴离子和生物活性物质形成传递系统、合成基因转移载体、真核细胞转染载体等，如 Eppstein 等（1990）通过聚阴离子相关研究为多核苷酸递送至细胞提供了毒性更小且更有效的途径。

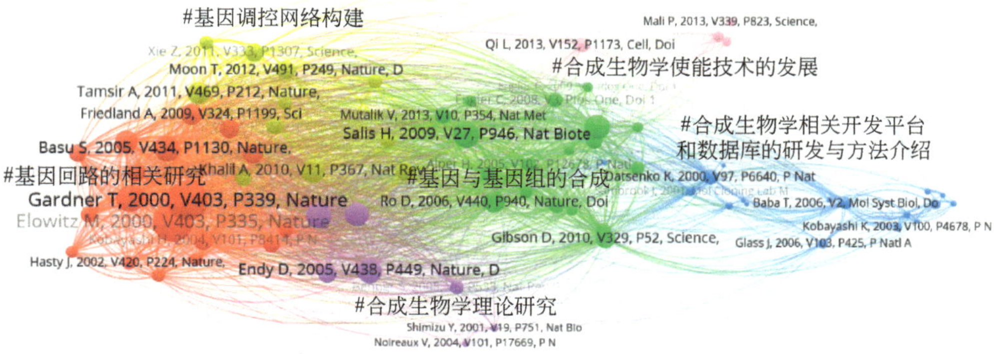

图 8-11　合成生物学领域论文引文混合共被引聚类结果

从图 8-11 可看出，合成生物学领域基础研究主要聚焦在六个方面，分别为：①基因与基因组的合成研究（绿色聚类），包括已有基因或基因组的重组，组装和合成、通过人工合成方法开发高效化学工艺、对基因进行克隆和重构等，如 Wang 等（2009）将工程学纳入进化的范畴，通过多重基因组工程和加速进化为细胞编程，使生物体具有新特性；②合成生物学相关开发平台和数据库的研发与方法介绍（蓝色聚类），包括蛋白质数据库的算法、基因数据库的构建、基因组功能鉴定方法的研究等，为合成生物学的快速发展提供保障，如 Zuker（2003）将 Mfold Web 服务器用于核酸折叠和杂交预测；Zhang 和 Lin（2009）构建了原核生物和真核生物必需的基因数据库 DEG 5.0；③基因回路的相关研究（红色聚类），这类文章占比最高，因基因回路已成为合成生物学的重要组成部分，这类研究不仅可更深入了解生命的构成方式和调控原理，还可设计具有所需功能的基因元件，进而构建合成生物系统（刘柳等，2011），包括简单基因电路构建、基因波动开关和振荡器的设计等，如 Becskei 和 Serrano（2000）设计并构建了大肠杆菌中由调控因子和转录抑制因子模块组成的简单基因电路，展示了负反馈产生的稳定性增益；④合成生物学理论研究（紫色聚类），包括合成生物学的基本特征、工程生物学研究基础等，如 Andrianantoandro 等（2006）通过文献中的一些案例概述了合成生物学作为一门新工程学科的基本特征；⑤基因调控网络构建（黄色聚类），包括研究基因线路的各种逻辑关系与调控方法，以实现特定的功能、设计新的遗传线路，并利用基因重组等手段完成对现有系统的改造，从而使生物系统实现定向进化等，如 Moon 等（2012）采用部分挖掘和定向进化的方法，在单个细胞中通过由层状逻辑门构造的遗传程序构建了一套大肠杆菌的转录和门序列，可在单个单元中构建大型集成电路；⑥合成生物学使能技术的发展（粉色聚类），包括利用 CRISPR/Cas 系统进行多路基因组工程等，如 Qi 等（2013）将 CRISPR 重新定位为 RNA 导向的基因表达序列特异性控制平台，提供了一种在全基因组范围内选择性干扰基因表达的简单方法。

通过对专利及论文引文网络对比分析，我们可看到专利高被引网络中，不仅分布着专利文献，且分散着大量论文文献，反观论文高被引网络，几乎没有专利文献，说明人们对基础研究在技术创新中的作用已有一定认知，而并未足够重视技术创新对基础研究的再促进作用。此外，在研究主题上，合成生物学领域基因与基因组的合成研究、基因编辑是基础研究与技术创新共同关注的焦点，同时，在应用方面，医药领域、化学制品、生物燃料等也是二者共同关注的内容。不同的是，基础研究关注的范围更广、领域更多，除了对合成生物学领域奠定性理论、方法、工具进行论述，对基因调控网络构建、功能回路的设计及这些方法技术在新材料、传感器、能源等领域的应用和发展也有一定研究。

8.5　结语

在科学研究进入第四范式的大背景下，数据密集已逐步成为各学科的显著特色，基于大数据的知识发现成为科技领域知识发现的重要形式（张志强和范少萍，2015），随着“五型”融合的情报研究新范式的发展，论文、专利作为其中专业型战略情报研究的重要基础（张志强，2012），是公开的科学、技术信息来源，是基础研究与技术创新最直接的表现方式。本章以合成生物学领域近十年共 5233 件专利、9033 篇论文为研究对象，从引文整体分布情况、科学及技术关联度、引文时滞、循环周期四个角度对专利及论文引文进行分析，从主题分布情况对论文-专利混合共被引情况进行分析，力求多角度综合分析合成生物学领域基础研究与技术创新之间的关系，本章得出的结论有：①2009 ~ 2018 年美国专利局数据库中授权并公开发布的合成生物学相关专利共 5233 件，引用的专利文献、论文文献分别为 303 578 篇、417 790 篇，平均每件专利引用 58 篇专利文献、80 篇论文文献；Web of Science 数据库中公开发表的合成生物学相关论文共 9043 篇，约 4% 论文引用专利文献，所有论文引用的论文、专利文献分别为 448 727 篇、786 篇，平均每篇论文引用 50 篇论文文献、0. 09 篇专利文献。通过专利引用论文及论文引用专利数量的对比可知国际上合成生物学领域技术创新对基础研究成果的利用率较高，有 97% 左右的技术创新引用了基础研究的理论成果，但对技术创新活动对基础研究的再促进作用没有足够重视，未来需加强将技术创新成果在基础研究中的应用，促进新的技术创新成果产出，形成良性循环。②通过美国、德国、日本、中国四国科学关联度及技术关联度随时间变化的分析可知，合成生物学领域科学关联度总体波动不大，而技术关联度尚未形成稳定的趋势。美国的科学关联度及技术关联度均优于其他国家，说明其是合成生物学领域的主导研究力量，而我国仍处于较低发展水平，虽论文总量较多，但专利较少，提示我们要在坚持基础研究基础上加快成果转化速度，同时重视基础研究与技术创新的互动关系。③通过专利及论文引文时滞分析可知，合成生物学领域专利文献更倾向引用时滞小于 15 年的专利和引用时滞小于 13 年的论文，而论文文献更倾向引用时滞小于 6 年的专利和引用时滞小于 6 年的论文，专利及论文引用时滞趋势基本一致，但论文引文对时间敏感性更强。④通过循环周期分析可知，合成生物学领域专利的技术循环周期（TCT_t）为 13. 92 年，科学循环周期（SCT_t）为 12. 28 年，论文的科学循环周期（SCT_s）为 6. 99 年，技术循环周期（TCT_s）为 10. 85 年，不论是专利还是论文的科学循环周期均快于技术循环周期，整体来看，基础研究对基础研究的转化速度要远快于基础研究向技术创新的转化速度，技术创新向基础研究的转化速度快于先前技术创新向技术创新的转化速度。⑤通过专利及论文引文主题分析可知，合成生物学领域基础研究与技术创新有相同的发展趋势，如均关注基因与基因组的合成、基因编辑等方面研究，但基础研究关注范围更多、领域更广。此外，专利高被引网络中节点包括大量论文文献及专利文献，而论文高被引网络几乎没有专利文献，说明人们对基础研究在技术创新中的作用已有一定认知，而并未足够重视技术创新对基础研究的再促进作用。

本章也存在一些不足，首先，因美国专利商标局明确要求发明专利申请书和许可书列出参考文献，更有利于引文分析，故本章以美国专利商标局为数据来源，但该数据库主要收录在美国申请的专利文件，可能会难以代表我国专利数量和质量；其次，本章仅以论文、专利分别作为基础研究及技术创新的替代指标，通过定量方法分析二者关系，忽略了科学技术内在发展历程及定性分析等在二者之间发挥的作用；最后，由于数据量大且无直接进行深加工的软件工具，需依赖编程及人工清洗，故本章仅以合成生物学为研究领域。因此在接下来的研究中应针对上述问题进行进一步的探究，如选取 PCT 国际专利数据库、德温特专利数据库等，分析其收录的合成生物学专利数量、分布趋势与美国专利商标局数据库有无明显差异；综合考虑其他替代指标，如会议论文、书籍、专著等；继续选取若干研究领域进行实证分析，对比上述结论是否具有普适性，各领域之间有无明显异同；扩大专利、论文引文选取频次，从更大范围探究研究热点，进一步明晰基础研究与技术创新的关系；采用回归模型比较不同领域论文引文是否对专利质量产生重要影响，不同领域专利引文是否对论文质量产生重要影响等问题。

参考文献

安嘉璐，田玲，周艳玲，等. 2015. 基于 Web of Science 的合成生物学文献计量分析. 现代生物医学进展，15（1）：139-144，170.

池岩. 1999.《辞海》（1999 年版）. 辞书研究，（6）：70-71.

从文献计量和专利分析看合成生物学的发展态势. 2012. 中国生物工程学会学术年会暨全国生物技术大会论文集. 中国生物工程学会. 北京：185-186.

董坤，许海云，罗瑞，等. 2018. 科学与技术的关系分析研究综述. 情报学报，37（6）：642-652.

高继平，等. 2012. 专利-论文混合共被引分析法的实现及其应用——以德温特专利数据库为例. 情报学报，31（3）：317-324.

郭慧志，郭红燕，施风丹. 2007. 大脑与手：从工业革命论科学与技术的关系. 科学学研究，25（S2）：178-183.

李睿. 2011. 基于专利引文分析的科学—技术关联探测模型改进. 北京：中国科学院文献情报中心.

刘立，王耀德. 2003. 从专利引文看公共科学对技术创新的重要作用. 科学学研究，（4）：428-432.

刘柳，李武德，蔡国斌 . 2011. 含鼠胚胎成纤维细胞的组织工程皮肤体外构建及大鼠移植研究 . 中华整形外科杂志，27（4）：284-289.
刘娅，崔伟 . 2012. 从文献计量分析看世界合成生物学研究现状 . 世界科技研究与发展，34（3）：527-534.
倪萍，安新颖 . 2016. 合成生物学研究领域文献计量分析 . 科技管理研究，36（3）：261-266.
裴云龙，蔡虹，赵皎卉 . 2010. 纳米科学对纳米技术的影响：基于 NPR 的分析 . 情报杂志，29（10）：1-4.
钱万强，江海燕，墨宏山，等 . 2013. 基于文献计量学的世界合成生物学研究发展趋势及展望 . 中国基础科学，15（2）：30-35.
覃佳慧，何耶奇，叶鹰 . 2018. 科学论文和技术专利的引用时滞及循环周期研究——以富勒烯为例 . 情报理论与实践，41（7）：23-25.
盛立，刘伟，李玉霞，等 . 2015. 合成生物学研究前沿的识别与趋势预测 . 军事医学，39（2）：143-146.
孙晓玲，丁堃 . 2017. 基于知识基因发现的科学与技术关系研究 . 情报理论与实践，40（6）：23-26，17.
唐未兵，傅元海，王展祥 . 2014. 技术创新、技术引进与经济增长方式转变 . 经济研究，49（7）：31-43.
王慧媛 . 2012. 从文献计量和专利分析看合成生物学的发展态势 . 呼和浩特：中国生物工程学会学术年会暨全国生物技术大会 .
文晓芬 . 2011. 基于专利引文的我国基础研究与技术创新的关联分析 . 北京：中国科学技术信息研究所 .
吴菲菲，黄鲁成，石媛嫄 . 2013. 基于文献和专利相互引用的科学与技术关系分析 . 科学学与科学技术管理，34（10）：13-20.
杨祖国，陈虹，褚金涛，等 . 1999. 中国专利被《SCI》来源刊论文引用情况的统计与分析 . 情报科学，（4）：3-5.
张志强，范少萍 . 2015. 论学科信息学的兴起与发展 . 情报学报，34（10）：1011-1023.
张志强 . 2012. 论科技情报研究新范式 . 情报学报，31（8）：788-797.
赵志耘，雷孝平 . 2012. 我国生物科技领域技术创新与基础研究关联分析——从专利引文分析的角度 . 情报学报，31（12）：1283-1289.
Ziman J. 2002. 真科学 . 曾国屏，匡辉，张成岗译 . 上海：上海科技教育出版社 .
Andrianantoandro E, et al. 2006. Synthetic biology：new engineering rules for an emerging discipline. Molecular Systems Biology, 2（1）：2006. 0028.
Arthur W B. 2007. The structure of invention. Research Policy, 36（2）：274-287.
Becskei A, Serrano L. 2000. Engineering stability in gene networks by autoregulation. Nature, 405（6786）：590-593.
Berger D. 2010- 01- 12. What is the linkage between scienceand technology? http://www. madsci. org/posts/archives/2000-06/962045346. Sh. r. html［2010-01-12］.
Bhattacharya S, Meyer M. 2003. Large firms and the science- technology interfacepatents, patent citations, and scientific output of multinational corporations in thin films. Scientometrics, 58（2）：265-279.

Breitzman A F, Narin F. 2010. Method and apparatus for choosing a stock portfolio, based on patent indicators: US, 6175824.

Bush V. 1995. Science, the endless frontier. New York: Ayer Company Publisher.

Carpenter M P, Narin F. 1983. Validation study: patent citations as indicators of science and foreign dependence. World Patent Information, 5 (3), 180-185.

Dosi G. 1982. Technological paradigms and technological trajectories: A suggested interpretation of the determinants and directions of technical change. Research Policy, 11 (3): 147-162.

Eppstein D A, et al. 1990. Intracellular delivery system for polyanions and bioactive agents - using liposome (s) formed from N-(dialkyloxy) - and N-(dialkenyloxy) -alk-1-yl - N, N, N-tri: substd. ammonium lipid (s): US, 4897355.

Feynman R. 2006. What is science? Resonance, 16 (9): 860-873.

Fire A, Xu S, Montgomery M K, et al. 1998. Potent and specific genetic interference by double-stranded RNA in Caenorhabditis elegans. Nature, 391 (6669): 806-811.

Glänzel W, Meyer M. 2003. Patents cited in the scientific literature: An exploratory study of ‘reverse’ citation relations. Scientometrics, 58 (2): 415-428.

Godin B. 2006. The linear model of innovation: the historical construction of an analytical framework science. Technology and Human Values, 31 (6): 639-667.

Graham M W. 2003. Genetic constructs for delaying or repressing the expression of a target gene: US, 6573099.

Guan J, He Y. 2007. Patent-bibliometric analysis on the Chinese science — technology linkages. Scientometrics, 72 (3): 403-425.

Huang M H, Yang H W, Chen D Z. 2015. Increasing science and technology linkage in fuel cells: A cross citation analysis of papers and patents. Journal of Informetrics, 9 (2): 237-249.

Jones P T, et al. 1986. Replacing the complementarity-determining regions in a human antibody with those from a mouse. Nature, 321 (6069): 522-525.

Klevorick A K, Levin R C, Nelson R R, et al. 1995. On the Sources and Significance of Interindustry Differences in Technological Opportunities. Research Policy, 24 (2): 185-205.

Meyer M, Debackere K, Glänzel W. 2010. Can applied science be ‘good science’? Exploring the relationship between patent citations and citation impact in nanoscience. Scientometrics, 85 (2): 527-539.

Meyer M. 2000. Doesscience push technology? patents citing scientific literature. Research Policy, 29 (3): 409-434.

Moon T S, et al. 2012. Genetic programs constructed from layered logic gates in single cells. Nature, 491 (7423): 249-253.

Mullis K B. 1987. Process for amplifying nucleic acid sequences: US, 4683202.

Narin F, Hamilton K S, Olivastro D. 1995. Linkage between agency-supported research and patented industrial technology. Research Evaluation, 5 (3): 183-187.

Narin F, Noma E. 1985. Is technology becoming science? Scientometrics, 7 (3-6): 369-381.

Narin F, Olivastro D. 1988. Technology indicators based on patents and patent citations// Handbook of Quantitative Studies of Science and Technology. Amsterdam: Elsevier, 465-507.

Noyons E C M, van Raan A F J, Grupp H, et al. 1994. Exploring the science and technology interface: inventor-author relations in laser medicine research. Research Policy, 23 (4): 443-457.

Park H W, Kang J. 2009. Patterns of scientific and technological knowledge flows based on scientific papers and patents. Scientometrics, 81 (3): 811-820.

Qi L S, et al. 2013. Repurposing CRISPR as an RNA- Guided Platform for Sequence- Specific Control of Gene Expression. Cell, 152 (5): 1173-1183.

Rip A. 1992. Science andTechnology as Dancing Partners in Technological Development and Science in the Industrial Age. Bakker: Kroes Press.

Verbeek A, Debackere K, Luwel M, et al. 2002. Linking science to technology: Using bibliographic references in patents to build linkage schemes. Scientometrics, 54 (3): 399-420.

Wang G B, Guan J C. 2011. Measuring science- technology interactions using patent citations and author- inventor links: an exploration analysis from Chinese nanotechnology. Journal of Nanoparticle Research, 13 (12): 6245-6262.

Wang H H, Isaacs F J, Carr P A, et al. 2009. Programming cells by multiplex genome engineering and accelerated evolution. Nature, 460 (7257): 894-898.

Williams H L. 2013. Intellectual property rights and innovation: Evidence from the human genome author (s). Journal of Political Economy, 121 (1): 1-27.

Zhang R, Lin Y. 2009. DEG 5. 0, a database of essential genes in both prokaryotes and eukaryotes. Nucleic Acids Research, 37 (Database issue): D455- D458.

Zhao Q J, Guan J C. 2012. Modeling the dynamic relation between science and technology in nanotechnology. Scientometrics, 90 (2): 561-579.

Zuker M. 2003. Mfold web server for nucleic acid folding and hybridization prediction. Nucleic Acids Research, 31 (13): 3406-3415.

第 9 章

面向知识发现的研究主题挖掘①

研究主题演化是对研究主题的产生、扩散和发展过程的挖掘、分析和展示，能帮助情报分析和科技管理人员全面、客观地把握领域的创新发展规律，因而成为科技前沿探测、技术预见及科技路线图制定中的基础性、核心性工作。深刻认识并准确把握领域科技创新规律与演化趋势，系统谋划创新发展新路径，对于科技前沿预测、创新战略部署具有至关重要的作用。在大数据时代，科技文献数量爆发式增长，通过大规模知识计算理论方法对海量科技文献进行深度、自动化的加工和挖掘，成为目前研究主题演化的主流方法。

9.1 研究现状

研究主题挖掘和创新前沿预测是情报学关注的基本问题之一，在情报学初创时期已经被提出来，经历了 40 余年的发展，不断有新的思想、新方法融入其中，目前主要的研究方法有基于专家知识的方法、基于引文的方法和基于文本挖掘的方法等几类。也有学者将研究主题演化分为基于定性研究、基于定量研究、定性定量相结合 3 类方法。基于专家知识的方法主要属于定性研究范畴，基于引文分析和文本挖掘的方法主要属于定量研究范畴。

基于专家知识的方法。传统的学科研究主题识别主要依靠专家知识进行判读，主要使用专家访谈方法、德尔菲法、TRIZ 方法、形态分析方法等（罗文馨和王园园，2018），这些方法主观性较强，而且成本较高，但由于领域专家的公信力较好，这些方法也是目前被广泛采用的、准确率最好的研究方法。

基于引文分析的方法。由于引用信息能够很好地表示知识的传承信息，引用信息在研

① 本章内容来自张鑫等（2020）。

究主题发现和演化分析方面有非常重要的作用，此类方法主要有 Hummon 和 Dereian（1989）、Martinelli（2012）、Lu 和 Liu（2014）等使用的引文主路径方法及 Pilkington 和 Meredith（2009）、Lai 和 Li（2014）等使用的引文聚类方法等。

基于文本挖掘的方法。随着深度学习和自然语言处理等技术的发展与计算机处理能力的提升，文本挖掘方法在研究主题演化分析中，发挥着越来越重要的作用。文本挖掘的方法又可以分为：基于关键词共现的方法（Wang et al.，2012）、基于句法结构分析的方法（Wang et al.，2012）和基于概率主题模型的方法（胡正银等，2017；Blei et al.，2003；范少萍等，2019）等。

3 种研究主题演化分析的主要方法的对比见表 9-1。

表 9-1　研究主题演化分析的主要方法

方法	主要思路	优势	当前不足
基于专家知识的方法	通过专家访谈等方法分析领域研究主题演化趋势	专家解读具有权威性	依靠人力，花费较大
基于引文分析的方法	通过文献的引用关系计算文献及主题相似性	多种引文关系可定量描述文献之间的相似性，有利于发现主题的继承发展关系	引文覆盖面较窄，引文动机干扰，有时滞性
基于文本挖掘的方法	通过计算主题的词分布及分布距离得到主题相似性	极大地促进了主题演化分析方法的自动化并提升了其效率，有助于测度主题相关性	依赖计算机处理，运算环节对结果影响较大

目前的主题演化分析方法重现状分析，轻未来预测。特别是，最近时间片内的主题趋势分析不准确，这主要是论文发表的时滞性或数据出版商收录数据的时滞性等因素，使得最近时间片内论文收录不完全而导致的。笔者认为，最近时间片内的论文数据有如下两个特点：

1）数据价值高。最近时间片内的论文与现在时间最近，最能反映近期研究主题的分布情况，数据价值比较高，不能完全舍弃；

2）数据不完整。最近时间片内的论文数据又是不完整的，如果只是使用这些不完整的数据进行展示和预测，会产生不正确的分析和预测结果。

9.2　研究方法流程

本章的研究主题挖掘的研究流程整体分为两个阶段：第一阶段为数据处理与研究主题

识别阶段，其核心是研究主题表示与抽取；第二阶段为研究主题趋势分析与展示阶段，其核心是主题关联与主题趋势预测。两者的关系为研究主题表示与抽取是后续趋势分析与展示的基础和前提，一个好的研究主题表示方法才能使得后面趋势分析结果站得住脚、容易解释，研究主题趋势分析是目的和结果，趋势分析的结果能够服务于科研态势分析、科技决策部署等情报分析任务。研究主题演化分析的方法流程如图 9-1 所示。

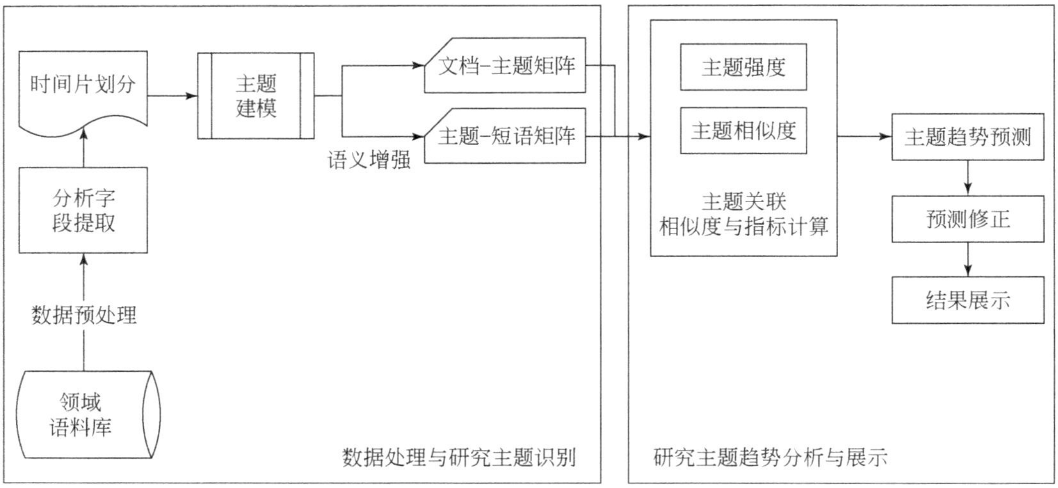

图 9-1　研究主题演化分析的方法流程

1）数据处理与研究主题识别。从数据库提供商处，采用一定的检索策略进行数据检索，将下载数据进行数据去重、缺失项处理、停用词去除和词干还原等操作，形成清洗过后的领域语料库。抽取待分析字段（关键词、标题、摘要或全文等），再按照一定的规则进行时间片划分。用 9. 2. 1 节介绍的主题表示建模方法进行主题抽取与主题语义增强，得到文档-主题关系和主题-词语关系两个矩阵。

2）研究主题趋势分析与可视化展示。对计算得到的研究主题，采用不同的相似度计算方式进行主题关联，在不同时间片内进行主题强度计算，得到相应的时间序列，再在数据完整准确的阶段采用 9. 2. 3 节中叙述的时间序列分析方法进行主题趋势预测，使用近期不完整的数据进行预测修正，获得主题趋势。以研究主题的生命周期理论为指导，并与领域专家相结合，对主题趋势进行分析和解读。以折线图、主题河流图等形式对研究主题强度变化趋势进行可视化展示。

9. 2. 1　主题表示建模

LDA 是 Blei 等（2003）提出的一种主题模型，由于它能够很好地抽取出文档中的隐性主题，迅速成为主题抽取与表示领域使用最为广泛的模型，后续很多学者对原始的 LDA

主题模型进行了各种各样的改进，如 Blei 和 Lafferty（2006）提出的 DTM、Wang 等（2007）提出的 TOT 模型等，但这些算法的计算复杂度更高，不容易在情报分析工具中进行集成。

LDA 主题模型是一种贝叶斯概率模型，它假设文档是由若干的隐含主题构成的，而主题是由词构成的。具体而言，假设有文档集 D，其中有 M 篇文档 d_1，d_2，…，d_M，第 m 篇文档的长度为 N_m，则 LDA 主题模型的文档生成过程为：①从参数为 $\vec{\alpha}$ 的 Dirichlet 分布中采样生成文档 d_i 的主题分布 θ_i；②从参数为 θ_i 的多项式分布采样生成文档 d_i 中第 j 个单词 $w_{i,j}$ 的主题 $z_{i,j}$；③从参数为 $\vec{\beta}$ 的 Dirichlet 分布中采样生成主题 $z_{i,j}$ 的词语分布 $\Phi_{z_i,j}$；④从词语的多项式分布 $\Phi_{z_i,j}$ 中采样最终生成词语 $w_{i,j}$，设文档集中词典的大小为 N_d，主题的个数为 N_T（下面几节符号相同）。

这样，单词和主题联合概率分布可以表示为

$$p(\vec{w}, \vec{z} \mid \vec{\alpha}, \vec{\beta}) = \prod_{k=1}^{K} \frac{\Delta(\vec{n_k} + \vec{\beta})}{\Delta(\vec{\beta})} \prod_{m=1}^{M} \frac{\Delta(\vec{n_m} + \vec{\alpha})}{\Delta(\vec{\alpha})} \tag{9-1}$$

可以利用式（9-1）进行主题模型参数估计，D. M. Blei 原始论文中采用 E-M 方法进行参数估计，运行效果较慢。Porteous 等（2008）提出了 Collapse Gibbs-Sample 方法，大大加快了主题模型的训练速度，加速了主题模型的落地应用。Hoffman 等（2010）提出了 LDA 模型的 Online Learning 方法，采用批量更新再合并的方式进行训练，使大数据下主题训练成为可能，该方法在基于 Python 的 Gensim 工具箱中应用广泛。LDA 主题模型如图 9-2 所示。

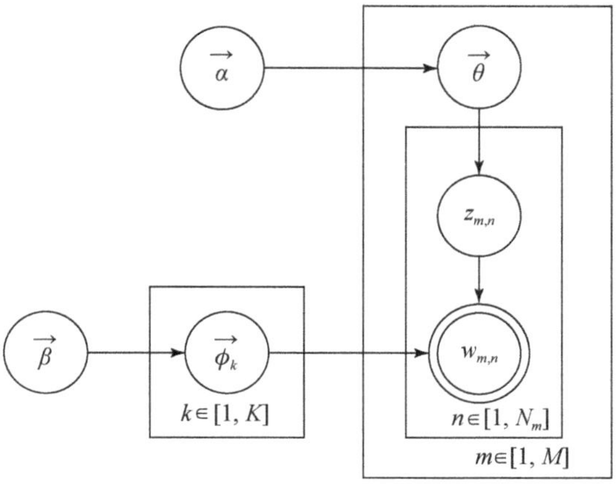

图 9-2　LDA 主题模型

在应用主题模型时，为了更好地表示实际模型，需注意以下两个问题：

1）主题模型参数选择问题。主题模型在训练的过程中需要指定的参数主要有 α，β 和

主题个数 K 等，特别是关于最优主题个数选择问题，可以使用困惑度（perplexity）指标指导主题个数选择。Griffiths 等（2004）提出的 HDP 等非参数主题模型，虽然引入了层次特征，可以自动进行选择，但计算复杂度比较高，效果也不是很理想。Mimno 等（2011）以 Topic Coherence 等指数进行主题评价；王婷婷等（2018）使用融合特征进行主题个数选择。笔者采用困惑度和 Coherence 两个指标相结合进行主题个数选择。这种方法相对来说执行速度快，抽取效果较理想，且需要的附加特征比较少。这种方法只是给出主题个数建议，最终主题个数选择还要结合抽取的结果，由专家判读决定。

2）主题语义增强问题。传统的主题模型采用一组单词进行主题表示，往往不容易进行主题解读，针对此问题，很多学者提出了一系列的语义增强方法，如 TNG（Wang X et al，2017）、CITPM（Li B et al，2016）、PhraseLDA（张琴和张智雄，2017）、Chunk-LDAvis（刘自强等，2019）等模型，这些模型都使用词组进行主题表示，可读性更强。笔者采用 Bi-Gram 进行主题语义增强，使得抽取的主题中不仅含有单词，还有常见的 Bi-Gram 短语信息，这种方法实现速度快，人工干预少，且只需要在数据处理时进行一次加工，不需要在抽取结果后进行二次加工替换操作，在大规模预料抽取上的性能效率高于其他方法。

9.2.2 主题关联

9.2.2.1 主题强度

在主题抽取之后，需要对主题强度进行计算。主题强度是主题本身具有的统计属性，用来表征主题受关注的程度。当前的话题计算方法主要包括基于主题支持的文档数量、基于语料库主题概率、基于文本的显著性 3 种。孙孟孟（2014）比较了 3 种方法发现，3 种方法在长文本下能够得到一致性的分析结果，而基于主题支持的文档数量方法得到的结果相对更加显著，故本章采用该方法表征主题强度。

主题强度定义：在第 u 个时间片内，文档集合中的文档数量为 D_u，主题 j 的强度可以定义为归属为主题 j 的文章数目：

$$\mathrm{ST}_j = \sum_{d \in D_u} \theta_{dj} \tag{9-2}$$

式中，θ_{dj} 表示文档 d 在主题 j 上的概率。

9.2.2.2 主题相似性度量方法

主题抽取之后，笔者希望探求各个主题之间的关联关系。本章中的关联关系采用主题相似性进行描述，传统的主题相似性从主题内容分布维度进行计算。除此之外，笔者采用主题共现、时间趋势两个新的视角进行相似性度量，提出共现相似性、趋势相似性指标，并对这 3 种主题相似性度量方法进行一致性分析。

（1）主题内容相似性

主题内容相似性，用来表征各个研究主题在内容结构上的相似性。具体而言，是用主题在词语表示分布上的相似性来度量主题相似性，表示分布相似性的方式有很多，如 Kullback-Leibler（KL）散度、Hellinger 距离、Jaccard 距离、Jensen-Shannon（JS）散度等。JS 散度由于具有对称性的优点，更符合主题相似度计算场景，笔者选用 JS 散度作为主题内容相似性度量方式。设主题 T_i，$i \in [1, N_T]$，N_T 表示主题个数，对词典中单词 w_k，$k \in [1, N_d]$ 的概率为 φ_{ik}，N_d 表示词典中单词数量，主题内容相似性计算公式如下：

$$\mathrm{simContent}(T_i, T_j) = 1 - JS(\overrightarrow{\varphi_i}, \overrightarrow{\varphi_j}) = 1 - \left[\frac{1}{2}\mathrm{KL}\left(\overrightarrow{\varphi_i} \middle| \middle| \frac{\overrightarrow{\varphi_i} + \overrightarrow{\varphi_j}}{2}\right) + \frac{1}{2}\mathrm{KL}\left(\overrightarrow{\varphi_j} \middle| \middle| \frac{\overrightarrow{\varphi_i} + \overrightarrow{\varphi_j}}{2}\right)\right] \tag{9-3}$$

式中，φ_i，φ_j分别为主题 i，j 的向量。KL 函数为 KL 散度，具体的计算公式为

$$\mathrm{KL}(\overrightarrow{\varphi_i} \mid\mid \overrightarrow{\varphi_j}) = \sum_{k=1}^{N_T} \varphi_{ik} \log \frac{\varphi_{ik}}{\varphi_{jk}} \tag{9-4}$$

式中，φ_{ik}，φ_{jk}分别为 φ_i和 φ_j的分量。

（2）主题共现相似性

研究主题除了具有内容结构外，还有其他的一些属性特征，可以通过这些属性特征来刻画主题相似性，如笔者提出通过研究主题在文档中共同出现的频次，来表征主题共现相似性。设文档 d_m，$m \in [1, M]$ 中，主题 T_i 的概率为 θ_{mi}，主题 T_j 的概率为 θ_{mj}，则这两个主题在这篇文档中的共现度为 $\min(\theta_{mi}, \theta_{mj})$。两个研究主题在整个文档集合中的共现相似性为

$$\mathrm{simCoocur}(T_i, T_j) = \sum_{m=1}^{M} \min(\theta_{mi}, \theta_{mj}) \tag{9-5}$$

（3）主题趋势相似性

主题趋势相似性，用来度量不同的技术主题在时间演化趋势上的相似性。每个研究主题在不同时间片内的主题强度构成时间序列，研究希望通过这种时间序列之间的相似性来刻画主题趋势相似性，基于此笔者提出主题趋势相似性定义为

$$\mathrm{simTrends}(T_i, T_j) = [1 + \mathrm{dist}(T_i, T_j)]^{-1} \tag{9-6}$$

式中，$\mathrm{dist}(T_i, T_j)$ 为主题 T_i 与主题 T_j 构成的时间序列 $\{\mathrm{ST}_i\}_U$ 与 $\{\mathrm{ST}_j\}_U$ 之间的距离度量。时间序列相似性度量方法有锁步类（lock-step）度量和弹性类（elastic）度量等，锁步类度量主要有欧式距离、马氏距离等，弹性类度量主要有动态时间规整（dynamic time warping，DTW）方法等，DTW 方法能够克服欧式距离方法的缺点，支持序列平移，灵活方便地处理多相位序列，是时间序列度量的最常用方法。DTW 方法采用动态规划来计算

距离，具体更新公式可以表示为

$$\text{dist}(T_i, T_j) = \text{comDist}(T_{1i}, T_{1j}) + \min\{\text{dist}[R(T_i), R(T_j)], \text{dist}[T_i, R(T_j)], \text{dist}[R(T_i), T_j]\} \quad (9\text{-}7)$$

式中，$R(T_i)$ 表示 T_i 中剩余的序列；$\text{comDist}(T_{1i}, T_{1j})$ 为两个序列中第一个时间点的距离，实际中可以选用欧式距离等度量。

9.2.2.3 3 种主题相似性度量方法的一致性

3 种相似性方法从不同的角度进行主题相似性度量，需要的数据和计算复杂性各异。那么同样是度量相似性，这 3 种方法得到的结果是不是一致的呢？笔者采用编辑距离的方法度量不同主题相似性度量方法的结果一致性。采用 9.2.2.2 节中介绍的主题相似性度量方法，按照和某个主题相似度从大到小的顺序，得到一个序列，通过比较不同主题相似性度量结果得到的序列相似性进而衡量方法的一致性。笔者通过 Vladimir Levenshtein 提出的编辑距离来度量序列相似性，这种编辑距离表示从一个序列经过插入、删除或替换操作变换成另一个序列的最小操作数目。两种相似性度量方法生成序列的编辑距离越小，说明它们的一致性越强，反之则说明它们的一致性越弱。

9.2.3 主题趋势预测

每个主题的强度形成一个时间序列，以一年为一个时间片，由于最近时间片数据不完整，首先去掉不完整数据时间片，用前面的数据进行建模。但同时最近时间片的数据更可以反映最近时间内的主题趋势，故使用这个时间片内的数据进行预测修正，并基于模型和修正数据进行未来的趋势预测。

问题描述：设第 u 个时间片内，主题 j 的强度为 ST_{ij}，对每个主题 j，不同时间片内的主题强度构成一个时间序列 $\{\text{ST}_{1j}, \text{ST}_{2j}, \text{ST}_{3j}, \cdots, \text{ST}_{(U-1)j}\}$，希望预测第 T（$T>U$）个时间片内的主题强度 $\widetilde{\text{ST}_{\text{Tj}}}$。

（1）基本模型

目前主流的时间序列模型主要有 ARIMA 模型、LSTM 神经网络模型等（Graves, 2012）。ARIMA 模型在短时间内预测比较有效，LSTM 神经网络模型在长时间内预测比较有效，具体到本问题中，由于以年为时间单位，训练数据较少，LSTM 神经网络模型很难达到收敛。

2018 年 Facebook 开源了 Prophet（先知）神经网络预测工具（Taylor and Letham，2018）之后，其迅速成为时间序列分析的热门工具，截至 2019 年 7 月 22 日，项目在 Github 上的关注度：Watch376，Star8 888，Fork2 172。Prophet 模型是一个加法模型，它假设观测变量的规律满足如下公式：

$$y(t)=g(t)+s(t)+h(t)+\varepsilon_t \tag{9-8}$$

式中，$g(t)$ 为非周期性的增长的趋势项；$s(t)$ 为周期因素项；$h(t)$ 为节假日因素项；ε_t 为满足正态分布的误差项。和以往的模型相比，Prophet 模型具有自动性好、可解释性强、可扩展性强、训练速度快等优点。对本研究而言，各个研究主题的发展呈现明显的增长趋势，而且数据点个数相对不多。相校于经典的 ARIMA 模型，Prophet 模型能够更好地预测增长趋势，且比 LSTM 神经网络模型等需要大样本数据训练的模型，更容易达到收敛。

Prophet 模型包括饱和（logistic）与分段线性（linear）两种趋势增长模块，此外 Prophet 模型还将变点检测显式引入模型中，若设模型随时间变化的承载能力为 $C(t)$，在 S 个变点处的变化率向量为 δ，计算处的调整向量为 γ，$a(t)$ 为指示向量 $\in\{0,1\}^S$，则饱和趋势增长公式为

$$g(t)=\frac{C(t)}{1+\exp(-[k+a(t)^T\delta](t-[m+a(t)^T\gamma]))} \tag{9-9}$$

分线线性趋势增长公式为

$$g(t)=(k+a(t)^T\delta)t+(m+a(t)^T\gamma) \tag{9-10}$$

在本研究中，引入 Prophet 趋势增长模块进行主题趋势预测。具体做法为，以年为单位进行时间切片，暂时不考虑周期因素和节假日因素的影响，设置 weekly_ seasonality = False，daily_ seasonality = False。由于趋势数据量相对较少，将 changepoint 的个数设置小些，本研究中设置为 3，其他参数使用模型默认值。

（2）预测修正

由于所有研究主题对应的文章的采集时间是相同的，在最后时间片内，可以近似地认为每个研究主题的缺失比例都是一样的。根据这个比例，笔者提出对 Prophet 模型预测出来的数值进行修正［式（9-11）］，ST_{Tj} 为实际观测到的 T 时刻主题强度，$\widetilde{\mathrm{ST}}_{Tj}$ 为采用 Prophet 模型预测出来的 T 时刻主题强度，ST^*_{Tj} 为修正后的 T 时刻主题强度。

$$\mathrm{ST}^*_{Tj}=\frac{\mathrm{ST}_{Tj}\times\sum_{j=1}^{J}\widetilde{\mathrm{ST}}_{Tj}}{\sum_{j=1}^{J}\mathrm{ST}_{Tj}} \tag{9-11}$$

加入修正模型后，整体的预测流程变为三阶段模型：①去掉不完整数据，使用 Prophet 模型进行预测；②根据最近时间片的数据，使用式（9-8）对预预测结果进行数值修正；③基于预测–修正的数据进行后面时间片的主题强度演化趋势预测。

9.3 实证研究

干细胞与再生医学的研究为癌症等疾病的治疗带来革命性的变革，9 次入选美国《科学》杂志十大科技进展，也是当前国内外生物医学领域的研究热点，国家重点研发计划等重大科技项目中也多次布局相关项目，故笔者选取干细胞领域进行实证研究。在 *ISI Web of Knowledge* 中以检索式（TI=Stem Cells）进行检索，检索时间为 2019 年 5 月，检索得到文章 433 469 篇，检索结果中不同年份的文章数量如图 9-3 所示，可以看出文章数量呈现出缓慢增长到快速增长再到饱和增长的趋势，最近两年数据收录不完整，故呈现下降趋势。

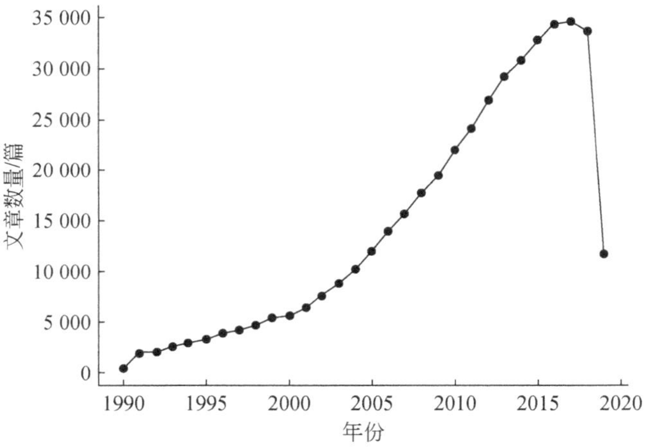

图 9-3　不同年份的文章数量

9.3.1 数据预处理

（1）关键词抽取

在数据预处理过程，首先提取出论文中的标题和摘要字段，其次使用正则表达式匹配的方式去掉原始文献中的标点符号、数字、E-mail 地址等特殊字符，使用 Gensim 工具中的 utils. simple_ preprocess 工具进行初步的分词处理。最后使用工业级的自然语言处理工具 Spacy 对句子中单词的词性进行分析，抽取出名词、动词、形容词、副词等实词作为主题对象。

（2）主题的语义增强

主题的语义增强有在预处理时进行增强和主题抽取后进行增强两种方式，笔者采用 Wang（2007）类似的方式，综合考虑计算时间复杂度，使用 Bi- Gram 进行增强，用 Gensim 工具中的 models. Phrases 工具提取出 Bigram 短语，加入原始文本之中，使得提取出的主题中能够含有更多可解释性信息。

9. 3. 2　干细胞领域研究主题的抽取

采用 Gensim 工具中的 LDA 模型，参数 alpha 设置为 ‘auto’，采用困惑度和连贯性两个指标进行主题个数选择，困惑度指标采用包中的 log_ perplexity 进行计算，连贯性指标采用 Gensim 工具中的 models. coherencemodel 进行计算。

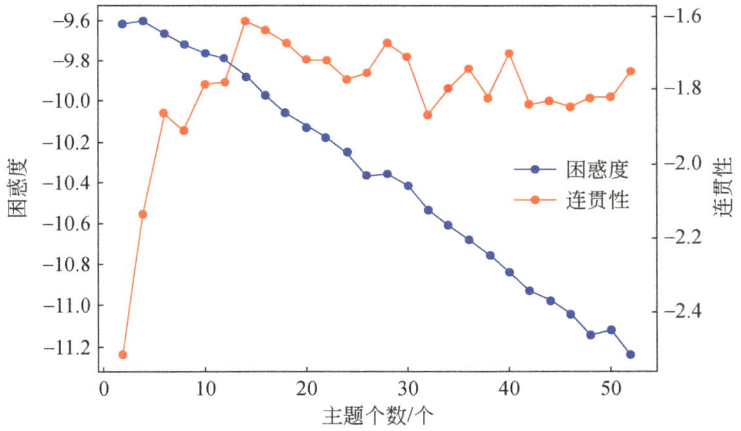

图 9-4　不同主题个数下的困惑度和连贯性指标

根据图 9-4 的结果可以看出，随着主题个数的增加，困惑度指标逐渐减小，而连贯性指标在主题个数为 14 ~ 16 个时达到最好，此后趋于稳定甚至下降，一般来说连贯性指标比困惑度指标评价效果更好。同时结合专家对各个主题个数情况下的主题解读情况确定，研究主题的数量选择为 15 个。模型抽取出来的各个主题内容和主题结构见表 9-2，表中第一列的主题内容标签为向领域专家咨询后给出的，主题结构所在列表示主题中各个关键词及在主题模型中的词语分布权重值。

表 9-2　干细胞领域研究主题抽取结果

主题序号和内容	主题结构
Topic1 干细胞 观测实验	0. 036 * " group" + 0. 020 * " day" + 0. 017 * " study" + 0. 016 * " effect" + 0. 016 * " control" + 0. 016 * " increase" + 0. 014 * " result" + 0. 014 * " level" + 0. 013 * " age" + 0. 013 * " compare" + 0. 012 * " rat" + 0. 011 * " high" + 0. 010 * " significantly" + 0. 010 * " number" + 0. 010 * " method" +0. 010 * " week" + 0. 009 * " significant" + 0. 009 * " change" + 0. 009 * " time" + 0. 009 * " low"
Topic2 干细胞 疾病诊疗	0. 019 * " cell" + 0. 016 * " disease" + 0. 016 * " therapy" + 0. 012 * " review" + 0. 012 * " clinical" + 0. 010 * " model" + 0. 010 * " stem" + 0. 009 * " new" + 0. 009 * " approach" + 0. 009 * " development" + 0. 009 * " therapeutic" + 0. 008 * " treatment" + 0. 008 * " drug" + 0. 008 * " base" + 0. 008 * " system" + 0. 007 * " include" + 0. 007 * " provide" + 0. 007 * " recent" + 0. 007 * " study" + 0. 007 * " discuss"
Topic3 干细胞 癌症治疗	0. 063 * " cell" +0. 063 * " cancer" +0. 052 * " tumor" +0. 029 * " msc" +0. 014 * " stem" + 0. 014 * " breast" +0. 012 * " expression" +0. 011 * " lung" +0. 010 * " mesenchymal" + 0. 010 * " mscs" + 0. 010 * " target" + 0. 009 * " resistance" + 0. 008 * " treatment" + 0. 008 * " drug" + 0. 008 * " study" + 0. 008 * " tumour" + 0. 007 * " carcinoma" + 0. 007 * " metastasis" + 0. 007 * " therapeutic" + 0. 007 * " cscs"
Topic4 干细胞与 人体组织结构	0. 048 * " bone" +0. 033 * " tissue" + 0. 022 * " scaffold" + 0. 015 * " mesenchymal" + 0. 014 * " osteogenic" + 0. 012 * " regeneration" + 0. 012 * " endothelial" + 0. 011 * " cell" + 0. 011 * " Rdifferentiation" + 0. 010 * " Rmarrow" R +0. 010 * " Rhydrogel" R+ 0. 010 * " vascular" R +0. 009 * " Rcardiac" R + 0. 009 * " Rcollagen" R + 0. 009 * " Rrepair" + ´ 0. 009 * " study" + 0. 008 * " formation" + 0. 008 * " cartilage" + 0. 008 * " factor" + ´ 0. 008 * " derive"
Topic5 干细胞与 血液病	0. 041 * " patient" + 0. 028 * " leukemia" +0. 022 * " mutation" + 0. 021 * " disease" + 0. 018 * " aml" + 0. 017 * " myeloid" + 0. 017 * " case" + 0. 014 * " normal" + 0. 012 * " acute" + 0. 010 * " chronic" + 0. 009 * " cml" + 0. 008 * " leukemic" + 0. 008 * " disorder" + 0. 008 * " associate" + 0. 007 * " kit" + 0. 007 * " kidney" + 0. 007 * " blast" + 0. 006 * " md" + 0. 006 * " syndrome" + 0. 006 * " renal"
Topic6 干细胞与 神经系统	0. 044 * " brain" + 0. 041 * " neuron" + 0. 029 * " rat" + 0. 022 * " neural" + 0. 020 * " neuronal" + 0. 020 * " cell" + 0. 015 * " injury" + 0. 014 * " adult" + 0. 013 * " nerve" + 0. 013 * " spinal_ cord" + 0. 012 * " mouse" + 0. 007 * " cns" + 0. 007 * " model" +0. 007 * " study" +0. 006 * " motor" + 0. 006 * " central_ nervous" + 0. 006 * " stem" + 0. 006 * " astrocyte" + 0. 006 * " induce" + 0. 006 * " follow"

续表

主题序号和内容	主题结构
Topic7 干细胞 基因作用	0.067*"gene" + 0.030*"expression" + 0.023*"protein" + 0.015*"sequence" + 0.015*"mrna" + 0.012*"express" + 0.012*"rna" + 0.012*"human" + 0.011*"virus" + 0.011*"dna" + 0.010*"analysis" + 0.010*"infection" + 0.009*"level" + 0.009*"vector" + 0.009*"clone" + 0.008*"specific" + 0.008*"target" + 0.008*"detect" + 0.007*"transfer" + 0.007*"high"
Topic8 干细胞 增殖分化	0.185*"cell" + 0.050*"stem" + 0.025*"culture" + 0.023*"human" + 0.020*"differentiation" + 0.015*"progenitor" + 0.014*"derive" + 0.010*"differentiate" + 0.009*"lineage" + 0.009*"population" + 0.008*"induce" + 0.007*"pluripotent" + 0.007*"factor" + 0.007*"express" + 0.007*"embryonic" + 0.006*"potential" + 0.006*"marker" + 0.006*"type" + 0.006*"study" + 0.005*"generate"
Topic9 干细胞作用中的 蛋白质功能分析	0.020*"nucleus" + 0.019*"neuron" +0.013*"bind" + 0.012*"region" + 0.009*"protein" + 0.009*"receptor" + 0.008*"cell" + 0.008*"site" + 0.007*"contain" + 0.007*"structure" + 0.006*"domain" + 0.006*"response" + 0.006*"terminal" + 0.006*"label" + 0.006*"suggest" + 0.006*"complex" + 0.005*"find" + 0.005*"activity" + 0.005*"projection" + 0.005*"type"
Topic10 干细胞细胞因子 层面增殖研究	0.039*"cell" + 0.022*"beta" + 0.021*"expression" + 0.020*"factor" + 0.019*"induce" + 0.019*"alpha" + 0.018*"effect" + 0.015*"receptor" + 0.014*"growth" + 0.014*"increase" + 0.013*"protein" + 0.012*"pathway" + 0.011*"proliferation" + 0.010*"level" + 0.010*"signal" + 0.010*"role" + 0.009*"activity" + 0.009*"activation" + 0.009*"differentiation" + 0.009*"inhibit"
Topic11 细胞表面接触、 干细胞培养	0.022*"cell" + 0.016*"stem" + 0.012*"plant" + 0.011*"activity" + 0.010*"high" + 0.007*"root" + 0.007*"growth" + 0.007*"show" + 0.007*"leaf" + 0.007*"concentration" + 0.006*"wall" + 0.006*"increase" + 0.006*"membrane" + 0.006*"surface" + 0.005*"low" + 0.005*"property" + 0.005*"study" + 0.005*"result" + 0.005*"different" + 0.005*"response"
Topic12 干细胞与 人体组织相关	0.073*"cell" + 0.019*"liver" + 0.017*"tissue" + 0.014*"epithelial" + 0.012*"culture" + 0.011*"human" + 0.010*"stem" + 0.010*"muscle" + 0.009*"skin" + 0.008*"expression" + 0.008*"epithelium" + 0.008*"study" + 0.007*"regeneration" + 0.007*"stain" + 0.007*"hepatocyte" +0.005*"mouse" + 0.007*"intestinal" + 0.006*"type" + 0.005*"marker" + 0.005*"day"

续表

主题序号和内容	主题结构
Topic13 干细胞 基因表达	0. 028 * " gene" + 0. 017 * " development" + 0. 016 * " cell" + 0. 016 * " expression" + 0. 015 * " mouse" +0. 011 * " role" +0. 010 * " dna" + 0. 009 * " mir" + 0. 009 * " function" + 0. 009 * " factor" + 0. 008 * " embryonic" + 0. 008 * " embryo" + 0. 008 * " mutant" + 0. 008 * " transcription" + 0. 007 * " regulation" + 0. 007 * " protein" + 0. 007 * " regulate" + 0. 007 * " early" + 0. 006 * " specific" + 0. 006 * " mechanism"
Topic14 干细胞 与疾病治疗	0. 062 * " patient" + 0. 020 * " transplantation" + 0. 015 * " stem" + 0. 014 * " cell" + ′ 0. 013 * " treatment" + 0. 013 * " dose" + 0. 013 * " chemotherapy" + 0. 013 * " high" + 0. 011 * " transplant" + 0. 011 * " disease" + 0. 011 * " survival" + 0. 010 * " year" + 0. 010 * " therapy" + 0. 010 * " autologous" + 0. 009 * " follow" + 0. 009 * " day" + 0. 009 * " receive" + 0. 009 * " study" + 0. 008 * " month" + 0. 008 * " relapse"
Topic15 造血干细胞	0. 078 * " cell" + 0. 060 * " cd" + 0. 031 * " marrow" + 0. 025 * " blood" + 0. 024 * " hematopoietic" +0. 023 * " bone" +0. 016 * " mouse" +0. 016 * " progenitor" + 0. 011 * " peripheral" + 0. 011 * " csf" + 0. 009 * " number" + 0. 008 * " stem" + 0. 007 * " day" + 0. 007 * " donor" + 0. 006 * " transplantation" + 0. 006 * " factor" + 0. 006 * " antigen" + 0. 006 * " cytokine" + 0. 006 * " platelet" + 0. 006 * " gm_ csf"

9. 3. 3　主题强度计算及关联性分析

（1）3 种主题相似性度量方法结果

根据式（9-3）~式（9-7）分别计算得到不同主题相似性度量方法下的各个研究主题的相似性矩阵，以热力图的形式表示各个研究主题之间的相似性，图中单元格灰度越深，表示主题相似性数值越大。

图 9-5 中单元格灰度越深，表示该行和列的内容相似性越强，对角线部分表示主题自身的内容相似性，均为 1。内容相似性具有对称性，图中表现为关于对角线对称的单元格灰度相同。图中 topic8-topic12、topic10-topic13 等单元格灰度较深，表示它们的内容相似性较强。

图 9-6 为共现相似性计算结果，对角线部分表示主题自身的共现相似性，即主题出现的频次。共现相似性也具有对称性。从图 9-6 可以看出，topic8-topic13、topic8-topic10 等对应单元格灰度较深，说明这些主题共同出现的频次高，本身出现频次较高的主题（如 topic8、topic10 等）与其他主题的共现相似性也相对较高。

图 9-7 为趋势相似性计算结果，对角线部分表示主题自身的趋势相似性，均为 1。趋势相似性也具有对称性，关于对角线对称的单元格灰度相同。从图 9-7 可以看出，topic5-topic6、topic3-topic4 对应单元格灰度较深，说明这些主题的趋势相似性较高。

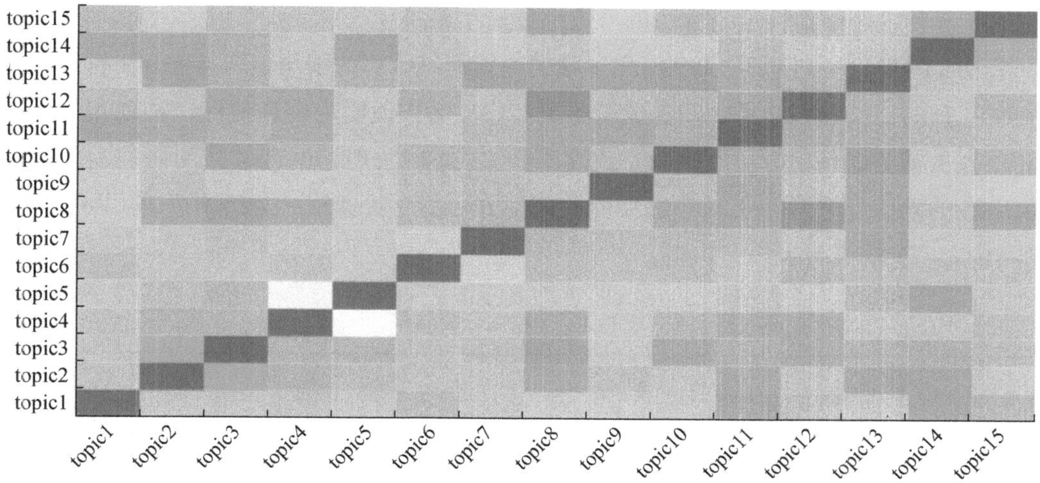

图 9-5 内容相似性

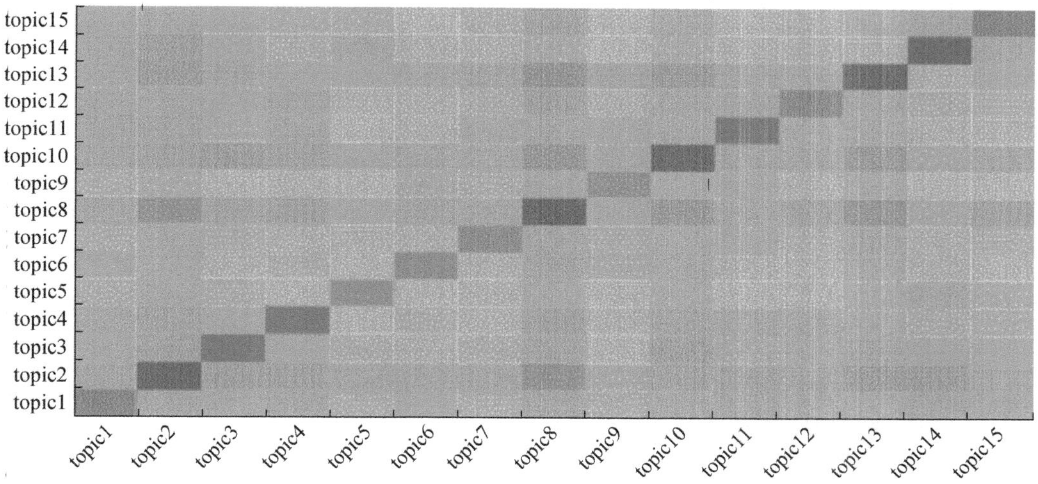

图 9-6 共现相似性

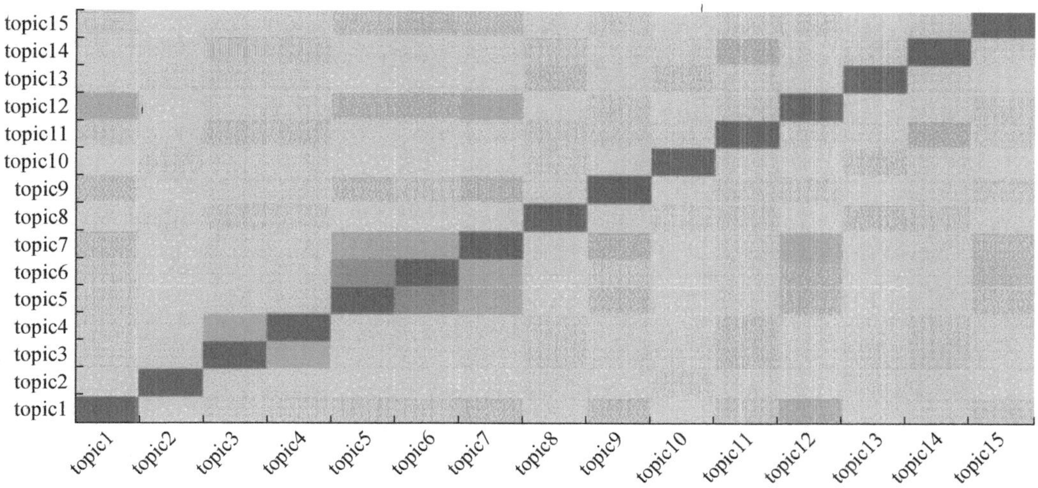

图 9-7 趋势相似性

（2）3 种主题相似性度量方法的一致性分析结果

表 9-3 的最后一列是对 15 个研究主题的编辑距离计算的平均值。从表 9-3 可以明显看出：①几种相似性判别公式之间的编辑距离都比较大，说明内容相似性、共现相似性、趋势相似性 3 种关联判别方法之间的一致性不强，内容-共现相似性较强的研究主题不一定具有一致的发展趋势；② 3 种主题相似性判别方法的一致性顺序关系为内容-共现>共现-趋势>内容-趋势。

表 9-3　一致性分析结果

主题	内容相似性	共现相似性	趋势相似性	内容-趋势	共现-趋势	内容-共现
Topic1	[1,11,14,15,12,6,4,3,10,2,7,13,5,8,9]	[1,2,8,4,11,10,14,12,13,15,3,6,7,9,5]	[1,12,7,9,11,15,5,6,4,3,14,8,13,10,2]	11	13	12
Topic2	[2,13,14,11,8,3,4,5,9,10,12,6,1,7,15]	[2,8,13,14,10,4,3,11,1,12,15,5,7,6,9]	[2,10,13,8,3,4,11,14,1,9,15,12,7,6,5]	11	8	11
Topic3	[3,8,10,12,2,14,11,13,4,5,15,7,1,6,9]	[3,10,2,8,13,1,4,14,15,12,11,7,5,6,9]	[3,4,11,14,8,13,1,10,12,15,9,7,6,2,5]	12	10	9
Topic4	[4,12,11,8,2,10,3,15,6,1,13,7,14,9,5]	[4,8,2,10,1,11,12,3,13,15,14,6,7,9,5]	[4,3,11,14,8,1,13,12,15,9,10,7,6,5,2]	11	11	9
Topic5	[5,14,13,3,2,15,11,1,10,12,8,9,7,6,4]	[5,2,14,10,13,8,15,3,1,12,7,4,11,6,9]	[5,6,7,12,15,9,1,11,4,3,14,13,8,10,2]	13	14	10
Topic6	[6,12,10,8,13,1,9,4,15,3,2,14,11,5,7]	[6,8,10,2,13,1,9,4,11,12,3,14,7,15,5]	[6,5,7,12,15,9,1,11,4,3,14,8,13,10,2]	12	11	8
Topic7	[7,13,10,8,11,9,3,12,1,2,4,15,5,14,6]	[7,13,2,8,10,11,15,1,3,9,12,4,14,5,6]	[7,5,6,12,9,15,1,11,4,3,14,13,8,10,2]	13	13	9
Topic8	[8,12,3,13,15,11,10,2,4,7,6,9,14,5,1]	[8,2,13,10,4,15,12,3,1,6,11,7,5,9,14]	[8,13,3,14,11,4,10,2,1,15,9,12,7,6,5]	11	13	12
Topic9	[9,13,11,10,7,6,2,12,8,5,3,1,4,15,14]	[9,13,11,10,8,2,6,1,7,12,4,3,15,5,14]	[9,7,5,1,6,12,15,11,4,3,14,8,13,10,2]	13	13	9
Topic10	[10,13,3,8,11,15,4,12,7,6,9,2,1,5,14]	[10,8,13,3,2,4,15,12,1,11,6,7,5,9,14]	[10,13,2,8,3,11,14,4,1,15,9,12,7,6,5]	10	12	10
Topic11	[11,1,9,8,2,12,13,4,10,3,7,14,15,6,5]	[11,2,8,1,4,10,13,12,9,7,3,6,15,14,5]	[11,14,3,4,1,8,9,15,12,13,7,10,6,5,2]	12	11	11
Topic12	[12,8,4,11,3,13,6,10,15,1,9,7,2,5,14]	[12,8,10,2,4,13,1,11,3,15,7,14,9,6,5]	[12,1,7,6,5,15,9,11,4,3,14,8,13,10,2]	14	13	11

续表

主题	内容相似性	共现相似性	趋势相似性	内容-趋势	共现-趋势	内容-共现
Topic13	[13,10,8,7,2,9,11,12,3,5,6,4,15,1,14]	[13,8,10,2,3,7,12,11,9,1,6,15,5,4,14]	[13,8,10,3,11,14,4,2,1,15,9,12,7,6,5]	14	11	10
Topic14	[14,1,5,2,15,3,11,8,6,4,13,12,10,7,9]	[14,2,15,1,5,3,10,8,4,12,7,13,11,6,9]	[14,11,3,4,8,13,1,15,10,9,12,7,6,5,2]	14	13	11
Topic15	[15,8,14,10,12,1,3,11,4,6,5,13,7,2,9]	[15,8,10,14,2,1,13,3,5,4,7,12,11,6,9]	[15,6,7,5,1,12,9,11,4,14,3,8,13,10,2]	11	13	10
平均值				12. 13	11. 93	10. 13

9. 3. 4　主题强度演化分析与预测

笔者采用 3 个指标衡量观测值与真实值之间的偏差，评价趋势预测结果的好坏。

RMSE（均方根误差）的计算公式如下所示：

$$\mathrm{RMSE}(\mathrm{ST}_i,\ \widetilde{\mathrm{ST}_i}) = \sqrt{\frac{1}{m}\sum_{u=1}^{U}(ST_{ui} - \widetilde{ST_{ui}})^2} \tag{9-12}$$

MAE（平均绝对值误差）的计算公式如下所示：

$$\mathrm{MAE}(\mathrm{ST}_i,\ \widetilde{\mathrm{ST}_i}) = \frac{1}{m}\sum_{u=1}^{U}|ST_{ui} - \widetilde{ST_{ui}}| \tag{9-13}$$

R^2（拟合优度）的值取值范围是 0 ~ 1，R^2 越接近 1，说明拟合效果越好。计算公式如下所示：

$$R^2(\mathrm{ST}_i,\ \widetilde{\mathrm{ST}_i}) = 1 - \frac{\sum_{i=1}^{U}(\mathrm{ST}_{ui} - \widetilde{\mathrm{ST}_{ui}})^2}{\sum_{i=1}^{U}(\mathrm{ST}_{ui} - \bar{\mathrm{ST}}_{ui})^2} \tag{9-14}$$

表 9-4　几种趋势预测方法的结果对比

主题	Auto-ARIMA 工具	LSTM 方法	Prophet-原始数据取对数再还原	Prophet-线性趋势预测	Prophet-Logistic 趋势预测
Topic1	(88. 807 7, 75. 336 9, 0. 886 5)	(195. 722 1, 116. 318, 0. 896)	(102. 258 3, 72. 564 1, 0. 975 1)	(41. 700 1, 29. 022 0, 0. 995 8)	(**35. 434 7**, **26. 915 8**, **0. 997 0**)
Topic2	(459. 14 35, 287. 087 3, 0. 466 1)	(398. 211, 235. 832 1, 0. 9182)	(284. 142 3, 185. 118 1, 0. 960 6)	(461. 674 5, 408. 370 6, 0. 896 0)	(**167. 939 1**, **102. 151 3**, **0. 986 2**)

续表

主题	Auto-ARIMA 工具	LSTM 方法	Prophet-原始数据取对数再还原	Prophet-线性趋势预测	Prophet-Logistic 趋势预测
Topic3	(341.466 8, 291.258 5, 0.409 3)	(386.798 8, 215.683 4, 0.823 4)	(167.013 8, 112.866 4, 0.968 0)	(361.574 3, 318.511 4, 0.850 0)	(**116.937 8**, **66.851 7**, **0.984 3**)
Topic4	(391.983 2, 199.609 9, 0.025 6)	(314.041 1, 188.623 2, 0.870 7)	(151.028 3, 93.007 9, 0.971 1)	(300.529 8, 267.7353, 0.885 6)	(**109.884 3**, **58.640 7**, **0.984 7**)
Topic5	(39.440 0, 32.421 1, 0.949 6)	(66.090 9, 46.815 8, 0.969 7)	(86.640 6, 62.010 8, 0.958 1)	(**20.419 8**, **16.830 2**, **0.997 6**)	(31.952 7, 24.230 2, 0.994 3)
Topic6	(329.252 1, 297.254 2, -3.780 2)	(113.606 2, 74.666 3, 0.924 8)	(83.143 6, 56.430 9, 0.966 8)	(28.160 1, 22.368 9, 0.996 2)	(**26.512 5**, **20.522 8**, **0.996 6**)
Topic7	(77.227 2, 63.228 0, 0.843 7)	(102.012 2, 64.831 5, 0.923 4)	(109.985 8, 73.675 6, 0.9350 4)	(**48.081 1**, **33.767 6**, **0.9876**)	(51.719 5, 32.332 5, 0.985 6)
Topic8	(1060.000 7, 824.576 6, -24.162 3)	(367.57, 235.049, 0.871 4)	(186.348 6, 140.179 5, 0.970 3)	(263.4594, 235.3007, 0.9407)	(**82.334 3**, **64.098 5**, **0.994 2**)
Topic9	(347.405 1, 224.650 4, -0.226 6)	(88.474 7, 55.711 7, 0.902 4)	(167.470 5, 82.755 4, 0.816 2)	(150.3762, 87.8403, 0.8518)	(**121.841 3**, **62.114 8**, **0.902 7**)
Topic10	(330.003 3, 230.773 4, 0.640 9)	(367.477 8, 220.741, 0.902)	(206.935 8, 142.639 8, 0.970 7)	(407.734, 361.1833, 0.8866)	(**120.958 6**, **82.393 7**, **0.990 0**)
Topic11	(93.397 6, 82.227 2, 0.942 7)	(260.592 7, 147.442 2, 0.865 4)	(145.996 0, 106.102 2, 0.964 8)	(**38.9364**, **30.7618**, **0.9975**)	(50.119 2, 35.645 5, 0.995 8)
Topic12	(153.775 2, 104.745 1, 0.425 7)	(137.881 2, 88.926 8, 0.9305)	(96.586 1, 67.529 7, 0.971 1)	(**23.3084**, **18.1527**, **0.9983**)	(27.502 3, 20.341 0, 0.997 7)

续表

主题	Auto-ARIMA 工具	LSTM 方法	Prophet-原始数据取对数再还原	Prophet-线性趋势预测	Prophet-Logistic 趋势预测
Topic13	(912.392 7, 644.149 7, -5.287 7)	(411.129 2, 241.578 5, 0.862 9)	(201.983 1, 143.382 6, 0.969 1)	(343.2282, 307.7431, 0.9107)	(**118.928 5**, **77.828 9**, **0.9893**)
Topic14	(243.774 6, 217.726 5, 0.160 1)	(134.401 1, 100.039 1, 0.968 8)	(248.225 8, 187.647 5, 0.911 5)	(117.2637, 85.1409, 0.9802)	(**96.975 6**, **80.465 8**, **0.986 5**)
Topic15	(193.582 4, 116.529 1, 0.272 3)	(113.243 9, 82.245 2, 0.910 9)	(152.2983, 99.399 7, 0.894 5)	(94.0922, 62.7079, 0.9597)	(**89.104 9**, **56.290 9**, **0.963 9**)

注：黑体数字表示最优结果

表 9-4 中给出了 3 种趋势预测方法的结果比较，第 1 列表示采用 ARIMA 模型（用 Auto-ARIMA 工具）得到的结果，第 2 列为采用 LSTM 神经网络模型得到的结果，后面 3 列表示用 Prophet 模型进行序列预测的结果，其中，第 3 列表示采用对原始数据取对数再还原的方式，第 4 列表示直接对原始数据采用线性趋势进行预测的结果，第 5 列表示直接对原始数据进行 Logistic 趋势预测的结果，其中每个单元格中的数字为 RMSE、MAE、R^2 值。从表 9-4 可以得出如下结论：

1）对各个研究主题而言，Prophet 模型的 R^2 值都达到 0.90 以上，比 ARIMA 模型和 LSTM 神经网络模型效果要好些，说明 Prophet 模型能够很好地拟合研究主题的演化趋势。对原始数据取对数再还原的方式并没有提高预测的准确性。由于各个主题的分布具有明显的增长趋势，序列是非平稳的，直接使用 ARIMA 模型效果较差。又由于本例中以年为时间片，数据相对较少，LSTM 神经网络模型训练不充分，效果不是很理想，而且易发生过拟合现象。而 Prophet 模型中的 Logistic 增长模式与该领域研究主题的增长模式相符合，且模型参数较少，容易达到较好的效果。

2）各个研究主题的时间演化规律并不一致，大部分的研究主题更加符合 Logistic 趋势，但 Topic5、Topic7、Topic11 与 Topic12 常采用线性趋势拟合效果更佳，略好于 Logistic 模型，可能由于这几个研究主题正处在高速增长时期，尚未达到饱和增长。

原始预测模型与预测–修正模型结果对比如图 9-8 所示。

图 9-8 为同一个技术主题的预测结果，左图是对 2018 年的原始数据进行拟合与预测的结果，右图是经过预测–修正之后的拟合预测结果，显然在预测–修正模型使得后面趋势预测部分相对更平稳，波动性更小，也更符合主题演化增长规律。

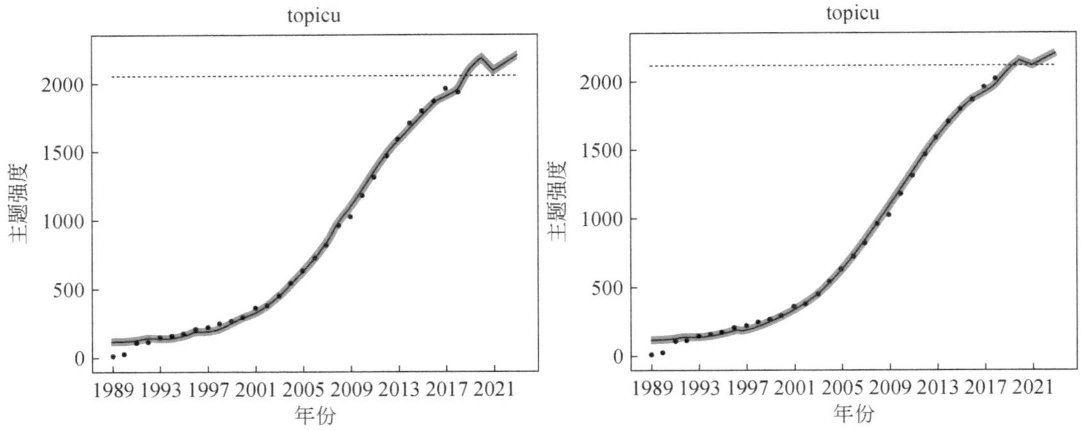

图 9-8　原始数据与预测–修正数据的拟合结果

9.3.5　主题强度演化分析与预测结果展示

使用基于 Prophet 的预测–修正模型，在 15 个研究主题上分别进行模型拟合，得到结果如图 9-9。从图中可以看出，各个研究主题基本符合模型增长规律，但置信区间宽度区别比较大。异常值数据，特别是最近时间片的异常数据对后面预测结果影响比较大，可以使得后续模型预测波动变大，如 topic2、topic10 等；此外异常数据还可能使得置信区间变得更宽，如 topic6、topic15 等。

采用主题河流图的方式将各个技术主题的强度演化趋势进行展示，在图 9-10 中将各个研究主题的趋势分析图进行了叠加，每一个灰度条代表一个研究主题，灰度条的宽度代表不同研究主题的主题强度，图中可以明显看出不同研究主题强度对比于强度演化关系。图 9-10（a）为未引入预测–修正模型时对原始数据的展示，图 9-10（b）和图 9-10（c）为引入基于 Prophet 的预测–修正模型之后的结果，其中 9-10（b）中灰度条的宽度代表主题强度，图 9-10（c）中灰度条的宽度代表主题相对强度，即该时间片内特定主题强度与全部主题强度之和的比值，主题相对强度更能反映领域内各个主题的结构性变化。右侧方框部分为 2018 年之后的结果，图 9-10（b）和图 9-10（c）的效果相对更符合演化发展规律，很大程度上消除了近期数据不完整对趋势分析的影响。

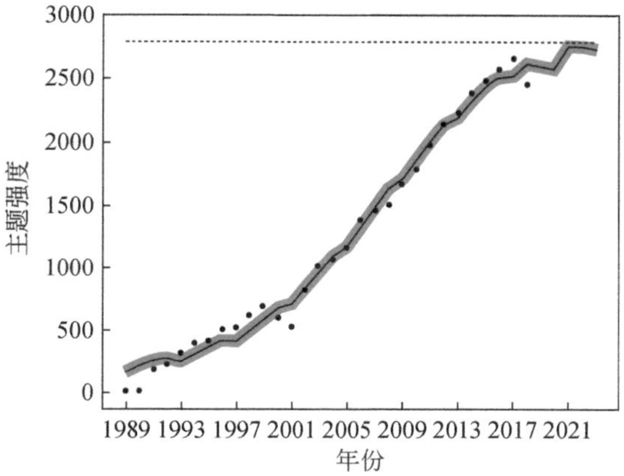

(a) Topic1

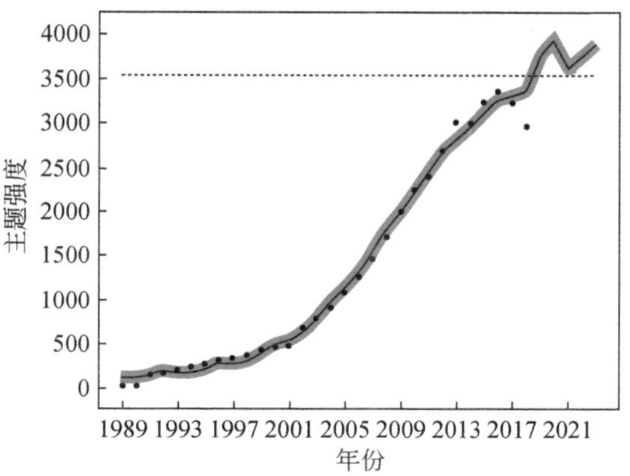

(b) Topic2

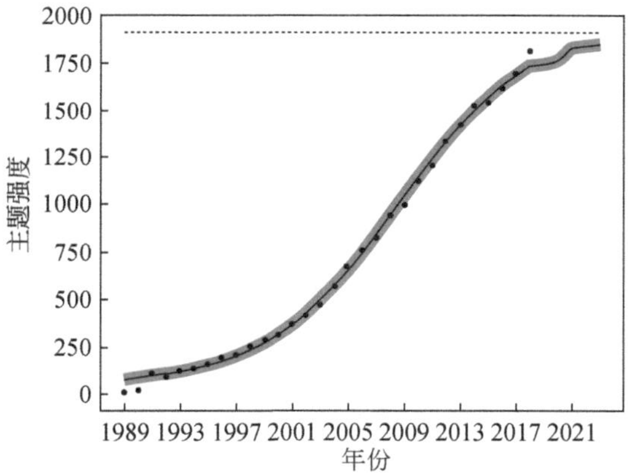

(c) Topic3

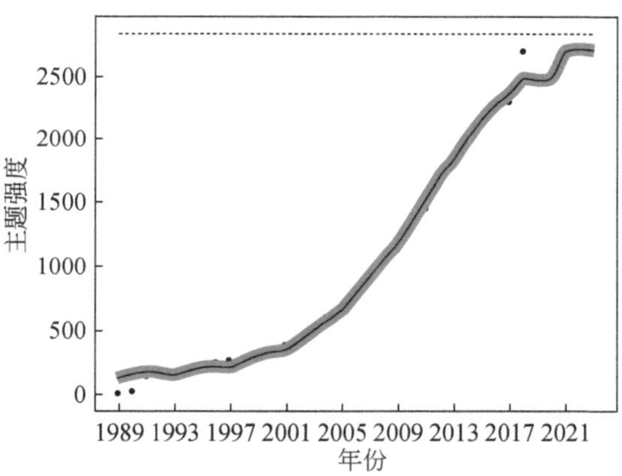

(d) Topic4

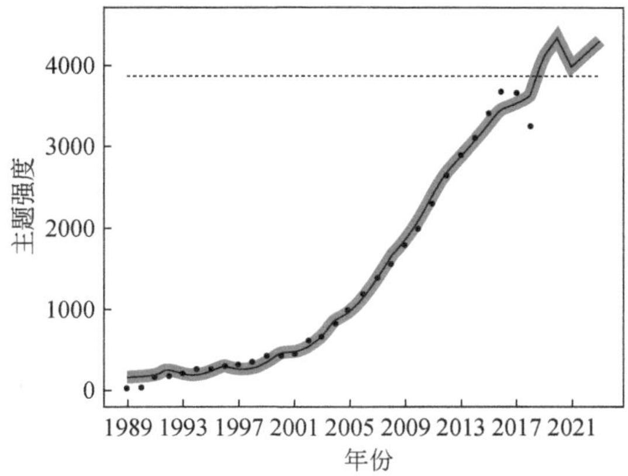

(e) Topic5

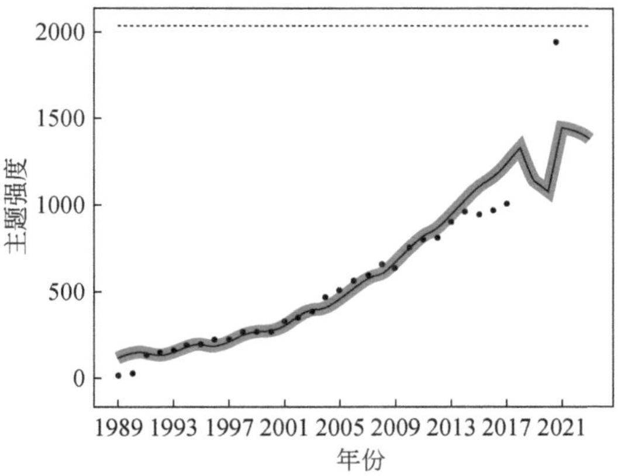

(f) Topic6

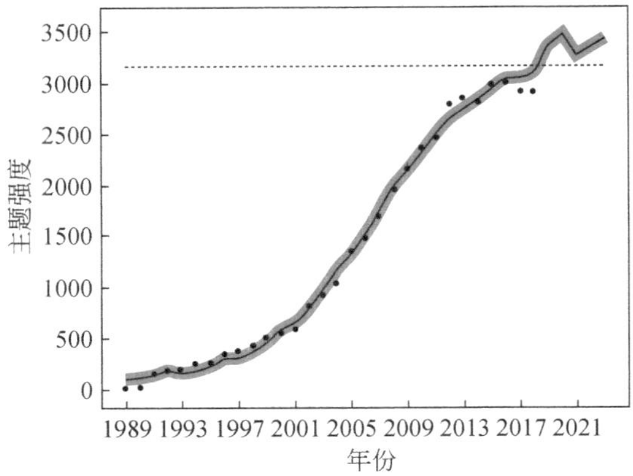

(g) Topic7

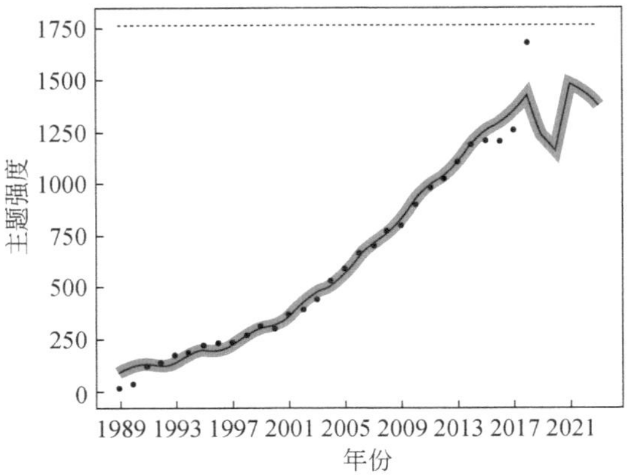

(h) Topic8

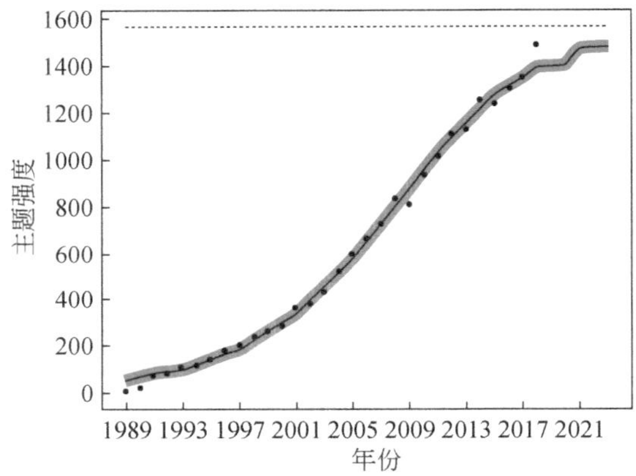

(i) Topic9

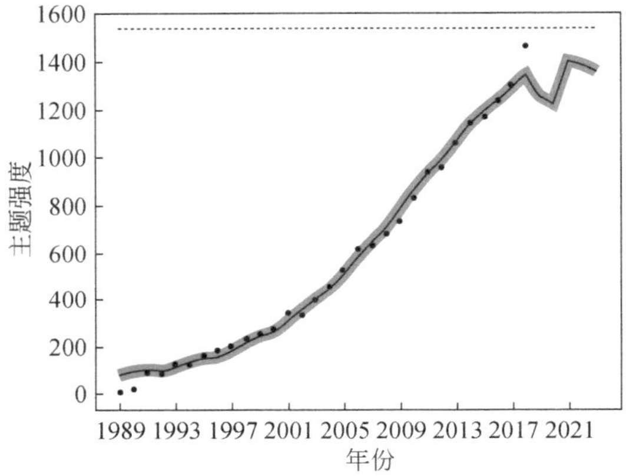

(j) Topic10

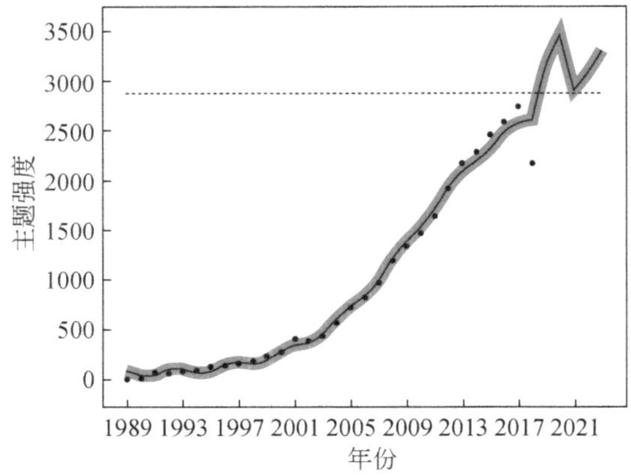

(k) Topic11

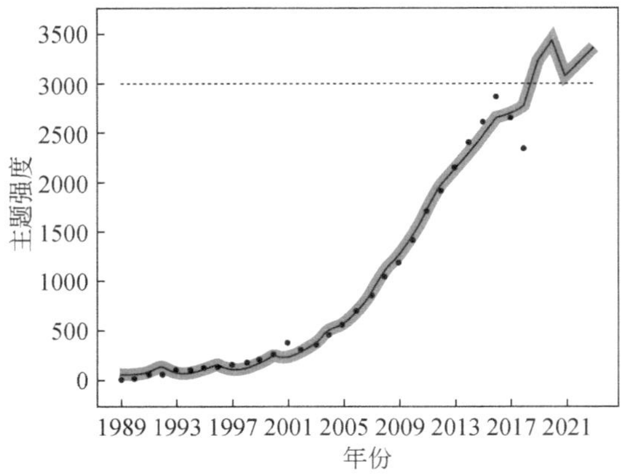

(l) Topic12

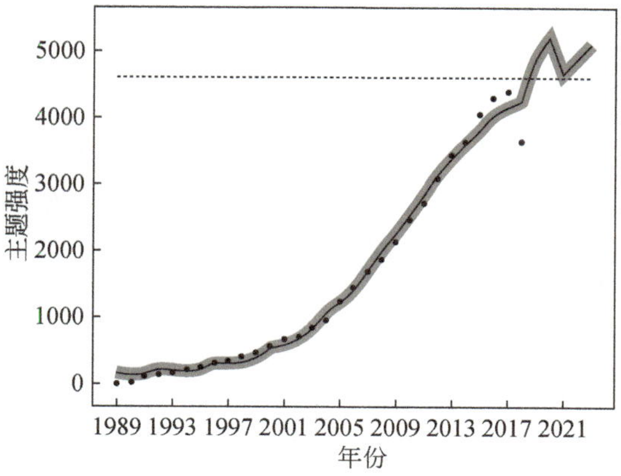

(m) Topic13

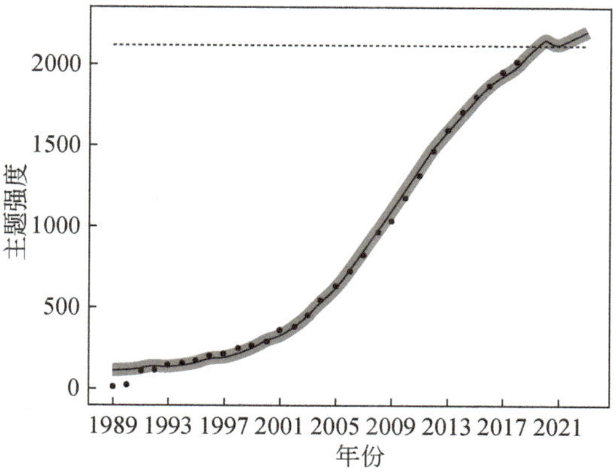

(n) Topic14

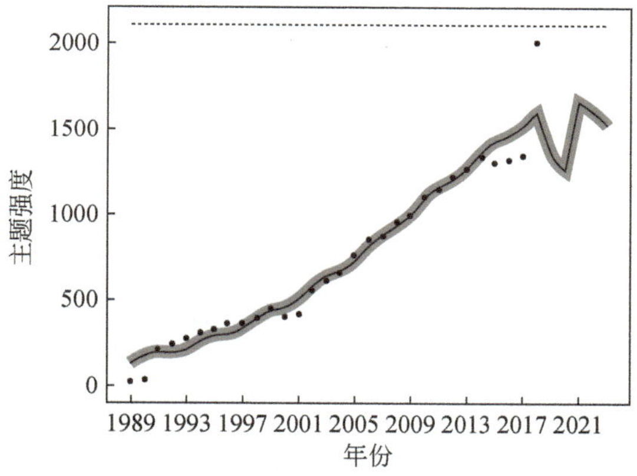

(o) Topic15

图 9-9　每个研究主题的演化趋势

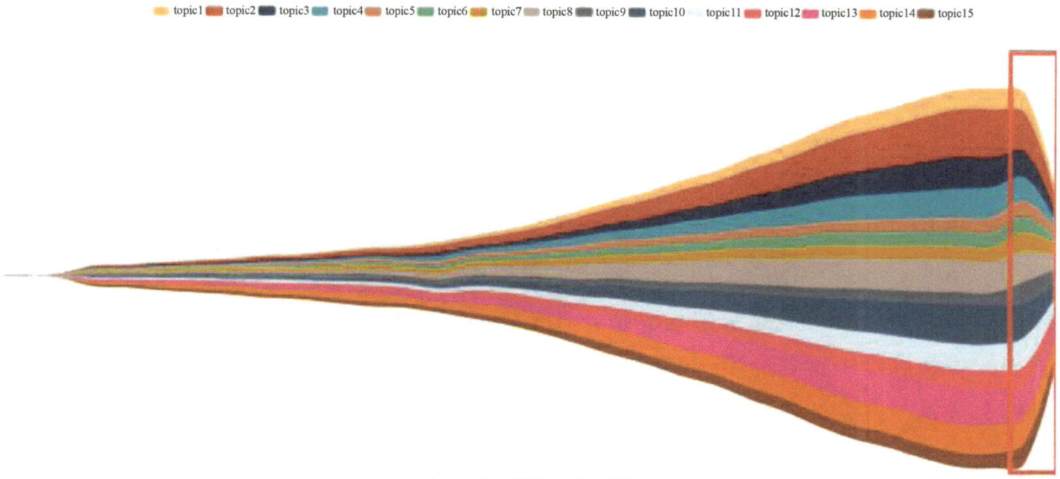

(a) 未引入预测–修正模型

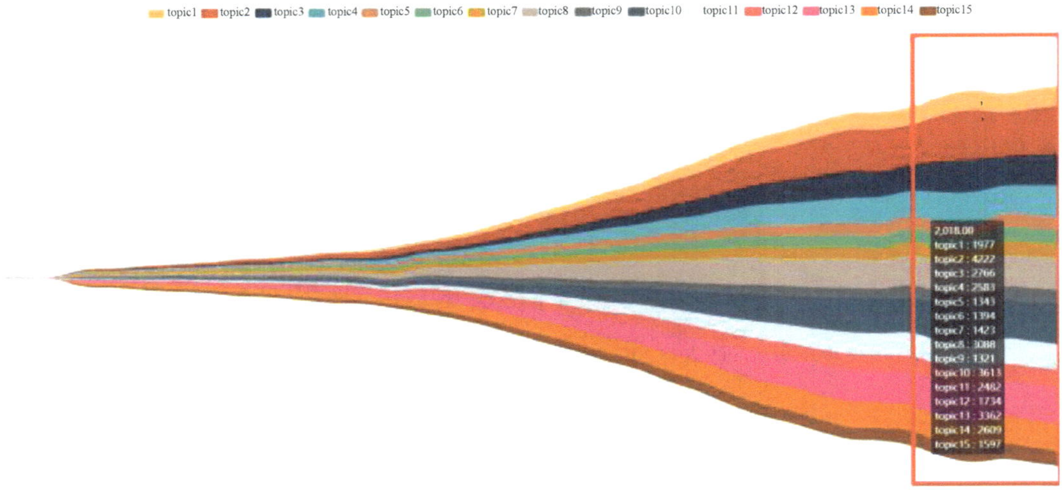

(b) 基于Prophet预测–修正模型后

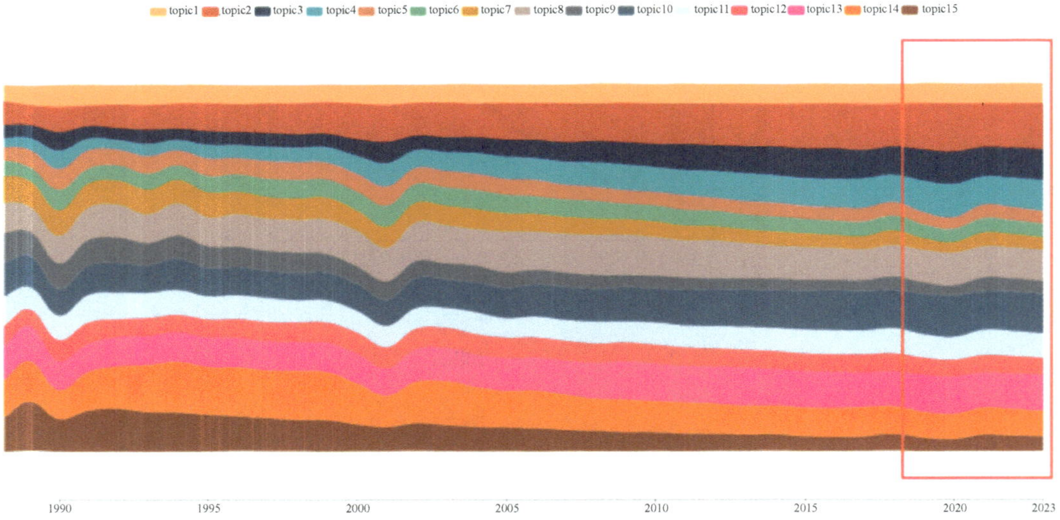

(c) 基于Prophet预测–修正模型后的比例图

图 9-10　主题强度趋势演化主题河流图

从图 9-10（b）中可以看出，干细胞各个研究主题整体呈现增长态势。但从图 9-10（c）可以看出，领域中的各个研究主题变化趋势还是有区别的，如 Topic2（干细胞与疾病诊疗）这个研究主题发展态势最为迅猛，在整体研究中所占的比例逐渐增大，干细胞在越来越多的疾病诊疗中得到应用。而如 Topic15（造血干细胞）等研究主题，理论研究已经相对较为成熟，在整体研究中所占的比例呈现下降趋势，某些成熟技术已经从理论走向应用。

在 1990 年与 2000 年前后，从图 9-10（b）中可以看出，各个研究主题增长趋势呈现明显变化（类似曲线中的拐点），从图 9-10（c）中可以看出，各个研究主题分布也呈现震荡趋势。这两个时间点与 1988 年詹姆斯汤姆森分离出人类胚胎干细胞等重大发现、1999 年美国将干细胞列为十大科学进展，以及 2000 年日本干细胞计划提出大致相符，说明重大科学发现不仅可能会带来主题增长趋势的变化，也可能会带来主题结构的变化。

9.4　小结

研究主题挖掘是进行科技决策的基础，目前对研究主题的趋势分析大多专注于研究主题的态势描述，对研究主题趋势规律性分析和预测研究得不够充分。笔者提出一种研究主题的挖掘分析方法，整体模型分为主题抽取和表示、主题关联和相似性分析、主题趋势分析和预测。在主题抽取和表示阶段，主要使用 LDA 模型进行抽取表示。在主题关联和相似性分析阶段，使用通常的内容相似性及笔者提出的共现相似性、趋势相似性等指标进行主题相似性度量，并探讨几种主题相似性度量方法的相互关系，得到其一致性关系为（内容，共现）>（共现，趋势）>（内容趋势）。在主题趋势分析和预测阶段，将 Prophet 模型引入主题演化分析当中，进行强度演化趋势分析与预测，比较了 Prophet 模型与 ARIMA、LSTM 等经典模型的效果。针对强度演化中的近期数据不完整问题，笔者提出了预测–修正的两阶段模型，实验证明该模型能够较好地拟合主题现状和未来演化趋势。

模型的优缺点与后续工作如下：

1）在干细胞领域进行实证分析，数据已经达到了几十万篇文献的规模，时间分片后主题呈现明显的趋势特征，可以采用时间序列模型进行拟合。但数据覆盖范围仍不够全面，未来将考虑在选择其他的典型领域进行实证，进行不同领域数据的对比分析，进一步验证笔者提出方法的适用性。

2）在主题抽取与表示阶段，使用 LDA 模型进行研究主题的表示，LDA 模型具有能够自动抽取文档隐含主题表示等诸多优点，也是目前主题抽取表示中的经典方法，但 LDA 主题模型存在表示能力与可解释性不够强等问题，还需要领域专家对研究主题进行相应的解读，且 LDA 模型假设不同时间片内的主题数量是一致的，这也是目前主题演化实用系统常用的处理方式，这样处理虽然有计算量小等优势，但在表示新兴主题产生方面有些不足，后续可以考虑结合预训练模型等方法进行研究主题表示模型的改进。

3）在主题强度趋势预测中，使用 Prophet 预测–修正模型进行拟合分析，具有自动化程度高、易于实现，与主题增长规律符合等优点。本章将年作为时间切片的单位，以 1 年为一个时间单元，这样处理比通常情报学文章选取的 3 ~5 年为时间片细一些，更能体现趋势特征。但仍旧粒度较粗，未充分利用 Prophet 的周期和节假日模型的丰富表示能力，未来可以使用更大的数据、在更细的粒度进行趋势预测和分析。

4）通过不同研究主题符合的不同增长模式，对研究主题进行归类，进行新兴与热门研究主题挖掘也是后续值得研究的问题。可以通过主题演化趋势曲线中的拐点或震荡点，来推断重大发现或颠覆性技术出现的时间。

参考文献

范少萍，安新颖，单连慧，等 . 2019. 基于医学文献的主题演化类型与演化路径识别方法研究 . 情报理论与实践，42（3）：114-119.

胡正银，刘春江，隗玲，等 . 2017. 面向 TRIZ 的领域专利技术挖掘系统设计与实践 . 图书情报工作，61（1）：117-124.

刘自强，许海云，岳丽欣，等 . 2019. 基于 Chunk-LDAvis 的核心技术主题识别方法研究 . 图书情报工作，63（9）：73-84.

罗文馨，王园园 . 2018. 技术主题演化研究方法综述 . 知识管理论坛，3（5）：255-265.

孙孟孟 . 2014. 基于名词短语提取与词条权重分析的话题提取算法研究 . 杭州：浙江大学 .

王婷婷，韩满，王宇 . 2018. LDA 模型的优化及其主题数量选择研究——以科技文献为例 . 数据分析与知识发现，2（1）：29-40.

张琴，张智雄 . 2017. 基于 PhraseLDA 模型的主题短语挖掘方法研究 . 图书情报工作，61（8）：120-125.

张鑫，文奕，许海云，等 . 2019. Prophet 预测–修正的主题强度演化模型——以干细胞领域为实证 . 图书情报工作，64（8）：78-92.

Blei D M，Griffiths T L，Jordan M，et al. 2004. Hierarchical topic models and the nested Chinese restaurant process//Advances in neural information processing systems. Vancouver：ACM，17-24.

Blei D M，Lafferty J D. 2006. Dynamic topic models//Proceedings of the 23rd international conference on Machine learning. New York：ACM：113-120.

Blei D M，Ng A Y，Jordan M. 2003. Latent dirichlet allocation. Journal of Machine Learning Research，3（4-5）：993-1022.

Graves A. 2012. Supervised sequence labelling//Supervised Sequence Labelling with Recurrent Neural Networks. Berlin：Springer，5-13.

Hoffman M D，Blei D M，Bach F. 2010. Online learning for latent dirichlet allocation//Advances in neural information processing systems 23. Vancouver：Curran Associates Inc. ，856-864.

HummonN P，Dereian P. 1989. Connectivity in a citation network：The development of DNA theory. Social Networks，11（1）：39-63.

Lai R J，Li M F. 2014. Technology evolution of lower extremity exoskeleton from the patent perspective. Key Engineering Materials，625：536-541.

Li B，Wang B，Zhou R，et al. 2016. CITPM：A cluster- based iterative topical phrase mining framework// International conference on database systems for advanced applications. Dallas：Springer International Publishing：197-213.

Lu L Y Y，Liu J S. 2014. A survey of intellectual property rights literature from 1971 to 2012：The main path analysis//Proceedings of PICMET'14 Conference：Portland International Center for Management of Engineering and Technology；Infrastructure and Service Integration. Piscataway：IEEE，1274-1280.

Martinelli A. 2012. An emerging paradigm or just another trajectory? Understanding the nature of technological changes using engineering heuristics in the telecommunications switching industry. Research Policy，41（2）：414-429.

Mimno D，Wallach H M，Talley E M，et al. 2011. Optimizing semantic coherence in topic models//Proceedings of the conference on empirical methods in natural language processing. Edinburgh：Association for Computational Linguistics：262-272.

Pilkington A，Meredith J. 2009. The evolution of the intellectual structure of operations management—1980-2006：a citation/co-citation analysis. Journal of Operations Management，27（3）：185-202.

Porteous I，Newman D，Ihler A T，et al. 2008. Fast collapsed gibbs sampling for latent dirichlet allocation//Proceedings of the 14th ACM SIGKDD international conference on Knowledge discovery and data mining. New York：ACM：569-577.

Taylor S J，Letham B. 2018. Forecasting at scale. The American Statistician，72（1）：37-45.

Wang X R，Mccalluma A，Wei X. 2007. Topical n-grams：Phrase and topic discovery，with an application to information retrieval// IEEE International Conference on Data Mining. Piscataway：IEEE：697-702.

Wang X，Mccallum A. 2006. Topics over time：a non- Markov continuous- time model of topical trends// Proceedings of the 12th ACM SIGKDD international conference on knowledge discovery and data mining. New York：ACM：424-433.

Wang Z Y，Li G，Li C Y，et al. 2012. Research on the semantic- based co- word analysis. Scientometrics，90（3）：855-875.

第10章

基于翻译模型的科研合作预测[①]

为促进科研人员间的交流合作，实现科研效率最大化，本章提出了一种改进的翻译模型 TransTopic 用于干细胞领域的科研合作预测研究。TransTopic 旨在将科研合作网络中的节点和边统一映射为低维向量，首先利用 LDA 主题模型抽取边上论文描述文档的主题分布特征，然后使用自编码器将主题特征编码为边向量，接着基于翻译机制和网络结构特征得到节点向量，最后通过向量间的语义计算实现科研合作预测。针对科研合作网络的无向性，基于作者的累加贡献度确定边的方向，进而生成无干扰的三元组集，大大提升了 TransTopic 模型的表示效果和预测能力。在干细胞领域科研合作网络对应数据集上的实验表明，TransTopic 相较于传统的表示学习模型在链路预测任务上得到了更好的结果。

10.1 引言

随着学科研究的多元化和深入化发展，越来越多的科研工作由单人独立完成转变为团体协作共同完成（Guns and Rousseau，2014）。科研合作是科学创新的重要组成部分，不同合作主体之间围绕特定研究主题进行交互合作，充分发挥了各个合作主体的潜力，从而实现科研效率最大化。因此，如何从庞大的科研群体中组建特定主题的科研合作团队受到了国内外学者的广泛关注。其中，科研合作预测是组建科研合作团队的基础，能够为团队人员的选择和配置提供参考与建议，同时也是挖掘潜在合作关系和发现热点研究主题的有效途径（张金柱 等，2016）。

期刊论文作为科研合作的重要成果，自然而然地成为合作关系预测的媒介。科研人员如果共同撰写了一篇期刊论文就会被认为是相互关联的，将科研人员表示为节点，将他们

① 本章内容来自陈文杰（2020a），本章对技术细节及数据进行了补充。

之间的关系表示为边，就形成了科研合作网络。目前，科研合作预测通常在科研合作网络上进行，基于复杂网络理论将科研合作预测问题转换为链路预测问题，计算未来研究人员间发生合作的可能性，在一定程度上取得了较好的效果，但仍然存在以下几个问题：

1）现有的预测方法大多基于科研合作网络的整体拓扑结构、局部的邻接结构或节点间的连通路径等特征构建预测指标，当科研合作网络规模扩大时，指标计算的复杂度呈指数级增长，难以实现大数据环境下科研合作关系的预测。另外，科研合作网络呈幂律分布，大部分的研究人员处于长尾区间，使得当前的预测方法主要针对合著较多的高产科研人员，忽略了处于网络边缘区域中产出一般或较低的科研人员（张金柱等，2018）。

2）在科学研究中具有相同研究领域和相似研究主题的科研人员在未来更容易形成合作关系（林原等，2019）。传统的科研合作预测往往以合作的可能性为研究目标，没能对科研合作的研究主题给出预判性指导。

3）已有的面向科研合作网络的预测方法更侧重节点信息，忽略了边上文本丰富的语义信息。事实上，科研人员间存在合作论文的标题、摘要和关键词等多种描述文本信息，这些信息占论文篇幅最少却是对研究内容和研究主题的精炼描述。因此，如何利用论文文本信息自动抽取出科研人员之间合作关系的有效特征成为一个亟待解决的问题。

为此，本章基于经典的表示学习模型 TransE，提出了一种融合论文合作关系和论文主题特征的表示模型 TransTopic，同时针对上述的三个问题提升模型的知识表示能力。对于第一个问题，TransTopic 将科研合作网络中的节点和边统一映射到低维的表示空间中，使得每一位科研人员均对应一个表示向量从而解决长尾分布问题；同时在预测中将复杂的指标计算转换为低维向量间的计算，显著提高了计算效率，从而更加适应于大数据环境下的科研合作预测。对于第二个和第三个问题，TransTopic 首先利用 LDA 主题模型获取期刊论文描述文本中的主题分布特征，然后基于自编码器构建关系向量，并利用学习到的表示向量预测科研人员间合作的主题概率分布。

10.2　相关研究

10.2.1　表示学习

近年来，以深度学习为代表的表示学习在语音识别、自然语言处理和图像分析等领域得到了广泛关注。表示学习的目的是将研究对象的语义信息表示为低维稠密的向量，使得相似的对象在低维空间中距离更近。利用表示学习技术使得人为的特征提取任务转变为机器自动的特征提取，一方面使得引文信息更容易分析和处理，另一方面有效地解决了数据稀疏的问题。较早的基于网络的表示学习方法通过对邻接矩阵计算特征向量或进行矩阵分解得到节点向量。Belkin 和 Nigogi（2002）假设相邻的两个节点向量的表示应该相似，其中相似度由欧式距离来衡量，问题的优化可以转换成 Laplace 矩阵的特征向量计算。HOPE 模型通过构建多个非对称关系矩阵来保存网络中的非对称信息，为每个节点保存两种不同的状态信息，并使用 JDGSVD 算法对矩阵进行分解得到节点向量表（Ou et al.，2016）。基于词向量的表示学习方法也引起了大量学者的关注。Perozzi 等（2014）提出了 deepwalk 模型，将随机游走序列视作特殊的句子输入词向量模型中，游走过程的完全随机性可能会造成网络结构的非对称性和社区等信息的丢失。Node2vec 算法在 deepwalk 模型的基础上通过设置超参数来平衡局部特征和全局特征的学习（Grover and Leskovec，2016）。GraRep 算法首先根据节点间 k 步随机游走抵达的概率构建关系矩阵，其次对邻接矩阵进行归一化处理，最后利用奇异值分解（SVD）达到对邻接矩阵降维的效果，但该算法计算邻接矩阵的效率很低（Cao et al.，2015）。Yang 等（2017）利用深层神经网络来学习节点间的非线性关系，通过构建一级相似度和二级相似度模块最终得到节点的向量表示。

随着 Linking Open Data、Freebase 和 OpenKG 等开放数据集项目的展开，互联网从文档万维网向数据万维网发展。谷歌在 2012 年提出了知识图谱这一概念，用于改善搜索结果。随后多家公司开始构建知识图谱，如苹果的“Wolfram Alpha”、百度的“知心”和搜狗的“知立方”。知识图谱被广泛应用于语义搜索、智能问答和辅助决策等领域，在人工智能领域也具有良好的应用前景。基于知识图谱的表示学习技术将知识图谱中的实体和关系映射到连续稠密的低维向量空间，同时保留图中的结构和语义关系。基于知识图谱的表示学习技术可以降低知识图谱的高维和异构性，高效地实现语义相似度计算等任务，显著提升计算效率；将每个实体映射为一个低维稠密的向量，有效地解决了数据稀疏问题；能够实现异构知识的融合，将不同来源的实体和关系映射到同一语义空间中；还可以广泛地应用于知识图谱补全、关系抽取和智能问答等各类下游学习任务。知识图谱表示学习的模型主要分为三类：基于距离的翻译模型、基于语义的匹配模型、矩阵分解模型和神经网络模型等。当前知识图谱表示学习的研究热点主要集中在基于距离的翻译模型上，以 Trans 系列模型为代表，本章将详细介绍该系列模型。除了基于翻译的模型外，基于语义的匹配模型为了寻找实体间的语义关系，定义了多个投影矩阵来描述实体间的内在联系，将实体和关系投影到隐语义空间来进行相似度计算。以 RESACL 模型为代表的模型，采用矩阵分解来进行知识图谱表示学习，利用三元组构建一个大的矩阵，然后将矩阵分解为实体和关系的向量表示。为了解决精确刻画实体和关系的语义联系问题，Socher 等（2013）提出了单层神经网络模型。该模型使用非线性变换为实体和关系提供了微弱的关联，但同时计算的复杂度也大大提高。张量神经网络模型使用双线性张量取代传统的线性变换层，能够更精确地刻画实体和关系的语义联系，但模型的训练需要大量数据，不适用于稀疏知识图谱。鲍开放等（2018）基于卷积神经网络构建了一种融合实体文本属性的学习模型，通过使用低秩矩阵对头实体和尾实体进行映射，使其更好地表征复杂关系。

10.2.2　翻译模型

学自从 Mikolov 等（2013）提出了 word2vec 模型后，以深度学习为代表的表示学习技术在社交网络和知识图谱等领域受到了广泛的关注。表示学习指通过表示模型将研究对象的语义信息转换为低维稠密的特征向量，对象向量间的距离越近则说明其具有越高的语义相似度。word2vec 模型基于三层神经网络，以中心词前后若干个单词为上下文信息，能够快速高效地将单词转换为向量形式（Mikolov et al.，2013）。这些词向量之间存在一种平移特性，公式如下：

$$V_{\text{China}} - V_{\text{Beijing}} \approx V_{\text{America}} - V_{\text{Washington}}$$

$V(w)$ 表示单词 w 对应的表示向量。该特性说明词向量能够表征单词 China 与 Beijing 之间、America 与 Washington 之间隐含的语义关系（Capital）。利用这种平移特性，Bordes 等（2013）建立了 TransE 模型，将知识图谱中的关系向量视为实体间的平移向量。具体地，对于每一个三元组 (h, r, t)，定义优化函数为

$$V_h + V_r = V_t$$

TransE 模型将 V_r 作为 V_h 和 V_t 之间的平移，同时也可以将 V_r 看作从 V_h 到 V_t 的翻译，因而 TransE 模型通常被称为翻译模型。TransE 采用最大间隔法来增强知识表示的区分能力，其目标函数定义如下：

$$\sum_{(h,\ r,\ t)\in S}\sum_{(h',\ r,\ t')\in S'(h,\ r,\ t)}[l + d(h+r,\ t) - d(h'+r,\ t')]_+; \qquad (10\text{-}1)$$

$$d(h,\ r,\ t) = | V_h + V_r - V_t |_{L_1/L_2}$$

式中，$[x]+$ 表示 x 的正值函数；l 表示间隔距离参数；S' 表示三元组集 S 的负采样集；$d(h,\ r,\ t)$ 表示向量 $V_h + V_r$ 和 V_t 之间的 L_1 或 L_2 距离。

与以往的表示学习模型相比，TransE 模型在数据集 WordNet 和 Freebase 中获得了良好预测结果的同时使用了较少的模型参数，并且还能表征实体和关系之间的语义关系。因而，TransE 模型成为表示学习领域中最具代表性的基础模型之一。大量研究者针对其无法处理复杂关系的缺陷进行了深入研究和扩展，一类有效的方法是令每个实体在不同的关系下拥有多个向量表示。TransH 模型引入了关系相关的超平面 W_r，将实体映射到超平面上（Wang et al.，2014）：

$$V'_h = V_h - W_r^{\mathrm{T}} V_h W_r,\ V'_t = V_t - W_r^{\mathrm{T}} V_t W_r$$

TransR 模型和 TransH 模型类似，假设不同关系拥有不同的语义空间，定义了映射矩

阵 M_r，将实体映射到关系对应的语义空间中（Lin et al.，2015）：

$$V'_h = M_r V_h, \quad V'_t = M_r V_t$$

TransR 模型具有很强的复杂关系建模能力，但为每个关系引入映射矩阵，使得参数过多，模型的复杂度大大增加。为了简化模型，TransD 模型将映射矩阵 M_r 分解为两个映射向量的乘积，定义（h，r，t）对应的映射向量为 W_h、W_r 和 W_t，得到（Ji et al.，2015）：

$$V'_h = (W_r W_h^{\mathrm{T}} + I) V_h, \quad V'_t = (W_r W_t^{\mathrm{T}} + I) V_t$$

TransParse 模型则是使用稀疏矩阵来代替稠密的映射矩阵 M_r，其中稀疏度 θ_r 由关系 r 连接的实体数量决定（Ji et al.，2016）：

$$V'_h = M_r(\theta_r) V_h, \quad V'_t = M_r(\theta_r) V_t$$

不同于实体映射方法，另一类改进 TransE 模型的策略是放宽 $V_h + V_r \approx V_t$ 这一约束条件。TransM 模型为每个三元组（h，r，t）赋予一个关系相关的权值 θ_r，定义损失函数（Fan et al.，2014）：

$$d(h + r, t) = \theta_r | V_h + V_r - V_t |_{L_1/L_2}$$

特别当 r 属于复杂关系时权值更低，使得 V_t 在空间上离 $V_h + V_r$ 更远。ManifoldM 模型则是令三元组满足 $| V_h + V_r - V_t |_{L_1/L_2} \approx \theta_r^2$，使得 V_t 靠近以 θ_r 为半径的流形区域（Xiao et al.，2016）。TransF 模型要求向量 V_t 与向量 $V_h + V_r$ 方向相同，同时 V_h 与 $V_t - V_r$ 也具有同样的方向，定义损失函数如下（Feng et al.，2015）：

$$d(h + r, t) = (V_h + V_r)^{\mathrm{T}} V_t + (V_t - V_r)^{\mathrm{T}} V_h$$

TransA 模型增加了一个非负的权重矩阵 W_r，为每一维学习不同的权重，在处理复杂关系时更为灵活（Xiao，2015）。TransAH 模型则是融合了 TransA 和 TransH 两个模型，在各项实验指标上取得了很大进步（方阳等，2018）。

同一关系的语义在不同的实体间可能存在差异，如不同作者间合作的论文通常不同。因此，实体间的关系具有动态性和复杂性，单个向量无法准确地表示关系。Xiao 等（2015）提出的 TransG 模型假设一个关系可能包含多种语义，每种语义使用一个高斯分布来刻画。某些关系还可以进行更细致的划分，如 FreeBase 中的"/location/contains"关系可以用来表示国家包含某城市、国家包含某所大学或省包含某城市。CTransR 模型通过对头实体和尾实体的差值 $V_h - V_t$ 进行聚类，将关系细分为多个子关系，每个子关系分别用向量表示。CTransR 模型在一定程度上解决了复杂关系建模的问题，但引入的聚类操作和子关系向量使得模型参数激增且难以扩展。

10.2.3 LDA

LDA 主题模型是一种非监督模型，能够用来识别大规模语料库中隐含的主题信息，具有良好的扩展性，是当前许多主题研究方法的基础。LDA 模型包含了文档、主题和词汇三层结构，基本思想是假设语料库中存在若干潜在的主题，文档中的全部词汇依照“以一定概率选择文档的某个主题，并从这个主题中以一定概率选择某个词汇”这一过程生成（Blei et al.，2003）。词汇概率计算如下：

$$P(\text{词汇} \mid \text{文档}) = \sum_{\text{主题}} P(\text{词汇} \mid \text{主题}) \times P(\text{文档} \mid \text{主题}) \tag{10-2}$$

LDA 模型的总体目标是根据文档集合 D 及先验参数 α 和 β 推断每个文档中每个词汇的主题分配序列，并根据该序列得到文档-主题概率分布矩阵 $\boldsymbol{\theta}$ 和主题-词汇概率分布矩阵 $\boldsymbol{\varphi}$，如表 10-1 和表 10-2 所示。表 10-1 中每一行代表一篇文档在各个主题中的分布概率，每行概率和为 1。表 10-2 则反映了每个词汇在主题中的权重。LDA 用 Gibbs Sampling 替代了容易陷入局部最优的 EM 算法，具体的训练流程如下：

1）随机初始化。针对论文集 D 中每篇论文 d 对应的标题和摘要里的每一词汇 w，随机生成一个主题编号。

2）重新遍历论文集，对每个词汇 w，应用 Gibbs Sampling 更新 w 的主题编号。

3）重复以上过程，直到 Gibbs Sampling 收敛。

4）统计主题-词汇和文档-主题的共现频率，并将结果输出。

表 10-1　文档-主题概率分布

文档	主题 1	主题 2	…	主题 k	…
d1	$P11$	$P12$	…	$P1k$	…
d2	$P21$	$P22$	…	$P2k$	…
dn	$Pn1$	$Pn2$	…	Pnk	…

表 10-2　主题-词汇概率分布

主题	词汇 1	词汇 2	…	词汇 w	…
主题 1	$P11$	$P12$	…	$P1w$	…
主题 2	$P21$	$P22$	…	$P2w$	…
主题 k	$Pk1$	$Pk2$	…	Pkw	…

10.2.4　科研合作预测

Newman 最早将复杂网络分析方法引入科研合作网络中，通过研究网络的各种聚类系数、中心度、合作强度和平均距离等特征，以发现网络中高影响力作者（Liben-Nowell and Kleinberg，2003）。Liben-Nowell 等人首次提出了合作网络的链路预测问题，利用 Jaccard 系数、共同邻居和 SimRank 等指标计算节点间相似度，进而基于相似度进行链路预测

(Guns, 2012)。孙晓玲(2014)结合网络结构和节点属性提出了一个以兴趣和事件为驱动的合作网络演化模型,并利用模型生成网络的属性和模式进行无监督的链路预测,预测了未来可能形成的合作关系。刘竟和孙薇(2017)从网络的小世界和无标度特性出发,通过 cosine 距离和 Katz 指标衡量网络中科研人员的研究兴趣相似性和连通路径相似性,在链路预测的基础上构建加权预测模型。汪志兵等(2019)利用作者节点属性特征,构建了基于合作机构偏好相似性的机构-文献频次指标,并将其与 AA、CN、Katz 和 LP 等基于网络拓扑结构相似性的指标进行加权融合,从而形成了 8 种潜在合作关系的预测指标,最后利用指标进行链路预测。除此之外,陈卫静和郑颖(2013)在合作网络的基础上,引入作者、研究机构、关键词、参考文献和期刊等多种特征构建异构网络,通过特征间的共现分析来挖掘潜在的合作者。艾科等(2019)综合考虑了论文、机构和研究兴趣等属性,从标题、发文数量、署名顺序和时间等多个维度构造样本特征,提出了基于集成学习的科研合作潜力的预测模型。随着表示学习技术在自然语言处理和复杂网络中的发展与应用,科研人员开始将表示学习引入科研合作预测中。张金柱等(2018)利用经典的网络表示学习方法 LINE,将节点的邻接信息映射到节点向量中,并基于节点向量计算作者间的相似度,相似度越高的两个作者在未来越容易形成合作关系。余传明等(2019)利用 DeepWalk 和 node2vec 模型学习网络整体拓扑结构特征,利用 LINE 和 SDNE 模型学习网络局部的邻接结构特征,并将两种特征进行加权融合得到节点的向量表示,最后基于逻辑回归模型进行关系预测。林原等(2019)将关键词共现、作者共现、机构共现、作者-关键词共现等多种共现特征融入表示学习模型中,通过节点向量间的欧式距离来度量节点间的关联强度,从而实现潜在合作对象的预测。然而,上述基于表示学习的预测方法存在一定不足,如仅仅考虑了节点特征,忽略了边上的标题、摘要等文本的语义信息,造成数据分析的不完整和预测的准确度不够等问题;并且预测任务往往以合作的可能性为研究目标,对科研合作的研究主题缺乏预判性指导。

10.3 基于翻译的科研合作网络表示

本节详细介绍了基于翻译机制和自编码器的表示模型 TransTopic,解释了其机制、整体架构和训练算法。针对科研合作网络中合作关系的自反性问题,提出了基于作者贡献度的三元组生成方法。

10.3.1　翻译机制

为了更准确地描述科研合作网络，这里给出相关的定义和符号。将网络记作 $G=(V, E)$，其中 V 是节点集，E 是边集。边 $e=(u, v) \in E$，节点 u 和 v 分别表示两位作者，e 是作者间的合作关系。(u, e, v) 表示节点和边形成的三元组。

面向科研合作网络表示学习的目标是为每个节点或边 x 学习一个实值向量 $V(x) \in R^k$，并使得向量的维数 k 远小于节点和边的总个数 $|V|+|E|$。受翻译模型 TransE 的启发，本章假设网络中的节点和边在向量表示空间中存在翻译关系，如图 10-1 所示。也就是说，在三元组 (u, e, v) 中，节点同时扮演了头实体和尾实体两种角色，边则作为实体间的关系。翻译机制可以形式化地表示为

$$V_u + V_e = V_v$$

式中，$V(u)$ 和 $V(v)$ 是作者对应的向量，$V(e)$ 是合作关系向量。为了使三元组 (u, e, v) 尽可能匹配翻译机制，本章定义了评估三元组匹配程度的距离函数：

$$d(u+e, v) = |V_u + V_e - V_v|_{L_1/L_2} \tag{10-3}$$

即计算向量 $V_u + V_e$ 与 V_v 之间的 L_1 或 L_2 距离，距离越近说明匹配程度越高。

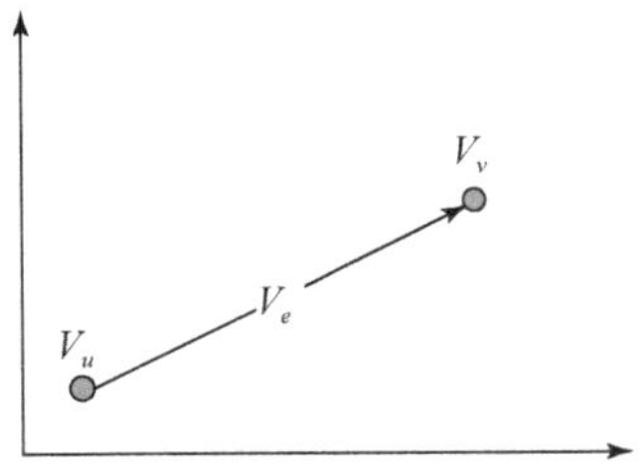

图 10-1　翻译机制

10.3.2　关系向量构建

基于翻译机制的模型往往孤立学习三元组信息，忽略了实体和关系相关描述信息、类别信息。事实上，合作关系上存在论文的标题、关键词和摘要等文本信息，若能充分利用这些信息，可以有效地提高关系向量的表示能力。LDA 是一种主题模型，通常用来捕获大规模语料库中文本潜在的主题特征，在用户推荐、自动文摘和作者合作推荐等领域得到广泛应用（黄佳佳等，2020）。因此，本章考虑引入 LDA 主题模型，对科研合作网络中所有的描述文档建模，抽取其中隐含的主题信息用于关系向量的表示，从而克服孤立学习三元组和忽略文本语义信息等问题。

文档-主题矩阵 $\boldsymbol{\theta}$ 能够将文档 e 映射为对应的主题分布向量 θ_e，矩阵 $\boldsymbol{\varphi}$ 可以将主题 t 映射为对应的词分布向量 φ_t。一种构建关系向量的简单方法是直接将主题分布向量 θ_e 作为关系 e 的表示向量 V_e。此时，θ_e 的维数（主题的个数）必须与表示向量 V_e 的维数相同，并且 θ_e 中的每一维（主题概率）都为正数，会造成知识表示的灵活性和可推理性下降。

为此，本章分别采用深度自编码器（deep autoencoder）和变分自编码器（variational autoencoder，VAE）两种模型以无监督的方式构造关系向量（Tu et al.，2007）。

（1）深度自编码器

编码器通过若干个非线性变换层将 e 上描述文档的主题分布特征 θ_e 映射到一个低维的表示空间进而得到编码 Z_e，并且通过解码器将编码重构为文档的主题概率分布 θ'_e，如图 10-2所示。深度自编码器的实现如下：

1）输入。对于三元组（u，e，v），通过 LDA 将边 e 对应的描述文档转换为主题概率分布向量 $\theta_e = (p_{d1}, p_{d2}, \cdots, p_{dk})$，其中 p_{di} 是主题 i 的出现概率，k 是主题的个数。向量 θ_e 作为自编码器的输入。

2）非线性变换。编码器和解码器都由多个非线性变换层（隐层）组成。

$$h^{(1)} = s(W^{(1)} \theta_e + b^{(1)})$$

$$h^{(i)} = s(W^{(i)} h^{(i-1)} + b^{(i)}),\ i = 2, \cdots, N$$

式中，$h^{(i)}$、$W^{(i)}$ 和 $b^{(i)}$ 分别表示隐层 i 对应的表示向量、权重矩阵和偏置向量；$s(\cdot)$ 表示非线性激活函数（ReLU）；N 表示隐层的数量。

3）重构错误。深度自编码器的学习目标是最小化重构错误（reconstruction errors）。

$$\min \sum_{e \in E} \|\theta_e - \theta'_e\|^2 + \lambda \|W\|_F^2 \tag{10-4}$$

式中，E 表示边集；θ'_e 表示深度自编码器的输出；$\|W\|_F^2$ 表示正则化项，用来限制模型的复杂度，从而避免过拟合；λ 表示正则化项系数。通过最小化重构错误，采用逐层训练（layer-wise training）来学习网络参数 W 和 b。编码器的输出 $Z(e)$ 就是构造的关系向量，后续可直接用于基于翻译机制的模型中。

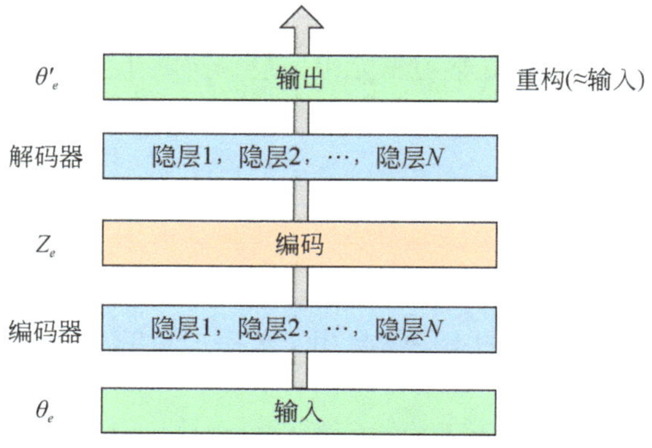

图 10-2　深度自编码器

（2）变分自编码器①

变分自编码器通过建模主题分布特征，以无监督的方式构造关系向量，VAE 的结构如图 10-3 所示。其中，x 是编码器的输入，输出为变分分布 $q(z \mid x;\ \phi)$，z 是潜在向量，ϕ 是推断网络的参数。解码器的输入为 z，输出为概率分布 $p(x \mid z;\ \omega)$，ω 则是生成网络的参数。令 $x = \theta_d$，那么潜在向量 z 就是构造的关系向量。

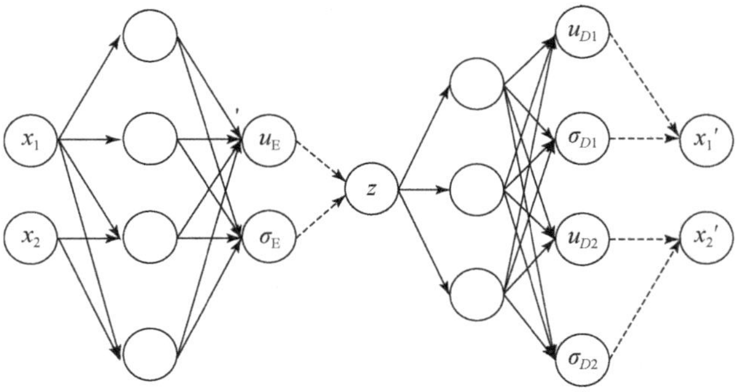

图 10-3　变分自编码器

VAE 假设 $q(z \mid x;\ \phi)$ 服从对角化协方差的正态分布，即 $q(z \mid x;\ \phi) = N(z;\ \mu_E,\ \sigma^2{}_E)$。故编码器由以下两层神经网络构成：

$$h = \text{sigmoid}(W^{(1)}x + b^{(1)})$$
$$\mu_E = W^{(2)}h + b^{(2)}$$
$$\sigma_E = \text{softplus}(W^{(3)}h + b^{(3)})$$

其中，$W^{(1)}$、$W^{(2)}$、$W^{(3)}$、$b^{(1)}$、$b^{(2)}$、$b^{(3)}$ 表示推断网络的参数 ϕ，sigmoid 和 softplus 表示激活函数。在解码器中，VAE 假设 $p(x \mid z;\ \omega)$ 同样服从对角化协方差的正态分布，即 $p(x \mid z;\ \omega) = N(x;\ \mu_D,\ \sigma^2{}_D)$，$\mu_D$ 和 σ_D 由解码器预测得到。

VAE 的误差包括重构误差和 KL-散度误差，总体目标函数如下：

$$\max E_{z \sim q(z \mid x;\phi)}[\ln p(x \mid z;\omega) - D_{\mathrm{KL}}(q(z \mid x;\phi) \mid\mid p(z;\omega))] \tag{10-5}$$

其中，先验分布 $p(z;\ \omega) = N(z \mid 0,\ I)$。VAE 通过“再参数化”采样得到潜在向量，令 $z = \mu_E + \sigma_E \odot \in$，使得从正态分布 $N(\mu_E,\ \sigma^2{}_E)$ 采样转换为标准正态分布 $N(0,\ I)$ 采样，从而保证了模型的训练效率。

10.3.3　三元组生成

科研合作网络是一种无向网络，作者间的合作关系存在自反性，即由 $e = (u,\ v)$ 会生

① 本节内容来自陈文杰（2020a），本节对技术细节进行了补充。

成两个相互干扰的三元组（u，e，v）和（v，e，u），根据翻译机制得到：

$$V_u + V_e = V_v\ ,\ V_v + V_e = V_u$$

推出 $V(u)=V(v)$ 和 $V(e)=0$，从而造成实体向量区分度低并且关系向量为零等问题。

为此，本章基于作者贡献度生成有效三元组，首先做出以下假设：

1）不同排名的作者对论文的贡献度不同，第一作者对论文的贡献度大于其他作者。

2）作者共同发表论文的数量不同，合作关系也不同，通过贡献度的累加来描述合作关系。

然后定义作者 u 和 v 相对论文 d 的贡献度：

$$w(d)=\begin{cases}2，u\text{ 是第一作者，}v\text{ 是其他作者；}\\1，u\text{ 和 }v\text{ 都是其他作者；}\\0.5，u\text{ 是其他作者，}v\text{ 是第一作者；}\end{cases}$$

最后，若作者 u 与 v 合作了 N 篇论文，则定义累加贡献度 $W_{u,v}=\sum_{d=1}^{N} w(d)$ 。如果 $W_{u,v} \geqslant W_{v,u}$ ，说明作者 u 对合作关系的贡献大于 v，故生成三元组（u，e，v）；反之，生成三元组（v，e，u）。

10.3.4　模型的架构与训练

为了将翻译机制和自编码器有机融合起来，本章提出了一个统一的表示模型 TransTopic，整体架构如图 10-4 所示。模型将三元组（u，e，v）和 e 上论文的描述信息作为输入，首先应用 LDA 模型生成主题分布向量，然后利用自编码器构建关系向量，最后通过翻译机制得到实体和关系的表示向量。定义模型的距离函数：

$$d(u+e,v)=|\ V_u + Z_e - V_v\ |_{L_1/L_2}$$

为了增强表示向量的区分度，在训练过程中最大化正负样本的间隔距离，从而定义了目标函数如下：

$$L_1=\max\sum_{(u,e,v)\in S}\sum_{(u',e,v')\in S'(u,e,v)}[\gamma + d(u+e,v) - d(u'+e,v')]_+ \tag{10-6}$$

式中，$[x]_+$返回 x 和 0 中较大的值；γ 是正三元组和负三元组间的最大间隔距离；S 是科研合作网络生成三元组集，将（u，e，v）中的 u 和 v 随机替换为节点集中的另一个不同的节点得到负三元集 $S'(u,e,v)$ ，即

$$S'(u,e,v)=\{(u',e,v)\mid u'\in V\}\cup\{(u,e,v')\mid v'\in V\}$$

与 TransE 模型相同，TransTopic 模型采用随机梯度下降算法学习参数，并且通过 dropout 防止过拟合。具体的训练算法如表 10-3 所示，首先基于论文的描述文档集 D 训练

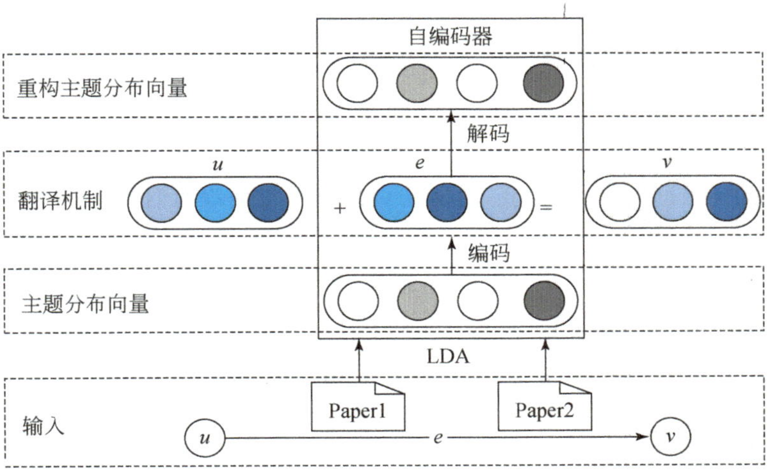

图 10-4　TransTopic 模型架构

LDA 主题模型，生成文档-主题矩阵 $\boldsymbol{\theta}$ ；接着基于自编码器将 $\boldsymbol{\theta}$ 转换为编码矩阵 $\mathbf{Z}$ ，关系向量 V_e 初始化为 Z_e ；最后在每次迭代中：从三元组集 S 里随机选取小批量三元组 S_{batch} ，其中每个正三元组对应生成一个负三元组集 $S'(u, e, v)$ ；在一对正负三元组训练中，计算梯度并更新表示向量。

表 10-3　训练算法

Algorithm 1
Input：triplet set S，margin γ ，learning rate η ，document set D
Output：vector of authors and relations
θ=LDA（D）
Z=autoencoder（θ）
for each epoch ∈ epochs do
S_{batch}=minibatch（S）
for each（u，e，v）∈ S_{batch} do
$V_e = Z_e$
for each（u′，e，v′）∈ S′（u，e，v）
l=γ+d（u+e，v）−d（u′+e，v′）
$V_u := V_u + \eta * \partial l / \partial V_u$
$V_v := V_v + \eta * \partial l / \partial V_v$
end for
end for
end for

10.3.5 科研合作预测

将科研合作网络中作者实体与合作关系表示为一个固定长度的实值向量后，科研合作预测就转换成为向量间的计算问题。具体来讲，对于之前没有合作过的作者 u 和 v，基于翻译机制得到关系向量：

$$Z_e = V_u - V_v$$

然后利用解码器重构关系 e 的主题分布向量：

$$\theta'_e = \text{decoder}[Z_e]$$

最后对 θ'_e 进行归一化处理：

$$|\theta'_e|_2 = 1$$

θ'_e 表征了合作关系的主题概率分布，因而在值较大的若干个元素所对应的主题中，u 与 v 更有可能在未来形成合作关系。

10.4 科研合作网络结构特征学习

基于翻译的模型简单参数较少，计算效率高，但孤立地学习单个三元组，忽略了三元组形成的复杂网络关系。本章提出了科研合作网络结构特征学习方法，旨在学习三元组的同时有效融合科研合作网络的拓扑结构特征。

10.4.1 网络特征

在科研合作网络中，有两种拓扑结构能够描述目标节点，第一种是目标节点和相邻节点组成的邻接结构，第二种是从一个节点到目标节点的关系路径，如图 10-5 和图 10-6 所示。如果采用 TransE 模型从图 10-5 的三元组中学习知识表示，将会使得 author1、author2 和 author3 的向量相同，造成实体表示的区分度低。这是由于 TransE 模型孤立学习三元组，在处理复杂关系时捉襟见肘。邻接结构反映了实体间的 1-N 和 N-1 等多重关系，因而在表示学习过程中结合网络结构特征能够捕获到网络中隐含的复杂关系，有效弥补 TransE 模型的不足。

1）一阶近邻结构学习。直觉上来看，在科研合作网络中拓扑结构相似的节点应该具有相近的向量表示。局部线性表示假设节点在较小的局部区域内是线性的，即一个节点的

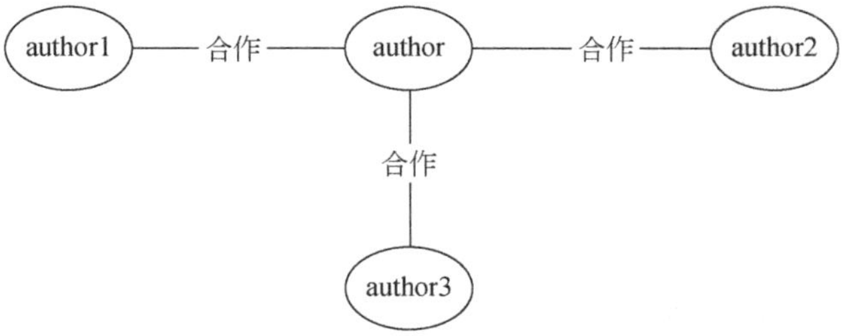

图 10-5　邻接结构

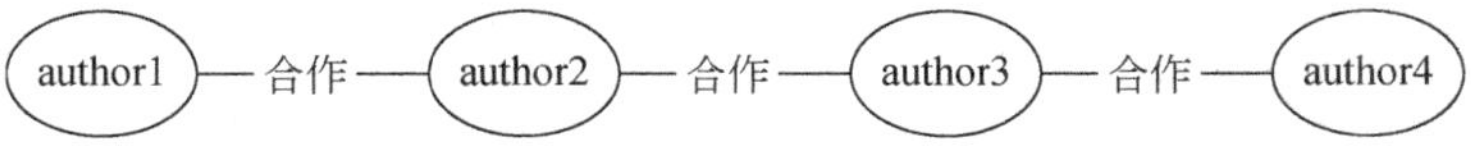

图 10-6　关系路径

表示可以由多个邻居节点的表示线性组合近似得到。研究表明，网络中节点的邻居节点集合对于表征节点间的结构相似性具有重要意义。邻接结构相似的节点往往拥有相近的语义。类似于 CBOW 模型利用上下文预测目标单词，本章将邻居节点和边集视作一种特殊的"上下文"；在已知节点的邻接结构的情况下预测节点的概率，即通过最大化目标节点的预测概率学习合作网络中一阶近邻结构。例如，在图 10-6 中用（author1，合作），（author2，合作）和（author3，合作）来预测 author 的概率值。将邻居节点和边作为输入，目标实体作为输出，构建三层神经网络，如图 10-7 所示。

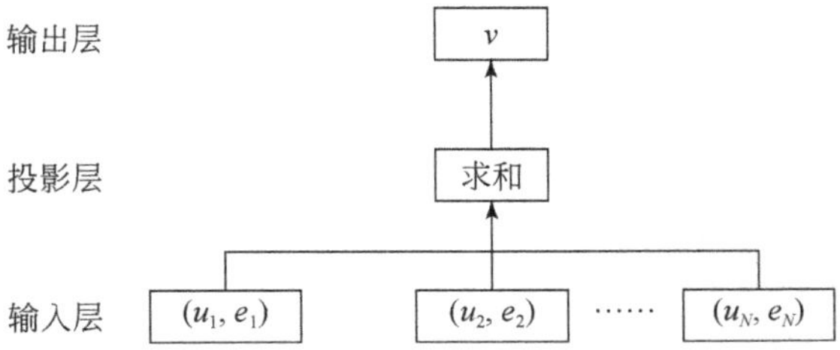

图 10-7　一阶近邻神经网络模型

以预测概率为学习目标，定义一阶近邻结构学习目标函数如下：

$$L_1 = \sum_{v \in V} \log p(v \mid \mathrm{Nr\_}\ 1(v))$$

其中 $\mathrm{Nr\_}\ 1(v)$ 表示节点 v 的一阶近邻，$\mathrm{Nr\_}\ 1(v) = \{(u_1,\ e_1),\ (u_2,\ e_2),\ \cdots,\ (u_N,\ e_N)\}$。投影层的中间向量作为一阶近邻结构的表示向量，采用累加求和的方式计算，表示为：

$$X_v = \sum_{(u,\ e) \in \mathrm{Nr\_}\ 1(v)} V_u + V_e \tag{10-7}$$

$p(v \mid \mathrm{Nr\_}\ 1(v))$ 概率值的计算是典型的分类问题，这里使用 softmax 得到：

$$p(v \mid \mathrm{Nr\_}\ 1(v)) = \frac{\mathrm{e}^{y_v}}{\sum_{t \in v} \mathrm{e}^{y_t}} \tag{10-8}$$

式中，V 表示节点集，y_v 是节点 v 未归一化的概率，如下：

$$y_v = b + UX_v \tag{10-9}$$

式中，b、U 是 softmax 的参数。

2）多阶近邻结构学习。在合作网络中一阶近邻是十分稀疏的，故本章考虑使用多阶近邻节点和关系的向量来表示目标节点向量。假设目标节点 v 存在一个 n 阶近邻的节点 u，则从节点 u 到节点 v 构成了一条 n 步的关系路径。在复杂网络中，多步的关系路径往往能够表征节点间的语义关系，利用关系路径能够预测节点间的关系。为了构建关系路径向量，PTransE 对路径上的所有关系进行语义组合，并通过实验证明相加的组合操作最优，如图 10-8 所示。

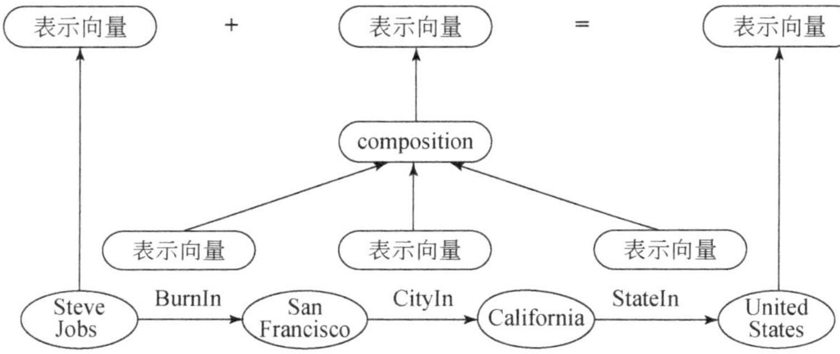

图 10-8　关系路径向量

因此对于多阶近邻结构，本章考虑使用近邻节点到目标节点的多条关系路径来表示目标节点。类似于一阶近邻结构学习，将多个关系路径向量作为输入，目标节点作为输出，构建三层神经网络模型，如图 10-9 所示。

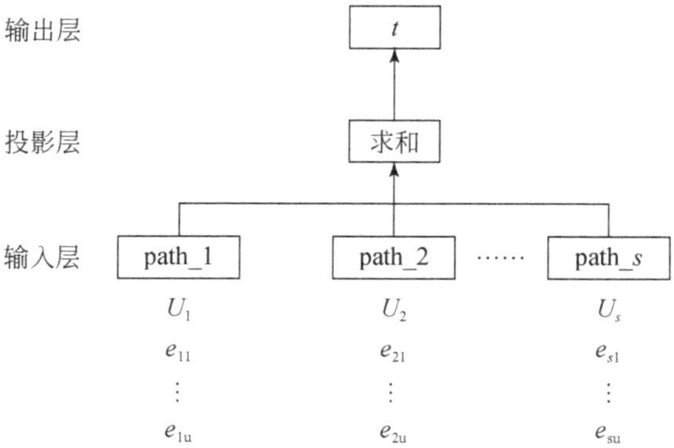

图 10-9　关系路径向量

定义 n 阶近邻结构学习目标函数如下：

$$L_n = \sum_{v \in v} \log p(v \mid \mathrm{Nr\_}\ n(v)) \tag{10-10}$$

式中，$\mathrm{Nr\_}\ n(v)$ 表示所有小于等于 n 阶的近邻节点到目标节点 v 的关系路径，$\mathrm{Nr\_}\ n(v) = \{\mathrm{path}_1, \mathrm{path}_2, \cdots, \mathrm{path}_s\}$；$\mathrm{path}_i = (u_i, e_{i1}, \cdots, e_{iu})$，$h_i$ 表示近邻的节点，e 是路径上的关系，$1 \leqslant u \leqslant n$。投影层的中间向量采用累加求和的方式计算，表示为

$$X_v = \sum_{\mathrm{path} \in \mathrm{Nr\_}\ n(v)} \sum_{t \in \mathrm{path}} V_t \tag{10-11}$$

$p(v \mid \mathrm{Nr\_}\ n(v))$ 概率值的计算同样采用 softmax，这里不再赘述。

10.4.2　混合特征学习

当前大多数方法独立地学习三元组而忽略了网络的拓扑结构特征，为了克服这一问题，本节利用近邻结构特征作为补充，进一步增强科研合作网络的表示效果。模型的目标优化函数如下：

$$L = \eta L_2 + L_1$$

$$L = \sum_{(u,e,v) \in S} \{\eta \log p(v \mid \mathrm{Nr}_{n(v)}) + \sum_{(u',e,v') \in S'(u,e,v)} [l + d(u+e, v) - d(u'+e, v')]_+\} \tag{10-12}$$

式中，η 是平衡网络结构特征和三元组特征学习的参数，通过不断调整权重能更好地应用于不同数据场景。目标函数 L 一方面利用 n 阶近邻向量预测目标节点，使得表示向量包含了科研合作网络的拓扑结构特征；另一方面表示向量又参与了三元组表示学习训练。为了实现网络结构信息和三元组信息的深度融合，本章提出了一个向量共享的交叉训练机制，如图 10-10 所示。左右两部分模型交替训练，节点和关系向量在两个模型中共享；通过不断的迭代训练，更新向量，最终得到融合后的向量表示。

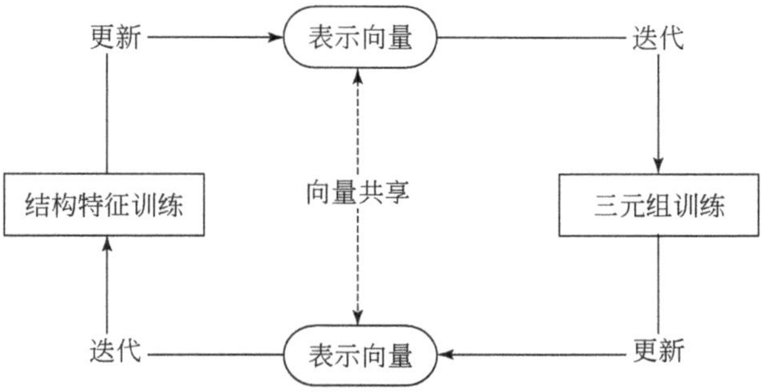

图 10-10　交叉训练机制

为了加快模型的训练速度，通常使用 hierarchical softmax 替代 softmax。当计算

$p(v \mid \mathrm{Nr}_{n(v)})$ 时，hierarchical softmax 以实体（作者）和合作关系作为叶子节点，实体和关系在三元组集 S 中出现的频率作为节点的权，构造一颗哈夫曼树；对于每一个实体或关系 v，哈夫曼树中必然存在一条从根节点到 v 对应节点的路径 p^v，v 出现的频率越高则路径的长度越短；在路径 p^v 上存在 l^v 个分支，每个分支都视作一次二分类并产生一个概率，将分支产生的概率相乘便得到了 $p(v \mid \mathrm{Nr}_{n(v)})$ 的值。因此得到：

$$p(v \mid \mathrm{Nr}_{n(v)}) = \prod_{j=1}^{l^v} p(d_j^v \mid X_v,\ \theta_j^v) \tag{10-13}$$

其中

$$p(d_j^v \mid X_v,\ \theta_j^v) = \begin{cases} \sigma(X_v^{\mathrm{T}} \theta_j^v), & d_j^v = 1; \\ 1 - \sigma(X_v^{\mathrm{T}} \theta_j^v), & d_j^v = 0; \end{cases}$$

$d_j^v = 1$ 表示从根节点到 v（节点或关系）的路径上第 j 个分支被划分为正类，$d_j^v = 0$ 表示被划为负类。X_v 表示中间向量，θ_j^v 是分支分类的辅助向量，都是模型待训练的向量。σ 是 sigmoid 函数，将 $X_v^{\mathrm{T}} \theta_j^z$ 映射为一个介于 0 ~ 1 的概率值。

本章采用随机梯度下降方法来求解目标函数 L 的最优化问题，通过计算梯度实现向量和参数的更新。令 $J_v = p(d_j^v \mid X_v,\ \theta_j^v)$，$J_{\mathrm{tran}} = [l + d(u + e,\ v) - d(u' + e,\ v')]_+$，则模型的训练算法如表 10-4 所示。

表 10-4　训练算法

Algorithm 2
Input：triple set S，vector size d，margin l，learn rate α，balance rate η
Output：vector of entities and relations $V \in R^d$
Build huffman Tree from S
Initialization Vectors
for each epoch $\in$ epochs do
for each（u，e，v）$\in$ S do
for each（u′，e，v′）$\in T'_{(u,e,v)}$
$V_u := V_u + \alpha * \eta * \partial J_{\mathrm{tran}} / \partial V_u$
$V_e := V_e + \alpha * \eta * \partial J_{\mathrm{tran}} / \partial V_e$
$V_v := V_v + \alpha * \eta * \partial J_{\mathrm{tran}} / \partial V_v$
end for
$X_v = \sum_{path \in Nr\_n(v)} \sum_{t \in path} V_t$
$u = 0$
for $j = 1 : l^v$ do
$\theta_j^v := \theta_j^v + \alpha * \partial J_v / \partial \theta_j^v$
$u := u + \alpha * \partial J_v / \partial X_v$
end for
for path $\in$ Nr_ n（v）do

续表

Algorithm 2
17：　　for each t ∈ path
18：V_t ：$=V_t$+u
19：　　end for
20：　end for
21：end for
22：end for

算法的流程及复杂度分析如下：

首先，假设科研合作网络生成的三元组集 S 中节点个数为 m，关系个数为 n，向量的维数为 d。首先，根据三元组集 S 构建一颗哈夫曼树，其中叶子节点为 $(m+n)$ 个，非叶子节点为 $(m+n-1)$ 个；初始化共享向量组成的矩阵 $\boldsymbol{V} \in R^{(m+n)\times d}$ 和辅助向量组成的矩阵 $\boldsymbol{\theta} \in R^{(m+n-1)\times d}$ 。

其次，在每次迭代中进行交叉训练：对于三元组集中的每一个三元组（u，e，v），一方面生成负采样集 $T'_{(u,\ e,\ v)}$ 用于训练 TransE，表 10-4 中 6～8 行计算梯度更新共享向量 V。另一方面获取节点 v 的邻接结构 Nr_ $n(v)$ ，采用累加方式得到中间向量 X_v ；在树中查询根节点到实体（作者）v 的路径，路径上的每次分支做二分类，θ_j^v 是非叶子节点对应的辅助向量，13～14 行是邻接结构特征学习的向量更新公式；由于 X_v 是求和得到，故在 16～20 行将梯度 u 贡献到邻接结构中的每一个的节点和关系对应的共享向量上。

最后，分析算法的时间复杂度和参数复杂度。假设每次负采样 k 个三元组，那么三元组学习部分的时间复杂度为 $o(|S|\cdot k)$ 。在邻接结构特征学习的梯度计算过程中，传统的 softmax 需要对 $(m+n)$ 个实体和关系计算概率，采用 hierarchical softmax 只需计算 l^v 次，l^v 数量级为 $\log_2^{(m+n)}$ ，故这部分的时间复杂度为 $o(|S|\cdot\log_2^{(m+n)})$ 。综上算法的整体时间复杂度为 $o(|S|\cdot(k+\log_2^{(m+n)}))$ ，算法的参数是共享向量和辅助向量复杂度为 $o((m+n)d)$ 。

10.5　实证研究

10.5.1　数据获取

干细胞是当今生命科学研究的前沿与热点，正孕育着重大的科学突破与巨大的产业带动，是中科院十三五规划中 60 项重大突破之一。本章基于干细胞领域的相关文献构建实验数据，首先在生物医学文献数据库 PubMed 中，以“MeSH Major Topic = stem cell”为检索策略，将时间段限定为2000～2019年，共搜集到127 173篇论文。其次在论文数据处理中，通过作者和机构来解决作者重名问题，即作者全称和机构全称完全相同的作者才被认为是同一作者。如果一篇论文中存在三名作者author1，author2和author3，则在author1和author2、author1和author3、author2和author3之间皆建立合作关系。最后将作者作为节点，合作关系作为边，文献的标题和摘要作为边的描述文本，构建干细胞领域的科研合作网络，并形成相应的训练集和测试集。为了更好地评估模型的性能，从合作网络中抽取出了不同规模的子数据集Net-S（small）、Net-M（medium）和Net-L（large），如表10-5所示。

表10-5 数据集

参数设置	Net-S	Net-M	Net-L
Vertexs	59 586	354 740	632 893
Edges	264 174	1 605 263	3 026 951
Train	234 174	1 545 263	2 906 951
Test	30 000	60 000	120 000

10.5.2 链路预测

链接预测指利用网络中已有的链接信息对未知的链接进行预测。预测结果的准确性使用AUC和MeanRank作为度量指标，前者在整体上衡量预测结果的准确度，而后者计算了链接的平均排序得分（李志宇等，2016）。假设合作网络G的补图$G'=(V, E')$，$e' \in E'$表示G中不存在的链接。AUC的计算过程如下：

1）在测试集中随机选择一个链接e，在E'中随机选择一个链接e'，计算预测概率$p(e)$和$p(e')$。

2）若$p(e) > p(e')$，则$p_i=1$；或者$p(e) < p(e')$，则$p_i=0$；否则$p_i=0.5$。

3）重复试验n次，得到$\text{AUC}=\sum_{i=1}^{n} p_i/n$。

在MeanRank计算中，首先为测试集中每个链接e生成一个负采样集，其次基于得分函数将e和采样集中的链接排序，最后计算测试集的平均排序得分。AUC值越接近1和MeanRank值越小，则链接预测的效果越好；若某个表示模型的AUC值低于0.5，说明该模型比随机预测的效果都要差。

本章基于干细胞领域的科研合作网络针对链接预测任务使用五种不同的模型进行了实验，其中：

1）DeepWalk。基于随机游走和word2vec中的skip-gram模型生成网络的表示向量。

2）node2vec。在 DeepWalk 的基础上，引入了融合广度优先和深度优先的游走策略。

3）LINE。基于一阶相似度和二阶相似度学习网络的局部特征。

在 deepwalk 和 node2vec 中的上下文窗口大小均设置为 10，游走长度为 20，每个节点的游走次数为 80；node2vec 中指导游走的参数 $q = 0.25$，$p = 0.5$。TransE 模型最大间隔距离 $\gamma = 2$，采用 L_1 计算向量间的距离。TransTopic 模型的编码器和解码器均包含三个隐层，神经元的个数分别为 50 个、40 个和 30 个，主题个数为 50 个。统一设置表示向量的维数 $d=20$，模型的迭代次数 epochs=1000，学习率 $\eta = 0.025$。表 10-6 和表 10-7 记录了五种对比模型在不同训练规模性下链接预测的指标结果。

表 10-6　AUC　　单位:%

模型	Net-S	Net-M	Net-L
DeepWalk	59.26	53.15	52.45
Node2vec	72.42	64.77	62.95
LINE	71.59	65.62	61.38
TransE	84.83	77.56	69.42
TransTopic	95.21	87.13	80.26

表 10-7　MeanRank

模型	Net-S	Net-M	Net-L
DeepWalk	137.52	190.84	229.26
Node2vec	83.34	134.48	171.04
LINE	92.81	105.64	159.44
TransE	39.40	60.89	87.32
TransTopic	17.48	26.45	51.27

从以下两个方面分析实验结果：

1）翻译模型优势明显。DeepWalk、Node2vec 和 LINE 模型主要挖掘了网络节点的拓扑结构特征，忽略了节点间具体边的建模，效果都比较普通。而 TransE 和 TransTopic 模型基于翻译机制构建了节点和边的语义关系，因而预测效果更好。

2）TransTopic 模型优于 TransE 模型。与 TransE 模型相比，TransTopic 模型的 MeanRank 指标更低，AUC 指标更高，预测的准确度在数据集 Net-S、Net-M 和 Net-L 上分别提高了 12.24%、12.34%、15.62%。实验结果说明将翻译机制和主题分布特征融合是有效的，TransTopic 模型在向量表示和链路预测上具有明显的优势。

10.5.3 主题预测

主题预测是在链接预测的基础上，进一步预测作者间的合作主题。预测结果的准确性同样采用 AUC 作为度量指标，计算过程如下：

1）在测试集中依次选择一个链接 e，对应的三元组为 (u, e, v)。获取 e 上描述文档对应的主题分布向量 $\theta(e)$，其中概率较高的 k 个主题形成的集合为 T_1。

2）利用 TransTopic 模型中的解码器，计算 e 重构后的主题分布向量 $\theta'(e)$，得到高概率的主题集合 T_2。共同主题的个数 $\text{common}(e) = |T_1 \cap T_2|$。

3）$\text{AUC} = \sum_{e \in E} \text{common}(e) / (k \times |E|)$，其中 E 是测试集中所有链接的集合。

针对 TransTopic 模型，本章在不同维度下使用不同规模的数据集进行了主题预测实验，指标结果如表 10-8 所示。可以看出，随着维数的增加，更多的主题特征被编码到模型中，模型的效果有所提升。当维数超过 70 时，模型效果开始下降，其主要原因是维数过高容易引入噪声并且造成模型过拟合。

表 10-8　主题预测　　单位：%

d	Net-S	Net-M	Net-L
20	82.17	80.95	76.54
70	86.52	84.73	81.65
120	81.23	79.24	73.28

10.6 结语

为了克服传统科研合作网络表示模型忽略边上语义信息的缺陷，本章将网络中的边看作节点间的翻译过程，并且通过 LDA 主题模型和自编码器学习了边的主题特征。针对科研合作网络的无向性，基于作者的累加贡献度确定边的方向，进而生成无干扰的三元组集，大大提升了 TransTopic 模型的表示效果和预测能力。为了实现网络结构信息和三元组信息的深度融合，提出了一个向量共享的交叉训练机制。在干细胞领域科研合作网络对应数据集上的实验表明，TransTopic 模型相较于传统的表示学习模型在链路预测任务上得到了更好的结果。本章的不足之处在于作者的机构、研究兴趣和发文等级等多元信息没有得到充分的利用。未来将从完善 TransTopic 模型开始，考虑融合多步翻译路径和作者的属性信息，以此提高科研预测的效果。

参 考 文 献

艾科，马国帅，杨凯凯，等 . 2019. 一种基于集成学习的科研合作者潜力预测分类方法 . 计算机研究与发展，56（7）：1383-1395.

鲍开放，顾君忠，杨静 . 2018. 基于结构与文本联合表示的知识图谱补全方法 . 计算机工程，44（7）：205 - 211.

陈卫静，郑颖 . 2013. 基于作者关键词耦合的潜在合作关系挖掘 . 情报杂志，32（5）：127-131.

陈文杰，2020a. 基于翻译模型的科研合作预测研究 . 数据分析与知识发现，（6）：18. http://kns. cnki. net/kcms/detail/10. 1478. G2. 20200722. 1822. 004. html.

陈文杰，文奕，张鑫，等 . 2020. 一种改进的基于 TransE 知识图谱表示方法 . 计算机工程，46（05）：63-69+77.

陈文杰 . 2020b. 一种基于主题特征的自适应知识表示方法 . 计算机工程 . https://doi. org/10. 19678/j. issn. 1000-3428. 00.

方阳，赵翔，谭真，等 . 2018. 一种改进的基于翻译的知识图谱表示方法 . 计算机研究与发展，55（1）：139-150.

黄佳佳，李鹏伟，彭敏，等 . 2020. 基于深度学习的主题模型研究 . 计算机学报，43（5）：827-855.

李志宇，梁循，周小平，等 . 2016. 一种大规模网络中基于节点结构特征映射的链接预测方法 . 计算机学报，39（10）：1947-1964.

林原，刘海峰，王海龙，等 . 2019. 基于表示学习的学者间潜在合作机会挖掘 . 情报杂志，38（5）：65-70.

刘竟，孙薇 . 2017. 基于链路预测的潜在科研合作关系发现研究 . 情报理论与实践，40（7）：88-92，121.

孙晓玲 . 2014. 作者合作网络的结构及其演化与预测研究 . 大连：大连理工大学 .

汪志兵，韩文民，孙竹梅，等 . 2019. 基于网络拓扑结构与节点属性特征融合的科研合作预测研究 . 情报理论与实践，42（8）：116-120，109.

余传明，林奥琛，钟韵辞，等 . 2019. 基于网络表示学习的科研合作推荐研究 . 情报学报，38（5）：500-511.

张金柱，王小梅，韩涛 . 2016. 文献-作者二分网络中基于路径组合的合著关系预测研究 . 现代图书情报技术，（10）：42-49.

张金柱，于文倩，刘菁婕，等 . 2018. 基于网络表示学习的科研合作预测研究 . 情报学报，37（2）：132-139.

Belkin M，Niyogi P. 2002. Laplacian eigenmaps andspectral techniques for embedding and clustering. Proceedings of Advances in Neural Information Processing Systems. British Columbia，Canada：M IT Press：585-591.

Blei D M，Ng A Y，Jordan M. 2003. Latent dirichlet allocation. Journal of Machine Learning Research，3（4-5）：993-1022.

Bordes A, Usunier N, Garcia-Duran A. 2013. Translating embeddings for modeling multi-relational data//Proc of NIPS 2013. Cambridge, MA: MIT Press: 2787-2795.

Cao S, Lu W, Xu Q. 2015. Grarep: learning graph representations with global structural information. Proceedings of the 24th ACM International on Conference on Information and Knowledge Management, Melbourne: 891-900.

Fan M, Zhou Q, Chang E, et al. 2014. Transition-based knowledge graph embedding with relational mapping proper-ties in Proc. 28th Pacific Asia Conf. Language Inf. Comput. , 328-337.

Feng J, Huang M L, Wang M D, et al. 2015. Knowledge graphembedding by flexible translation. Proc. 15thInt. Conf. PrinciplesKnowl. Represent. Reasoning, 557-560.

Grover A, Leskovec J. 2016. Node2vec: Scalable feature learning for networks. Proceedings of the 22ndACM International Conference on Knowledge Discovery and Data Mining. New York, USA: ACM Press: 855-864.

Guns R, Rousseau R. 2014. Recommending research collaborations using link prediction and random forest classifiers. Scientometrics, 101 (2): 1461-1473.

Guns R. 2012. Missing links: Predicting interactions based on a multi-relational network structure with applications in informetrics. Dissertations and Theses - Gradworks.

Han X, Huang M L, Hao Y, et al. 2015. TransA: An adaptive approach for knowledge graph embedding. arXiv preprintarXiv: 1509. 05490.

Han X, Huang M L, Hao Y, et al. 2015. TransG: A generative mixture model for knowledge graph embedding. arXiv preprint arXiv: 1509, 05490.

Ji G, He S, Xu L, et al. 2015. Knowledge graph embed- ding via dynamic mapping matrix. Proc. 53rd Annu. Meeting Assoc. Comput. Linguistics 7th Int. Joint Conf. Natural Language Pro-cess. , 687-696.

Ji G, Liu K, He S, et al. 2016. "Knowledge graph completion with adaptive sparse transfer matrix," in Proc. 30th AAAI Conf. Artif. Intell. , 985-991.

Kingma D P, Welling M. 2013. Auto-Encoding Variational Bayes. Computer Science.

Liben-Nowell D, Kleinberg J. 2003. The link prediction problem for social networks. Journal of the American Society for Information Science and Technology, 58 (7) .

Lin Y K, Liu Z Y, Sun M S. 2015. Learing entity and relation embedding for knowledge graph completion// Proc of AAAI 2015. Menlo Park, CA: AAAI.

Mikolov T, Sutskever I, Chen K. 2013. Distributed representations of words and phrases and their compositionality//Proceedings of Advances in Neural Information Processing Systems. Lake Tahoe, USA: Curran Associates: 3111-3119.

Ou M, Cui P, Pei J. 2016. Asymmetric transitivity preserving graph embedding. Proceedings Francisco: 1105-1114.

Perozzi B, AI-Rfou R, Skiena S. 2014. Deepwalk: online learningof social representation. Proceedings of the 20th ACM SIGKDD international conference on knowledge discovery and data mining: 701-710.

Schölkopf, B, Platt J, Hofmann T. 2007. Greedy layer- wise training of deep networks. Advances in Neural Information Processing Systems, 19: 153-160.

Socher R, Chen D, Manning C D. 2013. Reasoning with neural tensor networks for knowledge base completion// Proc of NIPS. Cambridge: MIT Press: 926-934.

Srivastava N, Hinton G, Krizhevsky A. 2014. Dropout: a simple way to prevent neural networks from overfitting. Journal of Machine Learning Research, 15 (1): 1929-1958.

Tu C, Zhang Z, Liu Z. 2017. TransNet: Translation- Based Network Representation Learning for Social Relation Extraction. Twenty- Sixth International Joint Conference on Artificial Intelligence. AAAI Press.

Wang Z, Zhang J, Feng J, et al. 2014. Knowlegde graph embedding by translating on hyperplanes//Proc of AAAI. Menlo Park, CA: AAAI,: 1112-1119.

Xiao H, Huang M, Hao Y, 2015. Trans G: A generative mixture model for knowledge graph embeddin. arXiv preprint arXiv: 1509, 05490.

Xiao H, Huang M, Zhu X. 2016. From one point to a manifold: Knowledge graph embedding for precise link prediction. in Proc. 25th Int. Joint Conf. Artif. Intell. , 1315-1321.

Yang C, Sun M S, Liu Z Y. 2017. Fast network embedding enhancement via high order proximity approximation// Proceedings of International Joint Conference on Arti? cial Intelligence (IJCAI), Melbourne.

第 11 章

干细胞领域新兴技术主题的突破性预测

本章首先提出“利用引文曲线追踪感知新兴技术主题形成突破性创新”的假设，并提出跃迁指数的概念和计量方法，从知识跃迁和持续增长两个维度总结识别突破性创新的标准并构建识别突破性创新的方法模型。其次利用新兴技术主题发文的时序被引数据构建引文曲线并进行拟合分析，实现对不同主题包含的引文曲线的类型分类，提炼引文曲线的主要特征进行突破性预测。结合领域专家对预测结果的评估及不同新兴技术主题的研究进展，验证了“利用引文曲线可以有效预测新兴技术主题的突破性”的结论。

11.1 引言

随着知识全球化的发展与国际竞争的加剧，世界各国的科技创新已经进入空前活跃的时期，如何从不断涌现的新兴技术主题中识别和预测具有颠覆性与突破潜力的技术，对于国家和企业的技术战略布局至关重要。突破性创新的创新强度较高，往往是形成产业核心技术的基础（张洪石，2005）。尽早识别突破性创新对于国家或企业缩短创新周期，解决行业技术壁垒，构建新兴技术产业集群，促使突破性技术大量涌现从而提高我国的科技竞争力意义重大。但是由于突破性创新采用的是新技术，脱离原有的技术轨道，其相较于渐进性创新而言未来发展的不确定性更大，规律更难以把握，识别难度更大。新兴技术指的是新颖度高、相对增长速度快、具有一定的连贯性、可能会对社会经济产生重大影响的技术，但在最初兴起阶段具有较高的不确定性和模糊性（Rotolo et al.，2015）。新兴技术可能会对市场格局和行业发展产生持续性影响，甚至演化成能够改变已有技术范式和技术轨迹的突破性创新，也可能仅仅昙花一现。新兴技术主题虽然具有发展成为突破性创新的潜力，但并不代表它在未来一定有研究价值和发展前景（罗瑞等，2018）。因此，从新兴技术主题中识别潜在的突破性创新主题意义显著。

目前已经形成了一些突破性创新的识别方法，但现有研究多是对已经发生的突破性创新进行定性或定量分析。其中，定性分析方法仍然是发现技术发展趋势的重要手段，但多学科交叉融会使得专家智慧和知识结构存在一定局限（张金柱和张晓林，2016），方法的主观性强且实施过程复杂，开展过程中要消耗大量的人力、物力和财力，耗时长，并且实施困难较大。定量预测方法以技术演化法和专利分析法为主，技术演化法需要事先构建识别指标，由于不同技术领域内突破性创新的发展模式存在差异，难以提炼出普适性的评估指标。专利分析法则会受发明人引用动机的影响而存在局限性，即发明人为保证技术的新颖性可能会回避相似专利。

本研究对尚无定论的新兴技术进行的突破性预测，属于对新兴技术主题的前瞻性分析。研究拟从引文曲线可表征知识跃迁和持续增长两方面，构建新兴技术主题突破性识别的方法模型，并以干细胞领域为例，对时间切片形式的引文曲线进行拟合分析，从引文曲线自身的特征出发，识别和预测具有成为领域内重大关键技术潜力的突破性技术，以期提高和完善突破性创新定量识别的理论与方法体系。

11.2　研究现状

11.2.1　突破性创新内涵

突破性创新最早来源于熊彼特谈到的“创造性的破坏”（万宁，2015）。但真正意义上的突破性创新研究兴起，是在 Dosi 的经典论文《技术范式与技术轨道》发表之后，他将突破性技术创新和渐进性技术创新统一到一个理论框架之内（陈傲和柳卸林，2011）。现有对于突破性创新的大多数研究集中在新产品、新工艺、新技术、全新的科学知识基础、提升产品性能、节约成本及改变市场竞争结构等方面。已有研究一方面关注技术本身的突破性特征，另一方面从创新产生的实质影响力进行定义。

从技术突破出发，突破性创新是一种全新的技术，也是一种高度非连续性的、具有革命性本质的、能力破坏型的创新。其建立在一整套全新的工程和科学知识的基础上（Dess and Beard，1984），需要全新的科技知识和资源，（Anderson and Tushman，1986），会颠覆现有的理论体系和认识（Koshland，2007）。从实质影响力出发，突破性创新能够提升产品性能、创造新产品、改变市场结构或竞争态势。一方面，突破性创新可以使现有的产品、工艺或服务具有前所未有的性能或虽具有相似的特征但性能实现大幅提高且成本降低（Kotelnikov，2000），还可以创造新市场、新产品、新工艺、新产业、新的业务模式

（Dess and Beard，1984；Doyle，2000）；另一方面，突破性创新会淘汰现有技术和产品（Anderson and Tushman，1986），改变产业竞争结构，提高绩效，节约成本（Doyle，2000），改变市场消费模式（ZHOU et al.，2005），更好地满足顾客的需求（Chandy and Tellis，1998），对市场规则、竞争态势、产业版图具有决定性影响，甚至颠覆原有的产业模式（付玉秀和张洪石，2004）。

研究的突破性创新侧重技术创新的动态性、不连续性和新颖性特征，关注的是创新本身所依托的全新的科学知识基础和产生重大科学突破的潜力，而非对现有技术的渐进性改进。

11.2.2 已有的突破性研究的定量识别方法

国内外学者从不同的角度展开了突破性创新识别和预测的一系列研究，主要包括专利分析视角、技术演化视角、主题突变视角、网络结构视角及“睡美人”文献视角。

（1）专利分析视角

利用专利识别突破性创新主要包括专利被引分析和专利语义差异两种方法。专利被引分析方面，Schoenmakers 和 Duysters（2010）使用半导体领域的数据验证了“高被引专利的催化作用更强”的结论。Dahlin 和 Behrens（2005）利用专利引用结构的差异识别破坏性创新，并通过网球拍相关的专利验证了“引用结构差异越大，越有可能产生突破性创新”的结论。张金柱（2017）从基础研究对技术创新的影响角度出发，以专利直接和间接引用的科学论文为基础，通过专利引用的科学知识突变对可能产生突破性创新的时间、研究主题和学科分类组合进行识别。Small（2016）认为识别科学发现的方法受多重发现的影响，共被引分析就是识别多重发现的一种有效方法，多重（复合）是一个重要现象，其实质反映的是科学发展中，科学共同体之间的竞争与合作。专利语义差异方面，Yoon 和 Kim（2011）根据专利相似度寻找离群专利，这些离群专利代表了新型的突破性技术创新。通过专利分类聚类及其突变、专利主题聚类及其突变、专利权人合作及跨界合作变化等，从突破性创新的源头对其进行识别、预警和预测。

（2）技术演化视角

技术演化视角从技术轨道的转换论观点出发，在一个新的技术轨道还没有成型时，判断它的转换期。Sood 和 Tellis（2005）发现，部分行业技术轨道在经历了长期稳定发展后出现了随机性的跳跃，Anderson 和 Tushman（1990）发现行业单一技术性能的演进同样存在随机性的跳跃。突破性创新通常出现在新旧技术轨道的更迭期并改变原有技术轨道，而渐进性创新则是在原有技术轨道上的性能改进（Sood and Tellis，2005）。但技术轨道需要事先定义哪些性能指标表征突破性；某一性能指标不足以完整地描述技术演化，其巨变也不等同于突破性创新的发生（张金柱，2017）。Tellis（2006）进一步指出技术性能的改进并不单纯遵循 S 曲线，技术演化过程中突破性技术的涌现充满了随机性和偶然性，因此技术轨道 S 曲线并不是很好的预测工具，不应该作为制定战略的基础。

（3）主题突变视角

库恩认为科学进步的轨迹是跳跃式的（Kuhn，1999）。主题突变分析关注的是主题在某一时刻的重大变化程度，而不受主题关注阈值、领域研究热度等外界因素的影响。随着时间的推移，突变主题可能演变为研究热点，也可能消失或转换为普通主题（李勇等，2013）。目前对主题突变的研究主要是基于突发词和离群数据的分析。Kleinberg（2003）提出了突发监测算法，根据词频变化率找出各时间段中的突发词，通过分析突发词状态的变化来发现新的研究热点。张金柱基于引用知识的差异程度衡量引用科学知识的突变程度，进行了科技领域的突破性创新识别研究（张金柱和张晓林，2014）。王莉亚（2012）认为模式异常、具有明显离群特点的数据往往能催生新知识的发现，并将离群数据概念引入到主题演化分析中。当前主题演化过程中的主题突变识别研究仍然较为稀缺。

（4）网络结构视角

新技术出现在由其他技术共同组成的技术环境中（Arthur，2007，2010），一项新技术带来的效应，不仅要看其自身影响，还要分析其如何适应现有的轨迹。Funk 和 Owen-Smish 通过网络分析方法挖掘新技术对以往技术及整个技术轨道的影响。在技术变革的领域，利用定量方法区分这些创新是脱离还是增强已建立的技术轨迹，将可以使实证研究更好地匹配基础理论，并可能促进新概念的发展。

在网络动态发展视角下，新信息的进入将影响结构的稳定性（Chen，2011），因此，通过对网络结构变化程度的测度可以识别知识创新对原有知识的影响力，其中引起网络结构巨大变化的信息可能是潜在的突破性创新。Chen 等（2009）通过中心度变化率 Δcentality 和模块化变化率 Δmodularity 探测具有潜在重要性的新出版物，分析发现 Δmodularity 值高的节点论文的得分取决于是否在网络的聚类间增添连接，即这篇论文是在原本没有关联的知识模块之间创建了一个桥或边界融合连接，Chen 等（2009）认为潜在的重要科学发现多出现在不同领域科学知识的交叉融合处。

（5）“睡美人”文献视角

超前性研究往往超前于现有认知领域，变革性研究往往会颠覆现有研究范式，科学共同体不知其存在或意识不到其潜在的知识价值，对此会保持较远的心理距离，从而低估其知识价值（Campanario，2009；Fang，2015）。因此，与渐进性创新相比，突破性创新更容易受到忽视。科学史表明，一些重大的科学发现和创新成果并没有被当时科学共同体的其他成员及时接受而受到忽视或抵制，多年后才被人们重新认识，这类成果的文献称为科学中的“睡美人”（sleeping beauties）（van Raan，2004）。科学和技术领域都有延迟承认现象，在科学中表现为“睡美人”文献，在技术中表现为“睡美人”专利（Palomeras，2003）。杜建（2017）提出了一个新的无参数指标——B_{cp}指数来识别“睡美人”文献以缩短重要科学发现的认可时滞。

上述方法中，技术演化法识别突破性创新是对已经发生的突破性创新进行分析并观察其技术演化过程中的不连续变化。专利分析法也多是利用已经发生的突破性创新对方法进行验证，并且专利引用本身会回避相似专利或者对其创新性造成威胁的专利，因此通过专利的被引识别突破性创新具有一定的局限性。“睡美人”文献识别突破性创新主要是为了缩短突破性创新成果的认可时滞，但“睡美人”文献本身即是一种延迟承认现象，该方法无法做到及时预警。利用主题突变和网络结构识别突破性创新是基于科学论文本身的研究内容，来分析和研究论文的题名、摘要、关键词、作者等特征项信息。

已有研究大多针对整个中观研究领域开展突破性创新的评估与预测，但随着学科领域划分的日益精细，某个宏观或中观研究领域的突破往往需要多个微观子领域共同促成。由于每个微观子领域的发展进程不同，突破性程度不同，有必要针对领域微观主题展开评估与预测。与已有研究相比，本研究旨在对微观技术主题的突破性创新进行预测。同时，突破性创新在众多技术创新中属于重大创新类型，相对于创新总体数量偏少，因此本研究从新兴技术主题切入，能够增加突破性创新识别的有效性。此外，本研究从推动技术突变的知识创造与扩散的角度出发，追踪微观主题知识的扩散特征，通过观察和提炼不同新兴技术主题所构建的引文曲线的类型及特征来识别与预测具有突破性创新潜力的主题，以期能够补充和丰富突破性创新的识别方法。

11.3 基于引文曲线拟合分析的新兴技术主题的突破性预测方法

11.3.1 引文曲线的主要类型

引文曲线是指一篇文献发表后的被引次数随时间变化的曲线（杜建，2017）。Avramescu（2010）将引文曲线划分为五种：前三种引文曲线均是先单调递增后单调递减，其峰值高度不同，受认可程度也不同；第四种是持续增长型引文曲线；第五种是在论文发表初期被认可，但突然遭到否定不再被引用的曲线。李江等（2014）通过曲线拟合提出了五种引文曲线：前两种是规则引文曲线，包括经典引文曲线和指数增长引文曲线；后三种是不规则引文曲线，包括“睡美人”引文曲线、双峰引文曲线和波型引文曲线，其中规则引文曲线对应于Avramescu（2010）提出的前四种引文曲线。

本研究在李江等（2014）构建的五种引文曲线分析框架的基础上研究可能会出现的四种引文曲线，分别是经典引文曲线、波型引文曲线、双峰引文曲线和指数增长引文曲线（图 11-1），并通过曲线拟合的方法对干细胞领域新兴技术主题的引文曲线进行分类和研究。

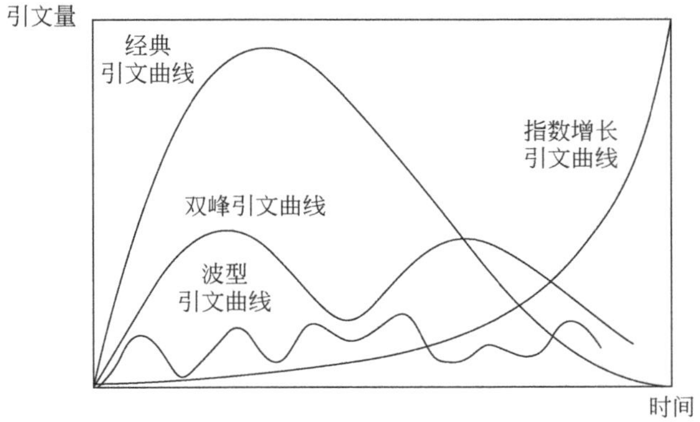

图 11-1　引文曲线主要类型（李江等，2014）

11.3.2　基于不同引文曲线预测新兴技术主题的突破性

研究从新兴技术主题生长变化趋势及引文曲线对这种趋势的表征能力入手，通过观察引文曲线的规律和特征对新兴技术主题进行突破性预测。研究首先提出应用引文曲线追踪感知新兴技术主题形成突破性创新的三个假设。

（1）引文曲线可表征知识创新的动态过程

创新强度高的新兴技术主题一般会获得科学共同体的较大关注，发文量和引文量都会随着时间的推移明显增加。科学论文是重要的科技创新成果，引文表示学科间知识的流动，引文曲线则在一定程度上表征了科学论文随时间变化的动态价值，也反映了领域知识创造和传播的动态过程。突变一词强调变化过程的间断或突然转换（张金柱，2017），突破性创新的过程同样是动态变化的。具有前瞻性的科学知识和科研成果不仅能够带动科学技术的发展，也是催生重大科学发现和突破性创新的源泉和动力。因此，通过观察新兴技术领域发表的科技论文的被引频次随时间变化的规律来识别突破性创新具有理论可行性。

（2）引文曲线可表征知识跃迁

跃迁概念最初来自物理学的量子跃迁理论，指的是原子在吸收光量子后会从低能级的初态跃迁到高能级的终态；反之，原子在释放光量子后会从高能级的初态跃迁到低能级的终态（李柏洲等，2013）。后来，跃迁这一概念被用来隐喻科学技术的重大突破——当科学技术发生重大突破时，其技术轨道往往会呈现飞跃式发展，由此形成新的技术范式和新的技术轨道（张立超和刘怡君，2015）。突破性创新与渐进性创新不同，其技术轨道是不连续的（付玉秀和张洪石，2004）。技术突破需要创新积累的过程，当大量科学研究活动聚焦在某一研究主题上时，该主题可能产生新的科学理论和方法，当该领域的创新累积到一定程度时，技术创新会突破原有轨迹实现跃迁，最终演变为突破性创新。

李柏洲等（2013）将知识创造的过程与量子跃迁进行类比，即通过组织学习，知识能级增大，知识系统进入激发态，当新知识产生于知识能级的高能态处时，知识跃迁完成。科学共同体为解决新的科学问题会创造新知识，当新知识足以使原有的知识体系的范式发生根本性变化时，就会实现知识跃迁。同时，科学知识的演进也是不断积累、扩散和跃迁的过程，知识扩散可以用文献间的引用关系来表征，引文曲线最高被引峰值之间的差值能够在一定程度上表示知识跃迁的程度。科学原理的新发现不仅是知识跃迁的重要条件，也是新技术替代旧技术，突破技术瓶颈实现技术升级的关键。因此，引文曲线明显分层且可实现多次大幅度跃迁的新兴技术主题更可能产生突破性创新成果。

相邻年份引文曲线最高被引峰值之间的差值越大，引文曲线之间的分层越明显，表明知识的创新程度越高，知识就越可能发生质变而呈现跳跃性发展。本研究利用跃迁指数，即相邻年份引文曲线最高被引峰值之间的差值来代表引文曲线的分层程度，这也是判定知识跃迁的标准。

跃迁指数的计算公式为

$$X_{ik}=\frac{x_{ik}-x_{ik-1}}{x_{ik}^{\max}-x_{ik}^{\min}} \tag{11-1}$$

式中，X_{ik}为跃迁指数，表示第 i 个主题（$i=1, 2, 3, \cdots, n$）第 k 年与第 $k-1$ 年的引文曲线（$k=1, 2, 3, \cdots, m$）最高被引峰值之间的差值；x_{ik}为第 i 个主题第 k 年的引文曲线最高被引峰值；$x_{ik}^{\max}$和$x_{ik}^{\min}$分别为第 i 个主题所有引文曲线最高被引峰值的最大值和最小值。

（3）引文曲线可表征新兴技术主题的发展潜力

新兴技术主题是新颖且呈迅速增长态势的有关科学或者技术问题的研究主题（郭涵宁，2013）。新颖性不仅是新兴技术主题的主要特征，也是突破性创新的重要特征（张金柱和张晓林，2016）。新兴技术主题如果能够在近期保持高被引，表明该主题最新创造和生产的科学知识能够迅速获得关注与认可，科学知识的新颖性越强，产生突破性创新的概率也越大。因此，对于新兴技术主题而言，其引文曲线具有持续攀升的特征，则该主题成为突破性创新的潜力更大。

研究通过所有引文曲线最高被引峰值出现的时间和近 3 ~ 5 年引文曲线的变化趋势测度科学知识的新颖性。引文曲线最高被引峰值出现的时间越晚且近期保持增长的新兴技术主题，受到科学共同体的关注度越高，与之相关的科研资源的积累就越多，也就越有可能创造出新的理论与方法，从而催生出突破性创新。

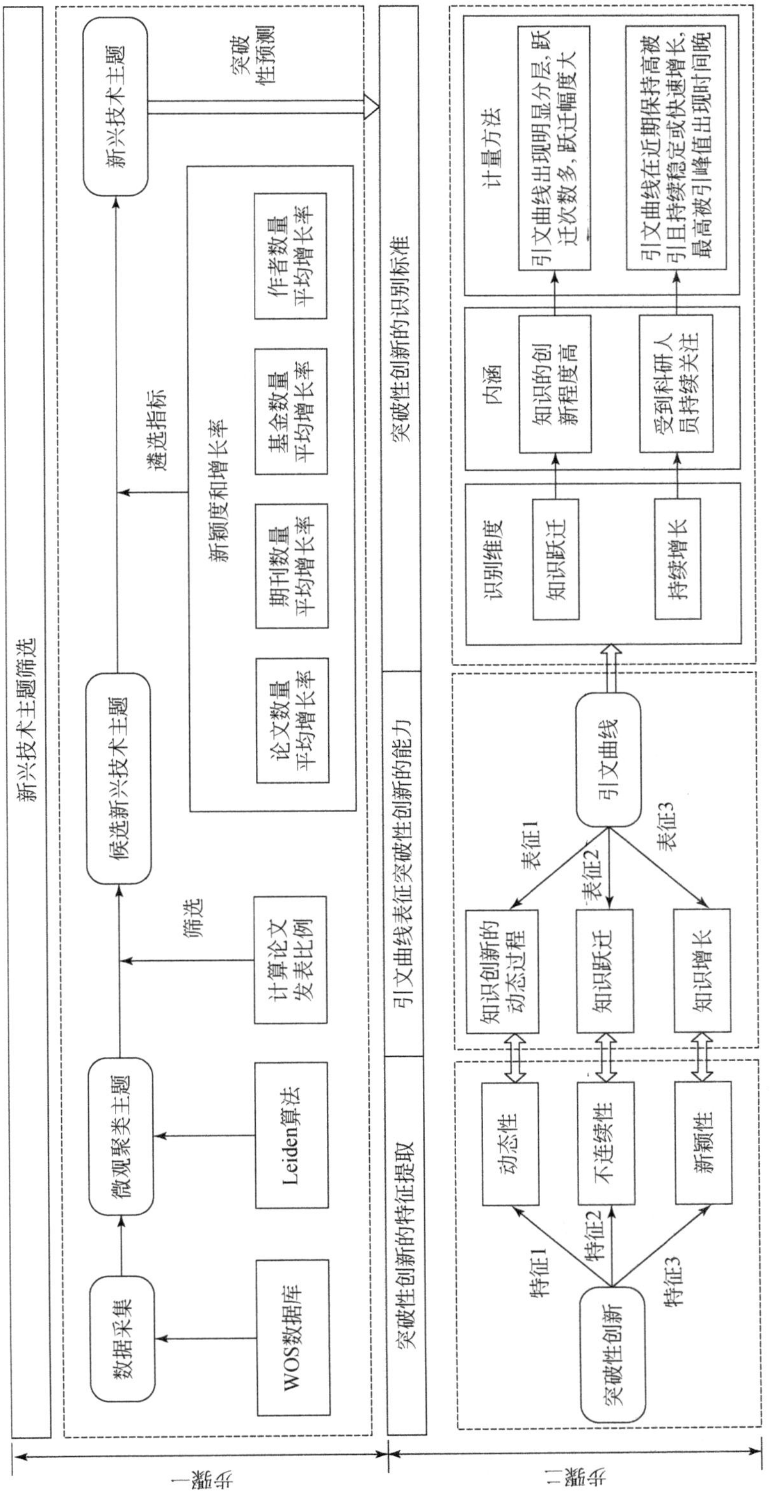

图11-2　新兴技术主题突破性识别的方法模型与分析流程

11.3.3 曲线拟合分析方法

曲线拟合是指通过适当的数学函数或曲线类型来拟合文献的时序被引数据，是研究引文曲线的常用方法。研究对新兴技术主题按照时间切片形成的引文曲线进行对数正态函数拟合，用以判断主题所包含的经典引文曲线类型，对于其他类型的引文曲线则根据折线图识别。

在利用引文曲线追踪感知新兴技术主题形成突破性创新的三个假设的基础之上，本研究识别的是新兴技术主题的突破性，该类主题本身是一种新出现且呈现增长态势的主题，但其能否持续发展则受到多种因素的制约。本研究从知识跃迁和持续增长两个角度对新兴技术主题的引文曲线进行分析，并提炼出识别突破性创新的主要标准：引文曲线出现明显分层，跃迁次数多，跃迁幅度大；引文曲线在近期保持高被引且持续稳定或快速增长，引文曲线最高被引峰值出现时间较晚。图 11-2 新兴技术主题突破性识别的方法模型与分析流程。

首先，识别新兴技术主题。通过检索领域内的文献总数，根据新兴技术主题的识别指标，即主题的新颖度和增长率，最终筛选得到 26 个新兴技术主题作为突破性预测的分析对象。其次，采集各主题的被引数据构建引文曲线，进行曲线拟合和突破性预测。通过采集 26 个新兴技术主题 2000 ~ 2017 年每一年发文的时序被引数据，构建各主题的引文曲线并进行对数正态函数拟合，结合引文曲线的折线图，对各主题的引文曲线的类型进行分类。最后，提炼不同新兴技术主题引文曲线的主要特征，识别和预测最终有可能发展成为突破性创新的新兴技术主题。

11.4 实证分析

11.4.1 数据获取与分析

社区检测是了解大型复杂网络结构的常用方法，本研究通过引文网络发现有意义的研究主题社区。Traag 等（2019）发现 Louvain 算法可能产生任意连接不良的社区，甚至导致社区断开连接，并开发了 Leiden 算法，该算法可生成连接型社区，并且运行速度更快，能发现更好的分区。在 Leiden 算法下，WOS 数据库的所有论文被分为三个层级，宏观层有 22 个聚类，中观层有 868 个聚类，微观层有 4047 个聚类。研究基于 Leiden 算法采用了微观层聚类主题，并在此基础上进一步分析新兴技术主题。

研究以干细胞领域为例进行实证分析，于 2018 年 10 月 20 日从荷兰莱顿大学科学技术研究中心（CWTS）内部版本的 Web of Science 数据库中检索到干细胞领域的 422 101 篇论文文献，从欧洲专利局（European Patent office，EPO）全球专利统计数据库 PATSTAT 中检索到 50 556 项专利文献。

（1）数据特征

为了避免数据库的扩大或缩小等随机波动造成的影响，本章采用平滑的年度出版量，选取 2004～2018 年为研究年限，以每 5 个相邻年份为一组设置了 11 个时段。在时间切片上，出版物数量呈指数型增长，应当注意的是，图中的下降线并不代表数量的减少，因为检索时无法检索到 2018 年的全部记录。422 101 条记录的精细主题粒度分类随时间切片的不同而变化，例如，在莱顿分类的 4047 个精细主题中，2004～2008 年包含 1584 个分类，2013～2017 年包含 2058 个分类（图 11-3）。

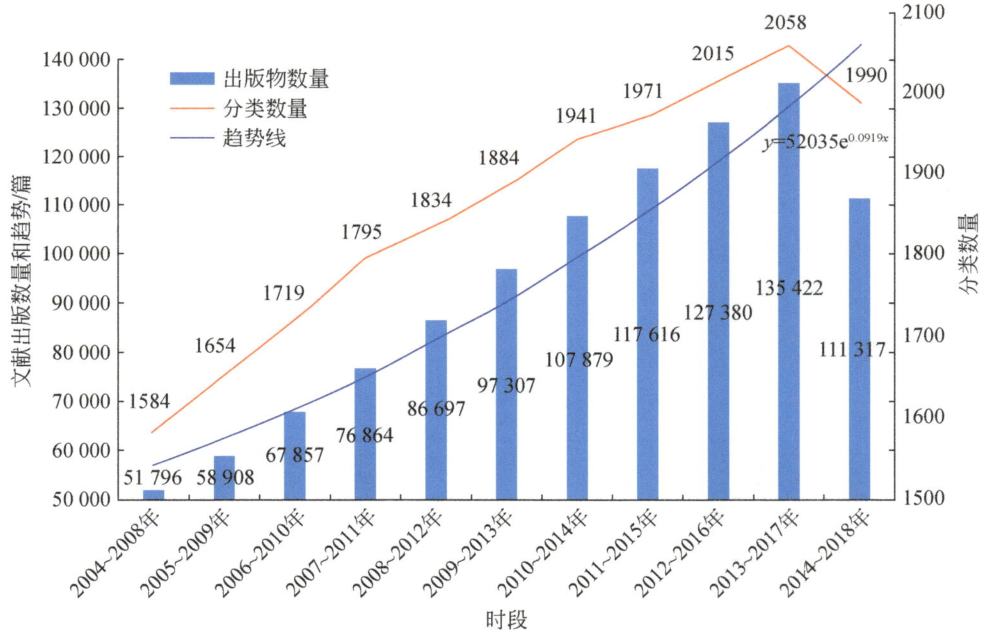

图 11-3　2004～2018 年干细胞领域文献量及主题类别量分布

虽然 CWTS 的分类建立在整个 WOS 数据库基础上，有助于更准确地发现主题，但仍存在缺乏特异性的不足。为了获取属于干细胞领域的主题，本章进一步获取了各主题在 CWTS 分类中的发表比例，删除了可能只有少数文献发表在属于干细胞领域的主题，共筛选出 54 个高比例的主题作为干细胞领域的候选新兴主题（图 11-4）。

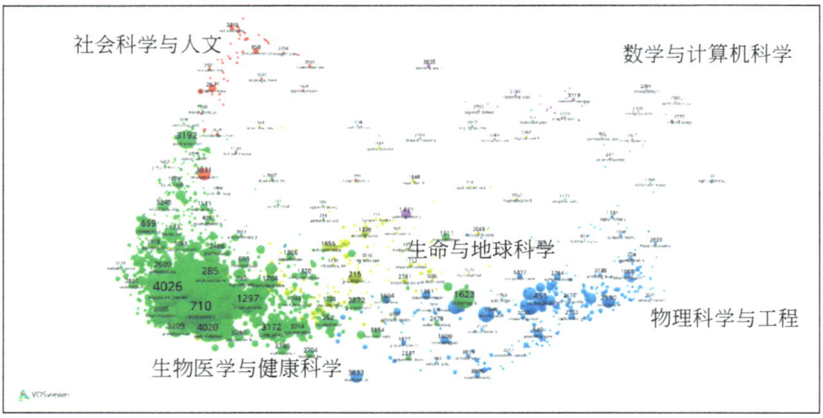

图 11-4　2001 ~ 2018 年干细胞领域微观主题类别比例

结合新兴技术主题的识别指标，本章对 54 个候选新兴技术主题进行进一步筛选。识别指标包括主题的新颖度和增长率、对社会和经济的潜在影响、不确定性降低三个指标。其中，新颖度和增长率是决定一个主题是否为新兴技术主题的最主要的指标，该指标为门槛指标。各指标及其二级指标如图 11-5 所示。本章将 2004 ~ 2018 年作为研究年限，同时设定 11 个时段，通过计算与各个主题相关的论文数量、期刊数量、基金数量、作者数量平均增长率，剔除全阶段中期刊、基金和作者数量平均增长率为空值的主题及后 5 个时段中论文数量平均增长率为负值的主题，最终筛选得到 26 个新兴技术主题作为本章突破性预测的分析对象。

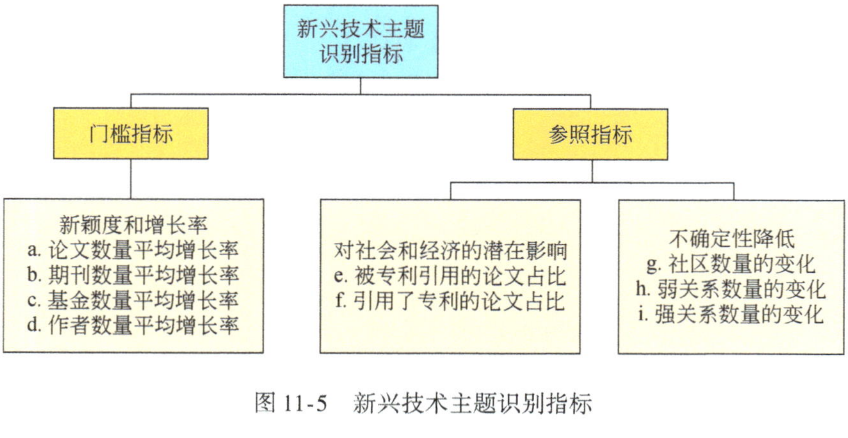

图 11-5　新兴技术主题识别指标

结合新兴技术主题的识别指标，即主题的新颖度和增长率对候选新兴技术主题进行进一步筛选。新颖度和增长率包含四个指标，分别是各个主题的论文数量、期刊数量、基金数量和作者数量平均增长率。论文数量表征主题的研究热度，期刊数量表征主题吸引的投稿数，基金数量表征主题的受资助情况及国家的重视程度和投入力度，作者数量表征主题受学者的关注程度。

（2）计算过程

研究选取 11 个时段中每个时段论文数量排名前 50 的主题进行计算与分析。新兴技术主题的筛选步骤如下：

第一步，探究各个主题的增长态势。计算每个主题的论文数量在各阶段的增长率，并计算该主题论文数量在研究年限内的平均增长率（$i=1, 2, \cdots, 10$），把握主题出现的时间和整体发展趋势。此过程中，关注近期（2010 年后）出现的主题，而对于近期消失的主题，研究认为其新颖性不足，可予以排除，初步筛选出 54 个新兴技术主题。

平均增长率公式为

$$\overline{V_i} = \frac{1}{i}\sum_{t=1}^{t+i} \frac{N_{t+i}—N_t}{N_t} \tag{11-2}$$

式中，i 为时间段；N 为论文数量、期刊数量、基金数量、作者数量；$\overline{V_i}$为平均增长率。

第二步，计算与各个主题相关的期刊数量、基金数量、作者数量在研究年限内的平均增长率（$i=10$）。剔除平均增长率为空值的主题，空值表示该主题在期刊、基金或作者数量排名统计中没有进入前 50 名，表明该主题的研究热度或受关注度不够，故予以剔除。例如，虽然主题 1297 的论文数量平均增长率排名靠前，但期刊、基金和作者数量平均增长率均为空值，说明该主题的研究涉及的作者、期刊及基金数量的排名均没有进入前 50 名，研究热度不高，故剔除该主题。最后剔除 10 个主题，筛选得到 44 个新兴技术主题。

第三步，分析各个主题近期的增长趋势。选择后 5 个时段作为分析时间窗（$i=4$），计算剩余主题论文数量在后 5 个时段的平均增长率。剔除后 5 个时段论文数量平均增长率为负值的主题，负值表明该主题论文数量在近期呈递减趋势，共剔除 18 个主题。最终筛选得到 26 个新兴技术主题，其主题词见表 11-1。部分干细胞领域新兴技术主题的详细情况详见表 11-1。干细胞领域 26 个新兴技术主题详见附表 11-1。

表 11-1　部分干细胞领域新兴技术主题

主题编号	干细胞主题标签
1460	stem cell; scaffold; tissue engineering; cell; extracellular matrix; tissue; mesenchymal stem; VITRO; regeneration; decellularized
814	spinal cord; cord injury; stem cell; functional recovery; transplantation; SCI; mesenchymal stem; neural stem; injury SCI; bone marrow
353	stem cell; cell; surface; mesenchymal stem; extracellular matrix; substrate; differentiation; tissue; hydrogel; biomaterial

续表

主题编号	干细胞主题标签
161	acute myeloid；myeloid leukemia；stem cell；myelodysplastic syndrome；cell transplantation；patient；AML；hematopoietic stem；leukemia AML；treatment
142	DNA methylation；stem cell；epigenetic；gene；gene expression；EMBRYONIC STEM；expression；human；cell；
2	stem cell；microRNA；miRNA；expression；breast cancer；regulation；function；MESENCHYMAL TRANSITION；cancer cell；MicroRNAs miRNA
469	stem cell；liver fibrosis；expression；progenitor cell；stellate cell；mesenchymal stem；hepatic stellate；hepatocyte；liver disease；bone marrow
261	patient；stem cell；Hodgkin lymphoma；cell transplantation；cell lymphoma；NON HODGKIN；autologous stem；treatment；high dose；relapsed refractory
254	stem cell；mesenchymal stem；stromal cell；bone marrow；MSC；mesenchymal stromal；cells MSC；adipose tissue；expression；derived mesenchymal
648	stem cell；limbal stem；ocular surface；epithelial cell；amniotic membrane；cornea；corneal；expression；transplantation；limbal epithelial

通过上述方法筛选出干细胞领域 26 个新兴技术主题后，研究从 WOS 数据库中采集了每个主题 2000～2017 年每一年的发文数据及每一年发文的时序被引数据，被引数据的统计是自发表当年到 2018 年的被引数。以主题 60 为例，时序被引的部分数据见表 11-2。

表 11-2　主题 60 每年发文的时序被引（部分）

发表年	被引年	被引数/次	发表年	被引年	被引数/次	发表年	被引年	被引数/次
2000	2000	7	2000	2013	65	2001	2008	333
2000	2001	56	2000	2014	60	2001	2009	287
2000	2002	110	2000	2015	54	2001	2010	348
2000	2003	99	2000	2016	41	2001	2011	255
2000	2004	132	2000	2017	42	2001	2012	281
2000	2005	122	2000	2018	33	2001	2013	255
2000	2006	126	2001	2001	13	2001	2014	253
2000	2007	133	2001	2002	77	2001	2015	242
2000	2008	119	2001	2003	195	2001	2016	241
2000	2009	107	2001	2004	241	2001	2017	174
2000	2010	105	2001	2005	246	2001	2018	199
2000	2011	72	2001	2006	305			
2000	2012	83	2001	2007	277			

11.4.2　引文曲线的类型与特征

（1）引文曲线类型

研究利用 Python 进行对数正态函数拟合，并进行 Kolmogorov-Smirnov（K-S）拟合优度检验以判断 26 个新兴技术主题的引文曲线是否属于经典引文曲线，显著性水平取 0.05。剩余的引文曲线类型通过观察折线图的形状和走势进行判断。

26 个新兴技术主题中共拟合出 467 条引文曲线，其中经典引文曲线有 454 条，占比为 97.2%，波型引文曲线有 9 条，占比为 1.9%，双峰引文曲线有 1 条，其他引文曲线有 3 条，无指数增长引文曲线。有 17 个新兴技术主题的引文曲线全部是经典引文曲线，可见经典引文曲线占据主导地位，其数量远远超过其余类型的引文曲线（表 11-3）。*P* 值在 0.9 以上的拟合效果好的引文曲线共有 46 条，其中，主题 461 包含的拟合效果好的经典引文曲线数量最多，共计 6 条。除经典引文曲线外，波型引文曲线的数量排第二，主题 60、142、254、581、648、921、1046 均包含波型引文曲线。双峰引文曲线只在主题 1142 中出现，所有主题均未出现指数增长引文曲线。

表 11-3　新兴技术主题的引文曲线类型

主题编号	引文曲线类型					主题编号	引文曲线类型				
	经典	波型	双峰	指数增长	其他		经典	波型	双峰	指数增长	其他
2	17	0	0	0	0	710	18	0	0	0	0
60	17	1	0	0	0	727	18	0	0	0	0
107	18	0	0	0	0	814	18	0	0	0	0
142	16	2	0	0	0	867	18	0	0	0	0
161	18	0	0	0	0	921	15	2	0	0	1
221	18	0	0	0	0	965	18	0	0	0	0
254	17	1	0	0	0	1046	17	1	0	0	0
261	18	0	0	0	0	1095	18	0	0	0	0
353	18	0	0	0	0	1142	17	0	1	0	0
461	18	0	0	0	0	1199	18	0	0	0	0
469	18	0	0	0	0	1290	18	0	0	0	0
581	17	1	0	0	0	1460	18	0	0	0	0
648	16	1	0	0	1	2276	17	0	0	0	1

单纯引文曲线类型的划分尚不足以辨识新兴技术主题是否具有突破潜力，研究进一步根据突破性预测的方法模型，从知识跃迁和持续增长两个角度出发，观察引文曲线的特征

进行突破性预测。

（2）引文曲线特征与突破性创新预测

研究利用跃迁指数、跃迁次数、最高被引峰值出现时间、近期能否保持高被引、近期变化趋势等标准预测新兴技术主题的突破性。根据突破性识别标准，在引文曲线分层的基础上，进一步提炼引文曲线的特征进行突破性预测。

引文曲线知识跃迁的衡量标准包括跃迁指数和跃迁次数。通过计算 26 个新兴技术主题引文曲线的跃迁指数，发现所有引文曲线的跃迁指数集中在-0.71～0.85。结合引文曲线的整体变化幅度，研究将跃迁指数大于 0.14 作为判定引文曲线分层的标准。所有主题的引文曲线均出现分层，跃迁次数为 2～6 次，主题 261 的引文曲线在 2012 年发生跃迁，跃迁指数最高，达到 0.85。部分新兴技术主题的跃迁指数分布如图 11-6 所示。

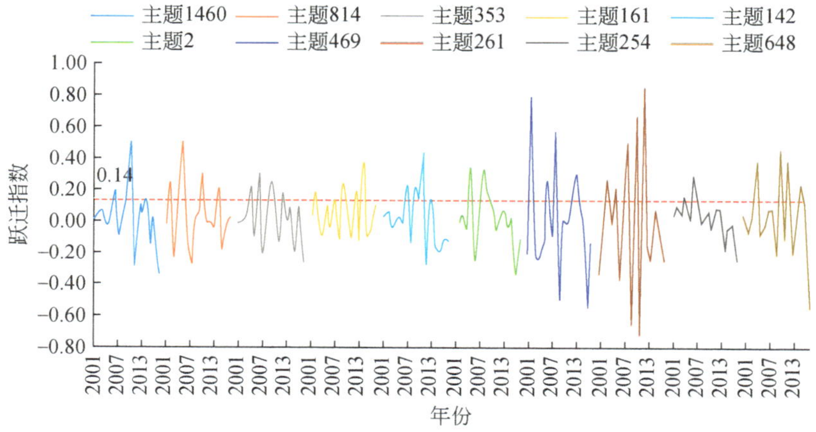

图 11-6　部分新兴技术主题的跃迁指数分布

引文曲线持续增长的衡量标准包括：最高被引峰值出现时间晚，近期能够保持高被引，曲线近期变化趋势为增长趋势。近期保持增长是指 2014～2017 年的引文曲线能够在论文发表后的三年内保持增长趋势，引文时滞造成无法获取到 2018 年的完整被引记录，因此，引文曲线在 2018 年被引量降低并不代表曲线近期趋势下降。

26 个新兴技术主题中，有 11 个新兴技术主题在未来具有发展成为突破性创新的潜力，有 15 个新兴技术主题发展成为突破性创新的可能性较小。限于篇幅，研究挑选部分代表性新兴技术主题进行详细分析。

1）近期持续增长。不少新兴技术主题的引文曲线近期呈现持续增长的趋势。以主题 1460 为例（图 11-7），引文曲线发生了 4 次跃迁：2000～2005 年，引文量较低，不超过 150 次，曲线变化趋势平稳；2006～2008 年，引文量出现增长，引文曲线实现第一次跃迁，到达最高被引峰值后开始缓慢下降；2009 年，引文量突破 300 次，引文曲线实现第二次跃迁；2010～2013 年，引文量急剧增长，突破 700 次，引文曲线实现第三次跃迁，跃迁指数高达 0.51；2014 年引文曲线实现第四次跃迁。所有引文曲线最高被引峰值出现的时间较晚，为该主题 2014 年发表的论文在 2018 年被引，引文曲线在近期能够保持高被引和持续增长的态势。这些特征表明，该主题产出的科学知识不仅跃迁次数多，跃迁幅度大，而且正在受到科学共同体的关注，具有发展成为突破性创新的潜力。主题 1460 研究的是脱细胞干细胞在组织再生医学中的应用。2010 年 9 月，英国利兹大学的 John Fisher 和 Eileen Ingham 教授通过死亡捐赠者或动物的部分身体制作裸露支架，成功利用患者的干细胞制成新的身体部件。同年 10 月，美国维克森林大学医学院主管兼教授 Shay Soker 团队使用人体干细胞制造出微型人体肝脏。该项技术保留了组织或细胞特异性的细胞外基质（extra cellular matrix，ECM）蛋白质组分与微结构，剥离了触发排异反应的材料，得到广泛应用[①]。2016 年，Guytte 等（2016）用人的诱导多能干细胞作为种子细胞接种到器官捐赠者的心脏脱细胞支架，构建了组织工程心脏。

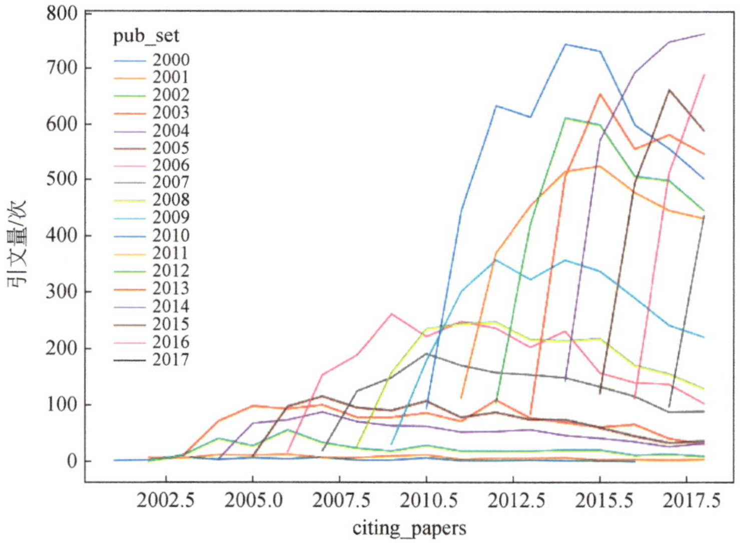

图 11-7　主题 1460

主题 814（图 11-8）的引文曲线经历了“引文量低，趋势平稳—引文量较高，波动式缓慢下降—引文量高，波动式快速下降—引文量很高，持续攀升”四个阶段的发展，引文曲线发生 5 次跃迁，近期发表的论文能够保持高被引且近期的引文曲线仍在快速增长，最高被引峰值为 2014 年的论文在 2017 年被引，表明该主题近年发表的论文迅速获得了同行

① 再生医学中干细胞和新材料的研究和应用。https://meeting.bioon.com/2018StemCells/news-detail/b04d4462ec057124 [2019-12-1]。

的认可，论文中的理论与方法为干细胞领域的发展做出了重要贡献，有较大潜力发展成为突破性创新。主题 814 研究的是利用干细胞治疗脊髓损伤。根据 ClinicalTrials. gov 的记载，目前国际上关于利用干细胞治疗脊髓损伤的临床试验已有 50 例，涉及骨髓干细胞、间充质干细胞、自体干细胞移植等多个研究方向（ClinicalTrials. gov，2019）。Curtis 等（2018）发布了利用神经干细胞治疗脊髓损伤的新的研究成果，4 名受试者中有 3 名患者的病症得到显著改善。Hiromi 等（2018）在 *Nature* 子刊上发表研究成果，通过人类多能干细胞（hPSCs）创造了脊髓源性神经干细胞，有望用于脊髓损伤的临床治疗。

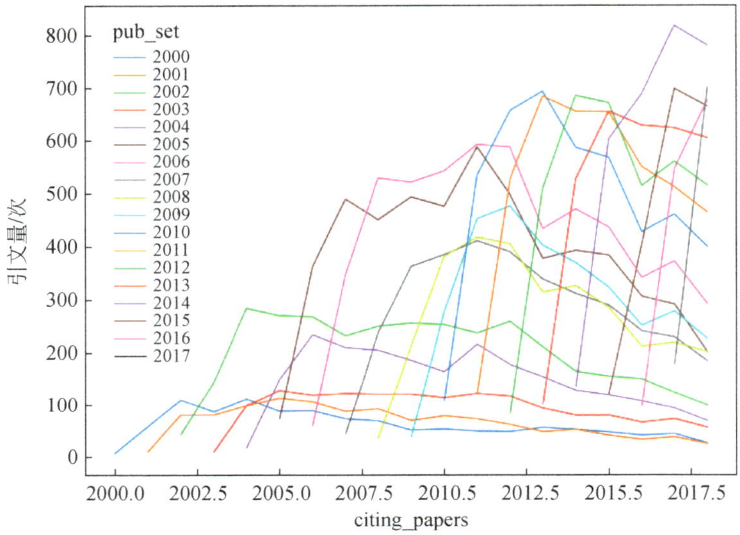

图 11-8　主题 814

与主题 814 类似，主题 353 的引文曲线也大致分 4 个阶段（图 11-9）。二者区别在于，主题 353 在第二阶段的引文曲线呈波动式上升趋势，第三阶段的引文曲线的下降速度也较为缓慢，第四阶段被引频次持续增长，可看作经典引文曲线的单调递增部分。整体上，主题 353 的引文曲线分层明显，共发生 5 次跃迁，最高被引峰值出现时间较晚，也出现在 2014 年发表的论文在 2017 年被引，表明主题 353 引文曲线的生命周期较长，近期发表的论文能够保持较高被引且引文量持续攀升，研究成果的影响更持久，持续获得同行的关注和认可，有可能发展成为突破性创新。主题 353 研究的是细胞外基质可以调节干细胞的命运。2018 年 9 月，W. J. Sullivan 等在 *Cell* 杂志上发表研究成果，发现细胞外基质可以通过调节细胞的糖代谢控制细胞在体内的运动，该研究对于揭示癌细胞转移有重要意义（Sullivan et al.，2018）。

主题 161（图 11-10）的引文曲线大致分为 3 个阶段。第一阶段的引文曲线在论文发表 2～3 年后便开始快速上升，之后呈现波动式的缓慢下降趋势；第二阶段的引文曲线在

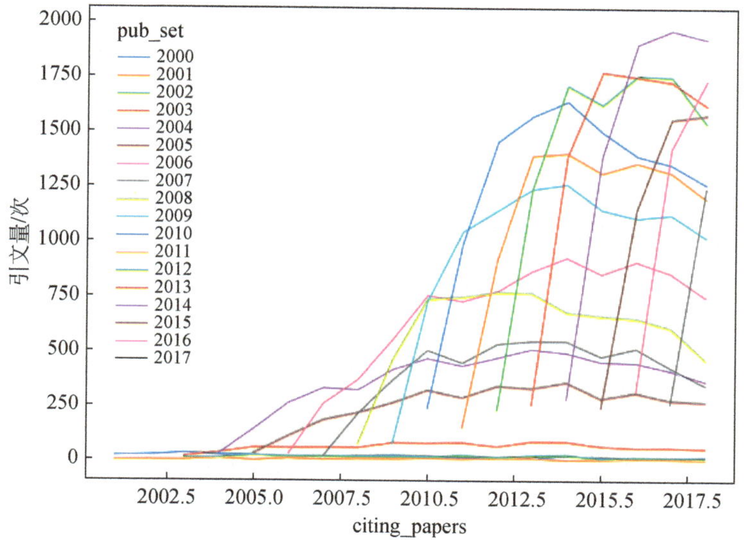

图 11-9　主题 353

2009 年实现跃迁，之后依旧呈现波动式下降趋势；第三阶段的引文曲线在 2014 年实现跃迁，最高被引峰值出现在 2014 年。该主题的引文曲线跃迁次数较多，有 6 次，并且近期能保持相对较高的被引量，引文曲线呈上升趋势，表明该主题研究热度较高，受到研究人员的持续关注，有望发展成为突破性创新。主题 161 研究的是造血干细胞的临床应用，目前越来越多的患者正在接受异基因造血干细胞移植来治疗急性髓性白血病。

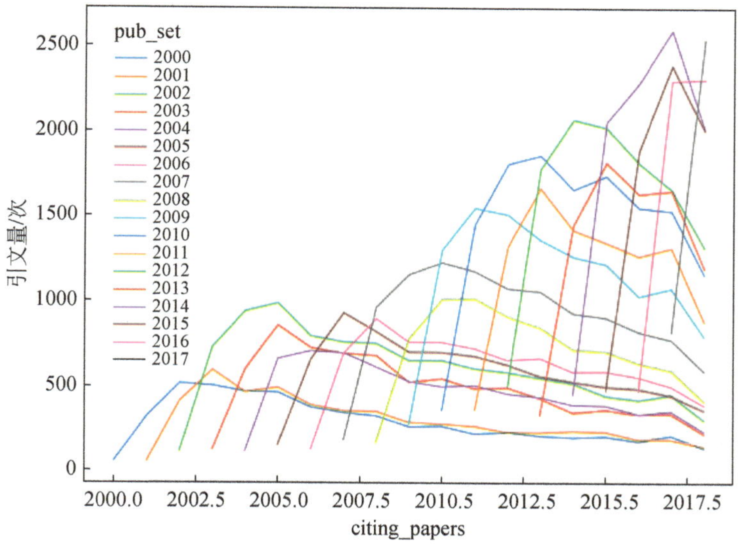

图 11-10　主题 161

2）近期持续下降。某些新兴技术主题的引文曲线尽管发生多次跃迁，但近期的研究热度有所下降。以主题 142 为例（图 11-11），引文曲线共发生 5 次跃迁，大致分 3 个阶段：第一阶段（2000～2006 年）的引文量大致在 500 次以内，引文曲线近似于一条直线，表明该主题前期发表的论文在之后的十几年中引文量没有显著变化；第二阶段（2007～2010 年）的引文曲线共实现三次跃迁，引文量进入快速增长阶段，主题的受关注程度开始攀升，该阶段的引文曲线均在论文发表 3～4 年后呈现缓慢的下降；第三阶段的引文曲线属于经典引文曲线，从 2011 年开始引文量急剧增长，实现第四次大幅度的跃迁，该阶段所有引文曲线均在论文发表第二年后达到峰值，之后又快速下降。该主题所有引文曲线的最高被引峰值出现时间较早，在 2011 年，近期引文曲线下降趋势明显且未保持高被引，表明该主题尽管前期得到了广泛关注，科学知识发生了跃迁，但近几年的研究热度相较之前有所下降，可能遭遇技术瓶颈，近期内发展成为突破性创新的可能性较小。主题 142 研究的是干细胞中的 DNA 甲基化。DNA 甲基化是表观遗传机制中一种重要的调控方式，可用于胚胎干细胞、诱导多能干细胞和间充质干细胞等的谱系分类和质量控制。领域专家指出，由于 DNA 甲基化属于机制研究，不太可能发展成为突破性创新。

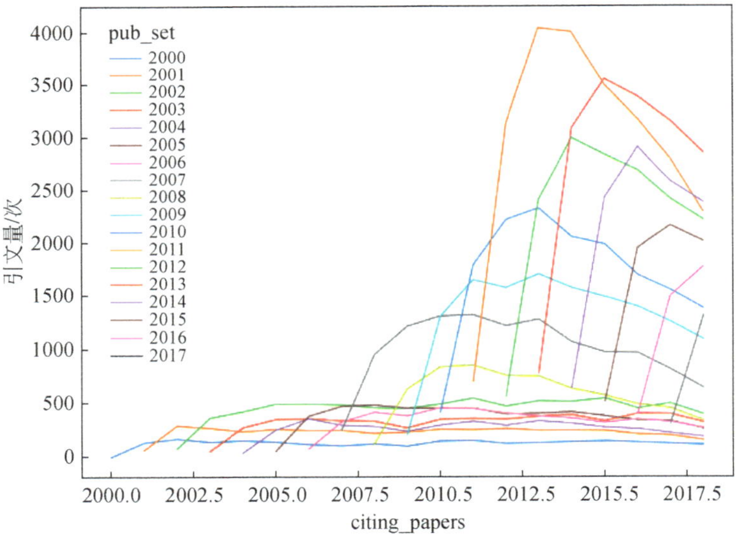

图 11-11 主题 142

主题 2 的引文曲线发生 4 次跃迁，其发展大致分为 3 个阶段（图 11-12）：第一阶段是 2001～2004 年，引文量较低，均在 500 次以内，引文曲线很平稳，近似于一条直线；第二阶段是 2005～2007 年，引文量有所增长，之后开始波动式缓慢下降；第三阶段是 2008～2017 年，引文量激增，到达最高被引峰值后开始波动式快速下降。该主题的引文曲线跃迁次数较多，跃迁幅度较大，但近期引文曲线整体呈下降趋势，近两年引文量虽有所增长，但与巅峰期相比差距明显，表明该主题的研究热度不及之前，不太可能发展成为突破性创新。主题 2 研究的是小分子 RNA 在干细胞调控中的重要作用。小分子 RNA 是一类调控因子，仍属于作用机理研究，产生突破性创新的可能性较小。

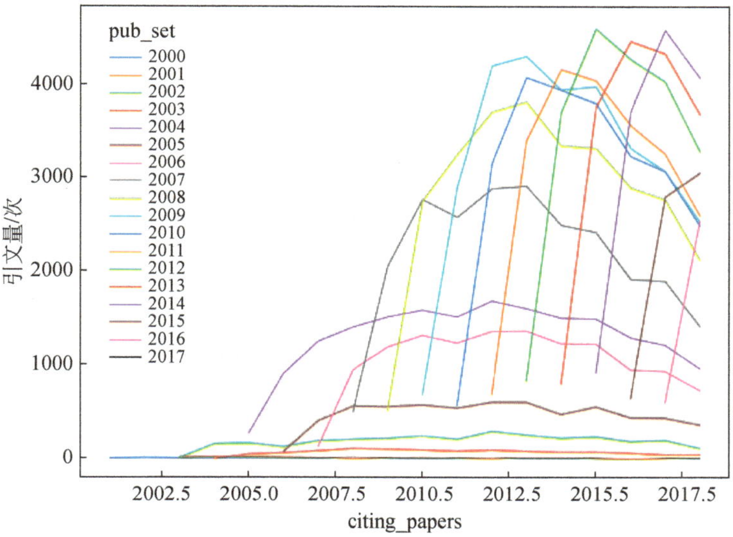

图 11-12　主题 2

3）生命周期短。引文曲线生命周期较短的主题表现为引文量快速增长达到峰值后又迅速下降。以主题 469 和主题 261 为例（图 11-13、图 11-14），这两个主题的论文一经发表，就迅速获得认可并得到较高的引用，且普遍在发表 2～3 年后就达到最高被引峰值，但之后这些论文并未保持高被引，引文量又迅速回落至较低水平。表明这两个主题的论文受关注时间早，被引量上升快，下降也快，引文曲线的生命周期普遍较短，虽然对本领域的科学研究做出过贡献，但没有保持持久的影响力。主题 469 和主题 261 的引文曲线分别发生 4 次跃迁和 6 次跃迁，最高被引峰值分别出现在 2015 年和 2012 年，两个主题的引文曲线在近期均未能保持高被引和增长趋势。创新程度高的新兴技术主题一般会保持较高的关注度和研究热度，因此这两个主题近期发展成为突破性创新的可能性较小。主题 469 研究的是干细胞在肝再生中的应用。目前用于肝病治疗的干细胞有肝脏干细胞、人类胚胎干细胞、诱导多能干细胞等（王福生，2019），但围绕干细胞对肝脏再生机制的基础研究仍在探索阶段，不太可能产生突破性创新。主题 261 研究的是利用干细胞治疗霍奇金淋巴瘤。大剂量化疗序贯自体造血干细胞移植已成为复发/难治霍奇金淋巴瘤的标准治疗方案①，该技术已相对成熟，近期再产生突破性创新的可能性较小。

① 复发/难治性霍奇金淋巴瘤自体造血干细胞移植前苯达莫斯汀、吉西他滨、长春瑞滨作为挽救化疗方案较好。https://www.bjcancer.org/Mobile/Article/Index/4091[2019-9-16]。

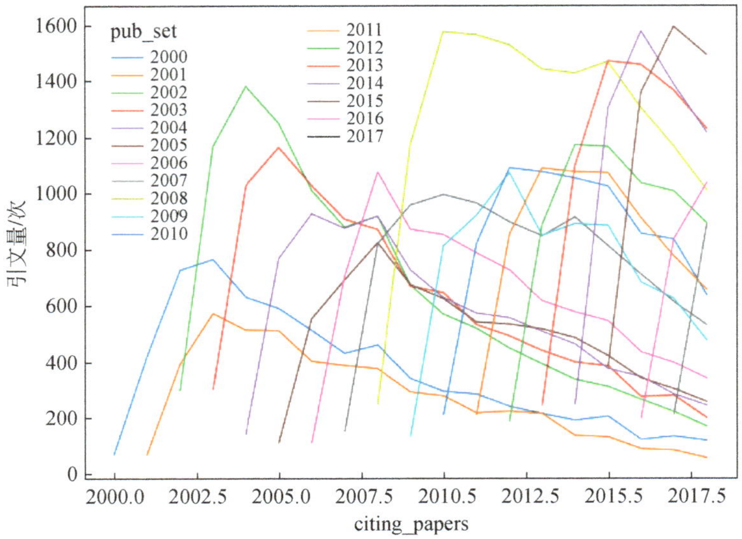

图 11-13　主题 469

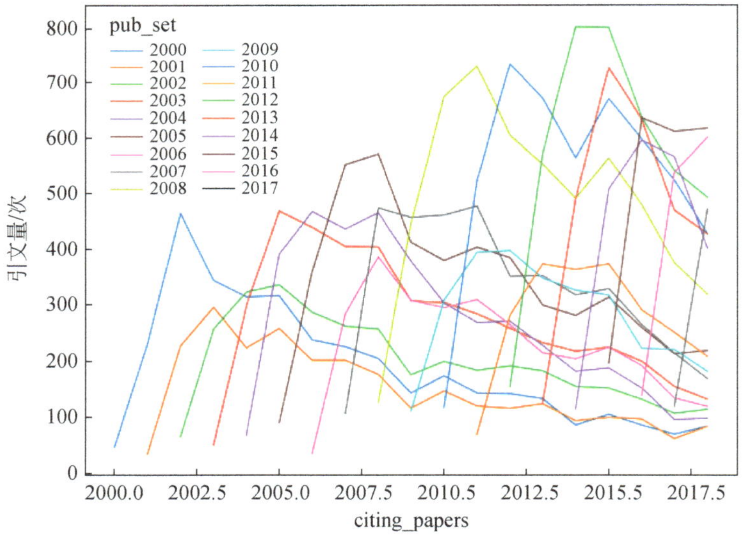

图 11-14　主题 261

4）相近年份引文曲线变化趋势一致。某些主题的引文曲线在相近年份表现出了相近的增长速率和下降速率。以主题 254 为例（图 11-15），2004 年与 2005 年的引文曲线几乎重合，2006～2011 年的 6 条引文曲线的形状也非常相似，2011～2013 年，这 6 条引文曲线都开始攀升，2013～2014 年被引频次逐渐回落，2014～2015 年，引文曲线又开始回升，之后逐渐下降。相近年份的引文曲线除了突变方式一致，即均在相同年份发生单调性的变化，变化速率也较为接近。文献发表的时刻及发表时所处的社会环境特征是引文扩散中的时间环境要素（闵超等，2018），因此这种现象可能缘于该主题在不同年代发表的论文所处的科研环境不同，但在相近年份发表的论文则处于相似的环境中，受到的科研关注度也较为接近，因此引文曲线表现出近乎一致的变化趋势。

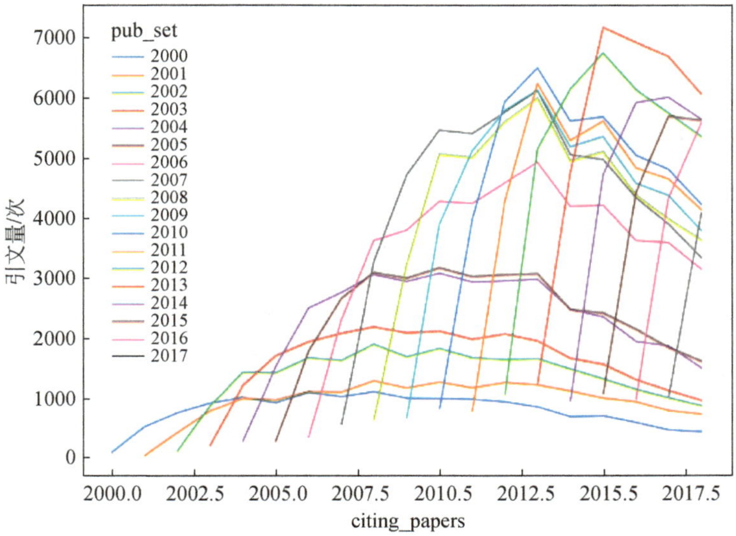

图 11-15　主题 254

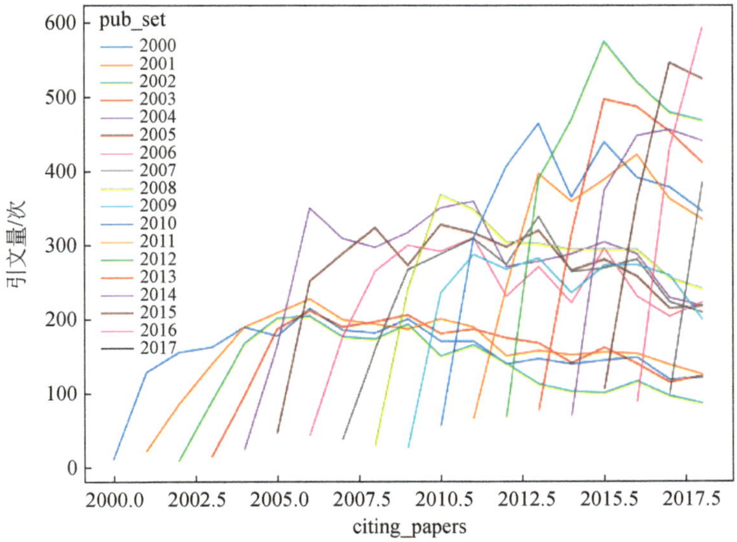

图 11-16　主题 648

主题 648 的引文曲线（图 11-16）也具有相近年份变化趋势一致的特征，同一阶段的引文曲线的形状较为相似。这种变化趋势的相似性是否对于预测近几年引文曲线的发展走向有参考价值还有待后续观察。值得一提的是，主题254与主题648在近几年发表论文的被引频次仍在以较快的速度持续增长，甚至有可能突破之前的被引高峰，创造新的峰值，表明这两个新兴技术主题在干细胞领域的研究热度不减，研究成果仍被领域内的同行专家广泛关注，具有发展成为突破性创新的潜力。主题254研究的是间充质干细胞及其应用。截止到2019年3月，我国共有38个干细胞临床研究项目通过备案，其中有29个干细胞临床研究项目使用了间充质干细胞①。主题648研究的是角膜缘干细胞及其应用。利用患者自体细胞或羊膜细胞，角膜缘干细胞移植技术能够成功修复功能性角膜上皮。自体角膜缘干细胞扩增培养细胞治疗已经在欧盟获得批准使用②。该技术具有广阔的应用场景。

表11-4详细列出了本研究中26个新兴技术主题突破性潜力的评估依据和结果。

表11-4 新兴技术主题突破性识别

新兴技术主题	跃迁指数	跃迁次数	最高被引峰值出现时间	近期能否保持高被引（2016年）	突破性预测结果
1460	0.19；0.14；0.51；0.14	4次	2014年	能	可能性较大
814	0.24；0.15；0.50；0.31；0.23	5次	2014年	能	可能性较大
353	0.22；0.29；0.25；0.19；0.18	5次	2014年	能	可能性较大
965	0.30；0.18；0.34；0.20；0.33；0.23	6次	2013年	能	可能性较小
142	0.22；0.22；0.16；0.44；0.14	5次	2011年	否	可能性较小
2	0.34；0.17；0.34；0.20	4次	2013年	否	可能性较小
469	0.79；0.25；0.57；0.29	4次	2015年	否	可能性较小
261	0.26；0.21；0.18；0.50；0.66；0.85	6次	2012年	否	可能性较小
648	0.38；0.46；0.39；0.23	4次	2016年	能	可能性较大
254	0.15；0.29；0.19	3次	2013年	能	可能性较大
2276	0.27；0.32；0.24；0.18；0.15	5次	2016年	能	可能性较大
60	0.17；0.18；0.21；0.18	4次	2016年	能	可能性较大
921	0.20；0.31	2次	2015年	能	可能性较小
727	0.22；0.53	2次	2012年	否	可能性较小
1046	0.16；0.49；0.14；0.25	4次	2012年	能	可能性较小
161	0.19；0.16；0.26；0.15；0.19；0.37	6次	2014年	能	可能性较大
221	0.19；0.43；0.32；0.37	4次	2015年	能	可能性较小
1290	0.15；0.43	2次	2015年	否	可能性较小

① 趋势/37个干细胞临床项目通过国家备案，治疗疾病范围极广（附全目录）。http://www.sohu.com/a/317270049_827862[2019-9-16]。

② 干细胞治疗研究进展和产业分析。https://www.iyiou.com/p/95934.html[2019-9-16]。

续表

新兴技术主题	跃迁指数	跃迁次数	最高被引峰值出现时间	近期能否保持高被引（2016 年）	突破性预测结果
1199	0.42；0.29；0.31；0.59；0.22；0.25	6 次	2011 年	能	可能性较大
710	0.19；0.16；0.28；0.24；0.16	5 次	2010 年	能	可能性较小
581	0.18；0.21	2 次	2014 年	能	可能性较大
1142	0.33；0.43；0.15；0.17；0.14；0.27	6 次	2013 年	能	可能性较大
461	0.25；0.24；0.17；0.16	4 次	2015 年	否	可能性较小
867	0.19；0.17；0.62；0.18；0.16	5 次	2008 年	否	可能性较小
1095	0.42；0.25；0.32	3 次	2013 年	能	可能性较小
107	0.45；0.19	2 次	2014 年	否	可能性较小

11.5　讨论与结论

本章提出利用引文曲线追踪感知新兴技术主题形成突破性创新的三个假设，即引文曲线可表征知识创新的动态过程、可表征知识跃迁、可表征新兴技术主题的发展潜力，从知识跃迁和持续增长两个维度出发，总结识别突破性创新的标准，提出跃迁指数的概念和计量指标，并构建了基于引文曲线识别新兴技术主题突破性的方法模型。研究利用每个新兴技术主题发文的时序被引数据构建引文曲线并进行曲线拟合，对不同新兴技术主题包含的引文曲线的类型进行分类，并根据突破性创新的识别标准提炼引文曲线的主要特征进行突破性预测。研究对引文曲线的拟合特征及预测结果与领域专家的解读基本吻合。

新兴技术主题的引文曲线主要包括四个特征：近期持续增长；近期持续下降；生命周期短；相近年份引文曲线变化趋势一致。四类特征中，近期持续增长的引文曲线如果有明显分层、跃迁次数多、跃迁幅度大，最高被引峰值出现时间较晚，并且能够在近几年保持高被引的新兴技术主题由于其研究成果的影响力更长远，受关注度和研究热度较高，更有可能在未来产生重大的突破性创新成果；近期持续下降的引文曲线其所在的新兴技术主题尽管实现了科学知识的跃迁，但研究热度正在下降，不太可能发展成为突破性创新；生命周期短的引文曲线引文量迅速上升又快速回落，这类主题虽然受关注的时间早，但研究热度下降较快，研究成果不能保持长久的影响力，发展成为突破性创新的可能性较小；另外，有些主题的引文曲线在相近年份的形状极为相似，可能是由于年份越接近，这些主题所处的科研环境越相似，引文轨迹的突变方式和变化速率也越接近。

由于突破性创新的复杂性，难以有统一的指标实现对各个微观主题的突破性预测。研究发现，跃迁指数、跃迁次数和最高被引峰值出现时间三个识别标准仅可作为参考，跃迁次数多或最高被引峰值出现时间晚的主题并不一定会发展成为突破性创新。引文曲线近期保持高被引和近期持续增长是预测突破性创新的主要标准，同时具备这两个条件的主题更具有发展成为突破性创新的潜力，因此，单一标准不足以描述整个主题的发展，多个标准综合评估可提高预测分析的准确性。

突破性创新的识别及预测一直是科技情报分析的核心工作。利用科技文献的引文曲线识别新兴技术主题的突破性，为突破性创新识别提供了新的情报分析思路，丰富和扩展了突破性创新预测的情报分析方法，可为领域专家和规划管理人员提供有效的情报支撑。结合领域专家对实证结果的专业评估以及干细胞领域相关主题的研究进展和科学突破，证明利用引文曲线可以自动、高效追踪感知新兴技术主题的突破性，识别结果可以辅助领域专家和决策咨询者更好地制定领域发展规划。

本研究还存在一些不足，从引文曲线的角度对新兴技术主题进行突破性预测是基于论文的被引数据，但论文被引具有时滞性，还会受到数据库入库时间等其他因素的影响，存在一定的误差。未来考虑通过设置引文时间窗和统计篇均被引的方式减小误差。同时，鉴于突破性创新预测的复杂性，未来还需要进一步结合不同新兴技术主题相关的科技政策布局等进行辅助分析和预测，以尽早识别出具有发展成为突破性创新潜力的新兴技术主题。

参 考 文 献

陈傲，柳卸林 . 2011. 突破性技术从何而来？——一个文献评述 . 科学学研究，29（9）：1281-1290.

杜建 . 2017. “睡美人”文献的识别方法与唤醒机制研究 . 南京：南京大学 .

付玉秀，张洪石 . 2004. 突破性创新：概念界定与比较 . 数量经济技术经济研究，21（3）：73-83.

郭涵宁 . 2013. 多元科学指标视角下的新兴研究领域识别探索 . 大连：大连理工大学 .

李柏洲，赵健宇，苏屹 . 2013. 基于能级跃迁的组织学习—知识创造过程动态模型研究 . 科学学研究，31（6）：913-922.

李江，姜明利，李玥婷 . 2014. 引文曲线的分析框架研究——以诺贝尔奖得主的引文曲线为例 . 中国图书馆学报，40（2）：41-49.

李勇，安新颖，赵迎光，等 . 2013. 结合知识组织体系的突发主题监测研究 . 情报理论与实践，36（5）：120-123，128.

罗瑞，许海云，董坤 . 2018. 领域前沿识别方法综述 . 图书情报工作，62（23）：119-131.

闵超，Ding Y，李江，等 . 2018. 单篇论著的引文扩散 . 情报学报，37（4）：341-350.

万宁 . 2015. 浅析颠覆性创新、破坏性创新和突破性创新三者关系 . 商，（30）：122-123.

王福生 . 2019-02-22. APASL2019 焦点丨王福生院士：干细胞治疗肝硬化和肝衰竭——进展与研究热点. http://www.ihepa.com:8088/default/htmlDocument/2019-02-22/detail_16360.html[2019-9-16].

王莉亚 . 2012. 基于离群数据的主题演化研究 . 北京：中国科学院研究生院 .

张洪石 . 2005. 突破性创新动因与组织模式研究 . 杭州：浙江大学 .

张金柱 . 2017. 利用被引科学知识的突变识别突破性创新 . 北京：科学出版社 .

张金柱，张晓林 . 2014. 利用引用科学知识突变识别突破性创新 . 情报学报，33（3）：259-266.

张金柱，张晓林 . 2016. 基于专利科学引文的突破性创新识别研究述评 . 情报学报，35（9）：955-962.

张立超，刘怡君 . 2015. 技术轨道的跃迁与技术创新的演化发展 . 科学学研究，33（1）：137-145.

Anderson P，Tushman M L. 1986. Technological discontinuities and organizational environments. Administrative Science Quarterly，31（3）：439-465.

Anderson P，Tushman M L. 1990. Technological discontinuities and dominant designs：a cyclical model of technological change. Administrative Science Quarterly，35（4）：604-633.

Arthur W B. 2007. The structure of invention. Research Policy，36（2）：274-287.

Arthur W B. 2010. The Nature of Technology：What It Is and How It Evolves. Penguin.

Avramescu A. 2010. Actuality and obsolescence of scientific literature. Journal of the American Society for Information Science and Technology，30（5）：296-303.

Campanario J M. 2009. Rejecting and resisting Nobel class discoveries：accounts by Nobel laureates. Scientometrics，81（2）：549-565.

Chandy R K，Tellis G J. 1998. Organizing for radical product innovation：the overlooked role of willingness to cannibalize. Journal of Marketing Research，35（4）：474-487.

Chen C M，Chen Y，Horowitz M，et al. 2009. Towards an explanatory and computational theory of scientific discovery. Journal ofInformetrics，3（3）：191-209.

Chen C M. 2011. Turning points：the nature of creativity. Nature of Creativity Contemporary Psychological Perspectives，18（1）：87-98.

ClinicalTrials. gov [EB/OL]. https://clinicaltrials. gov/ct2/results? cond = stem + cell + cord + injury&term = &cntry = &state = &city = &dist = [2019-9-16].

Curtis E，Martin J R，GABEL B，et al. 2018. A first-in-human，phase I study of neural stem cell transplantation for chronic spinal cord Injury. Cell Stem Cell，22（6）：941-950.

Dahlin K，Behrens D M. 2005. When is an invention really radical?：defining and measuring technological radicalness. Research Policy，34（5）：717-737.

Dess G G，Beard D W. 1984. Dimensions of organizational task environments. Administrative Science Quarterly，29（1）：52-73.

Doyle J F. 2000. Radical innovation：how mature companies can outsmart upstarts. Research- Technology Management，43（10）：706-707.

Fang H. 2015. An explanation of resisted discoveries based on construal- level theory. Science and Engineering Ethics，21（1）：41-50.

Funk R，Owen- Smish J. 2016. A dynamic network measure of technological change. Management Science，63（3）：587-900.

Guyette J P, Charest J M, Mills R W, et al. 2016. Bioengineering human myocardium on native extracellular matrix. Circulation Research, 118 (1): 56-72.

Hiromi K, Ken K, Adler A F, et al. 2018. Generation and post-injury integration of human spinal cord neural stem cells. Nature Methods, 15 (9): 723-731.

Kleinberg J. 2003. Bursty and hierarchical structure in streams. Data Mining and Knowledge Discovery, 7 (4): 373-397.

Koshland D E. 2007. The cha-cha-cha theory of scientific discovery. Science, 317 (5839): 761-762.

Kotelnikov V. 2000. Radical Innovation Vrsus Incremental Innovation. Boston: Harvard Business School Press.

Kuhn T S. 1999. The Structure of Scientific Revolution. Chicago: University of Chicago Press.

Palomeras N. 2003. Sleeping patents: any reason to wake up? Iese Research Papers, 20 (35): págs.

Rotolo D, Hicks D, Martin B R. 2015. What is an emerging technology? Research Policy, 44 (10): 1827-1843.

Schoenmakers W, Duysters G. 2010. The technological origins of radical inventions. Research Policy, 39 (8): 1051-1059.

Small H. 2016. Referencing as Cooperation or Competition. Berlin: Walter deGruyter.

Sood A, Tellis G J. 2005. Technological evolution and radical innovation. Journal of Marketing, 69 (3): 152-168.

SullivanW J, Mullen P J, Schmid E W, et al. 2018. Extracellular matrix remodeling regulates glucose metabolism through TXNIP destabilization. Cell, 175 (1): 117-132.

Tellis G J. 2006. Disruptive technology or visionary leadership? Journal of Product Innovation Management, 23 (1): 34-38.

Traag V A, Waltman L, van Eck N J. 2019. From Louvain to Leiden: guaranteeing well-connected communities. Scientific Reports, 9 (1): 1-12.

Van Raan A F J. 2004. Sleeping beauties in science. Scientometrics, 59 (3): 467-472.

Yoon J, Kim K. 2011. Identifying rapidly evolving technological trends for R&D planning using SAO-based semantic patent networks. Scientometrics, 88 (1): 213-228.

Zhou K Z, Yim C K, Tse D K. 2005. The effects of strategic orientations on technology- and market-based breakthrough innovations. Journal of Marketing, 69 (2): 42-60.

附表 11-1　干细胞领域 26 个新兴技术主题详表

序号	编号	主题关键词	主题描述	主题概述
1	353	stem cell; cell; surface; mesenchymal stem; EXTRACELLULAR MATRIX; substrate; differentiation; tissue; hydrogel; biomaterial	Stem cells have a key role in the maintenance and regeneration of tissues and they are located in a specific microenvironment, defined as niche. Extracellular matrix (ECM) represents an essential player in stem cell niche, since it can directly or indirectly modulate the maintenance, proliferation, self-renewal and differentiation of stem cells. In the past, biochemical signals were the focus of induced stem cell differentiation. Biophysical signal mediated stem cell differentiation could also serve as an important inducer. Engineered biomaterials able to mimic the in vivo characteristics of stem cell niche provide suitable in vitro tools for dissecting the different roles exerted by the ECM and its molecular components on stem cell behavior.	Extracellular matrix could modulate stem cells' fate
2	2276	stem cell; intestinal stem; expression; organoid; cancer; intestinal; COLORECTAL CANCER; crypt; model; Lgr5	The intestinal epithelium is the most rapidly self-renewing tissue in adult mammals. It is currently believed that four to six crypt stem cells reside at the +4 position immediately above the Paneth cells in the small intestine. There is an exclusive expression of Lgr5 in cycling columnar cells at the crypt base. Epithelial organoids recapitulate multiple aspects of real organs, making them promising models of organ development, function and disease. The ability to differentiate hESCs or hiPSCs into colon stem cells could provide a platform to model patient-specific gastro-intestinal disease.	Stem cells in intestinal epithelium
3	1460	stem cell; scaffold; tissue engineering; cell; extracellular matrix; tissue; mesenchymal stem; VITRO; regeneration; decellularized	The potential of decellularized scaffolds, derived from native tissues or organs in the form of scaffolds has been evolved as a promising approach in tissue-regenerative medicine for translating functional organ replacements. In recent years, donor organs, such as heart, liver, lung and kidneys, have been reported to provide acellular extracellular matrix (ECM)-based scaffolds through the process called 'decellularization' and proved to show the potential of recellularization with selected cell populations, particularly with stem cells. In fact, decellularized stem cell matrix (DSCM) has also emerged as a potent biological scaffold for controlling stem cell fate and function during tissue organization. The ability to harness the regenerative potential of stem cells via decellularized ECM-based scaffolds has promising implications for tissue-regenerative medicine.	Decellularized stem cell in tissue-regenerative medicine
4	142	DNA methylation; STEM CELL; epigenetic; gene; gene expression; EMBRYONIC STEM; expression; human; cell; development	DNA methylation is a stable epigenetic mark that can be inherited through multiple cell divisions. During development and cell differentiation, DNA methylation is dynamic, but some DNA methylation patterns may be retained as a form of epigenetic memory. DNA methylation profiles can be useful for the lineage classification and quality control of stem cells such as embryonic stem cells, induced pluripotent cells and mesenchymal stem cells.	DNA methylation in stem cells

续表

序号	编号	主题关键词	主题描述	主题概述
5	60	stem cell; mesenchymal stem; ARTICULAR CARTILAGE; scaffold; tissue engineering; chondrocyte; chondrogenic differentiation; bone marrow; growth factor; cartilage repair	The articular cartilage is unique in that it contains only a single type of cell and shows poor ability for spontaneous healing. Currently, approaches for treating cartilage defects include surgical and nonsurgical approaches, as well as cartilage tissue engineering. For standard cartilage tissue engineering, three elements are required, i. e., a scaffold, growth factors, and seed cells. With advancements in stem cell research, the main sources of cells for cartilage tissue engineering are embryonic and mesenchymal stem cells, which have been shown to be promising alternatives in recent years. Under certain conditions, several types of stem cells, including embryonic stem cells, mesenchymal stem cells, induced pluripotent stem cells, and cartilage progenitor cells, showed potential for applications in chondrogenic differentiation. Stem cells can be developed as important cell sources for cartilage tissue engineering if appropriate microenvironments and bioactive factors are supplied. However, further studies are needed to determine the ideal cell type for cartilage repair, particularly using in vivo and clinical studies.	Stem cells provide sources for cartilage tissue engineering
6	921	stem cell; dental pulp; expression; periodontal ligament; mesenchymal stem; pulp stem; osteogenic differentiation; human dental; VITRO; growth factor	The transplantation of replacement cells or tissues generated by the patient's own stem cells has been considered as a potential treatment for repairing bone defects. In particular, stem cells derived from the pulp of human exfoliated deciduous teeth and periodontal ligaments might be an ideal cell source for repairing bone defects in pediatric patients. Epidermal growth factor (EGF) and basic fibroblast growth factor (bFGF) play an important role in extracellular matrix mineralization, a complex process required for proper bone regeneration. Human dental pulp stem/progenitor cells (hDPSCs) in combination with EGF could be an effective stem cell-based therapy for bone tissue engineering applications in periodontics and oral implantology.	Human dental pulp stem/progenitor cells (hDPSCs) based therapy for bone tissue engineering
7	727	beta catenin; stem cell; Wnt signaling; expression; Wnt beta; signaling pathway; cell; catenin signaling; protein; gene	The canonical Wnt pathway, has a prominent role in stem cell proliferation and differentiation. Aberrant regulation has been shown to effect stem cell behavior and can lead to the development of cancer. During embryogenesis, stem cells demonstrate a requirement for β-catenin in mediating the response to Wnt signaling for their maintenance and transition from a pluripotent state. In adult stem cells, Wnt signaling functions at various hierarchical levels to contribute to specification of different tissues.	Regulation of Wnt signaling pathway in stem cells

续表

序号	编号	主题关键词	主题描述	主题概述
8	1046	stem cell；EZH2；expression；cell；gene；protein；gene expression；differentiation；EMBRYONIC STEM；chromatin	Enhancer of zeste homolog 2（EZH2），a catalytic component of polycomb repressive complex 2，serves as a histone methyltransferase toward histone H3K27 trimethylation and also recruits DNA methyltransferases to regulate gene expression and chromatin structure. EZH2 play critical roles in stem cell maintenance and cell fate decision in differentiation into specific cell lineages.	The role of histone methyltransferase EZH2 in stem cell fate
9	161	acute myeloid；myeloid leukemia；stem cell；myelodysplastic syndrome；cell transplantation；patient；AML；hematopoietic stem；leukemia AML；treatment	Haematopoietic stem cells（HSC）are situated at the apex of the haematopoietic differentiation hierarchy，ensuring the life-long supply of mature haematopoietic cells and forming a reservoir to replenish the haematopoietic system in case of emergency such as acute blood loss. To maintain a balanced production of all mature lineages and at the same time secure a stem cell reservoir，intricate regulatory programs have evolved to control multi-lineage differentiation and self-renewal in haematopoietic stem and progenitor cells（HSPCs）. Leukaemogenic mutations commonly disrupt these regulatory programs causing a block in differentiation with simultaneous enhancement of proliferation. Increasing numbers of patients are receiving allogeneic hematopoietic cell transplantation（HCT）for acute myeloid leukemia（AML）. Scientific and clinical advances in supportive care，donor selection，and conditioning regimens have resulted in lower transplant-related mortality，extension of care to a wider population of patients，and improvements in survival.	Clinical application of hematopoietic stem cells
10	221	stem cell；retina；transplantation；cell；differentiation；retinal pigment；photoreceptor；pluripotent stem；MACULAR DEGENERATION；progenitor cell	Retinal degenerative diseases are the leading causes of blindness worldwide. Replacing lost retinal cells via stem cell-based therapies is an exciting，rapidly advancing area of translational research that has already entered the clinic. In age-related macular degeneration（AMD），stem cells could possibly replace or regenerate disrupted pathologic retinal pigment epithelium（RPE），and produce supportive growth factors and cytokines such as brain-derived neurotrophic factor.	Application of stem cells in retinal degenerative diseases
11	1290	acute lymphoblastic；lymphoblastic leukemia；patient；stem cell；cell transplantation；residual disease；minimal residual；treatment；cell precursor；relapse	Monitoring of minimal residual disease（MRD）has become routine clinical practice in frontline treatment of virtually all childhood acute lymphoblastic leukemia（ALL）and in many adult ALL patients. MRD diagnostics has proven to be the strongest prognostic factor. Also in relapsed ALL patients and patients undergoing stem cell transplantation，MRD diagnostics is guiding treatment decisions. Multiple methods to detect MRD exist，each with their own advantages and disadvantages. Multiparameter flow cytometry and quantitative polymerase chain reaction are the most commonly used methods of MRD detection in clinical practice，although there is promise in the use of more sensitive assays utilizing next-generation sequencing that may be able to further refine MRD-based risk stratification.	Clinical application of stem cells in acute lymphoblastic leukemia

续表

序号	编号	主题关键词	主题描述	主题概述
12	2	stem cell; microRNA; miRNA; expression; breast cancer; regulation; function; MESENCHYMAL TRANSITION; cancer cell; MicroRNAs miRNA	At present, research in the areas of stem-cell biology, RNA interference(RNAi), and microRNAs (miRNAs) is the source of immense scientific and medical interest. Despite their apparent differences, stem-cell biology, RNAi, and miRNA are increasingly being shown to have a great deal in common. Small RNAs, particularly those represented by miRNAs and RNAi, play a central role in the regulation of embryonic and adult stem-cell development. Recent research has revealed that in stem cells, miRNA- and RNAi- mediated gene regulation is one of the determinates controlling the state of cell differentiation, with the small RNAs serving as key elements involved in regulatory network control of pluripotent cell-fate determination. From a technological perspective, RNAi and miRNA-based methods are being developed both to study the processes of stem-cell differentiation and create clinically useful therapies for the treatment of disease and preservation of wellness. The promise is that harnessing the stem-cell regulatory activities of RNAi and miRNA will lead to rapid advancement in the use of these small RNA molecules as therapeutic agents in areas of medicine related to stem- cell biology, including regenerative medicine, aging, cancer, and neurological disorders, to name a few.	Small RNAs play a central role in the regulation of stem cells
13	1199	stem cell; cell; development; CEREBRAL CORTEX; neuron; progenitor cell; expression; differentiation; neurogenesis; neural stem	Neurodegenerative disorders such as Alzheimer's disease, Parkinson's disease, and Huntington's disease currently affect tens of millions of people worldwide. A growing number of pre- clinical studies have suggested that transplantation of neural stem cells(NSCs) could offer a promising new therapeutic approach for neurodegeneration.	Application of neural stem cells in the treatment of neurod egenerative disorders
14	710	stem cell; cancer stem; breast cancer; cancer cell; expression; CSC; INITIATING CELL; tumor; CD133; self renewal	Cancer stem cells(CSCs) have emerged as an underlying cause of cancer relapse and resistance to treatment. Several CSC markers have been identified from many types of tumors, and these markers are also being used for isolation and enrichment of CSCs. Cluster of differentiation CD133 is a well-characterized CSC marker, and it is involved in tumor cell proliferation, metastasis, tumorigenesis, and recurrence, as well as chemo- and radio-resistance.	The biology of cancer stem cells

续表

序号	编号	主题关键词	主题描述	主题概述
15	814	spinal cord; cord injury; stem cell; FUNCTIONAL RECOVERY; transplantation; SCI; mesenchymal stem; neural stem; injury SCI; bone marrow	Spinal cord injury (SCI) is a catastrophic nervous system disorder. Following a SCI, motor dysfunction will persist unless the injured region is recovered. However, neurogenesis is an uncommon phenomenon in the central nervous system (CNS) and self- healing potentials in injured cells are extremely lim- ited. There could be an alternative way to replenish damaged cells following SCI: stem cell therapy. Stem cells have a considerable ability to renew themselves and differentiate into any desired type of cell. Their capabil- ity to generate all kinds of cells provides an opportunity to replenish damaged and dysfunctional cells. Cell therapy can regenerate neural connections which in turn leads to improved functional recovery.	Stem cell therapy for spinal cord injury
16	254	stem cell; mesenchymal stem; stromal cell; bone marrow; MSC; mesenchymal stromal; cells MSC; adipose tissue; expression; derived mesenchymal	Human MSCs, that represent a mesoderm derived population of progenitors, are easily expanded in culture. They are capable to differentiate into osteoblasts, chondrocytes, and adipocytes and exhibit the potential to repair or regenerate damaged tissues. The best characterized source of human MSCs to date is the bone marrow; recently, fetal sources, such as amniotic fluid, umbilical cord, amniotic membranes, or placenta, have also attracted increased attention. Thus, MSCs may represent a valuable tool for tissue repair and cell therapeutic applications.	Research on mesenchymal stem cells and its application
17	581	stem cell; mesenchymal stem; scaffold; bone regeneration; growth factor; morphogenetic protein; tissue engineering; osteogenic differentiation; bone formation; BMP	Bone tissue engineering uses the principles and methods of engineering and life sciences to study bone structure, function and growth mechanism for the purposes of repairing, maintaining and improving damaged bone tissue. To regenerate bone structures which can be used for treatment of patients, bone growth must be induced by a number of bioactive implantable materials, cell types and intracellular, and extracellular molecular signaling pathways. Since mesenchymal stem cells (MSCs) and their differentiation during remodeling processes have important roles in bone regeneration, it is believed that understanding molecular signaling pathways involved is crucial to the development of bone implants, bone substitute materials, and cell-based scaffolds for bone regeneration.	Regeneration and repair of bone

续表

序号	编号	主题关键词	主题描述	主题概述
18	1142	stem cell; hair follicle; skin; cell; expression; differentiation; regeneration; hair; follicle stem; keratinocyte	Various types of stem cells reside in the skin, including keratinocyte progenitor cells, melanocyte progenitor cells, skin-derived precursors (SKPs), and nestin-expressing hair follicle-associated-pluripotent (HAP) stem cells. HAP stem cells, located in the bulge area of the hair follicle, have been shown to differentiate to nerve cells, glial cells, keratinocytes, smooth muscle cells, cardiac muscle cells, and melanocytes. HAP stem cells are positive for the stem-cell marker CD34, as well as K15-negative, suggesting their relatively undifferentiated state. Therefore, HAP stem cells may be the most primitive stem cells in the skin. Moreover, HAP stem cells can regenerate the epidermis and at least parts of the hair follicle. These results suggest that HAP stem cells may be the origin of other stem cells in the skin.	Skin-resident stem cells
19	461	multiple myeloma; stem cell; CELL TRANSPLANTATION; patient; treatment; myeloma MM; bone marrow; therapy; autologous stem; patients multiple	Autologous stem cell transplantation (ASCT) has long been considered frontline therapy for newly diagnosed myeloma patients. A combination of novel drugs with ASCT in a sequential treatment approach can attain long-term survival and perhaps cure a subset of patients. ASCT will likely remain an important platform to develop curative strategies in the foreseeable future.	Clinical application of autologous stem cell transplantation
20	261	patient; stem cell; Hodgkin lymphoma; cell transplantation; cell lymphoma; NON HODGKIN; autologous stem; treatment; high dose; relapsed refractory	Despite the high first-line cure rates in patients with Hodgkin Lymphoma (HL) still 10%-20% of patients suffer from relapsed or refractory disease. The introduction of high-dose (HD) chemotherapy (CT) and autologous stem cell (ASCT) or bone marrow transplant (ABMT) in the last two decades has improved the prognosis of patients with refractory or relapsed Hodgkin lymphoma (HL) over conventional-dose salvage CT.	Stem cell therapy for Hodgkin's lymphoma

续表

序号	编号	主题关键词	主题描述	主题概述
21	867	stem cell;Drosophila;differentiation;protein;development;SELF RENEWAL;gene;expression;niche;tissue	The discovery of Drosophila stem cells with striking similarities to mammalian stem cells has brought new hope for stem cell research. Genes that controlled Drosophila stem cells were discovered to have functional homologs in mammalian stem cells. Compared to mammalian model organisms, it is easy and inexpensive to work with Drosophila. Furthermore, shorter generation time, small size, and fewer ethical issues makes Drosophila an attractive animal model. Like mammals, Drosophila germline stem cells (GSCs) are controlled by both intrinsic as well as external signals. Several factors including BMP signals were found to be indispensable for sustaining GSCs in Drosophila. Asymmetric division of GSCs to produce and maintain a daughter GSC is regulated by gene expression in adjacent somatic cells also. In Drosophila, significant changes occur within the stem cell niche that contributes to a decline in stem cell number over time. These stem cell-related discoveries that were made in Drosophila, will surely be helpful for mammalian regenerative medicine, and more work is desperately needed in this area.	Drosophila as a model to study adult stem cells
22	648	stem cell;limbal stem;ocular surface;epithelial cell;amniotic membrane;cornea;corneal;expression;transplantation;limbal epithelial	Stem cells are self-renewing cells that can differentiate into specialized cell type(s). Pluripotent stem cells, i. e. embryonic stem cells(ESC) or induced pluripotent stem cells(iPSC) differentiate into cells of all three embryonic lineages. Multipotent stem cells, like hematopoietic stem cells (HSC), can develop into multiple specialized cells in a specific tissue. Unipotent cells differentiate only into one cell type, like e. g. satellite cells of skeletal muscle. There are many examples of successful clinical applications of stem cells. Skin stem cells are used to heal severe burns, while limbal stem cells can regenerate the damaged cornea. The cornea epithelium represents one of the most rapidly regenerating mammalian tissues, undergoing full-turnover over the course of approximately 1-2 weeks. This robust and efficient regenerative capacity is dependent on the function of stem cells residing in the limbus, a structure marking the border between the cornea and the conjunctiva. Limbal stem cells(LSC) represent a quiescent cell population with proliferative capacity residing in the basal epithelial layer of the limbus within a cellular niche. Pluripotent stem cells, especially the patient- specific iPSC, have a tremendous therapeutic potential, but their clinical application will require overcoming numerous drawbacks. Therefore, the use of adult stem cells, which are multipotent or unipotent, can be at present a more achievable strategy.	Concept and application of limbal stem cells

续表

序号	编号	主题关键词	主题描述	主题概述
23	1095	skeletal muscle; stem cell; satellite cell; differentiation; muscle regeneration; regeneration; cell; muscle stem; expression; myogenesis	Adult skeletal muscle in mammals is a stable tissue under normal circumstances but has remarkable ability to repair after injury. Skeletal muscle regeneration is a highly orchestrated process involving the activation of various cellular and molecular responses. As skeletal muscle stem cells, satellite cells play an indispensible role in this process. The self-renewing proliferation of satellite cells not only maintains the stem cell population but also provides numerous myogenic cells, which proliferate, differentiate, fuse, and lead to new myofiber formation and reconstitution of a functional contractile apparatus. The complex behavior of satellite cells during skeletal muscle regeneration is tightly regulated through the dynamic interplay between intrinsic factors within satellite cells and extrinsic factors constituting the muscle stem cell niche/microenvironment.	Adult stem cells and skeletal muscle regeneration
24	107	cell; stem cell; patient; immunotherapy; cancer; antigen receptor; chimeric antigen; tumor; therapy; expression	Human pluripotent stem cells (PSCs) provide a promising resource to produce immune cells for adoptive cellular immunotherapy to better treat and potentially cure otherwise lethal cancers. Cytotoxic T cells and natural killer (NK) cells can now be routinely produced from human PSCs. These PSC-derived lymphocytes have phenotype and function similar to primary lymphocytes isolated from peripheral blood. PSC-derived T and NK cells have advantages compared with primary immune cells, as they can be precisely engineered to introduce improved anti-tumor activity and produced in essentially unlimited numbers. Chimeric antigen receptors (CARs) are engineered molecules that can be introduced into T cells to enable them to target specific tumor antigens. CAR T cells targeting CD19 have shown promise in patients with relapsed and refractory B-cell neoplasms, including those with acute lymphoblastic leukemia, chronic lymphocytic leukemia, and non-Hodgkin lymphomas.	Application of stem cells in cellular immunotherapy
25	965	stem cell; germ cell; spermatogonial stem; differentiation; expression; spermatogenesis; SSC; vitro; mice; Sertoli cell	Spermatogenesis is a continuous and productive process supported by the self-renewal and differentiation of spermatogonial stem cells (SSCs), which arise from undifferentiated precursors known as gonocytes and are strictly controlled in a special 'niche' microenvironment in the seminiferous tubules. Maintenance of SSCs and induction of spermiogenesis in vitro may provide a therapeutic strategy to treat male infertility. Sertoli cells, the only somatic cell type in the tubules, directly interact with SSCs to control their proliferation and differentiation through the secretion of specific factors.	Regulation of spermatogonial stem cells and spermatogenesis

续表

序号	编号	主题关键词	主题描述	主题概述
26	469	stem cell;liver fibrosis;expression;progenitor cell;stellate cell;mesenchymal stem;hepatic stellate;hepatocyte;liver disease;bone marrow	The high regenerative potential of the liver is driven by parenchymal and non-parenchymal cells, which restore the original liver mass after injury by cell proliferation. The contribution of stem- and progenitor cells to liver regeneration is mainly observed when hepatocyte proliferation is impaired. However, the origin of stem/progenitor cells and their effectivity to restore injured liver is currently discussed controversially. Hepatic stellate cells, which are mainly known for their contribution to fibrosis in chronic liver diseases, were recently identified as mesenchymal stem cells(MSC) of the liver. Stellate cells are also involved in liver regeneration and fulfill a dual function by supporting neighboring cells and developing into liver epithelial cells. This demonstrates that stellate cells not only exhibit the same expression profile and differentiation potential but also functional similarities to MSC of other organs, which are at present intensively studied by many groups for their therapeutic use in liver diseases.	Stem cells in liver regeneration

第12章

数据驱动的医学领域前沿主题识别[①]

近年来，随着我国经济社会高速发展及科研投入的增加，科研论文数量快速增长。根据统计结果，2009～2019年（截至2019年10月），中国科技人员共发表国际论文260.64万篇，继续排在世界第2位，数量比2018年增加了14.7%；论文共被引用2845.23万次，比2018年增加了25.2%，排在世界第2位（张蕾，2019）。科研论文数量的指数级增加，使得科研人员难以在关注自身研究的同时，还能够从主题多样、数量巨大的文献资源中发现最新研究内容，以追踪并把握学科前沿热点的发展，发现本学科研究的突破点与创新点。领域前沿主题识别研究一直是图书情报领域研究的热点。本章聚焦医学领域，根据前沿主题特征，结合医学知识组织体系，构建医学领域前沿主题识别方法，从海量医学文献中实现知识发现，为领域科研人员提供有意义的前沿主题，推动医学科技创新发展。

12.1 概念界定

科技领域前沿主题的概念最早来源于Price（1965）提出的研究前沿。随着科学研究范围的不断扩大与更新，目前已有多个概念与前沿主题的概念相近或类似，如新兴趋势、新兴研究领域、新兴主题、研究热点、热点主题、研究前沿等。笔者结合每种“研究前沿”类概念的内涵与外延、主要特点、识别方法等方面的异同，将主要的“研究前沿”类概念分为三大类，即前沿类、热点类与新兴类。各类型概念的内涵与特点如表12-1所示。

---

① 本章内容来自范少萍等（2018），本章对研究现状、技术细节（数据）进行了补充。

表 12-1　"研究前沿"类概念辨析

概念类型	内涵	代表性研究	特点
前沿类	某一时间段内某一焦点领域出现的具有发展潜力的研究内容、方向或趋势，是最先进的、最有发展潜力的、最新的研究主题	Upham SP（Upham 等，2010）	先进性、发展性、理论性、探索性、创新性、新颖性、关注度高
热点类	短时间段内迅速获得较高关注度，可以揭示该时间段内某一学科领域研究现状的研究主题	陈超美（Chen，2006）	关注度高、持续时间短
新兴类	具有全新的、相对前期增长速度快的、在新时期有明显变化的主题	欧洲研究理事会、黄鲁成等（2015）等	产生时间新、关注度较高

可以看出，三类概念存在一定的差异。热点类主题是在短时间内引起科学界广泛关注的主题，强调主题形成时间短、关注度高；新兴类主题是最新产生的、得到较高关注的主题，强调主题形成时间新，有一定的关注度；而前沿类主题具有前瞻性、先进性、探索性、创新性等特点，可以引领某一学科领域的发展，揭示学科发展脉络，强调主题内容的创新与高关注度。因此，识别前沿类主题对推动学科发展、了解学科发展规律具有重要意义。前沿类主题可以具有热点类或新兴类主题的特点，而新兴类与热点类主题虽具有前沿类主题的某些特点，但因未达到前沿类主题的阈值，也无法称其为前沿。由于上述三类概念在内涵、特征上存在着不同程度的交叉且难以区分，部分学者在对各概念进行定量测度时会采用一些相同指标进行分析。

由于学术界尚未对前沿主题进行统一界定，本章通过梳理已有研究认为，前沿主题是指在某一时间段内，被科学界高度关注的、具有较大影响力的，且研究内容上具有一定创新性与学科交叉性的最新发表的研究主题。其中，研究主题是指由一组语义上相关的概念构成，通过概念分布或概念聚类得到的类团（范少萍等，2018）。

12.2　前沿主题识别方法研究现状

对前沿主题的识别方法研究可以从主题内文献、概念词等维度开展，常用的前沿主题识别方法有如下两大类。

12.2.1　单一识别方法

早期前沿主题识别的主要方法是文献计量学方法，如引文分析法、共词分析法（冯璐和冷伏海，2006）等单一维度分析方法。单一维度分析方法的相关研究兴起时间较早，大都是对词频、共词、引文等分析工具的使用和验证，具有一定的理论支撑，研究成果丰富，并得到推广应用，如ESI数据库采用引文分析法表征研究前沿。

（1）基于共被引的识别方法

共被引方法是指用共被引的次数来表示两篇文献之间的关系，两篇文献共被引次数越多则共引强度越高。Price（1965）主要依据共引强度来识别研究前沿，其将科学引文网络中被近期发表的文献引用的稍早些发表的文献集视为研究前沿，即由高频共被引文献构成研究前沿；Small（1973）认为研究前沿体现为引文的共引聚类，这些聚类代表着那些活跃的研究领域，他们从引文中集合该聚类所有文章题目中出现频次最高的词以形成词集，该聚类的本质就是由这些词集标注的被引文献。

（2）基于文献耦合的识别方法

文献耦合是指用相同引文数量表示两篇文献之间关系的疏密，两篇文献引用的相同文献越多则文献的耦合强度越高。Persson（1994）将引用相同文献的文章定义为研究前沿，即与高共被引文献簇相关联的施引文献群；Garfield（1994）将同被引聚类的核心论文和引用这些核心论文的最新文献一起视为研究前沿。

目前基于引用关系的研究前沿识别方法在研究中得到广泛使用，但该方法不可避免地会存在引文识别研究前沿上的潜在弱点：时间滞后，即一篇文献从出版到被引需要一定的时间，而施引文献从完成到出版又需要一段时间，这样基于引文的方法识别出来的结果更趋于热点而非前沿。

（3）基于内容的识别方法

在基于文本内容的方法中，词频法是利用能够揭示或表达文献核心内容的关键词在某研究领域文献中出现的频次高低及其时间分布和变化趋势，来确定该领域的研究发展动向；共词法是从论文标题、摘要、关键词等元数据字段提取关键词，构建共词网络并进行聚类分析，通过聚类类团所代表的研究主题结构的变化来识别研究前沿；文本挖掘法首先将主题用一组与时间特性关联的特征表示，然后根据这些特征用文本挖掘技术进行主题抽取，随时间推移验证主题并对主题进行分类，判断主题变化趋势。

上述通过词频或聚类方法的内容分析，一方面忽略了词语在不同语境下语义不同，另一方面，单个词表达的意思并不具体，单纯基于词频识别研究前沿的方法，缺乏说服力；文本挖掘法更加偏重计算机科学、数据挖掘领域，尚不能通过自动判断指标的变化趋势确定研究前沿，需要结合专家知识进行深入判断（郑彦宁等，2016）。

（4）基于复合关系的识别方法

复合关系方法以美国海军实验室Kostoff等（2009）提出的相关文献发现（literature related discovery，LRD）方法为主。该方法把引文分析法与介入专家判定和短语邻近度分析的共词分析方法相结合，从而把两篇或多篇文献中不联系的概念联系起来，得到新颖、合理、可理解的潜在知识和前沿。研究证明，LRD 方法可行有效，在预测未来的研究前沿上有良好的应用前景（许晓阳等，2014）。

然而，无论是“粗粒度”的引文分析法还是“细粒度”的共词分析法，都未能揭示前沿主题的特征，如先导性、高关注度等。文本挖掘方法虽然可以在知识内容的新颖性方面发现前沿主题，但仅限于单一特征，未能挖掘出前沿主题的多维度特征。

12.2.2　多维度识别方法

近年来，基于前沿主题多维特征进行前沿主题识别的研究越来越多。例如，吴菲菲等（2015）从创新性和学科交叉性两个维度探测研究前沿的模型，所提研究前沿模型由“三阶段”构成，即创新性特征识别阶段、学科交叉性特征识别阶段及前沿主题提炼阶段，处理过程分别使用文献引文分析、共现分析和文本挖掘方法。Zhang L H 和 Zhang Z Q（2014）从时效性、突破性、跨学科性和继承性四个方面对早期前沿主题的特征及其演化过程进行了研究。研究发现，突破性指数对前沿主题的影响最大，其次为跨学科性和时效性，继承性对前沿主题的影响最小。黄鲁成等（2015）从新兴主题的关注度、成长潜力度及关联度三个属性，测度了新兴主题的特点。经研究发现，新兴主题具有高关注度、高成长潜力度及高关联度的特点。贺亮和李芳（2012）提出了文献主题词发现和趋势分析的方法。该方法利用文档主题生成（latent dirichlet allocation，LDA）模型抽取科技文献的话题，并计算了话题的强度和影响力。Le 等（2005）构建了一个新兴主题探测模型，该模型综合考虑了科技文献中主题的多种特征，构建了衡量受关注度和有用性的指标，且该模型适用于不同的科学研究领域。Guo 等（2011）使用特殊词突然增加的频率、新作者关注新兴领域的人数和速度、参考文献交叉学科的变化三个指标，构建了用于描述和预测新兴研究领域关键结构和动态特性的混合模型。郑彦宁等（2016）认为研究前沿作为研究领域最活跃的部分，应具备新颖性、时效性和集中性的特性，并根据三个特性与研究前沿的定义，提出识别研究前沿的两个指标：研究主题的年龄和研究主题关注作者的数量。其中，通过计算聚类主题的年龄判断研究主题的新颖性，研究前沿的年龄往往趋于年轻化；研究前沿的作者数量往往是在某一时间段快速增加，但每段时间内作者数量的绝对值不足以衡量该时间段内新增作者的数量多少，因此使用百分比（即研究主题关注作者数量的比例变化）衡量新增作者的数量。Tu 和 Seng（2012）利用新颖性指数（novelty index）和发文量指数（published volume index）共同识别检测点（detection point），从而识别新兴主题。

郭涵宁（2013）针对研究领域兴起的五个环节，即“科学家个体”、“主题词”、“文献”、“学科”及“同行认可”，设计了“新作者数量”、“突现主题词共现”、“突现重要文献数量”、“引文年龄”、“学科跨度指数”、“基金资助项目数量”及“基金项目资助额度”用于综合识别新兴研究领域的七个科学指标。实验研究证明，“突现主题词共现”在探测与识别某一新兴研究领域核心概念形成方面起到基础作用。“突现重要文献数量”和“引文年龄”则可以标志新兴研究领域的发展成熟度。“新作者数量”、“学科跨度指数”、“基金资助项目数量”和“基金项目资助额度”则在反映研究领域的新兴程度、交叉程度及持续生命力方面起到支撑作用。

2009 年欧洲研究理事会开始资助 Development and Verification of A Bibliometric Model for the Identification of Frontier Research 项目，该项目为期四年，致力于开发基于文献计量学的新方法，聚焦发现满足研究前沿属性的项目。项目组根据欧盟高水平专家组（High Level Expert Group，HLEP）（2005）对研究前沿定义的四个方面进行总结得到研究前沿的四个属性：新颖性、风险性、应用性和学科交叉性，并对每个属性及其对应指标进行了界定（范少萍，2016），详见表 12-2。

表 12-2 研究前沿的属性、指标及其相关说明

属性	说明	对应指标	说明
新颖性	项目申请书是否使用最新的研究作为其参考来源？该研究是否是新研究的一部分？	时效性	基于参考文献信息
		创新性	基于文本内容的时序聚类分析
风险性	研究人员是否可以通过新的研究课题扩展其现有研究背景并承担个人风险？	风险性	基于项目申请书参考文献与申请人已发表论文的参考文献信息
应用性	研究人员的研究活动是否表明其研究的应用性？	应用性	基于参考文献期刊分类与申请人申请的专利信息
学科交叉性	研究人员是否使用来自不同学科的定义、方法等？	学科交叉性	基于文本内容所属的学科信息

与单一识别方法相比，多维度识别方法可以突出研究前沿所具备的特征，并依据特征选择或设计有针对性的方法，取得了不错的识别效果。但各维度间的识别顺序及权重分配等方面还需加强研究。

12.2.3 识别方法总结

上述前沿主题识别方法从经典的共引分析法到多维度方法，都关注到前沿主题应具有的特征，并根据特征设计合理可行的定量计算方法，从而开展定量前沿主题识别方法研究。但已有研究中，利用医学文献开展前沿主题识别方法的研究较少。医学文献因数量多、内容广、与人类健康生活息息相关，对内容的精准度要求更高。而医学文献除具有一般文献的特征外，通常利用医学主题词表等知识组织体系进行组织与检索，极大地提高了文献内容的可读性、一致性和检索的准确率。

12.3　医学领域前沿主题特征及识别方法

12.3.1　前沿主题特征

笔者通过系统综述法，系统梳理了前沿主题应具有的特征（范少萍等，2017a），分别是时间上的新颖性、内容上的创新性、学科交叉性、高关注度四个特征，并给出了不同数据源情况下，每种特征可选择的计算方法。医学领域是科学界的重要组成部分，与其他领域相比，医学文献数量多、增长快，但在前沿主题特征上，应与其他学科领域是一致的，即前沿主题同样具有时间上的新颖性、内容上的创新性、学科交叉性、高关注度的特征。基于此，笔者认为，医学文献中的前沿主题应同时满足如下条件：①前沿主题的篇均被引频次较高，即具有高关注度；②前沿主题的出现时间较晚，即具有时效性；③前沿主题与已有主题的相似性较小，即具有创新性；④前沿主题融合多种学科领域研究成果，即具有学科交叉性。

12.3.2　前沿主题特征测度方法研究

根据前沿主题特征可采用的计算数据的来源范围，可以将特征分为外部特征与内部特征。外部特征是指借助文献外部信息反映的特征，如时间上的新颖性、学科交叉性、高关注度，定量计算时需要借助前沿主题聚类词簇内主题词所在文献的产生时间、被引频次、参考文献信息等得到。内部特征是指通过前沿主题内部信息可以反映出的特征，如创新性，直接对比不同前沿主题词簇在内容上的相似度，可得到创新性大小。

考虑到数据来源与计算方法的有效性，笔者对前沿主题特征及其对应指标、数据来源进行总结，详见表 12-3。

表 12-3　前沿主题特征及其对应指标、数据来源

特征	对应指标	数据来源
高关注度	篇均被引频次	主题内文献的施引文献
新颖性	平均出版时间	主题内文献的平均出版时间
创新性	语义相似度	主题内的主题词
学科交叉性	学科交叉强度	主题内文献的参考文献

12.3.2.1 高关注度

科学计量学领域可用于直接反映主题高关注度的指标是主题内文献的篇均被引频次。与总被引频次相比，篇均被引频次均衡了主题内文献数量多少所带来的不平衡，更能突出某一主题的影响力。因此，关注度特征的计算方法为

$$\mathrm{HA}_i = \frac{\sum_{j=1}^{n} C_j}{n} \tag{12-1}$$

式中，HA_i 代表第 i 个主题的关注度值；$\sum_{j=1}^{n} C_j$ 代表主题内 n 篇文献的总被引频次，n 代表主题内文献总量。例如，某一主题被学术界确定为前沿主题的时间为 2009 年，则总被引频次是所有组成前沿主题的文献截至 2009 年时的被引频次。

12.3.2.2 新颖性

从科技文献老化的角度来说，旧有文献的使用频次将逐渐降低，让位于新生文献（庞景安，1999）。新生文献可能比旧有文献的研究内容更加新颖。因此，主题内文献的发表时间是判断该主题新颖程度的一项重要指标。主题由若干篇内容相似的论文组成，主题的新颖性特征可以使用主题中包含的所有论文的平均发表时间来表示。平均发表时间越晚，说明主题中发表时间晚的论文所占的比例越高，越有可能有很多新论文加入该主题。新颖性值越大，说明主题的前沿特征越显著，该主题越有可能成为前沿主题；反之，新颖性值越小，说明主题的前沿特征越不显著，该主题成为前沿主题的可能性也越小。因此，新颖性特征的计算方法为

$$N_i = \frac{\sum_{j=1}^{n} T_j}{n} \tag{12-2}$$

式中，N_i 代表第 i 个主题的新颖性值；$\sum_{j=1}^{n} T_j$ 代表主题内 n 篇文献的总产生时间，n 代表主题内文献总量。

12.3.2.3 学科交叉性

学科交叉性的计算可以利用在跨学科出版物中发表的论文、不同学科研究人员的合著及引用来自不同学科的参考文献三种方法实现（Pierce，1999）。Porter 等（2007）指出，从逻辑上来讲，一篇论文引用的参考文献的多样性是测度主题学科交叉性最恰当的指标。国外学者对学科交叉性指标的定量测度进行了广泛研究，已产生了一系列的指标，如跨学科的引用指数、Brillouin 指数、多样性指标和凝聚性指标、整合度和专业度、中介中心度

等，详细阐述了学科多样性的普遍存在，指出学科多样性的三个属性：丰富性、平衡性和差异性，并提出了 Rao-Stirling 指标，用于测度学科交叉性（Stirling，2007）。该指标不仅考虑了学科分类间的平均分布程度，即平衡性，也考虑了学科分类间的差异性，指标中参数取值不同时测度的属性详见表 12-4。张金柱等（2013）、许海云等（2014）均利用该指标对图书情报学领域的学科交叉性进行了度量。该指标公式如下：

$$D = \sum_{ij(i \neq j)} (p_i \times p_j)^{\alpha} \times d_{ij}^{\beta} \tag{12-3}$$

式中，p_i与 p_j代表不同学科的概率分布；d_{ij}代表学科间的距离，可以用余弦相似度进行计算；α、β 代表计量参数，取值为 0 ~ 1。Rao-Stirling 值越大，说明学科交叉性越强。

表 12-4　Rao-Stirling 指标中参数取值不同时测度的属性列表

属性	α	β	公式变形
丰富性	0	0	$D = \sum_{ij(i \neq j)} d_{ij}^0$
平衡性	1	0	$D = \sum_{ij(i \neq j)} p_i \times p_j$
距离值	0	1	$D = \sum_{ij(i \neq j)} d_{ij}$
多样性	1	1	$D = \sum_{ij(i \neq j)} p_i \times p_j \times d_{ij}$

12. 3. 2. 4　创新性

内容上的创新性是前沿主题的重要特征，是识别前沿主题的关键指标。现有研究多采用文本相似度方法，将待识别的多个主题进行余弦相似度计算，与其他各主题相似度较低的主题为创新性主题。但这种统计学上的余弦相似度计算方法忽略了主题间在语义上的相关性。医学领域有完备的术语词表（如 MeSH）和知识组织体系（如 UMLS），为开展语义相似度计算提供了丰富的资源。从语义相似度计算角度识别前沿主题的创新性特征，更符合医学领域特色。

语义相似度是指两个概念间的相似程度，即概念本身之间具有某些共同特性，随着通用本体与领域本体的日渐成熟，语义相似度研究也日益完善，已应用于词义消歧、信息提取、文本相似度计算、文本聚分类等领域。本章借助医学领域术语词表 MeSH，探索基于语义相似度的创新性计算方法。

MeSH 作为医学领域权威的术语词表，给出了每个主题词名称、树状结构位置、入口词、注释、范围定义、入口词、可配副主题词、输入时间、ID 等详细信息（图 12-1），为从更深层次挖掘概念间的语义相似性提供了稳定且准确的资源。此外，MeSH 提供的主题词分类信息及树状结构（图 12-2），为从结构层面计算语义相似度提供了基础。

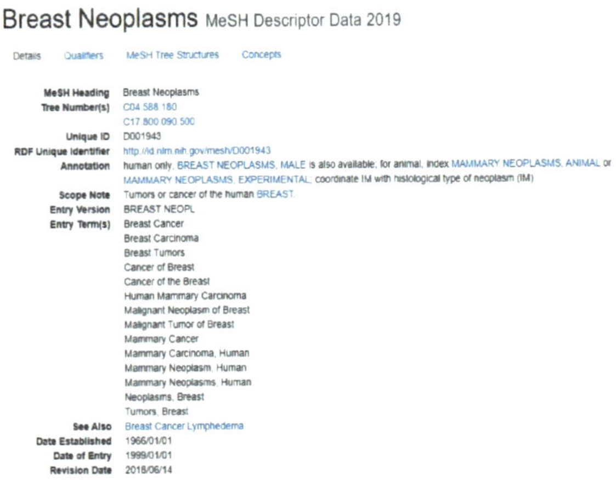

图 12-1 以 Breast Neoplasms 为例检索 MeSH 的结果

资料来源：MeSH 检索结果页面，https://meshb. nlm. nih. gov/search

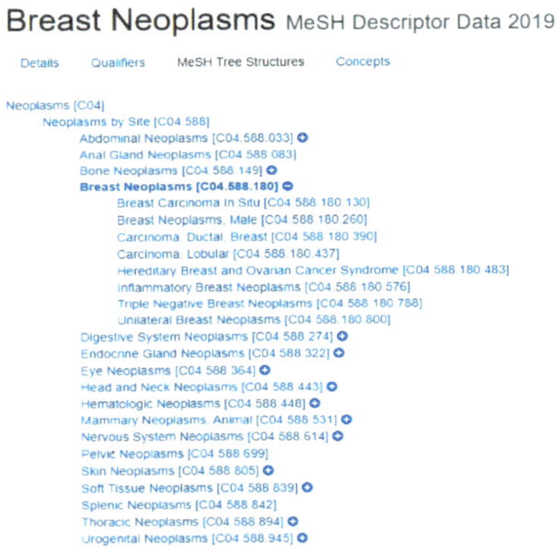

图 12-2 以 Breast Neoplasms 为例检索 MeSH 的树状结构结果

资料来源：MeSH 检索结果页面，https://meshb. nlm. nih. gov/search

若两个主题语义相似度低，则主题内主要概念词的语义相似度低，说明概念词在 MeSH 中的含义差距较大，这是从领域知识角度对主题是否具有创新性的根本分析，而非从词汇出现频次等统计层面对主题间的相似程度进行度量。与通常采用欧式距离、余弦相似度、突发词检测等方法测度主题创新性的方法相比，利用语义相似度方法进行主题创新性度量，更加关注到了医学领域特色与文献检索特点，同时又扩充与丰富了现有的语义相似度研究。

本章采用笔者设计的已有语义相似度计算方法（范少萍等，2017b），确定创新性计算公式如下：

$$\mathrm{Sim}(Z_a,Z_b)=0.5S_{\mathrm{et}}(Z_a,Z_b)+0.3\,S_{\mathrm{dis}}(Z_a,Z_b)+0.2\,S_{\mathrm{at}}(Z_a,Z_b) \tag{12-4}$$

式中，$\mathrm{Sim}(Z_a, Z_b)$ 代表主题 a 与主题 b 的语义相似度；$S_{\mathrm{et}}(Z_a, Z_b)$ 代表主题 a 与主题 b 入口词的语义相似度；$S_{\mathrm{dis}}(Z_a, Z_b)$ 代表主题 a 与主题 b 的语义距离；$S_{\mathrm{at}}(Z_a, Z_b)$ 代表主题 a 与主题 b 注释的语义相似度。

12.3.3　前沿性综合指标计算方法研究

前沿主题识别是从多个主题聚类类团中，依据前沿主题特征识别前沿主题的过程。现有基于多维特征的前沿性最终综合指标方法主要有两大类：专家打分法和直接赋值法。DBF 项目组采用计量经济学模型对时效性、创新性、风险性、应用性、学科交叉性五个指标进行验证，结果表明，创新性与学科交叉性对前沿主题识别的影响最大，其他三项指标影响较小（范少萍，2016）。Zhang L H 和 Zhang Z Q（2014）根据领域专家打分方法确定了研究前沿四个指标权重，采用线性加权方法识别研究前沿，并得出研究前沿特征的重要性排序由高到低依次为：突破性、跨学科性、时效性与继承性。郭涵宁（2013）根据所提七个指标在新兴研究领域兴起的五个环节中的表现识别新兴研究领域，无加权定量判断分析过程。

由于前沿主题产生的复杂性，无论是专家打分法还是直接赋值法，都无法依据前沿主题自身表现出的特性与规律进行识别。同时，专家打分法的实施成本较高。因此，本章利用医学领域前沿主题实例，测试并调整前沿主题识别方法各特征的权重大小，以提高方法的客观性。

本章设定的前沿性综合指标计算方法的主要步骤如下。

（1）标准化处理

高关注度、新颖性和学科交叉性的计算方法得到的是正向指标，计算值越大评价越好，用于创新性计算的语义相似度方法是逆向指标，计算值越小评价越好。对这两种指标采用不同的标准化方法。正向指标的标准化方法为 $Y=(X-X_{\min})/(X_{\max}-X_{\min})$，逆向指标的标准化方法为 $Y=(X_{\max}-X)/(X_{\max}-X_{\min})$。其中，$Y$ 是指标的标准化值，X 为指标的原始值，$X_{\max}$ 与 $X_{\min}$ 分别对应于指标的最大值和最小值。

（2）构造前沿性综合指标

利用创新性、学科交叉性、高关注度和新颖性四个特征进行线性加权，构造每个主题的前沿性综合指标，根据指标大小以判断是否为前沿主题。

$$\mathrm{FK}_i=a\mathrm{HA}_i+bN_i+cD+d\mathrm{Sim}_i \tag{12-5}$$

式中，HA_i、N_i、D 和 Sim_i 分别代表主题 i 的关注度、新颖性、学科交叉性和创新性计算结果；FK_i 代表主题 i 的前沿性综合指标值，$a+b+c+d=1$。

（3）初始赋权

首先对各特征进行平均赋权，即创新性、学科交叉性、高关注度和新颖性四个特征的权重均为0.25，公式如下：

$$\mathrm{FK}_i = 0.25\ \mathrm{HA}_i + 0.25N_i + 0.25D + 0.25\mathrm{Sim}_i \tag{12-6}$$

（4）根据实例调整权重

选取某一医学领域文献作为案例，根据遴选出的前沿主题，结合前沿主题特征计算结果，调整各部分权重，以达到最佳识别效果。

（5）确定最终权重值

根据实例调整与验证，确定最终各指标权重，线性加权得到前沿主题识别模型，以支持开展后续的前沿主题识别的实证研究。

12.4 领域选择

选择实验领域是验证所提方法有效性的直接方式。医学领域从宏观方面可以分为基础研究与临床研究，为使得本章所提各种方法在医学领域具有普适性，分别选取基础研究领域的“肝癌致病机制研究”与临床研究领域的“心血管疾病治疗与预后”作为本章的实验领域。

12.4.1 肝癌致病机制研究

流行病学研究证实，肝癌已在世界恶性肿瘤中排名第2位，中国每年约有38.3万人死于肝癌，约占世界的51%，病死率位居我国恶性肿瘤致死原因的第2位（黄乾荣和张玲，2016）。因此，肝癌致病机制的研究是治疗并预防肝癌的有效手段之一。研究显示，乙型肝炎病毒（hepatitis B virus，HBV）持续感染和宿主免疫反应可导致肝细胞癌（Hepatic cellular carcinoma）发生，HBV的X蛋白能与抗癌基因*p53*结合，阻止*p53*进入细胞核，从而使细胞失去阻止癌变的能力。HBV感染与*p53*突变及其他肿瘤相关基因改变之间的关系仍然是最复杂难解的重要课题之一（王红阳，2002）。Honda等（1998）研究中发现，*p53*基因联合肝病毒影响肝肿瘤和慢性肝疾病的作用机制，肝硬化合并病毒性肝炎是肝切除术后生存率较差的预后指标。Grieco等（1998）研究了HBV及饮酒与肝疾病之间的联系。Wogan（2000）阐述了HBV与*p53*基因在原发性肝癌发生发展过程中的作用，并着重分析了与肝癌基因突变及慢性肝疾病相关的化学物质。

通过阅读并分析肝癌致病机制研究领域 1999～2000 年的研究文献发现，HBV-X/乙肝病毒感染和家族遗传因素都与肝癌有密切关系，这一研究结论成为当时肝癌致病机制的研究前沿。基于此，本章以“肝癌致病机制”这一研究领域为分析对象，利用设计的前沿主题识别方法从中发现 1999～2000 年中出现的 HBV 与肝癌发生有密切关系这一前沿主题，确定前沿性综合指标中各特征权重。

采用 Web of Science 数据库，检索时间为 2017 年 1 月，检索式为：

TS=((“Liver Neoplasms” OR “Adenoma, Liver Cell” OR “Carcinoma, Hepatocellular” OR “Liver Neoplasms, Experimental” OR “hemangioma of liver” OR “hepatic hemangioma” OR “adenoma of liver” OR “Focal Nodular Hyperplasia” OR “hepatocellular carcinoma” OR “Carcinoma, Hepatocellular” OR “cholangiocarcinoma” OR “Cholangiocarcinoma” OR “Klatskin Tumor” OR “Hepatoblastoma” OR “Klatskin Tumor” OR “Carcinoma, Hepatocellular”) AND (“Causality” OR “Precipitating Factors” OR “Protective Factors” OR “Risk Factors” OR “Pathology” OR “Forensic Pathology” OR “Neuropathology” OR “Pathology, Clinical”))

时间跨度=所有年份，共检索到 8283 篇文献。结合上述文献分析，选定 1999～2000 年的 302 篇文献，以此来确定前沿主题识别方法中的权重。

12.4.2　心血管疾病治疗与预后

目前，心血管疾病的发病率仍在不断攀升，发病年龄也有所提前，这种不断上升趋势与人们的生活习惯、人口老龄化、环境变化、生活压力等息息相关。心血管疾病的防治负担日益加重，已成为我国当今社会人群健康所面临的重要公共卫生问题。由顾东风教授等完成的《应用中国冠心病政策模型预测中国未来心血管疾病流行趋势》的研究预测：到 2030 年，仅考虑人口老龄化与人口增长的影响，中国每年的心血管疾病事件数就将上升超过 50%；如果再考虑高血压、高胆固醇血症及糖尿病的增长的影响，中国每年的心血管疾病事件数将额外增长 23%，如果不加以控制，在 2030 年中国心血管疾病患者将增加 2130 万，心血管疾病死亡人数将增加 770 万（姚震和陈林，2013）。加强心血管疾病治疗与预后研究刻不容缓。

本章以“心血管疾病治疗与预后”这一研究领域为分析对象，利用设计的前沿主题识别方法发现该领域某一时间窗内的前沿主题。

采用 Web of Science 数据库，检索时间为 2017 年 7 月，检索式为

TS = ((“Cardiovascular Disease” OR “Disease, Cardiovascular” OR “Diseases, Cardiovascular” OR “Cardiovascular Abnormalities” OR “Cardiovascular Infections” OR “Heart Diseases” OR “Diseases, Heart” OR “Heart Disease” OR “Cardiac Diseases” OR “Diseases,

Cardiac" OR "Pregnancy Complications, Cardiovascular" OR "Vascular Diseases" OR "Heart Defects, Congenital" OR "Vascular Malformations" OR "Endocarditis, Bacterial" OR "Syphilis, Cardiovascular" OR "Tuberculosis, Cardiovascular") AND ("therapeutic use" OR "drug effect" OR "prevention and control" OR "Biological Therapy" OR "Combined Modality Therapy" OR "Complementary Therapies" OR "Conservative Treatment" OR "Drug Therapy" OR "Electric Stimulation Therapy" OR "Emergency Treatment" OR "Radiotherapy" OR "Respiratory Therapy" OR "Patient Care" OR "Nutrition Therapy" OR "Antineoplastic Protocols" OR "Chelation Therapy" OR "Chemoprevention" OR "Chemoradiotherapy" OR "Chemotherapy, Adjuvant" OR "Consolidation Chemotherapy" OR "Drug Administration Routes" OR "Drug Administration Schedule" OR "Drug Delivery Systems" OR "Drug Dosage Calculations" OR "Drug Prescriptions" OR "Drug Therapy, Combination" OR "Drug Therapy, Computer-Assisted" OR "Electrochemotherapy" OR "Enema" OR "Enzyme Therapy" OR "Fluid Therapy" OR "Home Infusion Therapy" OR "Hormone Replacement Therapy" OR "Inappropriate Prescribing" OR "Induction Chemotherapy" OR "Maintenance Chemotherapy" OR "Medication Errors" OR "Molecular Targeted Therapy" OR "Opiate Substitution Treatment" OR "Orthomolecular Therapy" OR "Photochemotherapy" OR "Pleurodesis" OR "Polypharmacy" OR "Premedication" OR "Prescription Drug Misuse" OR "Sclerotherapy" OR "Self Administration" OR "Self Medication" OR "Thrombolytic Therapy" OR "Outcome, Treatment" OR "Clinical Effectiveness" OR "Clinical Effectivenesses" OR "Effectiveness, Clinical" OR "Effectivenesses, Clinical" OR "Patient-Relevant Outcome" OR "Outcome, Patient-Relevant" OR "Outcomes, Patient-Relevant" OR "Patient Relevant Outcome" OR "Patient-Relevant Outcomes" OR "Clinical Efficacy" OR "Efficacy, Clinical" OR "Treatment Effectiveness" OR "Effectiveness, Treatment" OR "Treatment Efficacy" OR "Efficacy, Treatment" OR "Rehabilitation Outcome" OR "Outcome, Rehabilitation" OR "Prognoses" OR "Prognostic Factors" OR "Factor, Prognostic" OR "Factors, Prognostic" OR "Prognostic Factor" OR "Surgical Procedures, Operative" OR "Operative Surgical Procedure" OR "Operative Surgical Procedures" OR "Procedures, Operative Surgical" OR "Surgical Procedure, Operative" OR "Operative Procedures" OR "Operative Procedure" OR "Procedure, Operative" OR "Procedures, Operative" OR "Procedure, Operative Surgical" OR "Surgery, Ghost" OR "Ghost Surgery"))

时间跨度=所有年份，共检索到 13 458 篇文献。依据文献的年份分布可知，2013～2014 年发表论文较多，有利于开展前沿主题识别研究。因此，选定 2013～2014 年的 1453 篇文献作为前沿主题识别方法的验证领域文献。

12.5 实验过程与结果解读

12.5.1 实验过程与结果

12.5.1.1 数据预处理

为使得生成的主题内容更加合理，需对检索得到的文献进行预处理。

1）概念映射。首先采用 MetaMap 对文献标题和摘要进行概念映射，目的是将文献中出现的自由词映射为概念词，以达到描述的一致性。

2）特征选择。利用 TFIDF 方法基于概念词进行特征选择，进一步筛选对揭示主题内容有意义的词汇，去掉宽泛的概念词。

3）主题生成。已有基于概率生成模型的方法主要包括 LDA 模型及其扩展模型，如动态主题模型（dynamic topic model，DTM）、OLDA 模型等，各扩展模型虽在一定程度上提高了主题生成的准确性，但模型获取及使用与 LDA 模型相比较复杂。考虑到模型的可获取性与实现的简便性，根据既往实验过程与经验，选择使用 LDA 模型生成相关主题，其中，主题数量依据经验设定为 10。

12.5.1.2 权重确定

根据本章中提出的四个特征的计算方法，利用式（12-1）~式（12-4）分别计算各主题的关注度、新颖性、学科交叉性和创新性，结果详见表 12-5。

表 12-5　肝癌致病机制研究领域 1999 ~ 2000 年前沿主题特征计算结果

主题号	0	1	2	3	4	5	6	7	8	9
创新性	0.4129	0.4176	0.4311	0.4360	0.4516	0.4271	0.4255	0.4418	0.4314	0.4391
新颖性	1999.6667	1999.5938	1999.6296	1999.4483	1999.6667	1999.5789	1999.6897	1999.4839	1999.4474	1999.5806
高关注度	15.6190	46.5625	36.8148	59.5517	62.7407	86.2368	52.3103	50.9355	84.2368	60.7419
学科交叉性	0.1270	0.1940	0.0140	0.0534	0.0252	0.0235	0.0735	0.0562	0.0906	0.1483

按照 DBF 项目组的研究结论，创新性与学科交叉性是前沿主题的重要特征，在识别前沿主题中的作用明显，因此，适当调高上述两个特征的权重。其中，创新性对前沿主题识别的影响更为突出，可设较大权重。新颖性与高关注度指标虽然对识别前沿主题具有一定的作用，但不是前沿主题的重要特征，因此，适当调低其权重。基于此，本章经过多次

实验，最终确定创新性、学科交叉性、高关注度、新颖性的权重分别为 0.4、0.3、0.15、0.15，公式如下：

$$FK_i = 0.15\ HA_i + 0.15\ N_i + 0.3D + 0.4\mathrm{Sim}_i \tag{12-7}$$

利用式（12-7）计算 1999～2000 年 10 个主题的前沿性综合指标，结果详见表 12-6。由表 12-6 可知，1 号主题的前沿性综合指标得分最高，即为识别出的前沿主题。

表 12-6　肝癌致病机制研究领域 1999～2000 年前沿主题识别结果

主题号	0	1	2	3	4	5	6	7	8	9
创新性	1.0000	0.8771	0.5307	0.4034	0.0000	0.6317	0.6745	0.2543	0.5221	0.3229
新颖性	0.9051	0.6042	0.7523	0.0037	0.9051	0.5431	1.0000	0.1507	0.0000	0.5501
高关注度	0.0000	0.4382	0.3001	0.6221	0.6673	1.0000	0.5196	0.5001	0.9717	0.6390
学科交叉性	0.6280	1.0000	0.0000	0.2186	0.0620	0.0525	0.3308	0.2345	0.4253	0.7460
前沿性综合指标	0.7151	0.8012	0.3626	0.3208	0.2454	0.4945	0.5870	0.2682	0.4822	0.5258

肝癌致病机制研究领域 1999～2000 年 10 个主题的主题内容分析详见表 12-7。由表 12-7 可知，1 号主题主要集中于 HBV 和 *p53* 基因对酒精性肝炎及肿瘤突变的作用机制研究这一前沿主题，因此，利用式（12-7）可以开展医学领域前沿主题识别研究。

表 12-7　肝癌致病机制研究领域 1999～2000 年 10 个主题的主题内容分析

主题号	主题词（Top10）	主题内容
0	Study, Activity, Present, HEPATITIS, Single, Low, LARGE, Histological, Pathology, CHRONIC HEPATITIS, Non- cirrhotic, Area, TIME, Cell, Diseases, Presentation, Identified, Spread, Moderate, Hepatitis B, Chronic	慢性肝炎的组织学及病理学研究
1	Tumors, Important, Mutations, CARCINOMA, HEPATITIS BVIRUS, Suggest, *p53*, CANCER, Human, Frequently, Detected, Sample, Mutation, Mechanisms, Various, Molecular, *p53* Gene, Carcinogenesis, Including, ALCOHOLIC LIVER DISEASE	HBV 和 *p53* 基因对酒精性肝炎及肿瘤突变的作用机制
2	LIVER, DIAGNOSIS, Computed Tomography, Hepatic, Nodules, Observed, lesions, 2000s, Correlation, Performed, Phase, Useful, Frequency, findings, Hepatocellular Carcinomas, Contrast, Science, Enhanced, ECMO, DIFFUSE	肝癌的诊断方法研究
3	Increased, control, Cholangiocarcinoma, CHOLANGITIS, PRIMARY SCLEROSING, Rats, CHRONIC, Induced, Hepatocellular, Livers, LIVER CIRRHOSIS, Apoptosis, afb, Seen, Represent, Biliary, Hepatocytes, Mice, Tumour tissue, pathogenesis, Animals	胆管癌发病机理研究
4	Patients, treatment, Treated, Liver Transplantation, Median, therapy, Methods, HEPATO-BLASTOMA, Screening, Objective, Either, Long Term, Radiofrequency Ablation, Children, Alone, effective, LOCAL, chemoembolisation, Long, Ligation	肝母细胞瘤不同治疗方法的疗效分析

续表

主题号	主题词（Top10）	主题内容
5	resection, Intrahepatic, Survival, YEARS, YEAR, Groups, Hepatectomy, Preoperative, Conclusions, Independent, Invasion, Postoperative, free, Morbidity, Surgery, variables, TYPE, Metastases, Group 1, Curative	肝切除术对肝癌生存结果的影响
6	HEPATOCELLULAR CARCINOMA, Group, HCV, Cirrhotic, Higher, SERUM, HCC, Levels, Compared, ALT, Viral, Significantly high, InterferonTherapy, Ultrasonography, Response, Revealed, Defined, LOWER, HCV RNA, Histologic	干扰素治疗肝肿瘤效果及预后分析
7	Risk Factors, Tumour NOS, Equal, Less, HCCS, Examined, Multicentric, Cumulative, SCORE, investigated, SMALL, occurrence, Greater, Evaluated, MULTIPLE, CURRENT, NEW, Initial, percutaneous ethanol injection, Often	肝癌发生危险因素研究
8	CIRRHOSIS, HEPATITIS C VIRUS, Related, Hepatitis C virus infection, Chronic hepatitis C, Subject, Infected, FIBROSIS, Mortality, Old, Chronic Liver Disease, Hepatitis C, LIVER DISEASE, Progression, Relative Risk, History, Stage, Natural History, Degree, Hepatitis C virus positive	丙型肝炎病毒对慢性丙型肝炎的致病机理研究
9	Cases, Exposure NOS, Liver Cancer, Men, Association, Women, etiology, Primary liver cancer, ALCOHOL CONSUMPTION, HEPATITIS B, SAME, Region, Estimated, Reserve, Aflatoxin, SMOKING, Based, Specific, Case-Control Study, Pattern	肝癌病因学研究

12.5.1.3 实验验证

为进一步验证本章所提前沿主题识别方法的有效性，选择“心血管疾病治疗与预后”领域进行前沿主题识别方法验证。心血管疾病治疗与预后研究领域相对发展成熟，且侧重临床研究。为进一步发现心血管疾病治疗与预后中的新手段、新方法，选取 Web of Science 数据库 2013 ~ 2014 年的 1453 篇文献进行前沿主题识别方法的验证。

经过数据预处理步骤对文献进行处理后，计算每个主题的关注度、新颖性、学科交叉性和创新性，结果详见表 12-8。

表 12-8 心血管疾病治疗与预后研究领域 2013 ~ 2014 年前沿主题特征计算结果

主题号	0	1	2	3	4	5	6	7	8	9
创新性	0. 3633	0. 3662	0. 3625	0. 3517	0. 3504	0. 3661	0. 3446	0. 3441	0. 3945	0. 3637
新颖性	2013. 5573	2013. 4971	2013. 5120	2013. 5664	2013. 5303	2013. 5130	2013. 5231	2013. 4710	2013. 5031	2013. 4331
高关注度	18. 8702	21. 0058	14. 8720	11. 1538	10. 4394	13. 1865	7. 5462	13. 1304	7. 9814	9. 2441
学科交叉性	0. 0745	0. 0461	0. 0338	0. 0623	0. 0933	0. 0456	0. 0780	0. 0558	0. 0824	0. 0638

利用式（12-7）计算 2013 ~ 2014 年 10 个主题的前沿性综合指标，结果详见表 12-9。

由表 12-9 可知，4 号主题的前沿性综合指标得分最高，即为识别出的前沿主题。心血管疾病治疗与预后研究领域 2013 ~ 2014 年 10 年主题内容分析详见表 12-10。由表 12-10 可知，4 号主题主要集中于房颤的治疗方法及相关危险因素研究。2012 年 2 月，美国心脏协会/美国卒中协会评选出 2011 年全球脑血管病最重要的十大研究进展，其中与房颤相关的卒中的占比为 30%，成为 2011 年卒中研究领域的热点（王拥军，2012）。随着研究的进一步发展，2013 ~ 3014 年，与房颤相关的卒中研究逐渐成熟，且已成为心血管疾病研究领域的前沿。

表 12-9　心血管疾病治疗与预后研究领域 2013 ~ 2014 年前沿主题识别结果

主题号	0	1	2	3	4	5	6	7	8	9
创新性	0. 6200	0. 5612	0. 6349	0. 8499	0. 8751	0. 5631	0. 9908	1. 0000	0. 0000	0. 6121
新颖性	0. 9312	0. 4802	0. 5918	1. 0000	0. 7291	0. 5990	0. 6749	0. 2845	0. 5251	0. 0000
高关注度	0. 8413	1. 0000	0. 5443	0. 2680	0. 2150	0. 4191	0. 0000	0. 4149	0. 0323	0. 1262
学科交叉性	0. 6836	0. 2071	0. 0000	0. 4801	1. 0000	0. 1994	0. 7430	0. 3699	0. 8170	0. 5045
前沿性综合指标	0. 7096	0. 5038	0. 4185	0. 6642	0. 7843	0. 4318	0. 7137	0. 6130	0. 3235	0. 4151

表 12-10　心血管疾病治疗与预后研究领域 2013 ~ 2014 年 10 个主题内容分析

主题号	主题词（Top10）	主题内容
0	Diabetes, Odds Ratio, Dose, Cardiac, radiotherapy, High Risk, Heart, Target, Breast Cancer, Statins	糖尿病、乳腺癌相关心脏疾病研究
1	N NOS, Heart failure, Children, Old, Quality, Elderly, participants, Estrogen, Primary, Arterial, Subject	儿童及老年人群心力衰竭研究
2	participants, radiotherapy, Survival, Confidence Intervals, Heart failure, Breast Cancer, Aspirin, Authors, Hazard Ratio, Statins	心衰患者治疗及其生存期相关研究
3	radiotherapy, Sclerotherapy, Survivors, Center, Induced, Hazard Ratio, Complications, participants, Association, Heart	心脏疾病多种治疗方法研究
4	Stroke, Atrial Fibrillation, Quality, Blood Pressure, placebo, cardiovascular events, participants, High Risk, intervention, Statins	房颤的治疗方法及相关危险因素研究
5	Cardiac, Cases, N NOS, condition, Surgery, Association, Heart, Reported, Drug, Non-Small Cell Lung Cancer	心脏病药物及手术治疗研究
6	Survival, Men, Irradiation, coronary artery disease, Metabolic syndrome, Radiation, Quality, Complications, Induced, Statins	冠心病及代谢综合征生存分析
7	Cardiac, Estrogen, Myocardial Infarction, condition, Quality, Specific, Stroke, High Risk, Complications	心肌梗塞高危发病因素研究
8	Stroke, Men, Life, Breast Cancer, Specific, Surgery, Quality, IMPACT, Venous malformation, Sclerotherapy	休克及相关疾病治疗方法研究
9	Bleeding, Complications, participants, Improvement, Cases, Venous malformation, Assessed, Current, N NOS, Heart	出血及静脉畸形相关研究

12.5.2　实验结果分析与解读

（1）结果分析

以 ESI 数据库遴选的研究前沿为数据来源，进行对比分析。心血管疾病治疗与预后研究和心血管疾病临床研究相关，因此研究领域限定在临床医学（clinical medicine），结果限定在高被引文献（highly cited papers）检索临床医学领域的研究前沿。2013～2014 年临床医学领域与心血管疾病（采用“Heart”、“Cardiovascular”、“Stroke”、“Myocardial infarction”和“Atrial Fibrillation”等主要疾病进行检索）相关的研究前沿共 81 个，其中，房颤的研究前沿有 16 个，占 19.75%，主要研究内容集中在房颤的药物与手术治疗研究，与本章利用研究前沿方法发现的领域研究前沿基本相同，可认为本章方法合理有效。

（2）内容解读

脑卒中是房颤最为严重的并发症，多数临床医生都清楚抗凝治疗是预防房颤患者卒中的基石，其中，华法林是目前临床房颤患者预防栓塞的常用药，但口服华法林具有需定期监测、治疗窗窄、药物间相互作用等局限性。大规模临床试验证实，新型口服抗凝药（达比加群酯、利伐沙班、阿哌沙班、依度沙班）在疗效上不劣于甚至优于华法林，而其出血发生率与华法林相近或更低。一项随机实验表明，与低分子肝素联合桥接治疗相比，持续口服华法林的抗凝方案可以减少房颤导管消融术围手术期卒中和出血并发症（Di et al.，2014）。Cappato 等（2014）的研究表明，在房颤患者中，口服利伐沙班可安全有效地替代维生素 K 拮抗剂（VKA），并且可促进心脏复律。一项涉及亚洲及非亚洲房颤患者的研究发现（Hori et al，2013），在血压、年龄和国际标准化比率（international standardization rate，INR）相同条件下，华法林导致的亚洲人出血性卒中发病率高于非亚洲人，达比加群酯可以明显降低出血性卒中的发病率，且在亚洲与非亚洲人群中均有效。由以上高被引论文可以看出，对房颤并发症脑卒中的治疗与预防是房颤治疗方法的研究前沿之一，这一研究前沿很好地解释了本章发现的“房颤的治疗方法及相关危险因素研究”的前沿主题内容。

12.6　结语

本章首先通过对前沿主题相关研究的系统梳理，对前沿主题进行了明确的概念界定，得到前沿主题应具备的主要特征。其次根据前沿主题特征，分别设计各个特征的计算方法。其中，创新性特征结合了医学领域研究特色，采用基于语义相似度的创新性特征计算方法。最后利用肝癌致病机制研究这一领域，确定前沿性综合指标中各个特征的权重，利用心血管疾病治疗与预后研究领域验证所提方法的有效性。本章所提前沿主题识别方法，在特征描述上涵盖了前沿主题的核心特征，可以较为全面地描述与发现前沿主题。同时，利用领域研究实例，确定前沿主题识别方法中各部分的权重，更加符合医学领域特征，降低了权重确定的成本。后续将建设医学领域前沿主题自动识别系统，以辅助科研人员及时了解并掌握领域前沿动态。

参考文献

冯璐，冷伏海 . 2006. 共词分析方法理论进展 . 中国图书馆学报，(2)：88-92.

范少萍，安新颖，倪萍 . 2017a. 基于文献的研究前沿特征与识别方法研究 . 情报工程，3（1）：56-65.

范少萍，安新颖，逯万辉 . 2017b. 医学文献主题语义相似度计算方法研究 . 图书情报工作，61（8）：96-105.

范少萍，安新颖，晏归来，等 . 2018. 医学领域前沿主题识别方法研究 . 情报学报，37（7）：686-694.

范少萍 . 2016. 基于文献计量学的研究前沿指标体系及其对我国科学基金评审的借鉴意义 . 中国科学基金，30（2）：171-178.

郭涵宁 . 2013. 多元科学指标视角下的新兴研究领域识别探索 . 大连：大连理工大学 .

贺亮，李芳 . 2012. 基于话题模型的科技文献话题发现和趋势分析 . 中文信息学报，26（2）：109-115.

黄鲁成，唐月强，吴菲菲，等 . 2015. 基于文献多属性测度的新兴主题识别方法研究 . 科学学与科学技术管理，36（2）：34-43.

黄乾荣，张玲 . 2016. 原发性肝癌治疗研究新进展 . 实用医学杂志，32（14）：2275-2278.

庞景安 . 1999. 科学计量研究方法论 . 北京：科学技术文献出版社 .

王红阳 . 2002. 肝细胞性肝癌分子机制研究的几个热点问题 . 第二军医大学学报，23（1）：9-11.

王拥军 . 2012. 心房颤动相关卒中：卒中研究的新热点 . 中华内科杂志，51（5）：339-340.

吴菲菲，杨梓，黄鲁成 . 2015. 基于创新性和学科交叉性的研究前沿探测模型——以智能材料领域研究前沿探测为例 . 科学学研究，33（1）：11-20.

许海云，刘春江，雷炳旭，等 . 2014. 学科交叉的测度、可视化研究及应用——一个情报学文献计量研究案例 . 图书情报工作，58（12）：95-101.

许晓阳，郑彦宁，赵筱媛，等 . 2014. 研究前沿识别方法的研究进展 . 情报理论与实践，37（6）：139-144.

姚震，陈林 . 2013. 我国心血管疾病现状与展望 . 海南医学，24（13）：1873-1876.

张金柱，韩涛，王小梅 . 2013. 利用参考文献的学科分类分析图书情报领域的学科交叉性 . 图书情报工作，57（1）：108-111，146.

张蕾 . 2019-11-20. 2019 中国科技论文统计结果发布：从求数量到重质量 评价指标变化显著 . http://www.gov.cn/shuju/2019-11/20/content_5453698.htm[2020-01-10].

郑彦宁，许晓阳，刘志辉 . 2016. 基于关键词共现的研究前沿识别方法研究 . 图书情报工作，60（4）：85-92.

Cappato R，Ezekowitz M D，Klein A L，et al. 2014. Rivaroxaban vs. vitamin K antagonists for cardioversion in atrial fibrillation. European Heart Journal，35（47）：3346-3355.

Chen C M. 2006. CiteSpace II：Detecting and visualizing emerging trends and transient patterns in scientific literature. Journal of the China Society for Scientific and Technical Information，57（3）：359-377.

Di B L，Burkhardt J D，Santangeli P，et al. 2014. Periprocedural stroke and bleeding complications in patients undergoing catheter ablation of atrial fibrillation with different anticoagulation management：results from the Role of Coumadin in Preventing Thromboembolism in Atrial Fibrillation（AF）Patients. Circulation，129（25）：2638-2644.

Garfield E. 1994. Research fronts. Current Contents，（41）：3-7.

Grieco A，Matera A，Rocco P D，et al. 1998. Plasma levels of fibronectin in patients with chronic viral and alcoholic liver disease. Hepato-gastroenterology，45（23）：1731-1736.

Guo H N，Weingart S，Börner K. 2011. Mixed- indicators model for identifying emerging research areas. Scientometrics，89（1）：421-435.

High- Level Expert Group. 2005. Frontier Research：The European Challenge. http://ec. europa. eu/research/future/pdf/hleg_exec-sum_ frontier_research_april2005. pdf[2015-11-23].

HondaK，Sbisà E，Tullo A，et al. 1998. p53 mutation is a poor prognostic indicator for survival in patients with hepatocellular carcinoma undergoing surgical tumour ablation. British Journal of Cancer，77（5）：776-782.

Hori M，Connolly S J，Zhu J，et al. 2013. Dabigatran versus warfarin：effects on ischemic and hemorrhagic strokes and bleeding in Asians and non-Asians with atrial fibrillation. Stroke，44（7）：1891-1896.

Kostoff R N，Block J A，Solka J L，et al. 2009. Literature - related discovery. Annual Review of Information Science and Technology，43（1）：1-71.

Le M H，Ho T B，Nakamori Y. 2005. Detecting emerging trends from scientific corpora. International Journal of Knowledge and Systems Sciences，2（2）：53-59.

Persson O. 1994. The intellectual base and research fronts of JASIS 1986-1990. Journal of the American Society for Information Science，45（1）：31-38.

Pierce S J. 1999. Boundary crossing in research literatures as a means of interdisciplinary information transfer. Journal of the American Society for Information Science，50（3）：271-279.

Porter AL，Cohen A S，David R J，et al. 2007. Measuring researcher interdisciplinarity. Scientometrics，72（1）：117-147.

Price D J D. 1965. Networks of Scientific Papers. Science，149（3683）：510-515.

Small H. 1973. Co-citation in the Scientific Literature：A New Measure of the Relationship Between Two Documents. Journal of the American Society forInformation Science，24（4）：265-269.

Stirling A. 2007. A general framework for analysing diversity in science，technology and society. Journal of the Royal Society Interface，4（15）：707-719.

Tu Y N, Seng J L. 2012. Indices of novelty for emerging topic detection. Information Processing and Management, 48 (2): 303-325.

Upham S P, Small H. 2010. Emerging research fronts in science and technology: patterns of new knowledge development. Scientometrics, 83 (1): 15-38.

Wogan G N. 2000. Impacts of chemicals on liver cancer risk. Seminars in Cancer Biology, 10 (3): 201-210.

Zhang L H, Zhang Z Q. 2014. Detection of early-stage research fronts——An example of complex networks research. Chinese Journal of Library and Information Science, 7 (4): 77-94.

第 13 章

基于专利异构网络的中小企业潜在合作伙伴发现

中小企业是国家创新体系的重要组成部分，但由于自身体量限制，这些企业普遍需要通过外部合作来避免科技研发中的高投入和高风险问题，那么如何筛选出优质的潜在合作伙伴？本章以专利信息为媒介建立不同企业之间的技术相似性，进而对企业进行聚类分析，与中小企业位于同一聚簇中的科研机构或大型企业被认为具有较大的合作潜力。在实证阶段，我们以美国石墨烯技术领域为例，基于专利的多种属性信息进行聚类，最后识别出 20 家与给定中小企业存在潜在可能性的合作伙伴。通过实际调查及对比分析发现，部分潜在合作伙伴已经与给定中小企业存在合作关系，而在其他潜在合作伙伴中，也与给定中小企业存在诸多相同之处，如所从事技术领域有所重合、所使用技术方法存在一定关联等。

13.1　引言

在当前主要国家中，中小企业的技术创新能力已经成为创新体系中不可缺少的重要部分（何光辉，2012）。根据相关资料统计，美国的中小企业早从 20 世纪 70 年代开始就承担了 55% 的国家科技发展项目，到了 80 年代以后中小企业实现的科技创新成果约占美国科技创新成果的 70%，并且人均发明创新数量是大型企业的 2 倍。在我国，中小企业研发的新产品占总量的 80%，并且 65% 的发明与实用新型专利也是由中小企业研发的（张小冲和张学军，2003；赵亚静，2012）。

然而由于自身体量有限，中小企业普遍面临创新资金不足的问题，其需要依靠外部合作来避免重复工作和减少研发投入的风险，调研显示，此类合作中的合作伙伴以非营利性科研机构（科研机构、高校、由政府资助的研发中心等）和大型企业最为常见（何光辉，2012；李敏，2007），然而由于涉及机构合作、试错空间有限，如何从现有数据资源中高效、低成本地筛选出优质潜在合作伙伴成为一个主要问题。显然，技术相似性是识别潜在合作伙伴的重要依据，而专利数据就是评估研发成果时最主要的信息来源（Liu and Yang，2008）。因此，通过分析专利权人所在技术领域的专利信息来揭示专利权人之间的技术相似性，再进一步识别出潜在合作伙伴的方法具有可行性。

专利信息中所蕴含的信息量比较庞大，虽然长期以来研究者尝试利用不同的手段，如文本相似度、共词网络、专利引文耦合或者共被引网络等手段来度量不同机构之间的技术相似性，更有学者将这些方式融合起来以获取一个综合的评价结果，但是总体来看，这些方法或者在信息全面性上存在不足，或者在融合手段合理性上有待商榷。对此，我们以异构信息网络的方式将专利引文信息与专利文本信息两者结合起来，在避免专利信息损失的前提下通过网络聚类分析，来识别具有技术相似性的专利权人集合，进而为中小企业寻找合理的潜在合作伙伴。

在实证分析阶段，我们选择石墨烯领域作为分析对象。2010 年的诺贝尔物理学奖将石墨烯带入了人们的视线（梅进和张笑，2010），石墨烯也因此成为 21 世纪最有前途的新型材料。而石墨烯行业仍在量产摸索阶段，属于新兴产业，很多企业对其研发都很有热情且目前还没有行业巨头，这对于中小企业通过与科研院所及大型企业合作推动行业发展和取得技术进步来讲是一个难得的机会。所以我们希望将石墨烯领域的中小企业作为聚类结果分析的重点，基于异构信息网络并对其进行聚类分析，最终得到中小企业的潜在合作伙伴。

13.2 国内外相关研究现状

13.2.1 基于单一信息源的专利相似度度量方法

专利文献中所包含的信息可以分为两类，即结构化信息与非结构化信息。结构化信息包括专利申请人、专利申请号、技术分类号、申请日期等，非结构化信息指自由文本，如专利标题、摘要、权利要求项等。以单一的结构化信息或者非结构化信息为基础，可以有效地从用户所关注的方向和层面上度量不同专利之间的相似性。

13.2.1.1 基于技术分类号的专利相似度测度

利用专利的技术分类号进行专利间的相似性度量是专利分析中的一种惯常做法。不论两件专利之间是否存在相同技术引用关系，或是否具有相似文字描述，只要两者同归属于一个专利分类号，则在一定程度上就可以有效反映出它们之间的相似关系。同时专利分类号是通过权威组织来定期维护与更新的，其细致全面的分类体系结构为研究专利间的相似性提供了可靠依据。

通过技术分类号尤其是国际专利分类（international patent classification，IPC）分类号来度量研究对象之间的技术相似性的相关研究已取得了可靠的成果。例如，刘志辉和赵筱媛（2012）就以专利 IPC 分类号为数据基础，提出以专利形态相似性对专利权人的竞争态势进行分析的方法，经过实证研究，并且通过与以专利关键词为数据基础的分析结果进行对比得出结论，即利用 IPC 分类号的分析方法揭示出的内容的粒度要比利用关键词的方法更细更好。韩红旗等（2015）同样以 IPC 分类号为数据基础计算得出了领域内竞争对象之间的技术相似程度。可见专利 IPC 分类号在一定程度上可以测度专利相似度，作为研究专利相似度的可靠数据基础。

13.2.1.2　基于专利引文的专利相似度测度

美国麻省理工学院的 Kessler（1963）在对引文分析进行研究的过程中，发现论文所属的学科、专业内容越相近，则论文的相同参考文献数量就越多，于是他将这种两篇或多篇论文同时引用一篇论文的现象称为文献耦合。随后，情报学家 Small（1973）提出了共被引分析（co-citation analysis）的思想，White 和 Griffith（1981）基于此思想提出了共被引分析方法。

在文献分析领域，利用引文信息能够得到文献之间的知识关联程度，专利的引文信息也具有相似的作用。事实上早在 1941 年美国就出现了专利引文分析的萌芽，李睿和孟连生（2010）将专利引用行为与文献引用行为在揭示知识关联上的作用进行了对比，研究结果表明专利引用行为与文献引用行为在频次分布、学科领域分布和语种分布等方面存在明显的相似性，虽然两者在引用动机上有所不同，但专利引用与文献引用具有一般特征，所以很多运用在文献中的引文分析方法可以应用到专利引文分析领域，专利引文也可以揭示专利技术上的知识关联性。

专利的引用信息属于结构化的专利信息，通过专利之间的引用关系可以在一定程度上分析出专利的技术特征及主题上的相似关系或者继承关系（孙涛涛和刘云，2011）。由于专利的引文关系能够体现出技术的关联程度，进而反映出专利技术之间的相似程度（杨中楷等，2010），很多研究人员利用专利的引文耦合、共被引等信息从不同角度对专利相似度展开研究，如 Stuart 和 Podoly（1996）以专利间的共被引关系为依据设计了技术相似度的计算方法，测量了日本 10 家半导体企业之间的技术相似度，Lai 和 Wu（2015）利用专利引用关系成功测量了专利相似度，并以此建立了专利分类系统；此外，也有以专利间的文献耦合关系为依据的专利相似性研究，如 Huang 等（2003）基于专利文献耦合关系对台湾地区50家高技术企业进行了聚类分析；吕惠琳和刘杨（2016）利用专利耦合分析方法计算波导光互连领域专利数量排名前30位的企业专利权人之间的耦合强度指数，来测量专利权人之间的技术相似性。

虽然基于专利之间的引用关系来研究专利之间的相似关系是可靠的，但仍然存在一些缺陷，包括：①专利漏引，一些专利权人为了避免侵权，往往不会将所有参考的专利标出，从而导致漏引，这样就会使得基于专利引文的技术相似度的计算结果不够准确；②通过引文分析得到的只是基于“引用-被引用”关系的专利联系，分析的范围有限，潜在信息的挖掘能力不足；③专利的引文信息属于结构化信息，是基于专利之间的链接关系，没有深入到承载专利技术内容的文本信息，不能够发现专利内在深层次的联系。

13.2.1.3 基于专利内容分析的专利文本相似度测度

两个文本之间的相似程度需要用文本相似度来度量，相似度值的大小是文本相似度的直观反映。专利文本属于非结构化专利信息，是对专利技术的文字描述，具有文本相似关系的专利文献在文字表达方式及内容结构上会表现出相似性，即具有相近的基础技术、工具方法、原材料、零部件及使用对象等（李蓉蓉，2014），基于这些专利之间的文本联系，利用文本挖掘技术就可以对专利文本相似度进行度量。

典型的非结构化专利信息有专利的摘要及权利要求，基于这些专利数据可以利用文本挖掘技术测度专利相似度，Magerman 等（2010）就成功验证了利用文本挖掘技术测度专利相似度的方法的准确性及可靠性。在专利分析领域已经有很多这样的研究，如陈芨熙等（2009）将专利的题目及摘要文本信息利用文本挖掘技术处理后对其进行加权，以此对专利进行了分类。Yoon 和 Park（2004）先用文本挖掘技术处理专利文献，形成基于专利关键词的向量，再通过计算向量之间的欧氏距离得出基于文本挖掘技术的专利相似度。尹远明（2010）在相关研究中发现向量空间模型（vector space model，VSM）能够较好地测度非结构化文本信息的相似度，并且在此基础上基于词共现提出了进一步改进算法，将 VSM 应用到评价专利文本相似度的研究中。进一步地，季铎等（2015）利用潜在语义分析的文本挖掘技术对专利进行分类，经验证，此方法有效地提高了对专利进行分类的准确性。相似地，Moehrie 和 Gerken（2012）和 Magerman 等（2010）也将潜在语义分析的文本挖掘技术应用到对专利文本相似度进行测度的研究中，并取得了比较好的效果。

根据以上学者的研究可以看出，利用专利文本信息通过文本挖掘技术可以比较准确地度量专利相似度，发现专利技术之间的深层次联系。并且利用专利文本信息来测度专利相似度的方法已经在一定程度上深入到专利文献的核心内容部分，但同样面临着专利数据基础单一的缺点，由于专利之间产生关联的数据有多种，仅依靠专利某一单一属性数据计算获得的专利相似度是不够全面准确的，具有一定的局限性。

13.2.2　基于专利多种属性数据的融合方法

13.2.2.1　融合的概念及应用

通过以上基于单一信息源的专利相似度度量方法的研究，得出只以专利某一属性信息作为数据基础的测度方法存在不够全面准确的缺点。因此，有很多研究人员提出将专利的结构化信息与非结构化信息相结合的方法。此类方法源于信息融合（information fusion）理论。信息融合最初称为数据融合（data fusion），此概念在 20 世纪 70 年代就出现在了相关文献中，最早来自对声呐信号进行处理的系统中。随后信息处理技术快速发展，研究人员提出了更加广义化的信息融合概念，针对特定研究对象利用多个传感器获取全面、完整的信息，依靠融合算法将信息进行融合。所以选择合适的融合算法是将多个传感器获取的信息进行融合的关键所在。尽管对多个传感器所获取的信息进行融合并没有形成完整的理论体系，但很多应用领域基于信息融合的概念，结合领域背景已经提出了不少有效的融合方法（刘平峰等，2011）。

可见，在文献分析领域已有很多研究证明，将文献多种属性信息融合在一起进行分析的方法有效地提高了研究的准确性。在专利分析领域，专利同样有多种属性的丰富信息，如专利摘要和权利要求等非结构化信息，以及专利号、专利权人、发明人和 IPC 分类号等结构化和半结构化信息，综合利用这些多种属性的专利信息也可以有效地挖掘出专利数据深层次的联系，从而大大提高专利数据分析的准确性，对本研究来说也就能更加准确地分析出专利权人之间的技术相似性。

13.2.2.2　文本信息与引文信息的融合

将专利文本信息和引文信息融合起来的方法，大部分都是借鉴了文献分析领域的融合算法。在文献分析领域，目前主要是从矩阵融合和算法融合这两种角度出发进行的融合研究。

1）从矩阵的角度讨论将文本信息与引文信息进行融合的方法，其简单的模型为两个矩阵的线形加权，具体公式为

$$D_{\mathrm{i}}=\alpha D_{\mathrm{t}}+(1-\alpha)D_{\mathrm{bc}} \tag{13-1}$$

式中，D_{t} 为文献内容矩阵；D_{bc}为引用关系矩阵；D_{i}为融合矩阵。

从现有的基于文献内容和引证的矩阵融合方法来看，主要采用的是线性融合和逆卡方方法。在线性融合方法方面，很多线性融合函数的权重都直接赋值为 0.5，如 Janssens（2007）提出了利用线形加权融合函数对引用信息和文本信息进行融合的方法。线形加权

融合函数采用的权重为0.5，但他分析得出这种直接主观赋值的方法并没有考虑到文献信息的内部特征。在基于文献的引文信息和文本信息构建起文献之间联系的过程中，这两部分信息所产生的贡献并不是均衡和稳定不变的。不同作者的写作目的或引用习惯的不同可能会导致两篇文本内容相似的文献引文内容的相似性很低。所以主观地将文献的不同属性信息的融合权重设定为0.5是武断的，势必会对分析结果的准确性造成影响。其他学者的相关研究也证明了这一点，如任红娟（2013）已经通过实验证明了当融合权重设定为0.5时得到的聚类质量并不是最高的。在逆卡方方法方面，Janssens（2007）还提出了一种利用逆卡方分析来确定融合权重的方法，这种方法需要首先对原始矩阵进行随机化处理，其次将从两个不同角度得到的不相似的矩阵转化为p值矩阵，最后利用逆卡方方法对p值矩阵进行融合。他利用这种方法对图书馆信息科学和生物信息学这两个领域进行了有效性验证，对比其之前提出的融合权重赋值为0.5的方法，逆卡方方法所得到的结果更加准确可靠。尽管这种逆卡方的方法考虑了不同数据分布的特征，但融合权重的确定仍然存在很大难度。

权重难赋值问题在信息融合的过程中一直存在，如何根据信息在实现研究目的的过程中自动赋值成为研究热点。Liu等（2009）出于这样的目的，提出了自适应k-means核聚类（adaptive kernel k-means clustering，AKKL）算法，该算法完成了信息融合权重的自动赋值；随后Liu等（2010）又提出了一种方法，该方法专门用于计算信息在线性加权融合过程中的权重，并且通过大规模数据集进行了有效性验证，实验结果表明基于这种融合方法的聚类在聚类的质量和效率上都有显著提高。以上两种方法都避免了人工主观赋值及反复实验确定最佳权重的窘境。除此之外，任红娟（2010）还提出利用最大值函数的信息融合模型以及基于相乘开放函数的融合模型，从而使得文献信息融合的研究方法更加丰富。

2）另一种思路是从算法的角度进行融合。例如，Wang等（2009）从算法融合的角度将k-means聚类算法与谱聚类算法相结合，该融合方法的模型为两个算法目标函数的简单相加，即

$$J=\alpha J_{\text{k-means}}+(1-\alpha)J_{Ncut} \tag{13-2}$$

式中，$J_{\text{k-means}}$为k-means的目标函数；J_{Ncut}为谱聚类的目标函数。k-means算法通常是利用信息的属性数据，如专利–关键词矩阵，关键词是每篇专利的属性数据，谱聚类算法通常是基于关系的数据，如专利耦合矩阵，耦合强度作为专利与专利之间的耦合关系。这样，利用目标函数的融合间接地实现了文本信息与引用信息的融合。该方法也表现出了较好的聚类效果。但Shi等（2011）指出，利用上述方法所得到的结果严重依赖于所构建的矩阵的质量，从而导致不容易选择一个较好的模型，于是他们提出了一种新的算法，该算法可以将多种矩阵融合，包括基于引用关系的耦合矩阵、共被引矩阵及直接引用矩阵，也包括基于文本内容的TF（Term Frequency）、IDF（Inverse Document Frequency）及TF-IDF矩阵

等，并且权重可以通过算法本身自动计算。通过实验验证，该方法比其他方法的效果显著，但存在计算量较大的缺陷。

13.2.2.3　基于专利引文与专利文本相似的异构信息网络的融合

以上研究中提出的将文献引文相似与文献文本相似融合在一起的方法中，研究重点在于矩阵的构建及权重的计算，矩阵的质量及权重计算的合理性影响着随后聚类结果的合理性，其不稳定因素较多。如何摆脱人工主观赋值或者反复实验确定最佳权重的窘境也成为该研究的一大热点。所以有学者提出利用异构信息网络的方法将文献的多种信息关系结合到一起，再通过社区挖掘算法来获得网络中蕴藏的信息关联性的方法。

异构信息网络是针对同构信息网络来说的。当前相当多的社区挖掘算法都是基于由一种对象类型和一种关系类型构成的同构网络来说的，但这种单一类型关系构成的网络结构并不能反映对象之间的真正联系，在解决现实问题的过程中有效性并不高，此时异构信息网络的优势得以突出。异构信息网络是一种比同构信息网络更加复杂的抽象网络结构，其网络内部包含多种对象类型和关系类型，基于该类型的网络结构进行社区挖掘能够充分利用网络中对象之间的多种关系，使得对网络信息的获取和挖掘等分析的结果更加准确。

对多种信息构成的异构信息网络进行社区挖掘，使研究人员能够更深入地了解网络的内部结构，了解网络中每个对象的不同作用，对网络中深层次信息的获取和挖掘具有重要的研究价值。

在学术界，Sun 等（2011，2012）基于异构信息网络提出了一种相似度查询的算法，结果得到了与已给定对象最相关的前 k 个对象。基于此，葛军（2013）也提出一种异构信息网络下，将元路径与综合影响力因子相结合的相似性搜索算法。相似地，步少莉（2014）提出在异构信息网络下将元路径的选择和用户偏好结合在一起的 Top-K 相关性查询方法，从而度量出不同类型对象之间的相关度。可见，通过异构信息网络分析可以较好地度量对象之间的相似度。

综上，专利之间的引用关系可以在一定程度上反映专利相似度，如两篇专利共同引用的专利文献数量越多，这两篇专利的相似度可能会越高，且结合利用文本挖掘技术测度两篇专利文本之间的文本相似度，可以将专利及拥有专利的专利权人之间的联系通过构建异构信息网络而结合起来，通过社区挖掘来测算专利权人之间的相似性是合理的。

在本章中，我们将使用目前异构信息网络聚类算法中一种效果比较好的算法——PathSelClus 算法进行专利分析领域的应用，即 Sun 等（2012）提出的 PathSelClus 算法，该算法经过了作者的在论文网络与实际购物网络中的实践，证明此算法获得的结果相对其他聚类算法有更高的聚类准确度，且 Sun 等人提出该算法的论文获得了 2012 年 KDD（Knowledge Discovery and Data Mining，知识发现与数据挖掘）国际会议的最佳论文奖，得到了很高的评价及认可度。所以利用该算法对专利异构信息网络进行聚类分析的可靠性较好。该算法避免了人为主观赋值的窘境，不仅可以得到较好的聚类效果，而且能够自动计算出构成异构信息网络的多种关系的权重，即得到在聚类过程中哪种关系对聚类的贡献值更大，此方法在一定程度上克服了权重难以赋值的窘境。

13.3 基于 PathSelClus 算法的异构信息网络聚类

13.3.1 相关知识介绍

13.3.1.1 异构信息网络与网络模式

（1）定义 1：信息网络

信息网络是一个带有对象类型映射函数 φ：$V \to A$ 和链接类型映射函数 ψ：$E \to R$ 的有向图 $G=(V, E)$，其中每个对象 $v \in V$ 属于一种特定对象类别，$\varphi(v) \in A$，并且每个链接 $e \in E$ 属于一种特定关系 $\psi(e) \in R$。一般的信息网络只包含一种信息类型，或者说是不区分信息类型，也可以称为同构信息网络，其拓扑结构如图 13-1 所示。

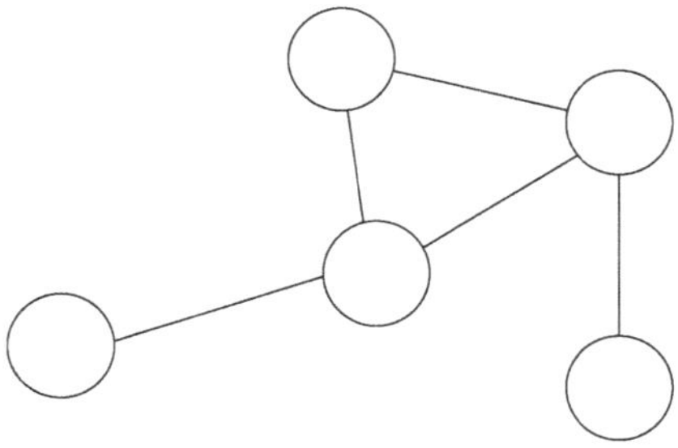

图 13-1　同构信息网络的拓扑结构

现实生活中，构成网络关系的信息类型不止一种，所以当网络中的信息类型有两种或两种以上时，我们就将这种信息网络称为异构信息网络。所以异构信息网络是相对于同构信息网络来说的，是一种特殊信息网络类型，包含多种对象类型或多种链接类型。

（2）定义 2：异构信息网络

在一个信息网络 G 中，定义 $G=<V, E, W, \xi>$ 为一个异构信息网络，当节点集合满足 $V=T_1 \cup T_2 \cup \cdots \cup T_n$（$n \geqslant 2$）即 V 中的节点属于 n 个不同的信息类别时成立，其中 $T_i(1 \leqslant i \leqslant n)$ 为类别 i 的对象集合。E 和 $\boldsymbol{W}$ 分别为异构信息网络 G 的边的集合和对应的权

重矩阵，具体的含义和信息网络的定义一致。异构信息网络的拓扑结构如图 13-2 所示。

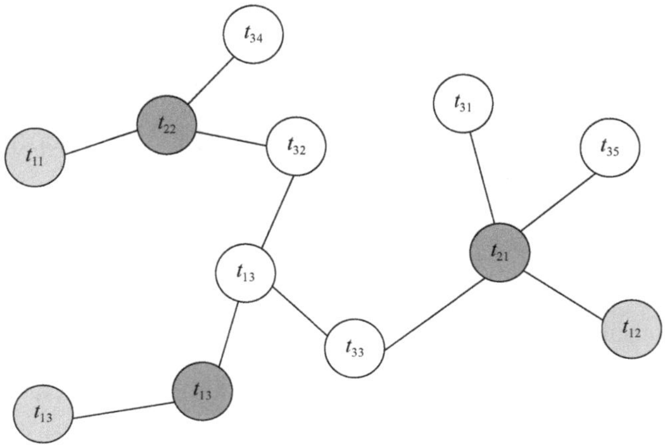

图 13-2　异构信息网络的拓扑结构

在图 13-2 所表示的异构信息网络中，t_{ij}代表节点类型 T_i的第 j 个节点对象，图中有三种不同类型的节点，分别用不同的颜色表示，三种节点以不同的关联类型连接在一起形成网络。网络中类型 T_1的节点与类型 T_3的节点并没有直接联系，而是通过类型 T_2的节点间接联系在一起。

专利信息网络与文献信息网络具有相似的特征，参照文献信息网络，本研究构建了专利信息网络。它包含了专利权人、发明人、专利名称、专利权人所在国家、专利所属国家和专利 IPC 分类号等多种类型对象。图 13-3 为一个简单的专利异构信息网络示例，图中有三种节点类型——IPC 分类号、专利号和专利权人，以及两种连接类型——IPC 分类号与专利号之间的对应关系、专利号与专利权人之间的对应关系。

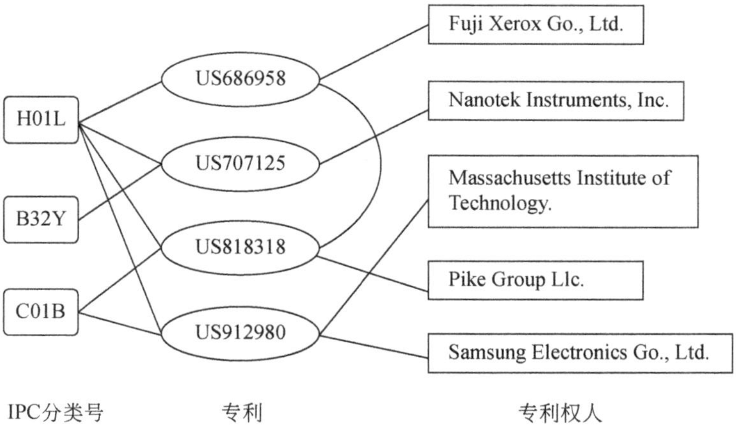

图 13-3　一个简单的专利异构信息网络示意图

对于比较复杂的异构信息网络，为了更加清晰地看出其对象类型及对象之间的链接关系，需要定义一种网络模式。

（3）定义 3：网络模式

网络模式是异构信息网络的元模版，是定义于对象类型 T 的节点和来自关系 R 的边的有向图，表示为 $T_G=(T, R)$。网络模式能够清楚地让我们了解到网络中对象类型的种类及对象之间关系的种类。

在文献异构信息网络中，其网络模式可以用图 13-4 来描述。作者与论文之间的关系是“写”与“被写”，论文和会议之间的关系是“发表于”与“发表”，论文与术语之间的关系是“用”与“被用”，论文与论文之间的关系是“引用”与“被引用”，这些对象类型与连接类型通过网络模式可以一目了然地表达出来，使得网络结构更加清晰。

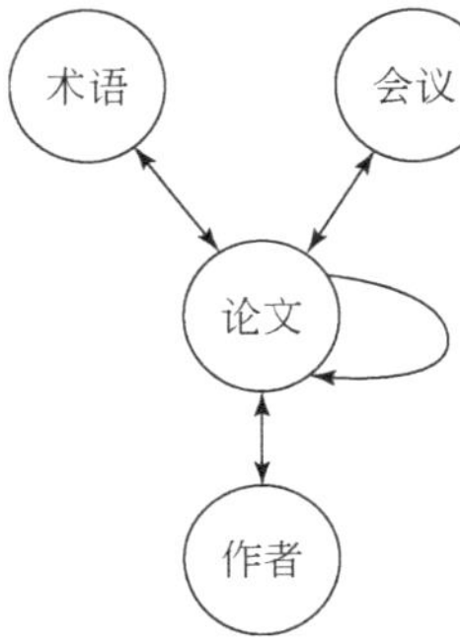

图 13-4　文献异构信息网络模式

在专利异构信息网络中，其网络模式可以用图 13-5 表示。图中专利权人与专利之间有“拥有”与“被拥有”的关系，专利与摘要之间有“用”与“被用”的关系，专利与专利之间还有“引用”与“被引用”的关系，以及文本相似的关系等，这些专利各种属性信息之间的多种关系，可以构成专利内部与专利之间的复杂网络关系，用网络模式能够清晰地表达出来。

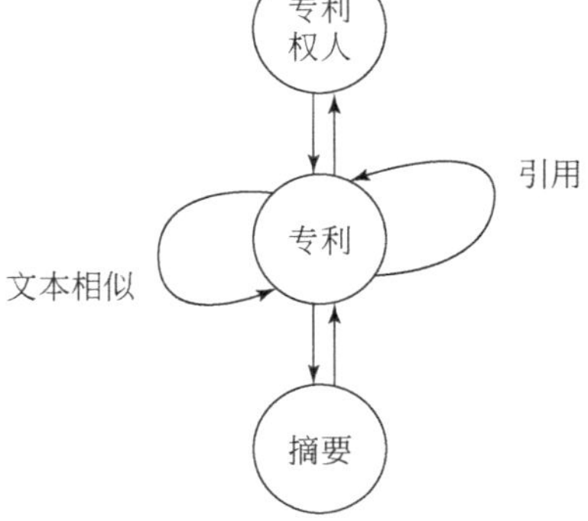

图 13-5　专利异构信息网络模式

13.3.1.2　元路径与路径实例

（1）定义 4：元路径

在一个异构信息网络中，可以通过不同的路径连接多种对象。不同的路径背后的语义暗示了不同的相似性，称这些路径为元路径。元路径 P 是指一条网络模式图 $T_G=(A, R)$ 所定义的路径，记为 $A_1 \xrightarrow{R_1} A_2 \xrightarrow{R_2} \cdots \xrightarrow{R_t} A_{t+1}$，其中，$A_1$ 为起点类型，A_2 为中间类型，R_1 表示 A_1 和 A_2 之间的关系类型，元路径 P 定义了类型 A_1 和类型 A_{t+1} 之间的组合关系 $R=R_1 \cdot R_2 \cdot \cdots \cdot R_t$，其中，“ · ” 表示关系的组合运算符。$P$ 的长度即 P 中关系的数目。此外，如果由元路径决定的关系 R 是对称的，则此元路径亦为对称的。

图 13-6（a）是代表文献网络模式，图 13-6（b）和 13-6（c）是该网络模式包含的两条元路径的例子。为了更简便地表示元路径，可以用沿着该条元路径上的对象类型名称表示。例如，作者在会议上发表论文，元路径可以表示为 $A \xrightarrow{\text{writing}} T \xrightarrow{\text{publishing}} C$（$A$ 代表作者，T 代表论文，C 代表会议），更简单的，可以表示为 APC 的形式。

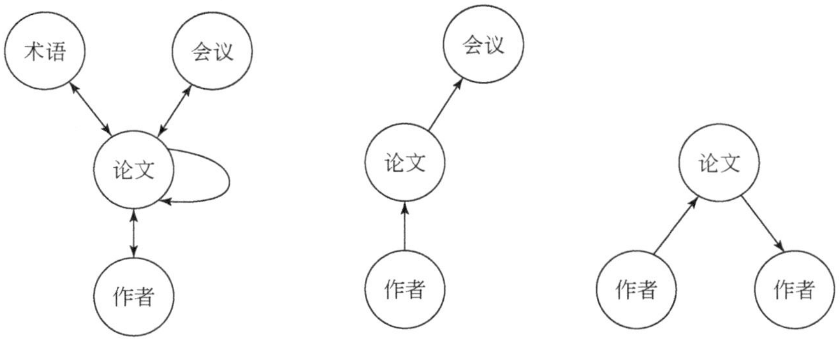

图 13-6　论文网络模式及其元路径

（2）定义 5：路径实例

在网络 G 中，a_1 和 a_{l+1} 之间的一条元路径为 $p=(a_1a_2\cdots a_{l+1})$，如果对于 $\forall i$，$\phi(a_i)=A_i$ 且每条链接 $e_i=<a_ia_{i+1}>$ 属于 P 中的每个关系 R_i，则称路径 p 遵循元路径 P，并且这些路径是元路径 P 的路径实例，表示为 $p\in P$。

表 13-1 给出了一些路径实例的例子，表中列出了两个作者之间可能存在的路径实例，以及这些路径实例所属于的元路径。

可见，不同的元路径中的对象类型及链接类型不同，所以代表的语义不同。比如表 13-2 就是在不同的元路径下得到的与给定的作者最相似的前 5 位作者，从表中可以看出不同元路径下所得结果不同，即在 ATA 路径下得到的是基于作者合著关系的结果，与给定作者合著越多的作者就会与给定作者越相似，同样的，在 *ATCTA* 路径下，与给定作者在相同会议上发表论文越多的作者就会与给定作者越相似，所以需要结合用户的需求来选择元路径。

表 13-1　路径实例、元路径

	路径实例	元路径
连接类型一	Jim---t_1---Ann	作者—论文—作者
	Mike---t_2---Ann	
	Mike---t_3---Bob	
连接类型二	Jim---t_1---SIGMOD---t_2--Ann	作者—论文—会议—论文—作者
	Mike---t_3---SIGMOD---t_2--Ann	
	Mike---t_1---KDD---t_5---Bob	

表 13-2　在两种不同元路径下的前 5 位相似作者

相似性排名	*ATA* 路径	*ATCTA* 路径
1	Jiawei Han	Jiawei Han
2	Xifeng Yan	Philip S. Yu
3	Dong Xin	Christos Faloutsos
4	Jian Pei	Surajit Chaudhuri
5	Philip S. Yu	Hans-Peter Kriegel

13. 3. 1. 3　用户指导的聚类

以链接为基础的网络聚类面临的主要挑战是它们可能会生成多种不同聚类结果，从而得到多种语义。为了生成用户所需的聚类结果，Sun 等（2012）提出利用 PathSelClus 算法可以通过用户提供聚类指导（聚类种子），用明确的语义来控制聚类结果。例如，在文献异构网络中，想要将作者分到不同的领域中，需要先提供要研究的领域个数，然后提供各个领域中的典型作者来作为聚类依据，若被分到同一聚簇中的作者与该聚簇的种子作者存在相似关系，则可以认为该作者也属于该领域，这样就可以将作者划分到不同的领域。

相应地，在专利异构信息网络中，要想探究专利权人之间的技术相似性，就可以找出想要作为相似性测度标准的专利权人，即种子专利权人，通过 PathSelClus 算法，若与种子专利权人分到同一个聚簇中，则说明该聚簇中的专利权人与种子专利权人之间存在技术相似性。

所以聚类种子的选取应与用户的聚类任务相一致，需要先明确用户的聚类目的后再选择聚类种子。当然，实际中用户可能不能为每一个聚簇提供种子，所以 PathSelClus 算法不要求用户为每一个聚簇提供种子，只需要为一些用户最熟悉的聚簇提供种子即可，剩下的可以通过算法来解决。

13.3.1.4　PathSelClus 算法的基本定义

根据 PathSelClus 算法，给定一个异构信息网络 G，用户需要指定如下信息，作为聚类任务的输入。

1）聚类的目标类型：T。

2）聚簇的个数，i；以及每个聚簇的对象种子，L_1，L_2，…，L_i，L_i表示聚簇 K 的对象种子，可以是空集。这些种子将用来作为聚类指导，来指导聚类任务的目的和倾向。

3）从类型 T 出发的元路径 M 的集合，表示为 P_1，P_2，…，P_M，这些元路径可以根据用户的专业知识来决定，本研究通过探究专利相似性的研究方法，选择了基于专利文献耦合、共被引与专利文本相似这三条元路径。

算法的输出包括两部分：①每条元路径 P_M 在聚类过程中贡献程度的权重 $\alpha_m(\alpha_m \geqslant 0)$；②聚类结果 θ，将 T 中的每个目标类型 t_i 与聚簇个数 K 关联起来，$\theta_i=(\theta_{i1}, \theta_{i2}, \cdots, \theta_{iK})$，其中 θ_{iK}是 t_i属于聚簇 k 的概率，即 $\theta_{ik} \geqslant 0$ 并且 $\sum_{k=1}^{K} \theta_{iK}=1$。

13.3.2　专利异构信息网络的构建

待构建的专利异构信息网络基本信息如下：

（1）目标类型、特征类型：专利权人；

（2）元路径：根据前文关于专利相似性度量方法的相关研究，我们选择了三条元路径来构建专利异构信息网络。

第一条元路径：基于专利文献耦合的元路径，当某专利权人所拥有的专利与另外一位专利权人所拥有的专利引用了同一件专利时，元路径表示为 A_1-P_1-P_3-P_2-A_2，其中专利 P_1和专利 P_2共同引用了专利 P_3，目标类型和特征类型都是专利权人；

第二条元路径：基于专利共被引的元路径，当某专利权人所拥有的专利与另一位专利权人所拥有的专利被同一件专利引用时，元路径表示为 A_1-P_1-P_3-P_2-A_2，其中专利 P_1和专利 P_2都被专利 P_3引用，目标类型和特征类型也都是专利权人。

第三条元路径：基于专利文本相似的元路径，当某专利权人所拥有的专利与另外一位专利权人所拥有的专利存在文本相似关系时，元路径表示为 A_1-P_1-P_2-A_2，其中专利 P_1与专利 P_2之间存在专利文本相似关系，目标类型与特征类型都是专利权人。

专利权人（目标类型或特征类型）利用这三种元路径，通过专利（中间类型），构建起专利异构信息网络，网络模式如图 13-7（a）所示，以及基于专利文献耦合，基于专利共被引与基于专利文本相似的元路径，如图 13-7（b）~图 13-7（d）所示。

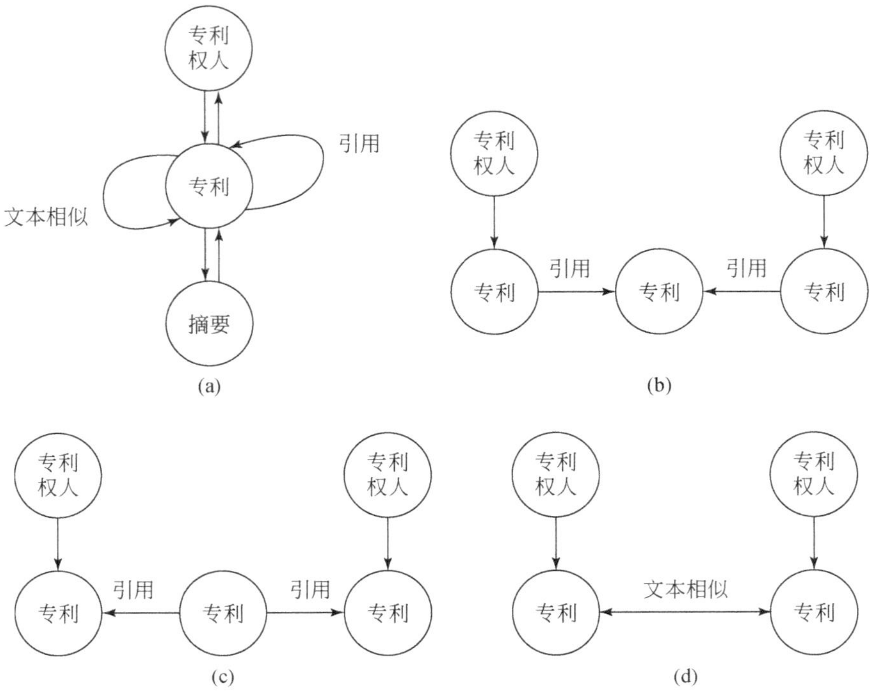

图 13-7　专利异构信息网络模式及其元路径

13.3.2.1　基于专利文献耦合的元路径构建

专利之间可能存在直接引用、文献耦合和共被引关系，经过上文引用关系的相关研究发现，在实际操作中主要运用的是专利的文献耦合关系和共被引关系。

若 N 件专利都引用了同一件专利 R，那么这 N 件专利之间构成文献耦合关系。这 N 件专利都将专利 R 作为了已有技术，说明其发明人共同关注了相同的技术，因此可以通过分析这些专利权人在某个时间段内专利的引用情况来判断这些专利权人之间的技术相似性。

基于专利耦合的元路径可以描述为

$$A_1—P_1---P_2---P_3—A_3$$

式中，A 代表专利权人，P 代表专利号，$A—P$ 表示专利权人和专利之间是拥有与被拥有的关系，$P_1---P_2---P_3$ 之间是专利之间的耦合关系，即专利 P_1 和专利 P_3 同时引用专利 P_2。

根据元路径上关系矩阵 W 的计算方法，即将此条路径上的所有邻接矩阵相乘，得到基于文献耦合关系的元路径关系矩阵：

$$W_1 = W_{A1P1} * W_{P1-P2} * W_{P2-P3} * W_{P3A3}$$

式中，W_{AP} 与 W_{PA} 是专利权人与专利之间的拥有关系矩阵，W_{P1-P2} 代表施引专利与被引专利之间的引用关系矩阵，$W_{P2\text{-}P3}$是被引专利与施引专利之间的关系矩阵。

13.3.2.2　基于专利共被引的元路径的构建

专利共被引关系机制与科学文献共被引机制相似，被同一专利引用的两件专利之间存在着很强的技术关联性。

基于专利共被引关系的元路径与基于专利文献耦合的元路径构建方法相似，可以描述为

$$A_1—P_1---P_2---P_3—A_3$$

式中，A 代表专利权人，P 代表专利号，$A—P$ 表示专利权人和专利之间是拥有与被拥有的关系，$P_1---P_2---P_3$之间是专利之间的共被引关系，即专利 P_1 与专利 P_3 同时被专利 P_2 引用。

根据元路径上关系矩阵 W 的计算方法，即将此条路径上的所有邻接矩阵相乘，得到基于专利共被引关系的元路径关系矩阵：

$$W_1 = W_{A1P1} \times W_{P1\text{-}P2} \times W_{P2\text{-}P3} \times W_{P3A3}$$

式中，W_{AP}与 W_{PA}是专利权人与专利之间拥有关系矩阵，$W_{P1\text{-}P2}$代表施引专利与被引专利之间的引用关系矩阵，$W_{P2\text{-}P3}$是被引专利与施引专利之间的关系矩阵。

13.3.2.3　基于 LSA 的专利文本相似的元路径的构建

基于 LSA 的专利文本相似的元路径可以描述为

$$A_1—P_1---\text{LSA}---P_2—A_2$$

式中，A 为专利权人；P 为专利号；$A—P$ 表示专利权人和专利之间是拥有与被拥有的关系，$P—P$ 之间是基于 LSA 的专利文本相似关系，在这里选择了专利的摘要文本信息作为计算基础。

根据关系矩阵 W 的计算方法，即将此条元路径上的所有邻接矩阵相乘：

$$W_2 = W_{AP} \times W_{PP} \times W_{PA}$$

式中，W_{AP}与 W_{PA}是专利权人与专利之间的拥有关系矩阵，W_{PP}是专利与专利之间的文本相似关系的关系矩阵。

13.3.3　用户指导模型的构建

我们用 PathSelClus 算法来实现用户指导的聚类。总体来说，该算法是一个迭代算法，目标类型属于不同聚簇中的概率分布 θ 和每条元路径对聚类结果的贡献程度（即元路径权重）α 相互优化，最终双方达到最优，获得最佳的聚类结果及每条元路径的最佳权重。

PathSelClus 算法整体可分为两部分：

第一阶段：给出每条元路径的权重向量 α，初始阶段，将每一条元路径的权重赋值为 1，进行内部迭代，使得聚类结果 θ 最优化；

第二阶段：将第一阶段得到的初步最优化的聚类结果 θ 作为给定聚类结果，进行内部迭代计算，使元路径的权重 α 达到最优化，即权重 α 的变化范围处在一个阈值内；

第三阶段：将第二阶段中得到的元路径权重 α 输入，再进行和第一阶段相同的迭代运算，计算得到进一步优化的聚类结果 θ，即聚类结果的变化范围处在一个阈值内；

第四阶段：将第二阶段和第三阶段循环进行，直到最终的元路径权重 α 的变化范围达到某一阈值。

13.4 石墨烯领域实证研究

13.4.1 实证数据集及数据预处理

13.4.1.1 数据库选择与检索策略

实证研究数据来源为 Innography 数据库，因为 Innography 数据库中包含来自 D&B（邓白氏）及美国证券交易委员会的专利权人财务数据，可以作为后期分析工作过程中判断专利权人规模的依据。

在对石墨烯相关专利进行研究分析的文献中，有很多文献的数据是在主流专利数据库中以“graphen *”为检索词进行检索得到的。例如，苗军等（2014）对全球石墨烯领域专利进行计量分析；王丽和潘云涛（2010）对石墨烯领域相关论文进行计量分析；Etxebarria 等（2012）对全球重要石墨烯研究机构的论文和专利产出情况进行分析。

基于之前学者的研究，我们在 Innography 数据库中，以“graphen *”为检索词，得到专利的标题和摘要中包含“graphene”的专利，为控制专利数量且确保专利引文数据的完整，将检索范围设定为美国授权专利数据库。检索到美国授权库石墨烯领域专利共 1951 件，检索日期为 2015 年 11 月 15 日。删除无专利权人字段的专利，剩余 1907 件专利，对专利权人进行名称的标准化处理，得到专利权人共 550 位。

13.4.1.2 数据预处理

对于下载的专利文本信息，需要进行数据清洗和预处理，因为并不是所有词条都是对文本有表征作用的特征词。

本研究需要利用专利摘要文本信息计算专利之间的相似性，所以需要对专利摘要信息进行预处理，步骤包括：

1）去除文本中的格式标记。

2）过滤非法字符。

3）将文本信息统一转化为小写。

4）使用了停止词列表（stop word list）对词汇进行过滤。为提高文本挖掘的准确性，需要将文本中的虚词及没有类别意义的实词去掉。在文本中会有很多特征词并不能反映文本的主题，所以对文本挖掘的作用很小，且很有可能会影响文本挖掘的结果，这样的词有介词、冠词、代词、虚词以及连词等，这些词应该作为停用词予以去掉。

5）使用 Poster stemming 算法对词汇的前后缀进行处理，将有关系的词汇转换成相同的单字。

13.4.2　构建专利异构信息网络的构建详情

13.4.2.1　专利耦合元路径的构建

基于专利文献耦合的元路径的描述为 A_1-T_1-T_3-T_2-A_2，其中专利 T_1 与专利 T_2 同时引用了专利 T_3，其中 A_1 与 T_1、T_2 与 A_2 之间是专利权人与专利之间的拥有与被拥有的关系，T_1 与 T_3、T_3 与 T_2 之间是专利的引用与被引用的关系。基于专利文献耦合关系需要构建的矩阵包括：①A_1 与 T_1（专利权人与施引专利）之间存在的拥有关系矩阵；②T_1 与 T_3（施引专利与被引专利）之间存在的引用关系矩阵；③T_3 与 T_2（被引专利与施引专利）之间存在的引用关系矩阵；④T_2 与 A_2（施引专利与专利权人）之间存在的拥有关系矩阵。

由于基于文献耦合的元路径是对称的，所以被引专利与施引专利构建的矩阵即是施引专利与被引专利矩阵的行列转置，同样专利与专利权人之间对应关系的矩阵即专利权人与专利之间对应关系的矩阵的转置矩阵。最终，将该条元路径上的关系矩阵相乘，得到基于专利耦合的元路径。图 13-8 为石墨烯领域基于专利文献耦合的元路径矩阵的局部图，矩阵的行与列都代表专利权人，从局部图中可以得出如下结论：

1）该矩阵对称矩阵。

2）对角线上数值明显高于对应行与列上的数值，说明专利权人与其自身共同引用同样专利的情况最高，即自己与自己拥有的专利文献耦合程度最高。这与实际情况相符。

3）从矩阵中其他数值可以看出不同专利权人之间的专利文献耦合程度的大小，如矩阵中第 5 行第一列，数值为 11，相比较该局部图中其他（除对角线上）部分的数值要高，则表示编号为 1 的专利权人与编号为 5 的专利权人之间的专利文献耦合程度相对局部图中的其他专利权人要高。

4）从矩阵中也可以看出编号为 5 的专利权人所拥有的专利的累积引文总数相对局部图中的其他专利权人要高。

	A	B	C	D	E	F	G	H	I	J	K	L	M
1	155	0	0	0	11	0	0	0	0	0	1	0	0
2	0	22	0	0	0	0	0	0	0	0	0	0	0
3	0	0	22	0	0	0	0	0	0	0	0	0	0
4	0	0	0	45	0	0	0	0	0	0	1	0	0
5	11	0	0	0	18192	0	0	0	0	0	1	0	0
6	0	0	0	0	0	77	0	0	0	0	0	0	0
7	0	0	0	0	0	0	52	0	0	0	0	0	0
8	0	0	0	0	0	0	0	40	0	0	0	0	0
9	0	0	0	0	0	0	0	0	1063	0	0	0	0
10	0	0	0	0	0	0	0	0	0	19	0	0	0
11	1	0	0	1	1	0	0	0	0	0	44	0	0
12	0	0	0	0	0	0	0	0	0	0	0	5	0
13	0	0	0	0	0	0	0	0	0	0	0	0	35

图 13-8　石墨烯领域基于专利文献耦合的元路径矩阵局部图

13.4.2.2　专利共被引元路径的构建

基于专利共被引的元路径的描述为 A_1-T_1-T_3-T_2-A_2，其中专利 T_1 与专利 T_2 同时被专利 T_3 引用，其中 A_1 与 T_1、T_2 与 A_2 之间是专利权人与专利之间的拥有与被拥有的关系，T_1 与 T_3、T_3 与 T_2 之间是专利的引用与被引用的关系。

构建基于专利共被引的元路径的过程中需要构建以下矩阵：①A_1 与 T_1（专利权人与被引专利）之间存在的拥有关系矩阵；②T_1 与 T_3（被引专利与施引专利）之间存在的引用关系矩阵；③T_3 与 T_2（施引专利与被引专利）之间存在的引用关系矩阵；④T_2 与 A_2（被引专利与专利权人）之间存在的拥有关系矩阵。

在这里，基于专利共被引的元路径是对称的，所以被引专利与施引专利构建的矩阵即是施引专利与被引专利矩阵的行列转置，同样专利与专利权人之间对应关系的矩阵即专利权人与专利之间对应关系的矩阵的转置矩阵。最终，将该条元路径上的关系矩阵相乘，得到基于专利共被引的元路径。

13.4.2.3　专利文本相似性元路径的构建

基于 LSA 的专利文本相似的元路径可以描述为 A_1—T_1---LSA---T_2—A_2，其中 A_1 与 T_1、T_2 与 A_2 是专利权人与专利之间存在的拥有关系，T_1 与 T_2 之间是基于 LSA 计算得到的专利文本相似关系。

构建基于专利文本相似的元路径时，需要构建以下矩阵：

1）专利权人与专利之间存在的拥有关系矩阵，该矩阵与基于专利文献耦合的元路径的专利权人与专利之间的关系矩阵相同，此处不再赘述。

2）专利与专利之间的相似关系矩阵。专利与专利之间的相似关系是由 LSA 计算得到的，根据 LSA 计算的专利文本相似性得到的相似度矩阵，该矩阵是一个对称矩阵，矩阵对角线上的值为 1，即专利与专利自身的相似度为 100%，符合实际情况。

从利用 LSA 计算得到的相似度矩阵中选出相似度大于某一阈值的专利对应关系，将其认定为存在专利文本相似关系，构建出专利与专利之间的文本相似关系矩阵，将沿着该条元路径上关系矩阵相乘，得到基于 LSA 的专利文本相似的元路径。

13.4.3　构建用户指导模型构建详情

由于作为种子的专利权人是用户提供的聚类指导，是作为聚类依据输入到算法中的，种子的选择直接影响聚类结果和所得到的语义信息，所以在选取种子专利权人时需要明确使用者的需求。

本研究想要对通过专利之间的专利文本相似关系及专利文献耦合关系构建起来的异构网络进行聚类，从而探究专利权人之间的技术相似性，所以输入的种子专利权人应该是使用者希望了解的专利权人，通过 PathSelClus 算法计算得到的是其他非种子专利权人属于各个聚簇的概率分布情况。

研究通过测度美国授权石墨烯专利异构信息网络中的中小企业与科研机构及中小企业与大企业之间的技术相似性，来确定中小企业的潜在合作伙伴。所以在选择聚类种子时需要选择美国石墨烯授权专利的专利权人中的科研机构及大型企业。

13.4.3.1　科研机构聚类种子的选取

根据表 13-3 统计，在美国授权石墨烯专利的专利权人中，筛选出授权专利数量较多的科研机构作为聚类种子节点。美国海军（United States Navy）、加利福尼亚大学（The Regents of The University of California）、麻省理工学院（Massachusetts Institute of Technology）、西北大学（Northwestern University）、莱斯大学（William Marsh Rice University）、美国的普林斯顿大学（The Trustees of Princeton University）和美国俄亥俄州巴特尔纪念研究所（Battelle Memorial Institute）这 7 所科研机构作为聚类依据，将所有专利权人根据聚类种子分到 7 个聚簇中。同一聚簇中的科研机构与该聚簇的聚类种子存在技术相似性，聚簇中的中小企业与科研机构可以通过科研合作达到双赢。

表 13-3 在美国获得授权的专利权人中的美国科研机构授权专利数量统计

排序	列表索引	科研机构	授权专利数量/件
1	378	美国海军	30
2	236	加利福尼亚大学	19
3	338	麻省理工学院	18
4	85	西北大学	15
5	376	莱斯大学	14
6	129	普林斯顿大学	12
7	137	美国俄亥俄州巴特尔纪念研究所	10

13.4.3.2 大型企业聚类种子的选取

美国中小企业是相对大企业而言的。国际上针对中小企业的界定标准一般考虑以下三个因素[51]：第一，企业的实收资本；第二，企业的职工总数；第三，在一定时间段（通常为一年）内的经营额。大部分国家在对中小企业进行界定的过程中通常只采用以上三个因素中的两个，只有个别国家三个都采用，并且即使国家之间采用相同的参照系标准，不同国家所界定的标准也是不尽相同的。

美国对于中小企业也有比较明确的界定方式，一是指那些不要求具有较大规模的企业；二是指尚处于向较大规模方向发展过程中的中小企业（叶春涛，2013）。美国作为世界上首屈一指的发达国家，拥有很多大企业，同时也有相当数量的中小企业，美国采用的中小企业的划分标准主要有两种：第一种主要依据职工数量来划分中小企业，这是由美国中小企业管理局颁布的划分标准；第二种主要从质的方面来划分，该标准是由美国经济发展委员会（Committee for Economic Development）颁布的划分标准，该标准规定任何企业只要符合下列四个标准中的两个或两个以上就属中小企业。这四个标准是：①独立经营，即企业主同时也是经理；②企业的资本是由一个人或少数几个人提供的；③企业产品的销售范围主要是当地；④和本行业的大企业相比企业规模较小。以上四个标准实际上是相互补充的关系。在近年美国中小企业管理局每年出版的《中小企业状况》中，已使用更简略的划分标准，一般把雇员不超过 500 人、年营业额不超过 600 万美元的企业称为中小企业（创新基金管理中心受理处，2013）。

表 13-4 为以大企业为聚类依据选出的种子企业，表中列出了种子企业在专利权人列表中的索引号、企业名称、企业员工人数、销售额、授权专利数量及专注领域。选出的企业在石墨烯领域的研究领域相关信息均来自 Patent iNSIGHT Pro^{TM}所出版的石墨烯报告，即 *Graphene technology insight report*。我们从表 13-4 中选取 5 家美国石墨烯领域大企业作为聚

类依据，将所有专利权人根据聚类种子分到 5 个聚簇中。同一聚簇中的机构与该聚簇的聚类种子存在技术相似性，聚簇中的中小企业与大企业之间可能形成合作关系。

表 13-4　美国石墨烯领域大企业专利统计

排序	列表索引	企业名称	企业员工人数/人	销售额/亿美元	授权专利数量/件	专注领域
1	257	Globalfoundries Inc	18 000	50	93	石墨烯方向的半导体器件研发、平版印刷、电子设计自动化工具、专用集成电路
2	381	International Business Machines Corporation	377 757	817.41	82	石墨烯晶体管、石墨烯集成电路、透明电极
3	335	Sandisk 3d Llc	8 790	55.65	47	传感器、晶体管和存储器
4	145	Xerox Corporation	140 800	180.4	45	碳纳米管、复合材料、涂层
5	87	Baker Hughes Incorporated	39 000	223.64	31	复合材料、传感器、电池、石墨烯纳米带

13.4.4　基于 PathSelClus 算法对异构网络进行聚类

13.4.4.1　异构网络聚类结果

基于上述分析，本研究建立起基于专利文献耦合、共被引与 LSA 专利文本相似三条元路径的专利异构信息网络，并且选定了聚类种子专利权人，接下来就需要利用 PathSelClus 算法对异构网络进行聚类运算。

（1）基于科研机构对专利权人进行聚类

表 13-5 为基于科研机构对专利权人进行聚类的局部聚类结果，得到的是每一个专利权人在不同的聚簇中的概率。表中列出的是前 15 位专利权人在 7 个聚簇中的概率情况，也可以代表专利权人与聚簇中种子节点之间的技术相似程度大小。

表 13-5　专利权人与科研机构的相似性矩阵

专利权人编号	巴特尔纪念研究所	普林斯顿大学	莱斯大学	西北大学	麻省理工学院	加利福尼亚大学	美国海军
1	0.2916	0.19	0.0523	0	0.3053	0.1605	0.0002
2	0	0	0	0.2141	0	0	0.7859
3	0.2413	0	0	0.6799	0	0.0788	0

续表

专利权人编号	巴特尔纪念研究所	普林斯顿大学	莱斯大学	西北大学	麻省理工学院	加利福尼亚大学	美国海军
4	0.0508	0.8386	0	0	0.1053	0	0.0054
5	0.0288	0	0	0	0	0.9712	0
6	0	0.0193	0	0	0.0525	0	0.9282
7	0	0.2868	0	0	0	0.2842	0.4291
8	0.9427	0	0	0	0.0573	0	0
9	0	0	0	1	0	0	0
10	0.773	0	0	0.205	0.022	0	0
11	0	0	1	0	0	0	0
12	0.8044	0.0653	0	0.0422	0.0375	0.0506	0
13	0	0.0762	0.6532	0	0.2488	0	0.0217
14	0	0.2839	0	0.6083	0.0307	0	0.0771
15	0	0	0	0	0	0.4022	0.5978

（2）基于大企业对专利权人进行聚类

表 13-6 为基于美国授权石墨烯专利较多的大型企业对专利权人进行聚类的局部聚类结果，得到的是每一个专利权人在不同的聚簇中的概率。表中列出的是前 15 位专利权人在 5 个聚簇中的概率情况，也可以代表专利权人与聚簇中种子节点之间的技术相似程度大小。

表 13-6 专利权人与大企业的相似性矩阵

专利权人编号	Globalfoundries Inc	International Business Machines Corporation	Sandisk 3d Llc	Xerox Corporation	Baker Hughes Incorporated
1	0.0599	0.411	0	0.3859	0.0978
2	1	0	0	0	0
3	0.2685	0.0429	0.646	0.0425	0
4	0.8481	0	0	0.0618	0
5	0.0404	0.3924	0	0.5672	0
6	0	0.9241	0	0.0759	0
7	0.2191	0.2343	0	0	0
8	0.9444	0	0	0.0556	0

续表

专利权人编号	Globalfoundries Inc	International Business Machines Corporation	Sandisk 3d Llc	Xerox Corporation	Baker Hughes Incorporated
9	0	0	0	1	0
10	0. 444	0	0. 5173	0. 0387	0
11	0	0	0	0	1
12	0. 5205	0. 0264	0. 3432	0. 0933	0
13	0	0. 1265	0	0. 3291	0. 468
14	0. 5273	0. 1892	0. 0566	0. 0517	0. 0577
15	0. 3333	0	0	0	0

13. 4. 4. 2　聚类结果有效性分析

从 445 位专利权人中，根据检索到的中小企业信息的完整程度，选出 21 家美国中小企业进行聚类结果有效性分析，表 13-7 为数据集中 21 个中小企业专利权人的信息，包括企业名称、企业规模、所属行业和专注领域，该表中所列出的专注领域都来源于各企业官网主页。

表 13-7　美国石墨烯领域中小企业信息

专利权人编号	企业名称	企业规模/人	所属行业	专注领域
1	Vorbeck Materials Corporation	51 ~200	纳米技术	石墨烯导电油墨、弹性纤维和塑料复合材料、高性能纤维、防腐蚀涂料及电池
2	Nantero, Inc.	51 ~200	纳米技术	纳米技术、半导体、信息存储器
3	Nanotek Instruments	11 ~50	纳米技术	能量存储设备、燃料电池、超级电容器、电池技术
4	Capco, Llc	201 ~500	国防	武器挂载设计
5	Fastcap Systems, Corp.	51 ~200	工业设计/机械设计	致力于解决能源问题，电容器、定向碳纳米管阵列曾与麻省理工学院合作开发
6	Graphene Technologies, Inc.	11 ~50	纳米技术	石墨烯产品制造，基于石墨烯的先进产品解决方案、高分子复合材料
7	24m Technologies, Inc.	50 ~200	可再生能源	能源存储
8	Outlast Technologies, Llc	11 ~50	纺织	速干衣、内衣、鞋类
9	Nabsys 2. 0 Llc	11 ~50	生物技术	生命科学、DNA 测序、纳米孔、固态纳米探测器、电子探测、生物化学

续表

专利权人编号	企业名称	企业规模/人	所属行业	专注领域
10	Nanoselect, Inc.	11～50	纳米技术	微型芯片传感器监测水质与保健医疗诊断方面的应用、纳米科技、半导体、微小流体力学、化学、传感器
11	Fahs Stagemyer, Llc	1～10	可再生能源	水的净化处理、光催化分离、分子分解、反硝化反应、印刷电路板矫正、消毒
12	Brookhaven Science Associates, Llc	11～50	计算机软件	美国能源部选出管理和操作布鲁克海文国家实验室，被确定为巴特尔纪念研究所和石溪大学的合作伙伴
13	Kilolambda Technologies Ltd	11～50	纳米技术	光学仪器、下一代非线性组件和仪器、对摄影、激光、防御、安全、数位成像、汽车工业、建筑、眼部饰物领域有着重要的意义
14	OptoTrace Technologies, Inc.,	11～50	学术研究	光学纳米技术、激光拉曼光谱技术
15	Nthdegree Technologies Worldwide Inc.	11～50	电器/电子制造	LED 印刷电路板、无机微发光 LED、制造业
16	Molecular Rebar Design	11～50	纳米技术	石墨烯制造、锂离子电池、复合材料、涂层医药应用
17	Scriptel Corporation	11～50	电器/电子制造	触摸屏传感器、系统；集成电路开发；数字笔技术、签名采集
18	Custom Electronics, Inc.	51～200	电器/电子制造	电子设备制造、电容器制造、电子组件、电磁学、印刷电路板的设计与组装
19	Nei Corporation	11～50	纳米技术	高性能电池材料、高级防护涂层、锂离子电池测评、热传递液体、吸附剂除汞、纳米材料
20	Gvd Corporation	11～50	化学	涂层服务、敷形涂料、薄膜聚合物、化学气相沉积、涂层开发
21	Magnolia OpticalTechnologied	50～200	光学科学及光电技术	光学科学及光电技术、先进的军事传感器、光学系统及商业应用的太阳能电池

（1）以科研机构为聚类种子所得到的聚类结果有效性分析

图 13-9 是以科研机构为聚类种子所得到的 21 家中小企业聚类结果，根据对这些企业的调查，发现 Vorbeck Materials Corporation 和 Capco, Llc 及 Fastcap Systems, Corp.，以及 Brookhaven Science Associates, Llc 曾与它们所在的聚簇中的聚类种子之间有过合作关系，详见表 13-8。

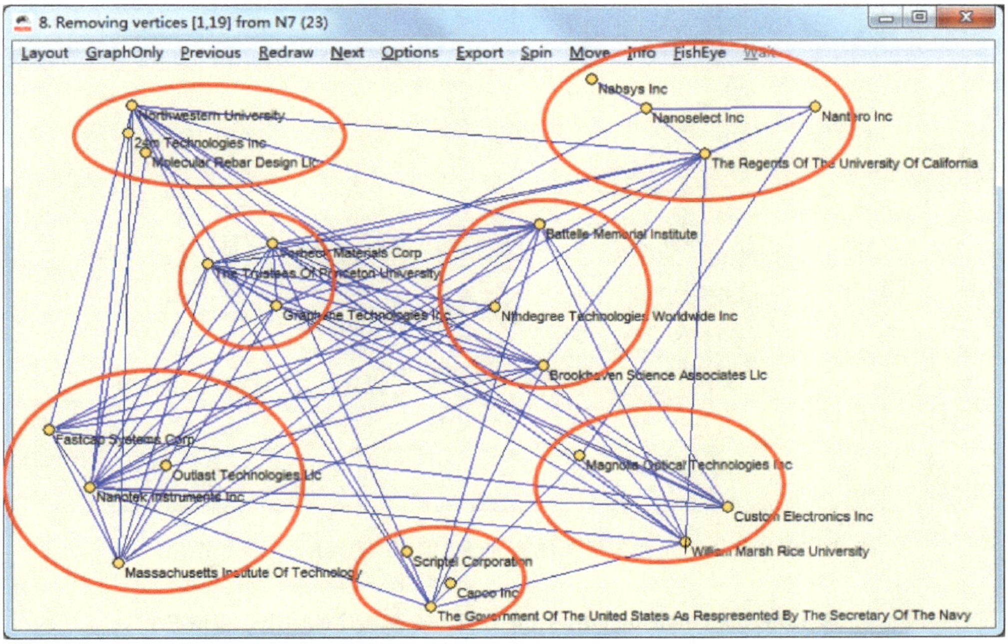

图 13-9　以科研机构为聚类种子所得到的 20 家中小企业聚类结果

表 13-8　与科研机构曾有合作关系的中小企业列表

科研机构名称	中小企业名称	合作历史
普林斯顿大学	Vorbeck Materials Corporation	公司石墨烯专利技术最初是在普林斯顿大学开发的
美国海军	Capco，Llc	在为美国陆军、海军、空军、海军陆战队提供产品及服务方面有很多经验
麻省理工学院	Fastcap Systems，Corp.	致力于解决能源问题，曾与麻省理工学院合作开发
美国俄亥俄州巴特尔纪念研究所	Brookhaven Science Associates，Llc	被美国能源部选出来签订 5 年条约，来继续管理和操作布鲁克海文国家实验室，并被确定为巴特尔纪念研究所和石溪大学的合作伙伴

（2）以大企业为聚类种子所得到的聚类结果有效性分析

图 13-10 为以大企业为聚类种子所得到的 20 家中小企业的聚类结果，通过对这 6 家大企业和 20 家中小企业的专注领域进行对比，来验证聚类结果的有效性。

与 Globalfoundries Inc 在同一个聚簇中的中小企业情况详见表 13-9。通过对该企业与中小企业的专注领域进行对比，可以看出 3 家中小企业与 Globalfoundries Inc 分别在集成电路开发、印刷电路领域存在技术相似性，具有合作的可能性。

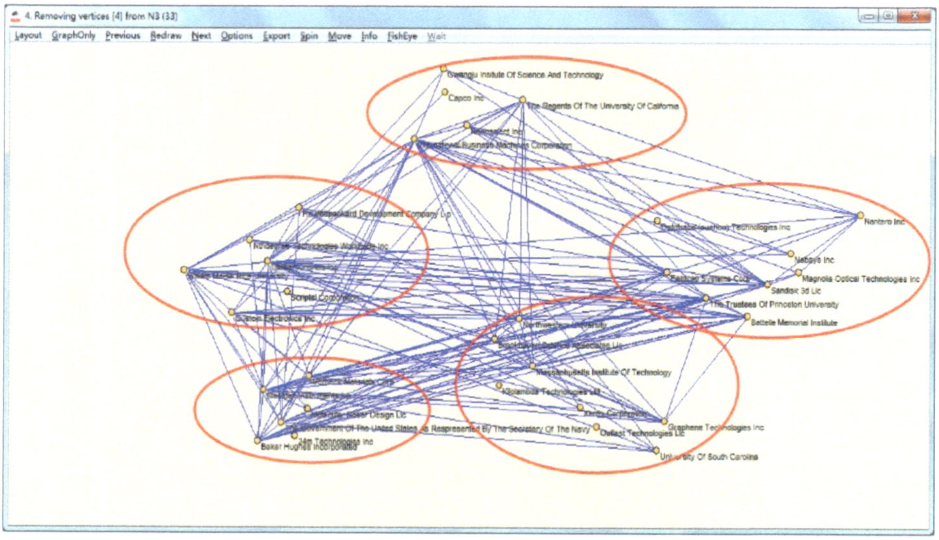

图 13-10　以大企业为聚类种子所得到的 20 家中小企业聚类结果

表 13-9　与 Globalfoundries Inc 在同一个聚簇中的中小企业情况

<table>
<tr><th colspan="2">大企业</th><th colspan="2">中小企业</th><th rowspan="2">相同关注领域</th></tr>
<tr><th>企业名称</th><th>专注领域</th><th>企业名称</th><th>专注领域</th></tr>
<tr><td rowspan="3">Globalfoundries Inc</td><td rowspan="3">石墨烯方向的半导体器件研发、平版印刷电路、胶印、嵌入式存储器、电子设计自动化工具、专用集成电路</td><td>Scriptel Corporation</td><td>触摸屏传感器、集成电路开发、数字笔技术</td><td>集成电路开发</td></tr>
<tr><td>Nthdegree Technologies Worldwide Inc.</td><td>印刷电路板、无机微发光 LED</td><td>印刷电路板</td></tr>
<tr><td>Custom Electronics, Inc.</td><td>电子设备制造、电容器制造、电子组件、电磁学、印刷电路板的设计与组装</td><td>印刷电路</td></tr>
</table>

与 International Business Machines Corporation 在同一个聚簇中的中小企业情况详见表 13-10。通过对该企业与中小企业的专注领域进行对比，可见 Nanoselect，Inc. 在集成电路领域存在技术相似性。

表 13-10　与 International Business Machines Corporation 在同一个聚簇中的中小企业情况

<table>
<tr><th colspan="2">大企业</th><th colspan="2">中小企业</th><th rowspan="2">相同关注领域</th></tr>
<tr><th>企业名称</th><th>专注领域</th><th>企业名称</th><th>专注领域</th></tr>
<tr><td>International Business Machines Corporation</td><td>石墨烯晶体管、石墨烯集成电路、微芯片、透明电极</td><td>Nanoselect，Inc.</td><td>集成电路、传感器</td><td>集成电路</td></tr>
</table>

与 Sandisk 3d Llc 在同一个聚簇中的中小企业情况详见表 13-11。通过对该企业与中小企业的专注领域进行对比，可以看出这 3 家中小企业与 Sandisk 3d Llc 在传感器和信息存储器领域存在技术相似性。

表 13-11　与 Sandisk 3d Llc 在同一个聚簇中的中小企业情况

大企业		中小企业		相同关注领域
企业名称	专注领域	企业名称	专注领域	
Sandisk 3d Llc	传感器、晶体管和存储器	Magnolia Optical Technologied	光学科学及光电技术、先进的军事传感器	传感器
		Nabsys 2.0 Llc	DNA 测序、纳米传感器	传感器
		Nantero，Inc.	纳米技术、半导体、信息存储器	信息存储器

与 Xerox Corporation 在同一个聚簇中的中小企业情况详见表 13-12。通过对该企业与中小企业的专注领域进行对比，可以看出这 4 家中小企业与 Xerox Corporation 在石墨烯涂层和复合材料领域具有技术相似性。

表 13-12　与 Xerox Corporation 在同一个聚簇中的中小企业情况

大企业		中小企业		相同关注领域
企业名称	专注领域	企业名称	专注领域	
Xerox Corporation	碳纳米管、复合材料、涂层	Graphene Technologies Inc	石墨烯产品制造，基于石墨烯的先进产品解决方案、高分子复合材料	复合材料、石墨烯产品
		Gvd Corporation	涂层服务、敷形涂料、薄膜聚合物、化学气相沉积、涂层开发	涂层
		Outlast Technologies，Llc	速干衣、鞋类、复合材料	复合材料
		Nei Corporation	高性能电池材料、高级防护涂层、纳米材料	涂层

与 Baker Hughes Incorporated 在同一个聚簇中的中小企业情况详见表 13-13。通过对该企业与中小企业的专注领域进行对比，可以看出这 5 家中小企业与 Baker Hughes Incorporated 在电池、电池技术、电容器及复合材料领域存在技术相似性，可以从各自相同的关注领域与该大企业开展合作。

通过对中小企业与科研机构已有合作的调查及中小企业与大企业的主要关注领域进行对比，发现部分中小企业与科研机构之间存在过合作关系，同时中小企业与大企业也有相同的关注领域。因此，可以认为构建专利异构信息网络，利用 PathSelClus 算法对专利权人进行聚类的方法在一定程度上是有效的。

表 13-13 与 Baker Hughes Incorporated 在同一个聚簇中的中小企业情况

大企业		中小企业		相同关注领域
企业名称	专注领域	企业名称	专注领域	
Baker Hughes Incorporated	复合材料、传感器、电池、石墨烯纳米带、电容器	Molecular Rebar Design	石墨烯制造、电池、复合材料、涂层、医药应用	电池
		Nanotek Instruments	能量存储设备、燃料电池、超级电容器、电池技术	电池技术
		Fastcap Systems，Corp.	致力于解决能源问题，电容器、定向碳纳米管阵列	电容器
		24m Technologies，Inc.	能源存储、电池	电池
		Vorbeck Materials Corporation	石墨烯导电油墨、弹性纤维、高性能纤维、防腐蚀涂料、电池	电池、复合材料

13.5 小结

本章详细介绍了构建专利异构信息网络的过程，包括如何构建基于专利文献耦合、共被引和 LSA 的专利文本相似的元路径，同时利用 PathSelClus 算法对专利异构信息网络进行聚类，并通过美国授权石墨烯专利的专利文献进行实证研究以证明方法的有效性。与其他方法相比较，该方法综合利用了专利文献中的结构化信息——专利引文信息，以及专利文献中的非结构化信息——专利摘要，在一定程度上能够弥补利用专利单一信息源进行专利权人技术相似性测度的不足，并且不需要提前为多种关系赋权重，而是通过 PathSelClus 算法计算得到三条元路径在聚类过程中的贡献值的大小，即权重的大小，摆脱了人工主观赋值或者反复实验确定最佳权重的窘境。但是由于时间及个人能力的限制，本研究还有许多地方值得思考和完善，下一步的研究可以从以下几个方面入手：

1）选取几个不同的技术领域进行实证研究，尤其是企业技术之间区别程度较大的技术领域，这样就可以选出每个技术领域中的典型企业，对其他企业进行聚类，即可以对不同技术领域内的企业进行划分归类。

2）为了更能真实地体现专利和专利权人之间的相互联系，可以选择更多的专利属性信息，如 IPC 分类号、发明人、专利权人之间的合作关系、专利的更多文本信息（如标题和权利要求）等，使得构建的专利异构信息网络更加稠密一些，再从定性与定量角度对不同稠密程度的专利异构信息网络的聚类结果进行评价，探究利用更多专利属性信息是否能提高聚类效果。

3）本章基于 LSA 的方法对专利文本相似度进行计算，但该算法存在一定的缺点，如无法捕捉一词多义的现象、具有词袋模型的缺点（即在一篇文章或者一个句子中忽略词语的先后顺序）等，在以后的研究中可以考虑采用计算效果更好的方法。

参考文献

步少莉 . 2014. 异构信息网络 Top-k 相关性查询方法研究 . 济南：山东大学 .

陈茇熙，顾新建，陈国海，等 . 2009. 基于向量空间模型和专利文献特征的相似专利确定方法 . 浙江大学学报（工学版），43（10）：1848-1852，1869.

创新基金管理中心受理处 . 2013-12-21. 关于科技型中小企业界定标准研究报告 . http://www. chinatorch. gov. cn/cxjj/llyj/201312/74e99c984a5d42c48a78785779a09bd1. shtml[2016-6-15].

葛军 . 2013. 异构信息网络上的相似性搜索研究 . 西安：西安电子科技大学 .

韩红旗，付媛，朱礼军 . 2015. 基于专利 IPC 分类号的技术竞争对象的群组分析方法 . 情报工程，1（4）：77-87.

何光辉 . 2012. 发达国家扶持中小企业技术创新政策及启示 . 软科学，26（6）：119-120，144.

季铎，毕臣，蔡东风 . 2015. 基于类别信息优化的潜在语义分析分类技术 . 中国科学技术大学学报，（4）：314-320.

李立 . 2014. 基于元路径选择和融合的异构信息网络社区挖掘算法研究 . 西安：西安电子科技大学 .

李敏 . 2007-8-22. 试析自主创新对他国经济发展的影响与作用 . 中国信息报 . http://www. zgxxb. com. cn/jsdk/201002244255. shtm[2016-6-23].

李蓉蓉 . 2014. 面向复杂语义的专利本体构建方法研究 . 武汉：武汉大学 .

李睿，孟连生 . 2010. 论专利引用行为与期刊论文引用行为在揭示知识关联方面的差异 . 情报学报，29（3）：291-304.

刘平峰，章佩璐，张军，等 . 2011. 面向主题的 Web 信息融合模型 . 情报研究，55（8）：40-43.

刘志辉，赵筱媛 . 2012. 基于专利形态相似性的竞争态势分析方法研究 . 情报理论与实践，35（6）：67-69，66.

吕惠琳，刘杨 . 2016. 基于专利耦合的波导光互联企业技术相似性分析 . 情报探索，（1）：8-11.

梅进，张笑 . 2010-10-5. 2010 年诺贝尔物理学奖揭晓 . http://news. sciencenet. cn/htmlnews/2010/10/238322. shtm[2016-6-20].

苗军，洪凡，陈慧琪，等 . 2014. 全球石墨烯技术领域专利计量分析 . 新材料产业，（1）：42-49.

任红娟 . 2010. 基于文献内容和引用结合的知识结构分析方法研究 . 北京：中国科学院研究生院 .

任红娟 . 2013. 基于文献内容和引用特征融合的科学结构分析方法研究 . 情报学报，32（10）：1068-1074.

孙涛涛，刘云 . 2011. 基于专利耦合的企业技术竞争情报分析 . 科研管理，32（9）：140-146，156.

王丽，潘云涛 . 2010. 石墨烯的研究前沿及中国发展态势分析 . 新型炭材料，25（6）：401-408.

杨中楷，梁永霞，刘倩楠 . 2010. 专利引用过程中的知识活动探析 . 科研管理，31（2）：171-177.

叶春涛 . 2013. 国外中小企业技术创新的现状及启示 . 经济研究导刊，(22)：259-260，264.

张小冲，张学军 . 2003. 经济体制改革前沿问题：国际比较与借鉴 . 北京：人民出版社 .

赵亚静 . 2012. 我国中小企业知识产权建设政策体系研究 . 长春：东北师范大学 .

Etxebarria G，Gomez- Uranga M，Barrutia J. 2012. Tendencies in scientific output on carbon nanotubes and grapheme in global centers of excellence for nanotechnology. Scientometrics，91（1）：253-268.

Huang M H，Chiang L Y，Chen D Z，et al. 2003. Constructing a patent citation map using bibliographic coupling：a study of Taiwan's high-tech companies. Scientometrics，58（3）：489-506.

Janssens F. 2007. Clustering of Science fields by Integrating Text Mining and Bibliometrics. Belgium：Katholieke University Leuven.

Kessler M M. 1963. Bibliographic coupling between scientific papers. American Documentation，14（1）：10-25.

Lai K K，Wu S J. 2005. Using the patent co-citation approach to establish a new patent classification system. Information Processing and Management，41（2）：313-330.

Liu C，Yang J. 2008. Decoding patent information using patent maps. Data Science Journal，(7)：14-22.

Liu X H，Yu S，Janssens F A L，et al. 2010. Weighted hybrid clustering by combing text mining and bibliometrics on a large-scale journal database. Journal of the American Society for Information Science and Technology，61（6）：1105-1119.

Liu X H，Yu S，Moreau Y，et al. 2009. Hybrid Clustering of Text Ming andBibliometrics Applied to Journal set Proceedings of the 2009 SIAM International Conference on Data Mining：49-60.

Magerman T，van Looy B，Song X Y. 2010. Exploring the feasibility and accuracy of latent semantic analysis based text mining techniques to detect similarity between patent documents and scientific publications. Scientometrics，82（2）：289- 306.

Moehrle M G，Gerken J M. 2012. Measuring textual patent similarity on the basis of combined concepts：design decisions and their consequences. Scientometrics，91（3）：435-469.

Small H. 1973. Cocitation in the scientific literature：a new measure of the relationship between two documents. Journal of the American Society for Information Science，24（4）：265- 269.

Stuar T E，Podoly J M. 1996. Local search and the evolution of technological capabilities. Strategic Management Journal，17（S1）：21-28.

Sun Y Z，Norick B，Han J W，et al. 2012. PathSelClus：integrating meta-path selection with user-guided object clustering inheterogeneous information networks. In：Knowledge Discovery and Data Mining（KDD'12）Beijing，China：6-9.

Sun Y，HanJ，Yan X，et al. 2011. Pathsim：meta path · based top- k similarity search inheterogeneous information networks. In：37th international conference on very large databases VLDB'11.

Wang F，Ding C，Li T. 2009. Integrated KL（K- Means- Laplacian）clustering：a new clustering approach by combining attribute data and pairwise relations//Proceedings of the 2009 SIAMI international Conference on Data Mining. SIAM Press：38-48.

White H D, Griffith B C. 1981. Author cocitation: a literature measure of intellectual structure. Journal of the American Society for Information Science, 32 (3): 163-171.

YoonB, Park Y. 2004. A text-mining-based patent network: analytical tool for high-technology trend. The Journal of High Technology Management Research, 15 (1): 37-50.

Yu S, Tranchevent L-C, de Moor B, et al. 2011. Optimized data fusion for K-means laplacian clustering. Kernel-based Data Fusion for Machine Learning, 345: 145-172.

第 14 章

基于微信小程序的学科知识服务[①]

本章探讨了基于微信小程序的学科知识服务内容、服务模式与关键技术，并以“干细胞助手”为例进行了案例实践，希望能为同类学科知识服务小程序的研发提供参考。我们应该打破对小程序的认知壁垒，轻应用不等同于小应用、小工具，只要合理规划、科学布局，小程序生态也能提供丰富的知识服务，从移动端支持用户的科研创新活动，成为不可或缺的有效工具和得力助手。

14.1 引言

伴随着知识服务深化与移动互联网的迅速普及，用户对知识的需求更为强烈，推动了学科服务模式的转变。移动互联网极大地拓展了学科知识服务的阵营（魏炼，2018），服务的触角突破了时间、空间的限制而延伸到用户的一切活动中，为实现知识的“触手可及”提供了可能。用户通过移动终端便捷地获取各种显性和隐性的学科信息与知识，提炼知识内容，寻找问题解决方案的过程凸显出专业化、知识化、个性化等特征。泛在学科知识服务模式的兴起，极大地提高了知识服务效率与质量，升华了服务内涵，同时也带来了前所未有的机遇和挑战。如何充分利用移动技术发展成果，实现更为优质的学科知识服务，其服务方式的遴选、服务内容的规划及服务模式的探索等关键问题值得深入研究（徐源等，2020）。

① 本章内容来自徐源等（2020），本章对技术细节进行了补充。

14. 2　泛在化学科知识服务方式与微信小程序介绍（徐源等，2020）

14. 2. 1　泛在化学科知识服务方式

移动信息技术飞速发展的今天，移动环境下学科知识服务的形式与工具更加多样化，学科知识服务 APP、响应式平台、微信公众号及小程序不断涌现，有效地将知识服务应用迁移到移动端，为用户带来了极大的便利。

功能完善的学科知识服务 APP：APP 拥有用户体验佳、开发技术成熟等显著优势，并一度成为打造“一站式”移动知识服务的主流方式。学科知识服务 APP 面向稳定用户群、针对高频应用场景提供“大而全”的服务，体现了“服务为王”的原则。

移动优先的响应式学科知识服务平台：响应式平台实现了跨系统、跨终端的服务目标，用户体验向移动端倾斜，体现了“移动优先、体验至上”的原则。

强传播力的学科知识服务微信公众号：微信公众号通过自媒体功能实现学科信息发布，将用户与信息密切连接，体现了“信息生产为主”的原则，也顺应了传播的新态势。

轻量级的学科知识服务微信小程序：学科知识服务微信小程序面向科研场景，构筑低频、长尾应用，打通了用户获取服务的最短路径，使知识输送更为直接，体现了“效率优先”的原则。

上述四种方式在用户层面的需求度、黏度、体验及技术层面的开发难度、人力成本等方面都存在显著的差异。建设方与开发者应根据实际需求进行合理的选择，以实现知识服务效应的最大化。本章将重点介绍互联网生态新秀——微信小程序在学科知识服务中的应用。

14. 2. 2　学科知识服务微信小程序

2017 年 1 月 9 日，微信发布的小程序正式上线，这是一种不需要下载安装即可使用的应用，它实现了服务“触手可及”的梦想，用户扫一扫或搜一下即可打开应用（张小龙，2016）。小程序是微信的一款战略性产品，它是具有划时代意义的平台级创新，依托微信强大的用户群，突显出强社交的天然优势，还具备内容发布能力强、开发成本低、用户体验媲美原生 APP 等显著优点。一些学者认为小程序有可能成为移动互联网的下一个风口，为学科知识服务提供新工具、新方法，应用前景广阔。

学科知识服务微信小程序最核心的价值，在于通过移动端连接科研用户与学科信息（知识）。在小程序构筑的创新服务模式下，将信息需求转化为应用场景，创建服务入口，以帮助用户从学科知识库中提取信息和知识，解决科研问题。因此，本章探讨的学科知识服务属于戚建林（2003）提到的狭义知识服务范畴。基于微信小程序的学科知识服务具有专业化、知识化、轻量化、便捷化等特性。小程序的兴起为知识服务带来了发展的新契机，受到了信息服务领域的高度关注，一些学者和机构从理论与实践两个方面展开研究。

基于理论的研究：笔者选择中国知网为检索对象，直接以微信小程序与学科知识服务为主题进行检索，没有产生有效的检索结果，进而以微信小程序与知识服务机构为主题进行组配检索。其中，选取有代表性的知识服务机构，将其主题词设定为：图书馆、期刊、出版、科研、数据库供应商、咨询公司及图书情报，最终得到 68 条检索结果（截至 2020 年 1 月 12 日）。统计数据显示，2016 ~ 2020 年发文量不断攀升（图 14-1），2018 年发文量为 28 篇，2019 年发文量为 32 篇，CNKI 预测 2020 年发文量可达 46 篇。笔者针对上述 68 篇论文进行关键词共现分析（图 14-2），剔除其中的信息服务机构类名词，定义关键词出现频次为 2，聚类分析度为 3，分析图谱结果显示，高校图书馆位于图谱的中心，与各节点联系密切，反映出围绕高校图书馆应用的小程序研究成为焦点。图谱中共现的高频关键词分别为二维码、移动服务、用户服务、线下、读者服务、用户体验、互联网产品、第三方平台等。通过对这些文章内容的进一步分析发现，信息服务领域针对小程序的研究，侧重于融合发展路径探析、服务内容开拓及应用前景预判等几个方面。

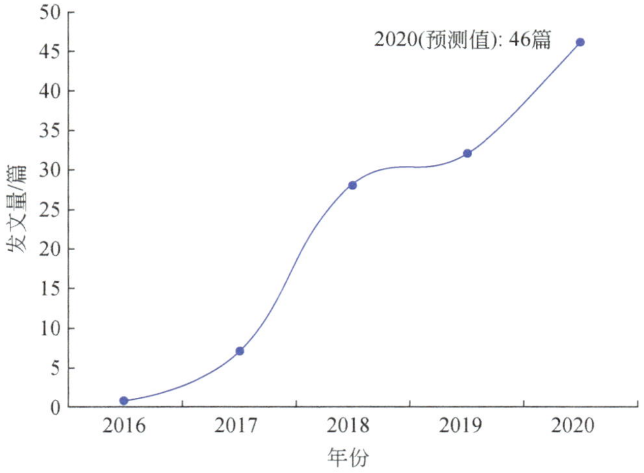

图 14-1　发文量年度统计图

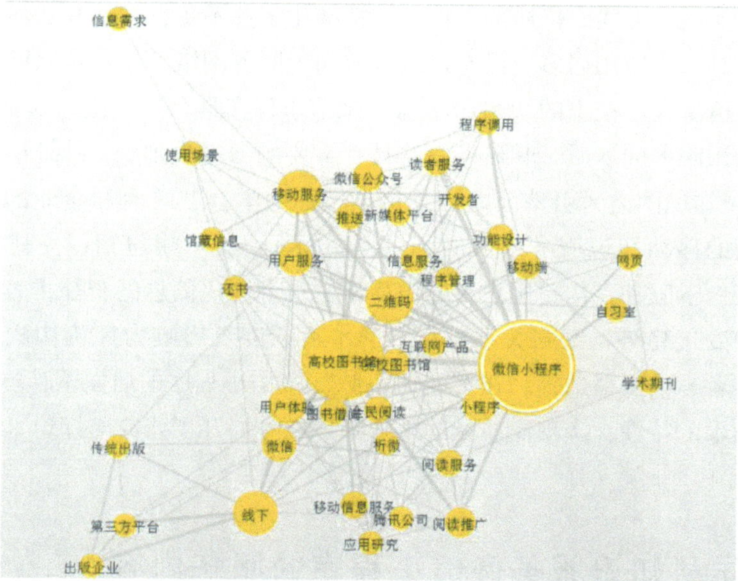

图 14-2　关键词共现网络图

基于实践的研究：一些信息服务领域的小程序开始崭露头角，提供的服务范畴大体分为：传统图书馆业务、单纯性文献信息服务及 O2O 商业服务等几大类。具体来讲：①传统图书馆业务。越来越多的高校与公共图书馆开始布局微信小程序，服务内容主要集中在图书馆基础服务，如馆藏查询、图书预约/续借、资讯阅览、图书推荐、空间预定、读者个人中心等。②一些信息服务机构基于小程序提供文献信息服务，如知网、维普均开发了论文检测微信小程序；“iDATA 文献搜索”小程序支持用户选择数据库（综合、期刊、博硕、会议、报纸），输入关键词来进行文献检索；“WOS 核心期刊”小程序帮助用户随时查询期刊在 Web of Science 核心集数据库中的收录情况；“文献直达”小程序提供论文自动发送至用户邮箱的功能；“专利大王”小程序支持用户免费下载各国专利说明书的 PDF 全文。③出版机构上线的 O2O 小程序，服务内容集中在链条型图书销售方面，实现线上线下互通融合，构建“小程序+零售”模式，使知识有偿服务更加趋向轻量级和场景化，如十点读书+、知乎 Live 等小程序应用实现了精准营销。

分析发现，虽然上述机构发布的小程序多数是以传统的资源型、信息型及工具型为主，服务核心为文献与信息服务，难以支持用户的知识应用和创新过程。以学科知识为内容，以解决问题为目标的深度知识服务产品十分缺乏。笔者认为小程序要实现由信息服务入口延伸为知识服务入口，亟待解决服务的内容、主体、深度、方式、模式等几方面存在的问题：①服务内容。面向通用领域的服务居多，学科领域特色不鲜明，没有形成专业化的新型学科领域知识服务模式。②服务主体。服务主体趋于大众化，缺乏精准服务于专业学科领域科研学者或机构的典型应用。③服务深度。以文献为主的信息服务居多，深层次的学科知识发现服务缺乏。④服务方式。优质的个性化、精准化服务不足，智能化程度有待提高。⑤服务模式。小工具、小应用居多，没有形成学科知识服务网络，用户难以留存。

调研发现，清华大学推出的“科研小脉”微信小程序具有集成化、专业化、个性化等特征，体现了知识服务的本质，其研发思路具有重要的参考价值。“科研小脉”微信小程序以 AMiner 领域知识图谱为引擎面向计算机领域，为学会、政府和企业的会员、科技工作者提供专业型的移动知识服务（Tang et al.，2008）。其功能包括：支持面向论文、专家、新闻的智能检索服务；构建用户兴趣模型，实现个性化信息的智能推荐；描绘由专家产出、研究兴趣变化趋势、专家关系网络、学术活跃度及影响力评价构成的专家学术画像；提供高引学者与论文精选等。在“科研小脉”微信小程序的启发下，笔者就如何利用小程序功能与技术的特性，实现高质量的学科知识服务展开了研究与探讨。

14.3 学科知识服务微信小程序的服务内容

从小程序的服务内容而言，它作为知识服务体系的顶端用户层应用，必须以底层学科资源库为基础，以学科知识库为支撑，才能满足用户不同程度的知识需求，在移动端将用户、资源与服务三者有效地整合。学科知识服务微信小程序的服务内容，可从面向学科知识内容、面向科研用户目标及面向知识管理等视角进行规划。

14.3.1 面向学科知识内容

学科信息资源集成服务：“小而专”的学科知识服务微信小程序应以学科属性为主线，学科分类为基础，整合文献数据、事实数据及专业领域数据等多种类型的专业资源，按学科知识组织体系，建设特色学科资源库。小程序重点突出知识服务的学科化、专业化、学术化的特点，为学科用户提供专业型服务。

学科态势跟踪服务：对相关学科知识进行搜集、筛选、提炼、集成，跟踪学科发展动态，能获得针对性更强、指向性更高的知识产品，以满足科研用户深层次的知识需求。学科知识服务小程序将成为移动环境下的新型学科知识服务入口，为学科研究提供及时性、前瞻性、预见性、精准性服务，启发科研创新思维。

14.3.2 面向科研用户服务

智能检索服务：在微信小程序“用完即走”的服务理念下，移动检索自然成为高频应用，为用户提供快速、精准获取信息的渠道，大幅提升使用绩效。面向学科知识服务的移动检索不同于常规的信息检索，不但强调遵从移动检索行为规律，更重要的是体现智能化、知识化的检索价值。系统通过从语义层面进行标引建立学科知识库，小程序基于学科知识库进行检索，提高查全率和查准率。

学科知识导航服务：知识导航打破了传统的知识分类与组织方式，通过信息的收集与分析，将知识按学科或主题进行聚类和重组，为用户提供链接和导引服务（张芳宁，2011）。小程序以知识导航图和知识地图的方式展示出来，与用户交互，引导其高效、便捷地获取知识。

可视化呈现服务：学科知识服务小程序作为移动端知识表示的载体，利用可视化技术和知识表示技术将大量数据以多种形式呈现出来，帮助科研用户寻找数据中的结构、特征、模式、趋势、异常现象或相关关系（周海燕等，2002）。ECharts 的微信小程序版本成为目前应用最广泛的可视化图表库。

个性化知识推送服务："互联网+"时代的用户需求不断向个性化、专业化、精准化、高端化、智能化发展（张晓东和解金兰，2017）。学科知识服务小程序的服务模式应从用户主动获取（pull）转变为系统主动推送（push），并实现个性化信息自组织，提高科研工作效率。小程序可以通过记录用户使用历史、行为挖掘、特征分类和反馈分析等方式，经过模式识别和机器学习，分析、预测用户感兴趣的知识领域，构建用户兴趣模型，并将相关的知识推送给科研用户（邵慧丽和张帆，2016）；也可以通过聚类、分析、关联等规则找到兴趣相投的用户加以归类，将上述知识推送给有相似需求的科研用户；还可以提供个性化定制服务，提高对用户需求的支持力度。例如，"科学家在线"微信小程序不但支持用户发布需求，查找领域专家，通过大数据智能匹配专家，实现需求与专家的精准对接，还支持用户订阅关注的研究领域，个性化地主动推荐专家信息。

14.3.3　面向知识管理

知识空间管理服务：学科知识服务小程序为每一位用户提供了一个虚拟空间，用户可以自由快捷地按自己的需求筛选、汇集数据，创建自己感兴趣的专题。

14.4　学科知识服务微信小程序的服务模式

要打造强生命力的学科知识服务微信小程序，使其真正成为用户科研活动中的助手，有必要瞄准服务目标，进行整体规划，构建基于微信小程序的以用户为中心的“小前端、大平台、富生态”的学科知识服务模式，具体策略如下。

14.4.1 以用户为中心：匹配科研活动场景，建立用户与服务的连接

知识服务是一种以用户为中心的知识应用，应以“应用场景”作为研究的起点，运用场景化思维来理解知识服务的价值，只有匹配科研活动场景，融入用户解决问题的过程之中，才能够有效支持知识应用和知识创新。场景化思维不同于平台化思维，平台化思维以平台建设为中心，而场景化思维强调以用户为活动中心，面向用户在知识获取、选择、吸收、利用及创新过程中的需求，建立起服务与科研用户的桥梁，对学科知识进行搜寻、组织、分析、重组，为用户提供所需专业知识的服务（陈茗君，2009）。知识服务小程序瞄准科研场景中的难点与痛点，提炼用户需求映射服务，开发符合用户迫切需求的知识产品，帮助用户找到有效的解决方案，体现知识服务的本质与价值。

14.4.2 小前端：聚焦科研用户核心需求，打造服务层的轻应用

知识服务为信息服务的高级阶段，以信息、数据和知识的搜索、分配、关联、重组的能力为基础，为用户提供有效的知识应用和知识创新服务，满足知识经济社会用户解决问题所需的系统化、个性化、专业化的必然要求（张晓林，2000）。为了全方位满足用户需求，学科知识服务平台或 APP 通常会提供全链式的面向主题的知识服务，覆盖学科资源集成、知识集成、技术集成及服务集成等多个层面，提供完整的解决方案。但是，小程序轻应用的特性与“用完即走”的服务理念，决定了单个小程序无法承载过于复杂的应用。在移动环境下，碎片化时间内，用户也很难沉浸式地遍历知识服务系统的全部功能，信息与功能的过载反而会减低用户黏度。因此，单个小程序的专注重点应是知识服务的绩效而非规模，聚焦科研用户核心需求，做到功能单纯，逻辑明确，切忌贪大求全。一个小程序的功能应专门针对一种情境或需求，集中提供一种类型的学科服务，并力求操作简便、容易上手（李广欣，2018）。

14.4.3 大平台：大数据平台为小程序提供数据供给与方法支撑

大数据的车辙已经将我们推进数据密集型科研时代，数据成为各学科研究的知识基础（Tolle et al.，2011）。大数据驱动已经成为知识服务创新的新兴引擎。知识服务小程序应当以大数据思维和理念为主线，以大数据资源为条件保障，对知识服务需求进行准确抓取

（苏新宁等，2017），以大数据技术（数据获取、存储、组织、分析和决策）与知识发现方法（知识关联、知识聚合、知识挖掘、知识呈现）为支撑，最终实现新型服务（王曰芬等，2018）。大数据知识服务平台体系由基础数据支撑层、知识发现处理层及应用服务层三部分组成。学科知识服务小程序作为服务层的应用，在移动端将知识发现的成果以用户能理解的方式进行可视化呈现、输出，并与用户进行有效的交互。小程序采集用户知识需求信息和使用行为信息，为建立移动行为分析知识库提供客观数据。

在实际运用中，许多开发者希望知识服务小程序能够共享并能高效地利用原有 PC 端知识服务平台的数据库和后端程序，但由于小程序的前端必须使用腾讯自身的微信开发者工具完成，所以为了保持数据与逻辑的独立，实现各层的无缝连接，就需要开发者搭建前后端分离、免耦合的系统构架，目前 RESTful 风格的 API 成为前后端分离的最佳实践。

14.4.4　富生态：串联服务，布局学科知识服务小程序矩阵

布局学科知识服务小程序矩阵，构建小程序服务生态，实际上就是完善服务链，搭建多层次的知识服务产品体系。在小程序生态内部实现知识服务的集成化、中心化，达到整合资源、发现知识、推送成果的服务目标，支持科研用户知识创新。学科知识服务小程序矩阵具有多点触达、服务串联、版图扩张、分摊风险以及增加曝光度等优点。学科知识服务小程序矩阵不单是小程序之间的跳转互连，更重要的是不同的小程序承载不同的功能，从而将复杂的应用分解为小而专一、低耦合度且高度自洽的一组服务（Martinfowler，2018），即每个小程序都围绕具体业务构建，服务与服务之间互相协调、配合。每个小程序被独立地部署到生产环境，根据业务逻辑使用轻量级的通信机制进行沟通（图 14-3）。

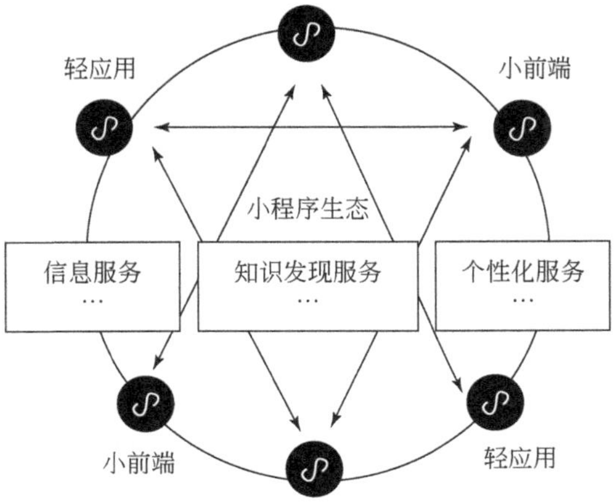

图 14-3　知识服务小程序矩阵

例如，知乎微信小程序生态是以“知乎 Live”小程序作为核心，串联了原网站内容移植类小程序（“知乎热榜”、“知乎大学”、“知乎日报”和“知乎训练营”）与服务延伸类小程序（“知乎答题王”和“说话的地方”）共同组成了“知乎”知识服务小程序产品体系。

14.5 案例实践——“干细胞助手”微信小程序

中国科学院成都文献情报中心、中国科学院广州生物医药与健康研究院以干细胞领域知识挖掘与知识发现的用户需求为中心，采用“小前端、大平台、富生态”的构建模式联合研建出“干细胞助手”微信小程序，界面截图如图 14-4 所示。

图 14-4 “干细胞助手”微信小程序界面截图及二维码

14.5.1 以用户需求为中心提供移动知识服务

干细胞是当今生命科学研究的热点和前沿，正孕育着重大的科学突破与巨大的产业带动（周琪，2013）。在干细胞领域，以科技文献、临床试验、医药产品、科学数据与科技服务资源为核心的科研大数据呈“井喷式”增长，具有数量巨大、类型繁多、关系复杂和来源分散等特点。摆脱信息过载、打通信息孤岛、提炼情报信息的用户需求愈发突显。中国科学院成都文献情报中心、中国科学院广州生物医药与健康研究院发挥文献与科研的优势联合研建“干细胞知识发现平台”，为本领域的科研人员、管理人员、决策人员、投资人提供“全面、专业、精准、高效”的数据获取、信息推送、知识发现与情报支撑服务，推动大数据驱动的知识发现应用。在此基础上，研发了“干细胞助手”微信小程序作为平台在移动端的应用扩展，利用小程序便捷、轻量、强传播等特性，为科研用户随时随地提供资源与服务，满足其泛在化知识服务需求。

14.5.2　功能精简、逻辑清晰的移动端展示与发布

“干细胞领域知识发现平台”作为 PC 端的服务出口提供了从数据、算法、软件到应用的“一站式”服务。而“干细胞助手”微信小程序作为移动端的服务出口则更强调轻应用的价值，聚焦以科研数据发现、数据获取为主的核心需求，仅提供科技信息展示、智能检索与个性化服务三大功能（表 14-1），为科研人员提供“小、精、专、快”的移动知识服务，直达需求。

表 14-1　“干细胞助手”微信小程序功能一览表

类别	栏目	内容简述
科技信息展示	科研数据分类展示	提供论文、专利、科学仪器、实验动物、专家、机构、政策、产品等 16 类干细胞领域科研数据的分类展示；支持用户对感兴趣的数据进行微信分享与收藏管理，引流用户至 PC 端查看原文
	知识图谱展示	对科研数据进行多维度（如科学仪器、实验动物、实验方案、实验试剂、方法技术、细胞、器官、疾病、基因等）与细粒度（知识实体）的知识画像，用户不用查看原文便可快速掌握数据里蕴含的知识点；提供数据的精准过滤及可视化展示功能
	热点专题展示	建设“人类胚胎实验伦理规范”与“干细胞研发动态”等热点专题，为科研情报服务提供信息化支撑
智能检索	组合检索	提供从干细胞实体、概念出发的语义智能检索，利用科技资源类型（如论文、期刊等）与知识棱镜（如细胞、器官、疾病等）的组合检索方式，实现多维度、细粒度的知识检索
	检索结果可视化	基于检索结果的可视化呈现

续表

类别	栏目	内容简述
个性化服务	个性化数据管理	“个人中心”汇聚了用户历史收藏与历史分享数据，方便用户进行数据管理
	科研标签	从知识实体的角度，细粒度地刻画用户特征，构建科研标签。小程序后端采集用户行为数据（如收藏、分享、检索、阅读等）获取用户高频关注的知识点汇成词汇表，生成用户行为特征向量并进行聚类分析，抽取聚类获得的中心向量前 6 维和用户行为统计获得的向量前 4 维组合形成 10 枚用户标签
	个性化智能推荐	小程序后端采用协同过滤推荐算法，运用用户兴趣建模、用户相似度计算、数据降维以及用户聚类等具体的技术，预测用户的兴趣点，为用户推荐其可能感兴趣的科研数据

14.5.3 “干细胞知识图谱”为小程序提供大数据支撑与深度知识发现服务保障

“干细胞助手”微信小程序在移动终端基于“干细胞知识图谱”进行数据、成果及服务的集成化、关联化、语义化、可视化及个性化的输出。“干细胞知识图谱”以基础数据汇聚、知识内涵挖掘、知识语义关联为核心，以知识抽取、知识融合为关键，以知识应用与服务为目标，构建知识服务路径，为小程序提供了大数据支撑与深度知识发现服务保障（图 14-5）。

科研大数据支撑：“干细胞知识图谱”集成了分散在众多数据源中的科学数据（科学试验、临床试验、科学仪器、实验动物、实验试剂）和科技文献数据（论文、专利、报告、期刊）及产业信息数据（资讯、学者、项目、会议、科技政策、政策法规、医药产品），涉及“政、产、学、研、医、用”多个领域，为小程序提供了高质量的数据支撑。

深度知识发现服务保障：①知识内涵挖掘。系统采用知识挖掘技术，从科学仪器、动物模型、实验技术、细胞器官、疾病基因等科研人员关注的视角，挖掘领域知识实体，多维度、细粒度地揭示干细胞领域科技信息蕴含的知识内涵；②知识语义关联。系统综合科学计量学指标与文本挖掘技术，基于引用、致谢、合作网络、知识实体共现等关系，建立知识图谱中各类科技信息、知识实体等之间的语义关联。

14.5.4 丰富小程序应用，构筑移动知识服务生态体系

计划基于“干细胞知识图谱”数据库，构建更为丰富的小程序应用，形成小程序应用

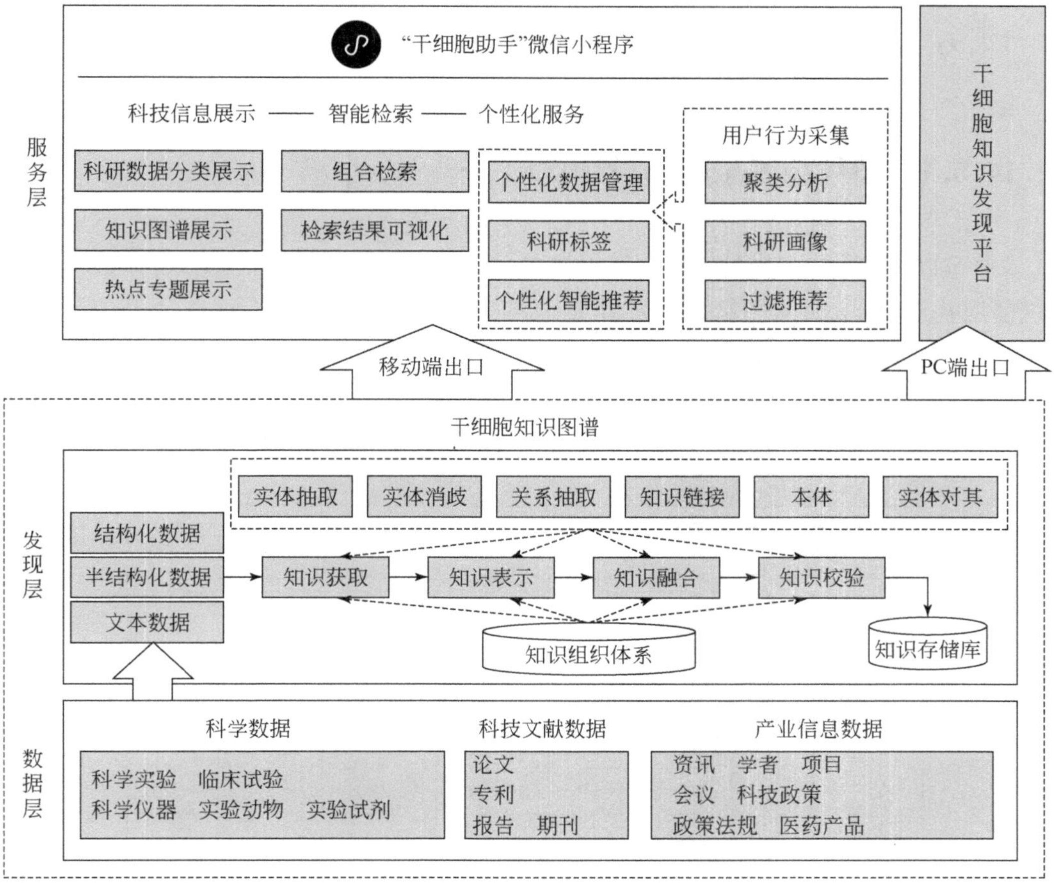

图 14-5　干细胞知识发现服务体系架构

生态体系。目前已经试运行的"干细胞助手"小程序仅提供科技信息展示、智能检索、个性化服务功能。探索扩建"干细胞前沿热点探测"小程序，从国际、国家研发重点及中国科学院重点突破方向等不同层面，展示干细胞前沿主题；扩建"干细胞科研画像"小程序，对科研机构、科学家等创新主体进行科研产出画像。扩建"干细胞科普"小程序，汇聚并展示干细胞科普资源与信息，包括科普资讯、实验视频、科研图像、课件等。干细胞小程序应用生态体系尚处于策划期，希望通过后续的探索实践能实现整个小程序产品体系，干细胞系列小程序相互引流，形成流量洼地，创造移动知识服务品牌，为干细胞科研创新活动及科研管理工作提供更加高效、便捷的服务。

14.6 技术实现

14.6.1 总体技术架构与设计目标

“干细胞助手”小程序总体技术架构如图 14-6 所示，采用了前后端分离的技术架构。前端使用基于 MINA 框架的微信开发者工具，后端采用基于 Python 的 Flask 框架。Restful 风格的 API 作为后端服务接口，使用 ajax 对数据实现动态更新，加入平台搜索引擎 Solr 实现海量数据的快速索引。利用 Redis 做数据缓存，嵌入数据埋点，实现用户行为的收集。通过 SciKit-learn 深度学习库实现用户个性化生成与智能化推荐。

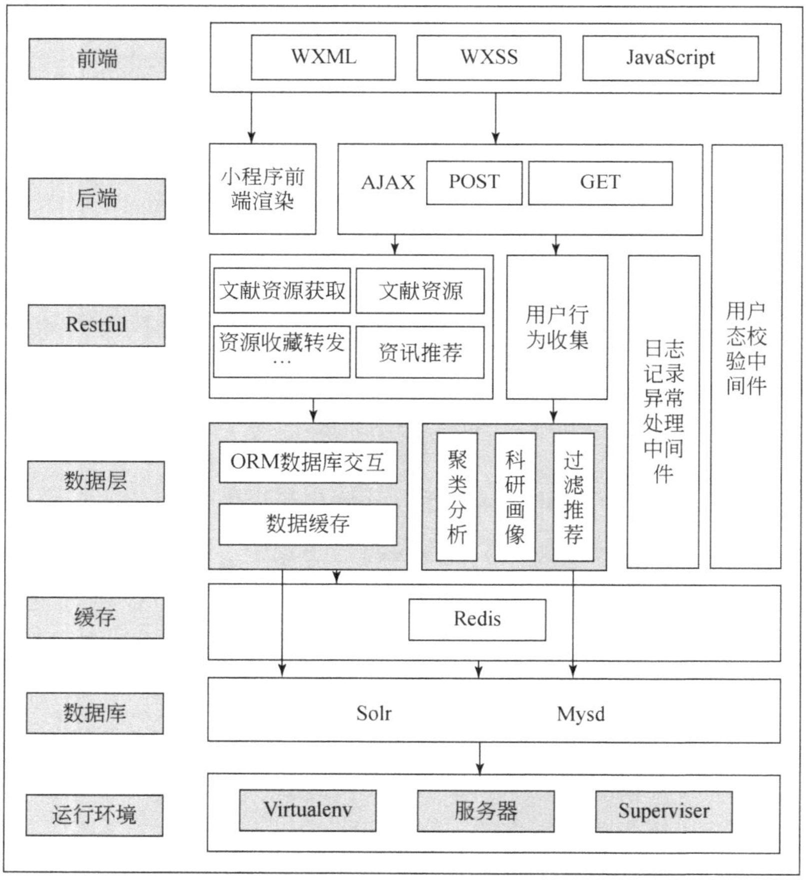

图 14-6 “干细胞助手”小程序总体技术架构

“干细胞助手”小程序与“干细胞领域知识发现平台”在数据层保持高度一致性，在移动端实现了科技数据的整合与关联，并对科研实体实现了数据丰富化与数据增值，利用AI、NLP 等新兴技术，打破了传统单一数字资源类型的检索模式，结合机器学习模型，实现了较为精准、智能的推送、推荐模式，以满足用户在知识发现与知识获取中日益增长、不断更新的需求。

14.6.2　客户端开发框架

“干细胞助手”小程序采用基于 Apache MINA Server 框架的微信开发者工具实现(图 14-7)。该工具集成编辑、调试、预览、版本控制及内容发布等功能，并提供视图层描述标签语言 WXML、样式语言 WXSS 和 JavaScript，同时还提供了丰富的小程序开放式 API 接口。“干细胞助手”小程序前端逻辑图如图 14-8 所示，视图层与逻辑层间提供了数据传输和事件系统，框架的核心是响应的数据绑定系统，事件驱动的交互机制实现了数据层与视图层的高效同步，让开发者聚焦于数据与逻辑。视图层使用微信官方设计团队提供的 WeUI 作为界面 UI 组件库，它具备同微信原生视觉效果一致的基础样式库，可以提升用户体验。

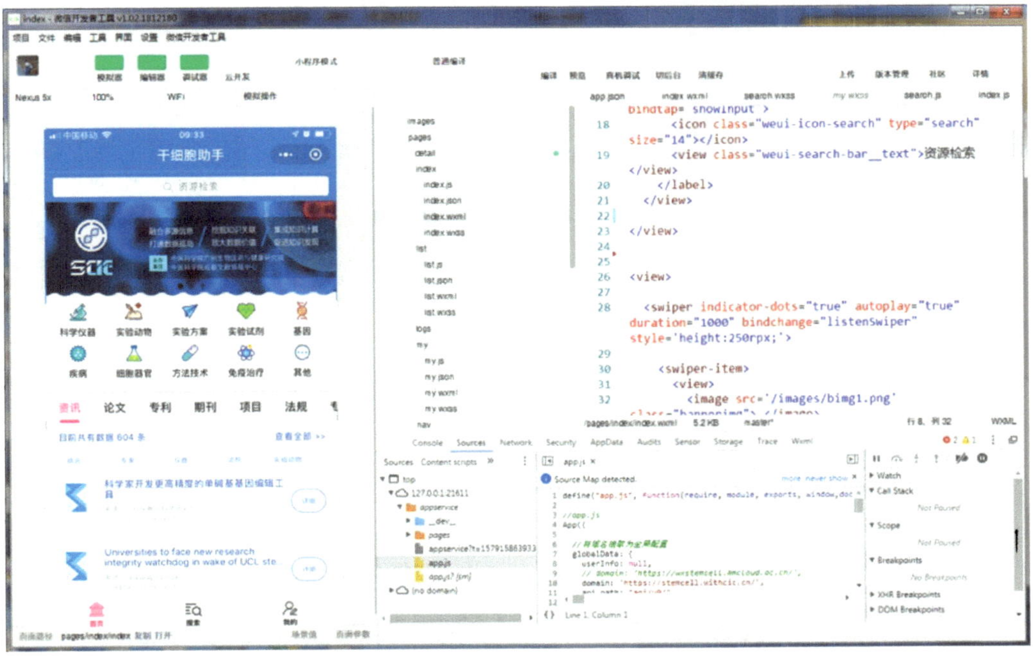

图 14-7　微信开发者工具操作界面

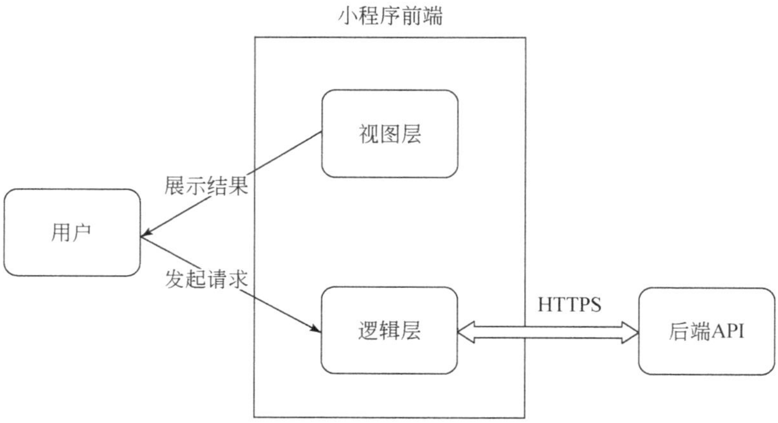

图 14-8 “干细胞助手”小程序前端逻辑图

14.6.3 服务器端开发框架与设计

“干细胞助手”小程序使用基于 Python 语言的 Flask 框架来实现后端系统，以 Restful 风格接口为前后端传递 JSON 数据。利用 HTTPS 实现了数据传输的加密和身份认证，保证传输过程的安全性（图 14-9）。

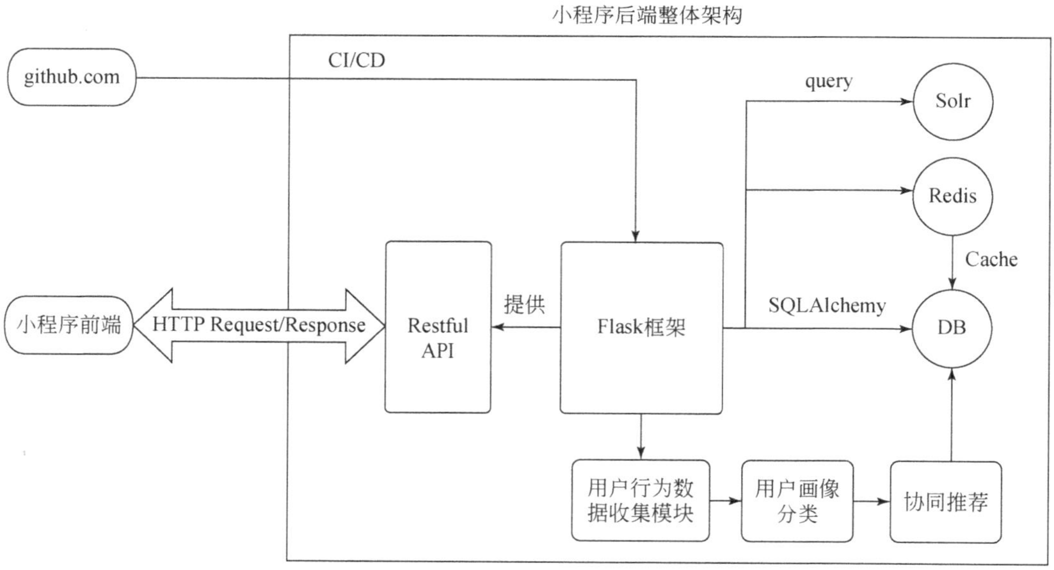

图 14-9 “干细胞助手”小程序后端逻辑图

Python 在语法设计上具有简洁性、快速性、坚固性、可移植性。在强调大数据、智能化的发展潮流下，Python 丰富的开发工具包，能够减少语言框架间的交互次数，避免语言之间在使用上的不兼容，其强大的内置库能够简单地实现复杂的功能，非常适合知识服务类应用的智能化构建，同时其活跃的开发社区，为开发人员提供了一个解决各类疑难问题的空间。Python 最常用的 Web 框架有 Django、Flask。Django 是一款成熟、稳定、完善的框架，具备非常优秀的 ORM 和模板引擎，但其框架太重，与关系型数据库的耦合度过高，灵活度与自由度不及 Flask。轻量级框架 Flask 开发敏捷、效率高，在可拓展性与第三方工具库选择上具备极高的自主性，适合将各类最流行、最强大的 Python 库糅合为一个整体。

由于 Flask 自带的 Web 服务器效率不高，系统选择了在 Unix 上广泛使用的高性能 Python WSGI UNIX HTTP Server：Gunicorn 作为前置的 WSGI app 容器。它使用 pre-fork master worker 模型，启动时会预先 fork 指定数量由 master 管理的 worker 进程，提前初始化一定量资源，实现加快 http 请求的处理速度，提升 Web 服务器的使用效率。系统后台庞大的数据读取会频繁调用 I/O 操作，鉴于 Python 的 GIL 特性以及 Gunicorn 默认采用的同步阻塞模型无法满足高并发请求的处理。为其搭配基于 libev 的 gevent 解决系统的高并发性能问题。使用 Supervisor 进程管理工具搭配 Gunicorn 的多进程模型，监测 Web 服务器进程，当其因异常崩溃退出后，能够自动重启相应进程，保证服务正常运行。使用 Nginx 实现请求的转发，当请求为静态时，直接返回对应页面，当请求为动态时，则转发至 Gunicorn，以此来提升服务器的应用效率。在“边建设，边服务”的理念下，使用 Github 的部署事件（deploy events）和 Git 的 Hook 进行持续集成与持续部署（CI/CD），实现了代码管理与版本控制系统的自动化。自动化测试通过后，上线前需手动载入命令，避免因误操作 push 导致未调试代码部署至线上服务器。持续集成与持续部署流程如图 14-10 所示。

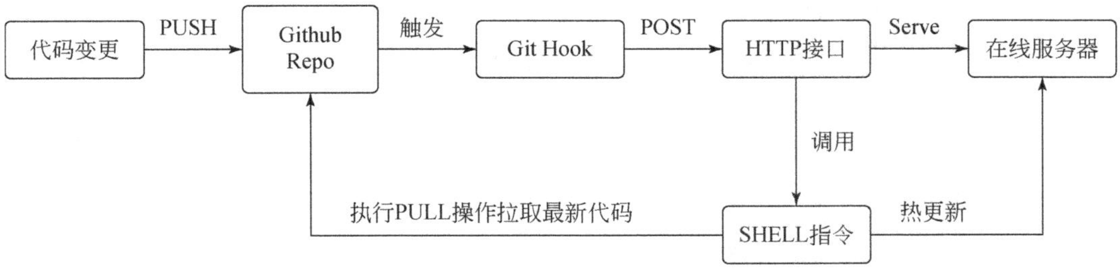

图 14-10　持续集成与持续部署流程

“干细胞助手”运行流程如图 14-11 所示，用户对小程序的操作会触发逻辑层的代码，从而向后台发起网络请求，以获得相应的科技信息数据。小程序后端系统采用 Solr 支持干细胞知识组织体系的索引，对 MySQL 数据库进行数据查询，将获取的数据进行 JSON 格式化并返至小程序逻辑层。逻辑层接收到相关数据后，将数据设定到数据层，通过数据层与视图层的双向绑定，将数据在小程序的用户层上以不同形式（如列表、详情页）展示出来。“干细胞助手”小程序采集的用户行为数据经机器学习模块分析后，通过干细胞知识个性化推送模块，生成对应的用户画像，为用户推荐可能感兴趣的科技信息。

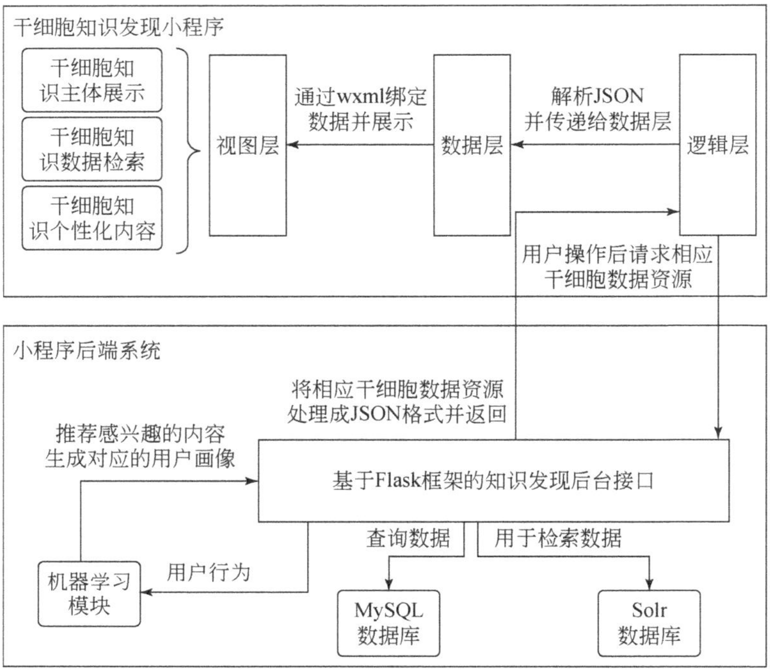

图 14-11 “干细胞助手”运行流程

“干细胞助手”小程序中由于推荐、分类并形成用户画像需对用户进行个性化识别，调用任意数据接口均需对用户进行有效性校验。为了实现用户身份有效性校验与各模块业务逻辑的解耦，使用 MiddleWare 来实现模块的联结。对用户身份有效性校验这种高频操作，采用 redis 实现用户态的缓存机制来构建登录态校验中间件，以解决因反复身份验证导致耗时过长的用户体验问题。

14.6.4 各模块功能详述及关键技术

（1）干细胞科技信息展示

科技信息分类展示：“干细胞助手”小程序与“干细胞领域知识发现平台”共享底层数据，实现了数据同步更新，分类展示了从 98 个核心数据源中汇聚的 42 万余条科技数据（截至 2019 年 4 月 23 日），包括论文专利、基金项目、专家机构、医药产品、实验动物、科学仪器等 12 类。

新闻资讯服务：若知识服务小程序仅提供信息类、工具类服务，容易导致应用低频化，用户易流失、难留存。因此“干细胞助手”小程序增设了领域新闻资讯服务，以保持科研用户持久关注度，从而培养用户使用习惯，提高知识服务小程序的黏度，增强其生命力。新闻资讯服务细分为综合快讯、专家快讯、仪器快递、试剂快递、实验动物快讯五类，均以展现领域前沿发展动态和未来发展态势为导向。

在该模块中，小程序前端向存放后端接口地址的变量 request 中所指向的后端接口发送 HTTP GET 请求，如果服务器成功返回，那么将返回的数据通过 setData 设置到数据层，由小程序的数据层完成数据双向绑定并渲染展示。后端响应列表请求的核心代码，在数据库中通过 ID 排序，取出前 10 条的数据赋给 results，然后将这些数据转为 JSON 数据并从后端返回前端。最后在视图层通过 wxml+wxss 渲染双向绑定数据的代码，如图 14-12 与图 14-13 所示。

图 14-12　科技信息列表展示

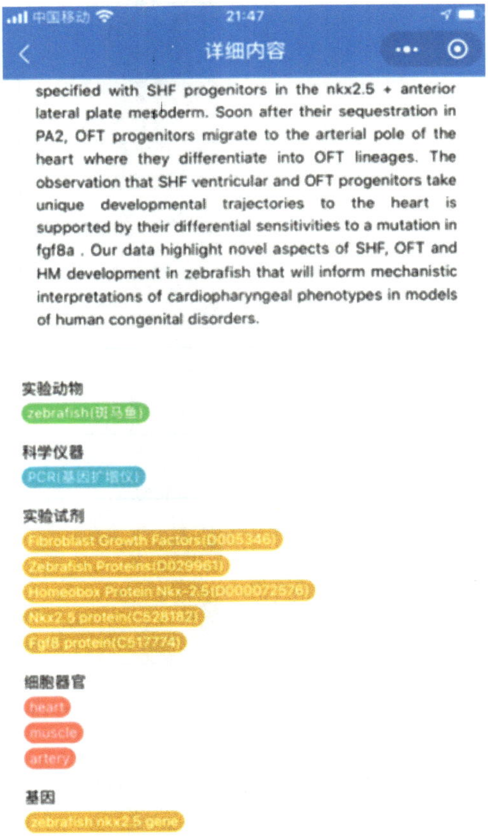

图 14-13　信息详细页

（2）可视化的图谱展示

知识图谱模块实现了领域知识内涵的深度挖掘，从科学仪器、实验动物、实验方案、方法技术、细胞、器官、疾病、基因 8 个视角，挖掘出 2 万多个知识点，对其进行多维度、细粒度的知识画像构建并生成知识图谱。目前知识图谱数据超过 220 万条。实现了多视角的知识关联，综合运用计量学指标与文本挖掘技术，基于知识图谱链接干细胞专家机构、科技成果、产品服务等科技资源。目前关联数据超过 20 万条。小程序从上述 8 个视角进行可视化的图谱展示（图 14-14）。

图 14-14　干细胞知识图谱

在该模块中，前端使用了当前使用最广泛的图表库 Echarts，实现了数据渲染与 UI 页面的快速呈现。后端在数据层架构设计上使用 Flask-SQLAlchemy 实现了 ORM（Object-Relational Mapping）。使用 ORM 后不用再编写复杂的 sql 语句，配置数据库表与对象的映射及字段与对象属性的映射即可完成对 Mysql 数据库的一系列操作。在 JSON 格式转换过程中，通过自定义序列化函数 serialize，实现了多元数据格式的修改操作。使用 Pysolr 链接 Solr 数据库，实现了海量数据的高速检索。在后端数据接口规范的设计上，基于对后续拓展性与伸缩性的考量，除使用 Restful 风格外，还引入了模块与版本号作为标识，提升了数据接口设计的合理性与规范性。具体的技术流程是：小程序逻辑层调用 JavaScript 代码发起 Ajax 请求到后端的 Flask 框架中，后端对不同请求做出响应，链接 Solr 数据库和 MySQL 数据库并进行查询，然后对数据进行拼装，将其格式化为前端可读的 JSON 格式并返回。前端取得可读的 JSON 数据后，将其转化为 js 对象，并赋值给数据层，再由数据层将绑定的数据渲染成列表或知识图谱。

向存放后端接口地址的变量 request 中所指向的后端接口发送 HTTP GET 请求，如果服务器成功返回（后端定义的 err_code 字段为 0），那么将返回的数据通过 setData 设置到数据层，由小程序的数据层完成数据双向绑定并渲染展示。

（3）干细胞知识智能检索

"干细胞助手"小程序提供的智能检索服务打破了以往局限于关键词的单一获取模式，基于干细胞领域知识图谱，提供干细胞实体、概念等语义智能检索，极大地提高了检索的查全率与查准率，提升了科技信息的利用效率。小程序提供基于科技资源类型（论文、期刊、专利等）与知识棱镜（8 个）的分类组合检索，实现了多维度、细粒度的知识检索与数据可视化服务。在数据展示的详情页，展示相关文献的知识棱镜（实验动物、实验基因、实验仪器等），提供更多维度在不同视角下解读文献知识的能力。

在该模块中，后端使用 Pysolr 链接了 Solr 数据库并实现了快速检索。利用 Pysolr 的 facet 功能实现了对检索数据的知识棱镜分类（该系统下为论文、专利、期刊、项目等 8 个维度）。受限于移动终端屏幕尺寸，前端在智能检索模块的设计上，根据 8 个维度的知识棱镜分类实现一级搜索。由于无法像 Web 端在同一页面实现多个查询框，在设计上通过多重勾选知识棱镜按钮来提高对搜索内容的深粒度检索。具体实现流程为：由用户检索行为触发逻辑层的相应处理回调函数，发起 Ajax 的 POST 请求到服务端。服务端通过 Pysolr 组件，将搜索参数拼接成 Solr Query 语句，发送至 Solr 数据库查询，然后通过 JSON 格式化并传回小程序端，最后实现视图层渲染检索结果列表，如图 14-15 与图 14-16 所示。

（4）干细胞知识个性化服务

"干细胞助手"小程序不仅是"干细胞知识发现平台"在移动端的微缩版，还提供个性化服务，着力体现移动知识服务智能化的特点（图 14-17）。

个性化管理：小程序根据用户的实际需求，提供个人信息、我的收藏、我的分享、我的订阅等个性化科学数据管理服务。科研人员可以对自己参与的科研课题过程中收集的资料进行组织和管理，对科研过程中产生的项目成果等隐性知进行保存和开放描述，并将个人知识进行发布与共享。

图 14-15　资源检索

图 14-16　数据列表页

科研标签：小程序采集用户行为数据（收藏、分享、检索、历史阅读、长时间关注等），数据预处理后，提取较高频率标签形成词汇表，通过 Sklearn 对这些词汇进行 onehotencoder，然后将用户行为数据转换为对应词向量的叠加，再通过 k-means 对用户进行聚类划分。利用无监督中的叠加并求均值的方法来生成用户特征向量，利用 Sklearn 模块的 k-means 分类器进行无监督分类，经过多次迭代计算 Calinski-Harabasz 分数的最大值。根据用户所属聚类中心特征向量中最大的 6 个维度，逆解析得到标签，作为用户科研画像的标签，将其存储至对应用户的数据表中。

个性化推荐：小程序基于协同过滤推荐算法进行信息推荐（图 14-18）。后台系统对用户行为数据进行离散化处理后用于机器学习方法中。采用 k-means 算法进行聚类分析，即对用户的历史行为数据（收藏、分享、检索、历史阅读、长时间关注等）进行 8 个知识棱镜维度的分类，构建用户画像。系统将用户按照类别与相似度划分后，利用采集用户评分的方式，为用户推荐其可能感兴趣的信息。个性化推荐的精准度与采集的用户行为数据量成正比。用户的行为特征受多种因素的动态影响，后台系统会持续不断地对用户行为模型进行修正与完善，以提高预测的准确度。首次使用小程序，无须用户行为数据，小程序会随机推荐信息。

图 14-17　个人中心页

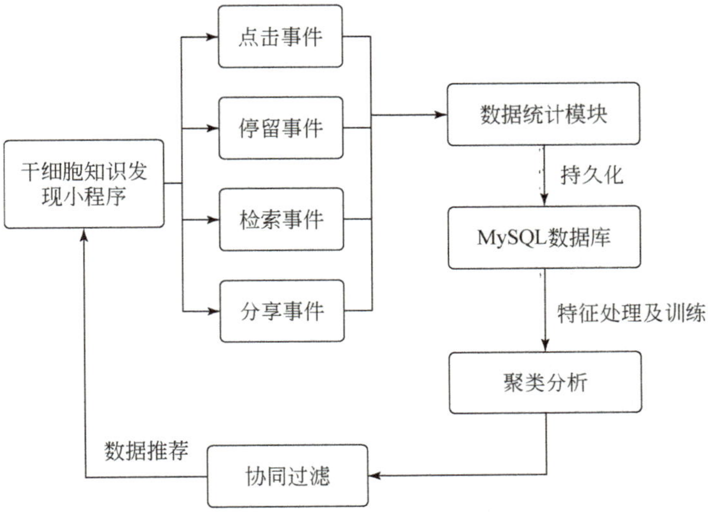

图 14-18　基于移动行为分析的个性化推送模型

参考文献

徐源，胡正银，宋亦兵，等 . 2020. 面向学科知识服务的微信小程序研究与实践 . 图书情报工作，64（14）：54-62.

魏炼 . 2018. 高校图书馆从学科服务平台到学科知识服务平台的升级——以江汉大学图书馆为例 . 图书馆学研究，（3）：66-71.

张小龙 . 2016-12-28. 张小龙在 2017 微信公开课 PRO 版演讲实录和微信数据报告 . http://www. chinaz. com/news/2016/1228/635099. shtml[2019-12-10].

戚建林 . 2003. 论图书情报机构的信息服务与知识服务 . 河南图书馆学刊，23（2）：37-38.

张芳宁 . 2011. 图书馆知识服务的特征与模式 . 图书馆学刊，33（7）：86-88.

周海燕，郭建忠，王家耀 . 2002. 知识发现与数据可视化技术浅析 . 信息工程大学学报，（4）：78-80.

张晓东，解金兰 . 2017. "互联网 +" 驱动的图书馆服务生态系统演进与发展策略研究 . 图书馆研究，47（6）：80-85.

邵慧丽，张帆 . 2016. 基于知识发现数字图书馆知识服务研究 . 图书馆，（2）：70-73.

陈茗君 . 2009. 网络环境下的高校图书馆学科知识服务平台设计 . 图书馆，（4）：68-69.

张晓林 . 2000. 走向知识服务：寻找新世纪图书情报工作的生长点 . 中国图书馆学报，（5）：30-35.

李广欣 . 2018. 微信小程序在科技期刊移动端服务中的应用 . 科技期刊研究，29（8）：806-812.

苏新宁，等 . 2017. 面向知识服务的知识组织理论与方法 . 北京：科学出版社 .

王曰芬，张柏瑞，周玜宇 . 2018. 知识服务研究状况及在大数据环境下的研究趋向 . 图书馆论坛，（3）：12-19.

周琪 . 2013. 体细胞重编程，挑战与希望//中国细胞生物学学会 . 细胞—生命的基础——中国细胞生物学学会 2013 年全国学术大会・武汉论文摘要集 . 上海：7-8.

TangJ，Zhang J，Yao L M，et al. 2008. AMiner：extraction and mining of academic social networks//ACM. Proceedings of the 14th ACM SIGKDD International Conference on Knowledge Discovery and Data Mining（SIGKDD'2008）. Las Vegas：990-998.

Tolle K M，Tansley D，Hey A J G. 2011. The fourth paradigm：dataintensive scientific discovery：point of view. Proceedings of the IEEE，（8）：1334-1337.

Martinfowler. 2018-06-10. Microservices. https://martinfowler. com/articles/microservices. html[2019-12-10].